적응과 협력의 시대

20세기의 한국경제

박섭 지음

Adaptation and collaboration: Korean Economy in the 20th Century

도서출판 해남

적응과 협력의 시대 20세기의 한국경제

초판1쇄 인쇄 2013년 6월 21일
초판1쇄 발행 2013년 6월 28일

저 자 박섭
발행인 노현철
발행처 도서출판 해남

출판등록 1995. 5. 10 제 1-1885호
주소 서울특별시 서대문구 충정로 3가 227-1 우리타워 6F
전화 739-4822 **팩스** 720-4823
이메일 haenamin30@naver.com
홈페이지 www.hpub.co.kr

ISBN 978-89-6238-066-8 93320

이 저서는 2007년 정부(교육인적자원부)의 재원으로
한국학술진흥재단의 지원을 받아 수행된 연구임.(NRF-2008-812-B00013)

[서문]

나는 이 책에서 20세기의 한국 경제에 대해 인과관계를 명확하게 해서 설명하고 싶었다. 사건의 인과관계를 설명하는 것은 당연한 과제인 것처럼 보이지만, 우리가 중세까지 거슬러 올라가 살펴보면 그 무렵에는 인과관계의 설명은 사소한 일이기도 했다. 오늘날에도 인과관계의 중요성은 사건에 따라서, 어떤 사건을 대하는 사람에 따라서 그때마다 다르게 취급된다. 우리는 "원래 그래"라고 말하기도 하고 "이렇게 하나 저렇게 하나 마찬가지야"라고 말하기도 하며, 학자의 논문에도 '당연히'라는 단어가 등장하는데, 그런 표현에 습관되어 있는 것은 의식하지 못하는 중에 인과관계를 소홀히 하고 있기 때문이다.

인과관계의 중요성을 의식한다고 해서 우리가 인과관계를 밝혀 적을 수 있는 것은 아닌데, 그것은 정보와 지혜가 부족하기 때문이다. 우리는 한국 경제를 국내, 국외, 정책, 실태, 산업, 계층 등으로 분리하고, 분리된 각각에 대해서 서술하는 일이 잦다. 이것은 정보와 지혜의 부족이 낳은 하나의 결과이다. 하나의 사건은 다른 사건과 분리되어 있지 않고, 하나의 사건에 하나의 원인만 있는 것은 아니며, 하나의 사건이 하나의 결과만을 초래하지는 않기 때문에, 인과관계를 정확하게 설명하려고 한다면, 다수의 사건과 다수의 원인과 다수의 결과를 동시에 다루어야 하지만 우리는 그것에 필요한 정보와 지혜를 갖추고 있지 않은 것이다.

나는 복수의 사건이 원인이 되어 복수의 결과가 출현하고, 그 복수의 결과가 원인이 되어 또 복수의 결과가 출현하는 그런 과정을 묘사하고 싶었지만, 내가 가진 정보와 지혜로는 실천할 수 없었다. 원고를 마치고 보니 이 글에 포함되지 않은 메모의 분량이 책의 절반은 되는 듯한데, 그것은 내가 사건의 인과관계를 이해하지 못했기 때문이다.

매우 불완전하다는 것을 잘 알면서도 출판하는 것은, 출판하고 싶은 욕심 때문일 것이다. 논문을 처음 쓰기 시작할 때에는 수명이 적어도 30년은 되는 글을 쓰겠다고 마음 먹었지만, 이 책을 마치면서 '도대체 1년짜리나 될까' 하는 의문이 든다.

한국의 근현대 경제와 관련해서 많은 논쟁점이 있다. 19세기의 한국 경제, 한국이 식민지로 전락한 이유, 경제 회복, 식민지기의 공업화, 수출지향형 공업화가 시작될 때의 한국 정부와 한국 기업과 미국의 역할, 박정희 정부가 경제 개발에 국민을 동원할 수 있었던 이유, 한국에서 신자유주의 경제 정책의 시작, 외환 위기의 원인, 자유무역협정의 효과 등이다. 이 책이 그러한 논쟁들을 직접 다루지 않기 때문에 한편으로는 책임을 다하지 않는 것처럼 보일 수도 있겠지만, 그 논쟁들을 이 책에서 소개하는 일이 적절하지 않다고 생각했을 뿐이며, 글을 쓰는 도중에 그 주제들과 관련한 논쟁은 항상 의식하고 있었다. 이 점은 이해하기 바란다.

공부하는 도중에 내가 알고 있는 모든 것은 빌려 왔거나 훔쳐 왔음을 깨닫게 되었다. 그리고 나의 지혜로는 내가 그것들을 어디에서 훔쳤는지 어디에서 빌렸는지 분별할 수 없다는 것도 알게 되었다. 신세를 졌던 분들의 성함을 일일히 밝히지 못함을 용서하기 바란다.

2013년 6월

박섭 씀

[차례]

[그림 목차]

[표 목차]

01

서장: 적응과 협력

01

서장: 적응과 협력

국제 분업과 경제 성장

그림 1-1은 한국의 국내총생산에 대한 수출액의 비율, 즉 수출의존도이다. 홀수 연도만 나타냈으며, 1939년과 1955년 사이의 하나의 점은 1953년의 비율이며, 2006년 이후를 표시하지 않은 것은 자유무역협정(FTA)의 효과를 그림에 나타내지 않기 위해서이다. 자유무역협정이 증가하면서 한국의 수출의존도는 2008년부터 40%를 넘었다. 그림에 의하면 1910년대 초와 1950년대 초에 한국의 수출은 극히 미미했으나 그 이후 30-40년에 걸쳐 두 번 모두 수출이 급증했다. 1940년대 후반은 그 기간의 국내총생산을 알 수 없어서 수출의존도를 계산할 수는 없지만, 수출량이 매우 적었기 때문에 1950년대와 그 비율이 다르지 않았을 것이다.

한국 경제는, 수출의존도가 상승하는 두 번의 기간에 다른 국가들보다 빨리 성장했다. 추계에 따르면 세계총생산은 1913-1940년에는 연평균 2% 미만, 1950-1990년에는 4% 남짓 증가했고, 한국의 총생산은 1913-1940년에는 3.5% 남짓, 1953-1990년에는 7.3% 증가했다.[1)]

국내총생산이 증가하면 소비되고 남는 잉여가 과거보다 늘어날 수

그림 1-1 한국의 수출의존도 (단위: %)

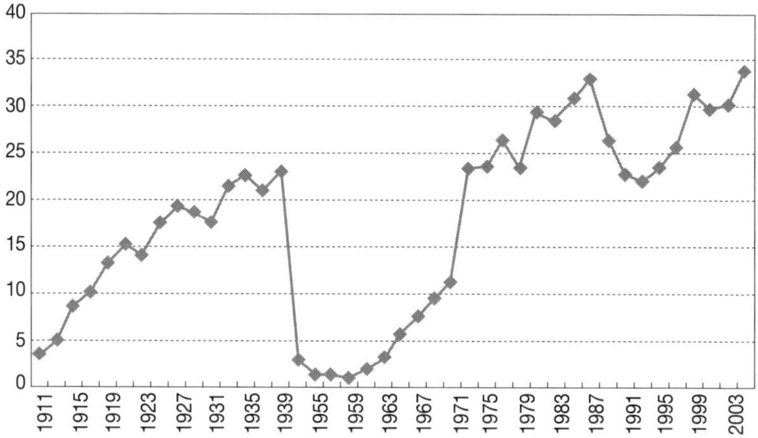

자료: 김낙년 편, 『한국의 장기통계, 국민계정, 1911-2010』, 서울대학교 출판문화원, 2012, pp. 407, 620. 「국민계정」, 한국은행 경제통계 시스템. 「수출입총괄」, 경제기획원, 『한국통계연감』, 1966. 「국가별 수출액 수입액」, 국가통계포털.

있고, 그런 만큼 수출이 증가할 가능성이 커질 것이다. 하지만 그렇다고 해서 수출의존도가 높아지는 것은 아닌데, 수출의존도가 높아지려면 수출이 국내총생산보다 더 빨리 증가해야 하기 때문이다. 수출의존도가 높아지려면, 생산자의 태도가 해외 시장을 과거보다 더 중시하는 것으로 바뀌어야 한다. 생산자가 국내 시장과 해외 시장을 함께 염두에 두고 경영하면, 그는 이전보다 적은 종류의 생산물에 전문화할 수 있고, 그가 전문화한 생산물의 생산 규모를 늘릴 수 있고, 생산물의 품질과 생산 방법을 개선할 수 있는 기술을 더 쉽게 알게 된다. 그리하여 더 효율적으로 생산할 수 있다. 이제 어떤 나라의 생산자들이 전문화와 규모의 경제와 기술 개량에 성공하여, 해외 시장에 더 많은 상품을 팔게 되면, 그 나라의 수출의존도가 높아짐과 동시에 국내총생산이 더 빨리 증가하게 된다.

수출의존도와 국내총생산이 동시에 증가하려면 그 나라의 생산자가 해외 시장을 중시하도록 바뀌어야 하고, 그와 동시에 전문화, 규모의 경제, 기술 개량이 시사하듯이 국내 경제가 수출을 늘릴 수 있도록 적절히 바뀌어야 한다. 20세기에 한국의 수출의존도가 높아졌던 것은, 표면에서는 국제 분업에 적응한 결과였으며, 내면에서는 그것을 가능하게 하는 새로운 산업구조와 기술을 채택하고 그것에 적응한 결과였던 것이다. 그렇다고 해서 필자가 수출이 늘어날수록, 또 수출의존도가 높을수록 좋다고 말하는 것은 아닌데, 그것은 중용이라는 개념이 잘 나타내듯이 모든 사태에는 적절함이 있기 때문이다.

적응

환경은 항상 바뀌므로 어떤 유기체가 살아있다면 그 유기체는 의식하든 의식하지 않든 환경에 적응해 왔던 것이므로, 추상적으로 말하면 적응은 당연한 사태이다. 그렇지만 유기체가 적응을 의식하는 정도는 각각 다르다. 어떤 유기체는, 예를 들어 어떤 국가 또는 어떤 기업은 환경을 자국 또는 자기 기업에 어울리게 바꾸려 한다. 이것은 적응한다는 의식이 명확하지 않은 것이다. 한편, 어떤 국가가 수출지향형 공업화를 전략으로 채택했다면 그렇지 않은 국가보다 국제 분업에 적응하는 것의 중요성을 의식했다고 할 것이다. 그런데 이 예는 의식하는가 아닌가 하는 문제일 뿐, 각국이 주어진 조건이 다르기 때문에 환경을 바꾸려 하는 행위가 무익하다는 뜻은 아니다. 단지 20세기의 한국에서 그 경제가 성장하는 기간에 한국은 적응을 의식하고 있었다.

어떤 유기체가 적응을 의식했다고 해도 그것에 성공하는 정도는 각각 다르다. 그것은 환경을 이해하고, 적응에 필요한 방법을 개발하고, 그 방법을 시행하는 능력이 유기체마다 다르기 때문이다. 지식은 적응에 성공하는 정도를 높이는데, 어떤 사회에 지식이 더 많이 축적될수록, 그 사회는 환경을 더 잘 이해하며, 적응에 필요한 더 나은 방법을 개발하고, 그 방법을 더 정확하게 집행하게 되기 때문이다. 여기에는 결과로서의 지식도 있지만 지식을 쌓을 수 있는 역량으로서의 지식도 있다. 이런 점에서 학습은 여기에서의 지식과 매우 적절히 대응하는 개념일 것이다. 결과로서의 지식은 학습되어 있는 지식이며, 지식을 쌓을 수 있는 역량은 학습 역량이다. 정부를 포함하는 각종 조직 및 그 사회 구성원의 유연성, 훈련과 시행착오를 통한 숙련 형성, 교육 등이 어떤 사회의 학습 역량을 높이며,[2] 학습 역량이 높아지면 그 사회의 학습되어 있는 지식은 더 빨리 증가한다. 그리하여 학습의 수준이 높은 사회일수록, 새로운 제도나 기술을 손쉽게 모방 또는 개선하고, 또 스스로 새로운 제도와 기술을 개발하여 환경에 빨리 적응하게 된다. 한국을 돌아보면, 식민지기에 대해서도 독립 이후에 대해서도 한국의 학습 역량과 학습되어 있는 지식의 중요성은 자주 지적되었다.[3]

적응의 속도

환경을 정확하게 이해하며, 정확한 방법을 개발하고, 정확하게 집행하는 데에는 시간이 걸린다. 어떤 사회가 적응에 성공하는 정도는 이해하고 개발하고 집행하는 역량만이 아니라 적응에 소요되는 기간에 크게 영향을 입는데, 그것은 우리가 속한 세계가 매우 경쟁적이기 때문이다. 미국 정부는 1962년에 「통상확대법」(Trade Expansion Act)을 낸 이후부터 면직물 수입을 규제하기 시작했고, 1960년대 후반에 미국 정부와 면직물 수출 쿼터에 관한 협정을 맺고 있던 국가는 일본, 대만, 싱가포르, 홍콩, 콜롬비아, 파키스탄, 멕시코, 이집트, 인도, 폴란드, 브라질, 말레이시아, 필리핀, 루마니아, 포르투갈, 스페인 등으로 매우 많았다.[4] 한국은 이런 경쟁 속에서 수출 쿼터를 늘려야 했으며, 더구나 면직물 수출 국가들 중에서 후발 국가였기 때문에, 적응의 기간을 단축하는 역량이 환경을 정확하게 이해하고, 방법을 정확하게 개발, 집행하는 역량과 거의 동등할 정도로 중요했다. 민두기는 20세기의 중국과 일본의 국가 개발에 대해 언급하면서 시간과의 경쟁이라는 용어를 썼는데, 그것은 한국에서도 불가결한 일이었던 것이다.[5]

지식이 축적되고, 그로 인해 이해하고 개발하고 집행하는 역량이 커지면 적응하는 기간이 짧아질 수도 있지만, 정확성을 높일 목적으로 충분히 토론하는 중에 그 기간이 더 길어질 수도 있기 때문에, 어떤 사회에 지식이 증가한다고 해서 그 사회가 다른 국가보다 반드시 더 빨리 적응하는 것은 아니다. 적응기간의 단축, 즉 적응의 속도와 관련하면 새로운 요소가 필요하다.

적응의 속도가 빨라지려면 투자율이 높아져야 하는데, 기업가와 과학 기술 인력이 부족하고, 사회간접자본과 사업 서비스의 공급이 부족한 사회에서 민간의 역량만으로는 투자율이 높아지지 않는다. 그 사회에서 투자율이 높아지려면 투자와 관련한 사태의 중심부에 사회의 자원을 동원할 수 있는, 권위와 역량을 동시에 가진 행위자가 있어야 한다. 그 행위자가 스스로 기업을 세워서 투자하거나 다른 행위자의 투자를 동원해야 하는 것이다. 이때 자본가는 역량을 가질 수는 있어도 권위를 가질 수는 없지만, 정부는 역량과 권위를 동시에 가질 수도 있다.

조선 시대에 국왕은 덕치를 표방했고, 관료는 과거시험에서 선발되었다. 조선의 개국공신 정도전은 "농사와 양잠은 의식의 근본이니, 왕도정치의 우선이 되는 것이다. 우리나라에서는 중앙에 사농관을, 지방에 권농관을 두어 부지런한 백성은 장려하고 게으른 백성은 징계하게 했다. 또, 그 일을 잘하는 관리는 승진시키고 잘 못하는 관리는 쫓아 내게 했다"고 썼다.[6] 조선 초기와는 달리 후기에는 관료의 무능과 부패가 증가했지만, 인민은 왕도정치가 실천되고 있으며 관료는 유능하다고 세뇌되었는데, 18세기 말에도 정약용과 같은 관료는 지(智)와 덕(德)으로 고을 주민을 이끌었기 때문에 인민으로 하여금 그것을 믿게 할 근거가 전혀 없는 것은 아니었다. 이런 과정을 거치면서 한국인의 마음에는 정부에 순응하는 심성이 생겼고, 한 번 생긴 심성은 여러 경로로 전승되었다. 이것은 정부가 권위를 가질 수 있는 바탕이 되었다.

조선총독부는 공무원을 시험으로 선발했고, 유능한 인재가 공무원 시험에 응시했으며, 그들은 평균적인 주민들보다 더 세련된 지식을 갖추었다.[7] 이승만 정부는 소수의 공무원만을 시험으로 뽑았고 특별 채용이 많았기 때문에 유능한 인물이 공무원에 채용되도록 틀이 만들어져 있었던 것은 아니었다. 하지만 1950년대 후반에는 유학하고 돌아온 젊은 고학력자가 공무원에 채용되었고, 꽤 많은 고위 공무원이 해외에서 연수를 받았으며, 1950년 말에는 공채로 채용되는 공무원도 늘었다. 장면 정부에서 공무원의 신분 보장과 공채제도가 보강되어 공무원의 지위가 개선되었고, 유능한 인력이 그 시험을 통해서 관계에 진출했으며, 이 일은 그 이후에도 지속되었다.[8)] 한국 정부는 자원을 동원하기 위해서 필요한 권위와 역량을 갖추었다고 할 수 있다.

협력

정부가 투자율을 높이려 하고, 그것을 위해서 자본과 노동을 동원할 때, 정부가 사용할 수 있는 하나의 방법은 강제이다. 예를 들어, 군사정변 직후에 박정희 정부는 그때까지 이승만 정부와 유착하여 축재한 기업인들에게 정부가 원하는 업종에 투자하게 했는데, 그 기업인들은 투자하지 않으면 재산을 몰수당할 수도 있었기 때문에 정부의 지시에 따르지 않을 수 없었다. 또, 정부는 노동자의 단체행동을 공산주의를 이롭게 하는 행위로 간주하고 탄압했기 때문에 노동계는 파업할 수 없었다.

그렇지만 정부가 강제에 의존하는 한, 재계는 정부가 지시하는 정도에서만 투자하게 되므로 투자율이 더 높아지기 위해서는 정부가 재계를 지원해야 한다. 정부는 내국세, 관세, 보조금, 은행 대출을 이용해서 재계에 투자 유인을 제공할 수 있지만, 유인을 제공한다고 해서 기업이 반드시 투자하는 것은 아니다. 정부가 원하는 투자처와 기업이 원하는 투자처가 반드시 일치하는 것은 아니며, 정부가 유인을 제공하여 생산비가 하락한다고 해도 투자위험은 여전히 남기 때문이다. 정부의 강제와 유인 이상의 효과를 거두려면, 재계가 정부의 목표에 협력하여 스스로 투자해야 한다.

한국의 재계는, 정부가 1960년대 중반에 환율과 관세율을 조정하고 수출품 제조업을 육성하기 시작한 직후와 1970년대 전반에 중화학공업을 육성하기 시작한 직후에는 그 정책에 소극적으로 반응했지만, 곧이어 적극적으로 투자하기 시작했는데, 그것은 한국인의 출세주의와 그것에 바탕을 둔 기업 간 경쟁 때문이었다. 필자는 이 책에서 출세주의를 성장지향성으로 순화해서 부를 것인데, 기업인들의 성장지향성은 재계로 하여금 정부의 유인에 탄력적으로 반응하게 했다. 정부가 제공하는 적은 유인이라도 그것을 받아서 정부와 우호적인 관계를 맺으면 그것을 성장의 지렛대로 삼을 수 있었기 때문이다.

성장지향성

투자율이 더 높아지기 위해서는 재계만이 아니라 노동계의 협력도 얻어야 한다. 노동계가 노동 공급을 제한하면 임금이 상승하고 투자율이 하락하기 때문이다. 정부가 정치적 자유를 늘리는 것은 근로 의욕을 높아지게 하고 노동 공급이 증가하게 하는 유인의 하나이지만, 정치적 자유는 노동계가 정부의 동원 정책이나 경영자의 노동 강도 강화에 반대할 때의 수단으로도 사용되기 때문에 정부에 항상 유익한 것은 아니다. 정부의 입장에서 덜 위험한 것은 노동자로 하여금 경제 성장의 성과를 누리게 하는 것이다. 노동자로 하여금 경제 성장의 성과를 누리게 하려면 시간당 임금이 상승해야 하는데, 기업인은 아무런 보상 없이 임금만을 인상하지는 않는다. 임금이 상승하는 만큼 노동자의 노동 강도는 높아진다. 그리하여 노동자의 고통은 임금 상승과 비례해서 커지는데,

노동자가 그 고통을 크게 인식하면 할수록 노동 공급은 제한되는 법이다.

박정희 정부는 1962년에 지방자치제도를 중지했고, 1969년에 대통령의 연임 횟수를 세 번으로 늘려 국민의 대통령을 교체할 수 있는 권리를 줄였고, 1972년에 통일주체국민회의가 대통령을 선출하게 하여 국민의 대통령 선출권을 없앴고, 그와 동시에 국회의원의 1/3을 대통령이 추천하여 국민의 국회의원 선출권을 줄였다. 정치적 자유가 감소할수록 노동자의 근로 의욕이 낮아지기 때문에, 정부는 정치적 자유가 감소하는 중에 노동자가 경제 성장의 성과를 체감할 수 있도록 주의를 기울였다. 1960년대 후반부터 제조업 노동자의 임금상승률이 1인당 GDP 증가율과 유사하게 변동하기 시작했으며, 시월유신 이후에는 박정희는 재계에 대해서 노동 3권이 억압되어 있는 이 상황을 임금을 적게 주기 위해서 이용해서는 안 된다고 역설하기도 했다.[9] 박정희 정부는 농업과 농촌이 공업 성장을 방해하지 않도록 농민의 생활에도 주의를 기울였고, 1970년대에는 1인당 농가 소득의 증가율도 1인당 GDP 증가율과 유사하게 움직였다. 임금과 소득의 증가는 노동 강도의 증대와 병행했다.

20세기 후반에 한국인은 자신의 경제생활에서 공동체의 도움을 받을 수는 없었다. 사회보장제도가 발달하면 공동체의 도움을 대신할 수 있었지만 사회보장제도는 발달하지 못했다. 정치적 자유가 부족했기 때문에 더 많은 사회보장을 요구할 수도 없었다. 그리하여 한국인은 가족의 힘만으로 환경의 변화에 대처해야 했다. 한국인은 가족의 소득을 늘려야 환경 변화의 충격에 대응하는 능력을 갖출 수 있었고, 그런 만큼 정치적 자유가 줄어든다고 해서 또 노동 강도가 증가한다고 해서 노동 공급을 줄이는 일은 없었다. 더 많은 소득을 얻는 것이 가장 중요하게 되자, 기업인과 비교해서 말하면 그 원인은 달랐지만 외관에서는 성장지향적으로 되었다. 성장지향성은 강제, 유인과 함께 정부의 동원에 민간이 협력하게 하는 또 하나의 요소였다.

오원철은 한국의 경제 개발 과정의 성공 요인의 하나로 공사기간 단축을 들었는데,[10] 성장지향적이지 않았다면 공기 단축은 성공할 수 없었을 것이다. 한국 정부는, 공사기간을 단축할수록 적은 자본으로 많이 건설할 수 있었고, 선진국과의 기술 수준 격차를 빨리 줄일 수 있었기 때문에, 공기 단축에 적극적이었다. 공사기간을 단축하면, 사업자는 건설비용은 같더라도 금융비용은 하락하여 생산물의 단가를 낮출 수 있었고, 노동자는 초과수당을 받을 수 있었기 때문에 한편에서는 그들도 유익했지만, 다른 한편에서는 예상할 수 없는 위험과 밤낮으로 일해야 하는 고통 때문에 그들이 반드시 좋아하지만은 않았다. 그럼에도 불구하고 한국의 민간은 공기 단축에 협력했는데, 정부의 동원 때문만이 아니라 민간의 성장지향성 때문이기도 했다.

새로운 체제의 모색

지금까지 20세기 후반의 한국의 경제 성장에서, 예를 들며 적응과 협력을 설명했다. 20세기 전반에는 일본인이 조선총독부와 관련 기관을 장악했기 때문에 한국인이 협력하기 꺼려하거나 저항했다. 또, 총독부가 사용할 수 있는 자원이 부족하여 제공한 유인이 적었고, 그로 인해 한국인의 성장지향성을 충분히 자극하지 못했기 때문에 정부에 대한 민간의 협력 정도는 낮았지만, 크게 보면 이 틀에서 벗어나지 않았다. 그 모습은 본문에서 충분히 설명될 것이다.

그런데 이 책의 제목이 적응과 협력이며, 필자가 서장에서 적응과 협력에 대해 설명했지만, 20세기의 한국 경제를 묘사하며 가장 돋보이는 것을 정리했을 뿐, 적응과 협력을 주장하기 위해서 이 책을 쓰는 것은 아니다. 필자에게는 인과관계를 잘 밝히는 것이 가장 중요하며, 나아가서는 그 결과로 전체가 하나의 이야기가 되게 하고 싶다. 그럼에도 불구하고 이야기의 중심은 정부가 차지하게 되는데 그것은 적응과 협력이 돋보이는 사태였기 때문이다.

20세기 말에 이르러 중국이 사회주의 시장경제를 채택했고, 우루과이 라운드가 타결되었으며, 21세기 초에는 자유무역협정이 득세했다. 그리하여 한국은 국제 분업에 새로이 적응해야만 했다. 한편, 협력은 과거의 유물이 되었고, 한국은 동원의 대가를 지불받는 사회가 아니라 자발적으로 일하고 그 일의 대가를 요구하는 사회가 되었다. 한국은 지금 적응하는 방법과 적응의 결과를 동시에 모색하고 있는 것이다.

1) Angus Maddison, "Historical Statistics of the World Economy: 1-2008 AD," http://www.ggdc.net. 김낙년 편, 『한국의 장기통계, 국민계정 1911-2010』, 서울대학교 출판문화원, 2012, p. 407. 「국민계정」, 한국은행 경제통계시스템.

2) 유연성에 대해서는 Tony Killick, *The Flexible Economy: Causes and Consequences of the Adaptability of National Economies*, London and New York: Routledge, 1995를 참조.

3) Alice Amsden, *Asia's Next Giant: South Korea and Late Industrialization*, Oxford University Press, 1989; 이근달 옮김, 『아시아의 다음 거인: 한국의 후발 공업화』, 시사영어사, 1990. Linsu Kim, *Imitation to Innovation*, 1997; 김인수, 『모방에서 혁신으로』, Sigma Insight, 2000. 주익종, 『대군의 척후: 일제하의 경성방직과 김성수 · 김연수』, 푸른역사, 2008.

4) 이병천, 「한국 경제발전의 세계시장적 조건: 미국의 자유보호주의와 한미 섬유류 교역의 정치경제(1961-66)」, 『경제발전연구』 3호, 한국경제발전학회, 1997.

5) 민두기, 『시간과의 경쟁: 동아시아 근현대사논집』, 연세대학교 출판부, 2001, pp. 1-7.

6) 김인호, 「고려후기 경제윤리와 사치금지」, 『실학사상연구』 15 · 16합호, 무악실학회, 2000, p. 259.

7) 松本武祝, 『朝鮮農村の植民地近代經驗』, 社會評論社, 2005; 윤해동 옮김, 『조선 농촌의 식민지 근대경험』, 논형, 2011, 제2장, 제4장.

8) 송인상, 『부흥과 성장』, 21세기북스, 1994, pp. 249, 269. Peter Evans, *Embedded Autonomy: States and Industrial Transformation*, Princeton: Princeton University Press, 1995, pp. 51-52. 전용덕 · 김영용 · 김기화, 『한국 경제의 성장과 제도 변화』, 한국경제연구원, 1997, p. 57.

9) 〈경향신문〉, 1974년 4월 9일, p. 1.

10) 오원철, 『에너지정책과 중동진출』, 한국형경제정책연구소, 1997, 제4부.

02

19세기의 경제 후퇴

02

19세기의 경제 후퇴

농업 생산력

『민적통계표』를 이용한 이헌창의 연구에 의하면, 1909년에 조선 가구의 직업별 구성비는 농업이 86%, 상업이 6%, 공업이 1%였다.[1)] 1925년의 인구총조사와 비교하면 아직 가구가 모두 파악된 것은 아닌 듯하지만 그 비율은 이용할 수 있을 것이다. 개항 이후에 농산물의 수출이 늘었으므로 19세기 초에는 상업호와 공업호의 비중이 1909년보다 조금 높았을 수도 있지만, 19세기 중엽에 주민 1만 명 이상의 도시에 거주하는 인구가 전체의 2.5%, 주민 5,000명 이상의 도시에 거주하는 인구가 3.4%에 지나지 않았으므로,[2)] 농업으로 19세기의 한국 경제를 판단해도 좋을 것이다.

19세기의 농업 생산을 나타내는 체계적인 자료는 아직 만들어지지 않았기 때문에 여러 가지 자료를 이용해서 추리할 수밖에 없다. 그림 2-1에서 18-19세기의 지대를 알 수 있다. 17세기 말에 두락(마지기)당 지대가 20말을 넘었지만 그 직전의 지대를 알 수 없으므로 그것은 무시하고 18세기 초부터 살펴보면, 그때부터 19세기 말 사이에 두락당 지대가 약 4

그림 2-1 두락당 지대 (단위: 말)

주: 지대는 계약이 아니라 실제로 납부한 양이며, 벼로 계산한 5년간 평균값임.
자료: 이영훈, 「17세기 후반-20세기 전반 水稻作 토지생산성의 장기추세」.

할로 감소했다. 지대가 감소하려면 단위면적당 수확량이 감소하거나 지주에 대한 소작인의 협상력이 높아져야 하는데, 전자라면 19세기에 한국 경제가 후퇴했을 가능성이 크다.

19세기의 단위면적당 수확량을 알려 주는 자료는 몇 가지에 지나지 않는데, 양반은 직접 경작하지 않는 한 수확량에는 관심이 적었을 것이며, 상민은 기록을 남기는 데 필요한 지식이나 종이를 살 돈이 부족했을 것이어서 그렇게 되었을 것이다. 그림 2-2에 의하면 박a, 박c, 김의 단위면적당 수확량은 19세기 말에 가까이 갈수록 감소했고, 박b는 1860년대 이후에 감소했다. 박d만은 1865년이 최저였고, 그 이후에 증가했다. 김

그림 2-2 경상도 예천군 박씨가 및 단성군 김씨가 벼 수확량 (단위: 말/두락)

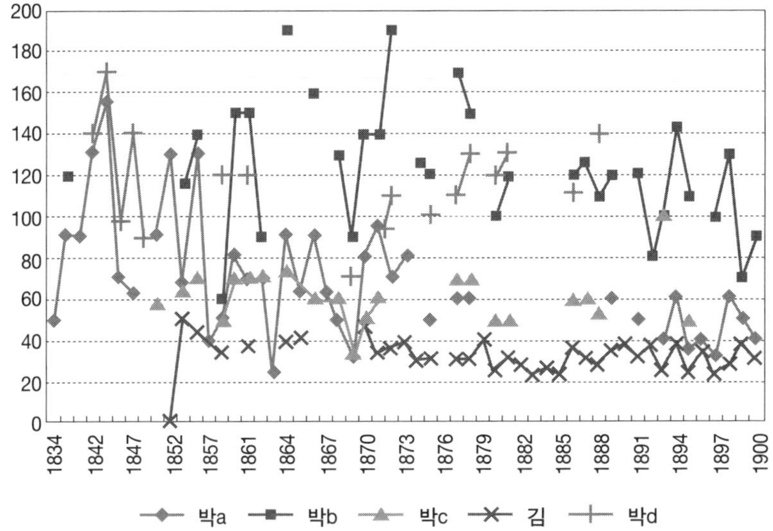

자료: 이우연, 「농업임금의 추이: 1853-1910」, 『맛질의 농민들』, 일조각, 2001. 정진영, 「19세기 중반-20세기 초반 재촌(在村) 양반지주가의 농업경영: 경상도 단성 김인섭가(金麟燮家)의 가작지(家作地) 경영을 중심으로」, 『대동문화연구』 62호, 성균관대학교 대동문화연구원, 2008.

씨 집안에는 밭도 있었는데, 그 수확량은 1884-1887년에 최저였다. 수확량 자료와 지대 자료를 결합하면, 지대가 감소한 만큼은 아니지만, 19세기에 단위면적당 수확량이 감소했다고 추리할 수 있을 것이다. 또, 우대형은 『택리지』(이중환, 1751)에 실린 두락당 평균 수확량 40-50두와 『조선농업론』(加藤末郎, 1904)에 실린 1898년의 평균 수확량 25-37두를 이용해서 1751-1898년에 토지생산성이 약 39% 하락했다고 추측했다.[3)]

단위면적당 수확량이 감소하더라도 경작지 면적이 증가하면 농업생산의 총량은 증가하겠지만, 이영훈의 연구에 의하면 전국의 경지가

1800-1809년에는 99만 결(조선 시대의 경작지 면적 단위)이었는데, 그 이후 꾸준히 감소하여, 1893-1897년에는 94만 결로 줄었다.[4] 결의 넓이는 조금씩 바뀌었지만, 19세기에 거의 변하지 않았다. 경지가 줄어드는 와중에 단위면적당 수확량도 감소했으므로 농업 생산의 총량이 감소했을 것으로 추리할 수 있다.

인구

조선 조정의 호구조사를 바탕으로 한 권태환의 연구에 따르면 19세기에 한국의 인구가 연평균 0.1% 감소했다.[5] 또, 두 양반 집안의 족보를 이용한 박희진과 차명수의 연구에 의하면, 두 양반 집안의 인구증가율이 1700-1830년에는 약 1%, 1830-1890년에는 약 0.1%, 1890-1930년에는 약 1.5%였다.[6] 양반 집안이 상민과 천민 집안보다 식량이 풍부하고 위생적이었던 만큼 양반 집안의 인구증가율이 전 국민 평균 증가율보다 높았을 것으로 가정할 수 있으므로, 두 연구를 종합하면 19세기에 인구가 감소했을 것으로 추정할 수 있다.

인구는 식량이 부족하게 되어 감소할 수도 있고, 식량이 충분한 중에 기근과 전염병이 잦아져서 감소할 수도 있다. 그림 2-3은 『조선왕조실록』에서 기근과 전염병에 대한 기사를 헤아린 결과인데, 그것에 의하면 18세기보다 19세기에 기근과 전염병에 대한 기사가 감소했으므로, 19세기의 인구 감소가 재해에 의한 것은 아닐 것이다. 생산과 인구에 관한 여러 글을 종합하면, 19세기에 한국 경제는 후퇴하고 있었다고 할 수 있다.

그림 2-3 조선 후기 기근과 전염병의 발생건수

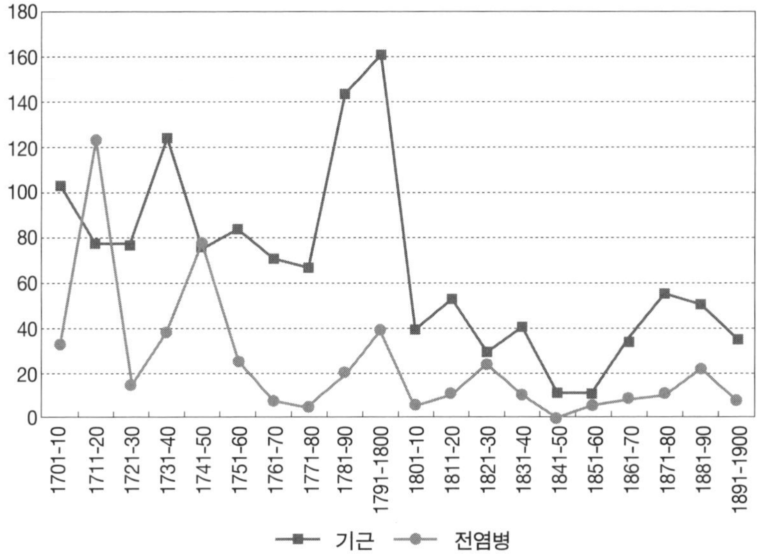

자료: 김재호, 「한국 전통사회의 기근과 그 대응, 1392-1910」, 『경제사학』 30호, 경제사학회, 2001, p. 84.

횡령과 배임

왕조가 새로이 들어서거나 왕조 도중에 대규모 정변이 일어나면 지배계급(국왕과 귀족)의 수가 감소하지만, 시간이 지나면 점차 증가하며 인구에서 차지하는 그들의 비중이 커진다. 지배계급의 출산율이 높으며, 또 그들이 혼인하는 중에 지배계급에 새로이 진입하는 집안이 생기기 때문이다. 1623년에 인조반정이라는 정변이 있기는 했지만 그것이 지배계급의 수에 미치는 영향은 작았고 왕족과 양반의 비중은 꾸준히 커졌다. 조선 시대에는 귀족이 인정되지 않았기 때문에 양반이라고 해도 과거에 합격하지 못하면 특권은 거의 없었다. 그 때문에 양반은 국왕에게 과거시험의 횟수를 늘리도록 요청했고, 국왕은 자신의 덕성을 알릴 목적으로 3년에 한 번의 정기적인 시험 이외에도 특별 시험을 자주 시행했으며, 그로 인해 과거 합격자는 점차 증가했다.

이익에 의하면, 한 사람의 재임기간을 30년으로 가정할 때, 30년간 현직은 500자리 정도였는데 과거가 자주 행해진 결과, 18세기 전반의 30년 동안 과거시험 합격자는 2,330명에 달했다.[7] 이익의 계산에 따르면 한 사람이 현직을 가질 수 있는 기간은 6년 이하였다. 어떤 관직은 재임기간이 매우 짧았는데, 한성 판윤의 평균 재임기간은 1700-1849년에 3.5개월에 지나지 않았다.[8] 조선 시대의 관료는 재임기간에 퇴임 후의 여생에 필요한 토지를 모아야 했으므로, 관료는 재임기간이 짧아질수록 백성을 많이 수탈해야 했을 것이다.

한편, 사회경제적 변동은 관료의 물질적 욕구를 조장했다. 17세기 말부터 금속화폐 사용량이 증가하고, 18세기부터 사치품이 유행하자 관료의 재욕은 점점 더 커졌다. 관료는 선물과 뇌물을 더 많이 받았고, 백성에게 남은 약간의 잉여도 빼앗았다. 정약용은 『여유당전서』 중의 「감사론」에서 고을 수령을 '작은 도적'으로, 도 관찰사를 '큰 도적'으로 묘사했고, "큰 도적이 없어지지 않으면 백성은 모두 죽는다"고 언급했다.[9] 또, 조선 말기의 문신이었던 정기우는 관리나 양반이나 부자가 백성을 어육(魚肉)으로 본다고 기록했다.[10] 19세기 말에 한국을 방문했던 서양인들도 관료의 배임과 횡령을 누누이 지적했다.[11]

지방 수령이 백성을 수탈하여 재산을 마련하게 되자 백성의 근로 의욕은 낮아졌고, 지방 수령의 재임기간이 짧아지자 사회간접자본은 허약해졌다. 경상도 제언(저수지)의 폐쇄와 신축을 살펴보면 1470-1767년에는 폐쇄와 신축이 472개와 763개로 신축이 더 많았고, 1767-1832년에도 각각 185개와 417개로서 신축이 더 많았지만, 1832-1895년에는 각각 342개와 156개로서 폐쇄가 더 많았다. 전라도의 사정은 달랐던 듯하지만, 19세기 후반에 제언이 감소하는 것은 경기도에서도 마찬가지였다. 수령이 제언의 수축에 무관심하자 농민은 스스로 관개시설을 만들었지만, 그것들은 몽리면적이 작았고, 내구성이 약해서 쉽게 허물어졌다.[12)]

본업과 말업

민간의, 그들의 삶의 조건을 개선하려는 노력은 정부의 간섭이 크다고 해도 결코 소멸하지 않는다. 그리하여 정부가 무능하게 될 때 민간 내부에서 그것을 보완하는 움직임이 일어나면, 근로 의욕도 유지되고 공공재도 공급된다. 하지만 조선 조정의 상업을 억제하는 정책은 민간의 그러한 노력이 성과를 거두기 어렵게 했다. 조정은 성리학의 이론에 따라 직업을 본업과 말업(末業)으로 구별했다. 그것에 따르면, 사(士)와 농(農)은 본업이었는데, 그것이 본업인 것은 사와 농은 사익을 추구하지 않는 직업이어서 성리학의 덕성을 갖추는 데 지장을 주지 않기 때문이었다. 공(工)과 상(商)은 말업이었는데, 그것이 말업인 것은 공과 상이 사익을 추구하는 직업이어서 덕성을 갖추지 못하게 방해하기 때문이었다.[13)]

그렇다고 해서 조선 조정이 백성으로 하여금 말업에 종사하지 못하게 한 것은 아니었다. 그것은 장인(匠人)이 있어야 농기구가 생산되었고,

상인이 있어야 백성이 스스로 생산하지 않는 것도 사용할 수 있었기 때문이었다. 그리하여 조정은 지방관에게 명령하여 방방곡곡에 장시를 열게 했고, 그곳에서 백성이 생산물을 교환할 수 있게 했다. 19세기에는 많은 군현에 평균 다섯 개 정도의 오일장이 있었고, 이웃하는 여러 장시가 장날을 서로 달리하며 연계되었다.[14] 장시에 상설점포는 없었지만, 장시가 열리는 장소는 바뀌지 않았는데, 행상과 그 지역의 농민과 수공업자들이 장날에 장시에 상품을 가지고 왔고 서로 교환했다. 상설점포가 없었던 만큼 신용거래는 적었고 화폐와 직접 교환되었다.

행상은 도매상인에게서 상품을 구매해서 장시에 판매하기도 했고, 또 그 장시에 나온 상품을 구매해서 자신의 상품을 늘렸으며, 장시에서 매입한 특산물을 도매상인에게 판매했다. 행상은 자금이 적었기 때문에 도매상인에게서 그 지역 특산물을 매입할 자금을 대부받기도 했고, 도매상인의 상품을 외상으로 구매하기도 했다. 도매상인은 객주, 여각, 선주인(船主人), 시전 등으로 이루어졌는데, 이들은 포구나 도시에 거주했고, 직접 또는 행상을 이용해서 상품을 매입했으며, 그 상품을 포구에서 포구로 수송했고, 마지막에는 도시에서 그 상품을 직접 또는 행상에게 판매했다. 내륙에서 상품이 뭍길보다 뱃길로 많이 이동한 것은 도로가 발달하지 않았기 때문이다.

조선 조정은 상공업이 필요함을 알았고 지방관으로 하여금 장시를 보호하게 했지만, 상공업을 적극적으로 육성하지는 않았다. 조정은 상공업을 장려하면, 예를 들어 상업을 육성하면, 농민은 농업을 그만두고 상인이 되고, 또 상인은 돈을 버는 데 더 혈안이 되기 때문에, 백성이 점점 더 덕성을 잃어버릴 것이라고 믿었다. 그리하여 상업은 그것의 이익이 지나치게 많지 않은 범위 내에서만 허용되었다. 말하자면, 행상이 활동하는 지방 상업은 비교적 자유로웠지만, 도매상인이 활동하는 원격지 상업은 통제되었다.

원격지 상업은 무역과 함께 발달하게 되는데, 조선 시대 무역은 조공이 그 바탕이었다. 조선은 청에 조공했고, 대마도의 조공을 받았다. 그 밖에 일본과는 동래에서, 청과는 중강, 경원, 회령에서 상인이 사무역을 했지만, 조선 조정은 사무역으로 인해 백성의 생활필수품이 많이 수출되어 국내 공급량이 부족하게 되거나, 사치품이 많이 수입되는 것을 원하지 않았기 때문에 무역량을 가능한 한 억제했다.[15] 또, 국내적으로는 조정이 도로와 포구를 정비하는 데 관심이 적었기 때문에 상품을 원격지로 수송하는 데에는 비용이 매우 많이 들었고, 관료가 상인에게서 자의적으로 징세했기 때문에 상인에게 자본이 축적되지 않았다. 그리하여 원격지 상업에서의 거래량은 적었고, 금융, 보관, 운송, 보험의 기술은 발달하지 못했다. 한성의 경강(京江) 상인, 개성의 송상(松商), 의주의 만상(灣商)과 같은 민간상인 집단이 형성되었지만, 위에서 열거한 여러 가지의 제약조건 때문에 상인계층은 미약했다.

화폐

조선 조정이 상공업의 필요성을 알면서도 상공업이 지나치게 발달하지 않도록 항상 경계했던 것은 화폐 정책에서도 잘 나타났다. 조정은 건국 초기부터 화폐 정책을 논의했는데, 그 목적은 조정이 화폐 발행을 독점하고 화폐 사용에서 오는 이익을 모두 취하는 것이었다. 그럼에도 불구하고 15-16세기에는 화폐가 거의 발행되지 않았고, 대부분의 거래에서 물품화폐가 사용되었는데, 그것은 화폐의 소재가 부족했기 때문이다. 조정이 저화(지폐)를 발행하기도 했으나, 민간은 그것을 신뢰할 수 없었고, 달가워하지 않았다. 조정이 화폐를 발행하여 그 이익을 거두려면 화폐 소재를 수입해야 했지만, 조선은 수출품이 매우 부족했다.[16)]

그런데 임진왜란, 정묘호란, 병자호란을 겪으면서 생산력이 하락하고 그로 인해 재정 수입이 많이 줄어들자, 조선 조정은 화폐를 발행하지 않으면 안 되었다. 그리하여 1620-1630년대에 조선통보를 발행했으나, 화폐의 소재를 많이 수입하지 못했기 때문에, 화폐 발행량은 여전히 적었다. 그런 중에 17세기 후반에 사정이 크게 바뀌었다. 명이 멸망한 직후에 정성공(鄭成功)과 그를 지지하는 한족의 유민이 대만에 거점을 만들고 청에 항거하자, 청 조정이 바다를 통한 무역을 금지했고, 그 때문에 청과 일본이 직접 무역할 수는 없게 되었다. 그리하여 조선 상인이 청 상인과 일본 상인을 중개했는데 이윤이 꽤 많아서 한국에 은이 많이 들어왔고, 조정은 그 은으로 구리와 주석을 수입할 수 있었다. 조정은 1689년에 상평통보라는 금속화폐를 대량으로 발행했다. 화폐가 늘어난 만큼 생산물에 대한 수요가 증가했고 생산량도 증가했다. 또 조정은 주조차익을 얻을 수 있었다.

그런데 조선 조정은 1697년부터 1741년까지 화폐를 주조하지 않았다. 18세기 초부터 청과 일본 사이의 중개무역이 감소하기는 했지만, 1730년까지는 은의 연평균 유입량이 꽤 많았기 때문에,[17)] 그 기간에 화폐 소재를 수입할 수 없었던 것은 아니었다. 그보다는 18세기 초에 백성의 물질적 생활이 어느 정도 안정되자 화폐를 유통시킬 절박함이 없어졌고, 한편에서 화폐 유통에 대한 반대 의견이 커졌기 때문이다. 그 반대 의견은, 상인이 되려는 자가 늘어나고 고리대가 많아지고 지방관의 수탈이 늘어나서, 농업이 위축된다는 것, 도적이 늘어난다는 것, 화폐의 많고 적음이 귀하고 귀하지 않음의 표준이 된다는 것 등이었다.[18)]

화폐를 발행하지 않게 되자, 화폐의 가치가 점점 높아졌다. 즉, 상평통보 1전으로 살 수 있는 상품의 양이 점점 늘어났다. 그러자 자산가들은 화폐가치가 더 높아질 것으로 기대했고, 화폐를 유통시키지 않고 저장했다. 화폐가치는 더 높아졌다. 상거래 및 조정에 납부하는 세금의 상당 부분이 화폐를 사용하도록 이미 바뀌었기 때문에, 화폐의 가치가 높아지자, 백성은 화폐를 구하기 위해 지나치게 많은 생산물을 팔아야 했다. 조정은 그 폐해를 줄여야 했고, 1742년에는 화폐 주조를 재개했다.

조선의 중개무역 수입(收入)이 1730년대에 크게 감소했고, 1752년 이후에는 거의 없어졌다.[19)] 조선 조정은 주조 원료인 구리와 주석을 일본에서 수입(輸入)했는데, 중개무역이 감소하자 일본에서 주조 원료를 수입하려면 국내에 저장 또는 매장되어 있는 은을 사용해야 했다. 조정의 입장에서 은을 국외로 유출하는 것은 바람직하지 않았기 때문에 통화량을 늘리기 위해서는 은화를 주조해야 했다.[20)] 그런데 18세기 후반에 중국과의 무역수지는 조선의 적자였고, 조정은 사치품 수입 때문에 적자가 된다고 이해했다. 그런데 은화를 주조하면 사치품 수입이 늘어나고 상업이 발달할 뿐, 농업에 도움이 되는 것은 아니라고 판단했다.

조선 조정의 화폐 정책은 본업을 발달시키고, 성리학적 덕성을 갖추는 일에 종속되었기 때문에, 필요한 최소한의 동전을 발행하는 수준을 넘어서지 못했던 것이다. 그런데 동전은 가치에 비해 지나치게 무거웠다. 이영훈에 의하면 말 한 필에 동전 200냥 또는 면포 100필을 실을 수 있었는데, 양자의 가치가 거의 같았다.[21] 즉, 동전이 풍부하지 않았을 뿐 아니라 그 무게 때문에도 고액거래를 하기는 어려웠다. 조정의 상업 및 화폐 정책은 원격지 상업을 저해했다.

원격지 상업이 부진하자 조선은 국제 분업의 이점을 조금밖에 누리지 못했다. 분업이 발달하면, 생산자는 가장 효율적인 생산 방법이 사용되고 있는 상품은 계속해서 생산하고, 그렇지 않은 상품은 그만 생산하게 되는데, 그리하여 생산성이 높아진다. 이런 식으로 몇 가지의 생산물에 전문화하면 생산 규모가 커지고, 규모가 커지면 자원을 더 효율적으로 사용할 여지가 생겨 생산성이 더 높아진다. 또, 시장에서는 조금이라도 더 효율적으로 생산된 생산물만이 팔리기 때문에 생산자는 가장 효율적인 생산 방법을 스스로 채택하게 되고, 그 결과로 생산성이 더 높아진다. 그런데 조선에는 원격지 상업이 부진하자 그 효과도 미미했다. 공장이 건설되고 기계가 설치되고, 공장 노동자가 분업하며 생산하기 이전의 사회에서는 전문화, 규모의 경제, 가장 효율적인 생산 방법의 채택을 통해서 생산성이 높아졌는데, 조선은 원격지 상업이 발달하지 못하여 그 효과를 조금밖에 얻지 못했던 것이다.

상업이 부진했기 때문에 백성에게 미치는 수탈의 충격은 더 컸다. 상업이 분업을 촉진하면 백성의 공업 생산이 증가하는데, 작업장에서 행해지는 공업 생산은 경지에서 행해지는 농업 생산과 달리, 지방관이 과세 원천을 파악하기 어려웠기 때문에, 상업이 발달하면 농가가 농산물을 철저히 수탈당하는 중에도 어느 정도의 잉여를 남길 수 있었다. 하지만 조선의 농민은 이런 기회를 가지지 못했고, 농민은 수탈에 극도로

시달렸던 것이다.

구휼 정책

생산력이 후퇴하는 중에 조선 조정의 구휼 정책은 조금씩 진전했다. 우선 진휼청이란 빈민 구호기관의 변동에서 그것을 알 수 있다. 진휼청은 1511년에 처음 설치되었는데, 그것은 그 해가 금주령이 내려질 정도로 극심한 흉년이었기 때문이다. 그 후 한동안은 기근이 진정되면 진휼청을 폐지했고 기근이 들면 다시 설치되어 빈민을 구제했지만, 설치되어 있는 기간이 점차 길어졌고, 1746년에 발행된 『속대전』에는 진휼청이 상설기관으로 기록되었다.

걸식 아동에 대한 규정에서도 구휼 정책의 변화를 알 수 있다. 『경국대전』 혜휼조에 버려진 아이는 관아가 나서서 입양시킨다는 조항이 있었으나 어떻게 입양하는지 구체적인 일은 규정되지 않았다. 그러다가 1695년의 「진휼청임시사목」에는 버려졌거나 걸식하는 아동의 입양 방법과 그 중에 발생하는 비리에 대한 벌칙이 구체적으로 규정되었다. 나아가서 「진휼청임시사목」에는 버려졌거나 걸식하는 아동은 노비나 고공으로 입양되게 되어 있었으나 1783년에 제정된 「자휼전칙(字恤典則)」에는 일부의 아동은 진휼청이 직접 거두어 기르고, 아동을 입양시킬 때에도 그 부모에게 약간의 식량을 제공하게 바뀌었다. 1784년에 기근이 수그러들자 지방관이 구휼에 소홀했지만, 「자휼전칙」은 흉년시의 아동 구휼의 원칙으로 조선 말기까지 지속했다.[22]

그렇지만 조선 조정의 빈민 구휼사업은 병들었거나 굶주리는 백성이나 버려졌거나 걸식하는 아동을, 그것도 흉년에 한해서 구제하는 것이었기 때문에, 생산력이 후퇴하는 중에 빈곤은 매우 심각했을 것이다.

교육

빈곤에도 불구하고 조선의 교육 수준은 점차 높아졌다. 조선 전기에는 초등교육이라도 과거에 응시할 사람만 받았지만, 조선 후기에 이르러 과거에 응시하지 않는 사람도 초등교육을 받게 되었다.[23] 서당에서 처음 배우는 교과서가 천자문이었으므로 천자문의 판본을 살펴보면 서당 입학생의 수, 즉 초등교육을 받는 사람의 변화를 짐작할 수 있다. 현존하는 천자문에 대한 권오석의 연구에 따르면, 16세기의 것이 2종, 17세기의 것이 14종, 18세기의 것이 6종, 19세기의 것이 12종이고, 셋을 제외한 나머지는 모두 목판이다.[24] 16세기 말에 임진왜란이 일어나 원판이 훼손되었을 것이고, 17세기는 16세기보다 1세기나 더 현재에 가까우므로 16세기의 판본보다 17세기의 판본이 더 많이 남는 것은 자연스러울 것이다. 그 때문에 2종에서 14종으로 판본이 급증했다고 해서 17세기에 16세기보다 서당의 학생 수가 증가했다고 단정하기는 어렵다. 또, 17세기의 목판을 18세기에도 사용했을 것이므로 18세기에 판본이 적어졌다고 해서 18세기에 학생 수가 감소했다고 단정할 수는 없다. 즉, 천자문의 판본으로는 16-18세기의 서당 입학생 수의 변동을 추리하기 어렵다. 그런데 18-19세기는 그 변동을 짐작해 볼 수 있다. 18세기의 천자문이 모두 목판이었으므로 19세기에도 사용했을 것인데 그런 중에도 19세기에 판본이 6종이나 증가한 것은 18세기보다 19세기에 입학생이 증가한 것을 반영한다고 할 수 있을 것이다. 아울러 그 무렵에 중인 출신의 서당 훈장이 증가했는데, 이것은 19세기에 서당 입학생 수가 늘었다는 것과 어울린다.[25)]

그와 아울러 19세기에는 취학기간이 길어졌다. 서당의 교육 과정은 천자문으로 글자를 배우는 것에서 출발하여, 사자소학 또는 추구(推句), 명심보감 또는 동몽선습, 통감을 차례로 배웠고, 마지막에 소학을 배웠다. 천자문부터 소학까지 모두 배우게 되면 수학 연한이 4년을 넘었다. 그런데 소학의 판본은 17세기의 것이 9종, 18세기의 것이 13종, 19세기의 것이 17종으로 점차 증가했고, 또 소학의 전체 판본 중의 목판의 비중이 17세기에 44%, 18세기에 54%, 19세기에 59%로 커졌다.[26)] 시간이 흐를수록 판본이 증가하고 그와 아울러 목판의 비중이 커진 것은 소학에 대한 수요가 늘어난 것을 나타내는데, 소학에 대한 수요가 증가하는 것에서 19세기에 수학기간이 길어졌다고 추측할 수 있다.

1866년의 병인양요에 참전했던 프랑스 해군 소위 후보생 장 앙리 쥐베르(Jean Henri Zuber)는 조선에는 최소한 초보적 교육은 널리 보급되어 있는 듯하고, 글을 읽을 줄 모르는 사람이 매우 드물며, 아무리 가난한 집이라도 종이와 책은 갖추고 있는데, 글을 읽을 줄 모르면 다른 이들의 멸시를 받기 쉽다고 기록했다.[27)] 쥐베르는 강화도에만, 그것도 잠깐 머물렀을 뿐인데 그 짧은 기간에 그의 눈에 그렇게 비추어졌던 것은 당시에 그만큼 교육이 보급되어 있었기 때문일 것이다.

생산력이 후퇴하는 도중에도 교육이 보급되었던 것은 스스로 계산해서 농사를 짓는 독립적인 농민이 증가했기 때문이다. 그 증거의 하나의 조건은 소가족의 가족노동력만으로도 농사를 지을 수 있도록 농사

기술이 바뀐 것이었다. 독립적인 농민이 가족노동력만으로 때를 놓치지 않고 농사를 지으려면 우선 농구가 다양하게 개발되어 작업 시간을 줄일 수 있어야 했다. 우하영은 『천일록』에 18세기 말의 농법을 자세히 기록했는데, 그것에 의하면 18세기 말의 독농가는 17종의 농구를 가졌다. 그에 비하면 15세기 중반에는 경작 규모가 큰 양반도 농구를 7종밖에 가지고 있지 않았다. 이 두 기록만으로 단정할 수는 없으나, 차이가 매우 크므로 농구가 꽤 증가했다고 판단해도 될 것이다. 그뿐 아니라 농구가 개선되었다. 15세기 초의 농사 기술을 정리한 『농사직설』에는 소 두 마리가 끄는 쟁기가 표준이었으나, 『천일록』에는 경기도 북부와 강원도를 포함하는 그 이북은 두 마리가 끄는 쟁기가 여전히 표준이었지만, 나머지 지역에서는 한 마리가 끄는 쟁기가 표준이었다고 기록되어 있다. 농구가 개발되어 노동 시간을 절약하게 되자 가족노동력만으로도 경작할 수 있게 되었고, 쟁기를 끄는 데 소가 적게 필요하게 바뀌자 지주나 대농에게 의지하지 않거나 적게 의지하게 되었다.[28)]

또 하나의 조건은 대동법이라는 조세제도가 시행되고 장시가 증가하여 농민이 그 이전보다는 생산물의 종류를 줄일 수 있게 되었던 것이다. 16세기 말까지 농민은 그 농가에 할당된 특산물을 생산해서 조정과 지방 관청에 바쳐야 했다. 17세기 초에 대동법이 시행되었고 점차 확산되었는데, 농가는 그때부터 특산물 대신에 쌀을 바치면 되게 되었다. 그리하여 한 농가가 생산하는 생산물의 종류는 그 이전보다 감소했다. 한편, 임진왜란 이후에는 그 이전보다 교환경제가 발달했다. 조선 조정이 장시를 장려하고 화폐를 발행한 것이 큰 이유였는데, 15세기 말에 삼남지방에서 출현한 장시가 17세기 초에는 경기도 지방에서도 열렸고 17세기 말에는 산촌에서도 열렸다. 장시의 수도 증가하여 1770년에는 1,062곳으로 증가했다. 또, 16세기 말에는 장시 사이에 연계가 발달하지 않아서 인근 지역의 장시가 같은 날에 열리기도 했으나 18세기 말에는 중복되지 않게 되었다.[29] 그리하여 전국의 거의 모든 백성이 필요한 상품과 화폐를 구하기 위해서 오래 기다릴 필요가 없게 되었고, 그날 중에 장시에 다녀올 수 있게 되었다. 농가 생산물의 종류가 줄어들자, 농가는 소가족의 노동력만으로도 재생산되게 되었다.

위와 같은 변화의 끝에 자산이 적은 소가족도 독립할 수 있게 되었고, 그 결과로 예속 농민은 줄었고 독립 농민은 증가했는데,[30] 독립 농민은 예속 농민에 비하면 거래할 일이 잦았고, 예의를 알아야 했다. 이런 결과로 배운다고 해서 출세할 수 있는 것은 아니었지만 서당 교육을 받는 사람의 수가 늘어났던 것이다.

서당의 교육 목표는 상급 교육기관에 진학하는 것, 한문 독해력을 습득하는 것, 유교에 대한 초보적 지식을 배우는 것, 일반 교양을 갖추는 것, 예의범절과 관혼상제의 규칙을 배우는 것이었고, 교육 내용은 천자문과 여러 유교 경전의 강독, 시문을 짓는 일, 서예였다.[31] 그런데 학생 수가 늘어나고 학생 중에 중인과 상민의 비율이 높아지자, 서당 교과서가 다양하게 되었다. 『아희원람(兒戲原覽)』과 『몽유편(蒙喩篇)』은 순조 및 그 무렵에 편찬된 초등교육 교재 중의 두 가지였는데, 그 두 책은 실제 생활을 학습 대상으로 삼았다. 두 교과서는 동식물, 기상, 인체 명칭, 의식주와 관련된 구체적인 지식을 소개했으며, 『아희원람』은 한 발 더 나아가 교통 수단, 상업 활동 공간, 선박, 수레, 시장, 돈, 도량형 등 경제생활에 대해서도 언급했고, 우리 민족의 역사, 조선의 국토, 조선의 전래

민속을 중시했다. 또, 당시의 다른 교과서는 조선 역사를 소개하지 않거나, 『동몽선습』처럼 중국사를 먼저 다루고 교과서의 마지막에서 조선 역사를 소개했지만, 『아희원람』은 그와 반대로 조선 역사를 먼저 다루고, 중국사를 제일 마지막에서 소개했다.[32] 『아희원람』이나 『몽유편』과 같은 교과서가 얼마나 사용되었는지 알 수 없지만, 교육 내용에 변화가 일어났던 것은 알 수 있는데, 상민의 교육 수요가 증가했던 것을 잘 나타낸다.

가능성

교육이 인민을 계발하기도 했지만 마찬가지로 독립적인 경영도 인민을 계발했다. 독립 농민은 예속 농민보다 토양, 품종, 비료 등을 더 정확하게 이해해야 했으며, 더 자주 매매해야 했고, 또 자기 계산으로 매매하기 때문에 시장도 더 잘 알아야 했다. 또 재배업은 자연재해에 취약하여 농가경제가 불안정하게 되기 쉬웠기 때문에, 독립 농민은 자기 계산으로 다각 경영을 해야 했고 농가 수공업을 병행해야 했다. 그들은 그런 중에 사물과 사회를 더 넓고 깊게 이해하게 되었다.

19세기 말을 전후한 기간에 한국을 방문했던 외국인들은 한국인의 지적 능력이 중국인과 일본인에 비해 못하지 않다고 기록했다. 새비지-랜도어는 한국인의 외모는 흐리멍덩하고 답답하게 보이지만 신속한 이해력과 현명한 추리력을 가졌으며, 지식을 단기간에 습득하는 것에 놀랐다고 했다. 또, 새비지-랜도어, 비숍, 홀은 한국인의 언어 습득 능력이 좋다고 지적했고, 비숍, 헐버트, 묄렌도르프, 그렙스트는 한국인의 기술

습득 능력이 좋다고 언급했다.[33] 19세기에 경제가 후퇴하는 중에도 독립 농민이 늘어나고 교육을 받은 사람이 증가하여 인적 자원은 만들어지고 있었던 것이다.

19세기 말의 외국인의 기록 중에는 한국 사회와 한국인의 무기력함을 강조하는 기록이 더 많았다.[34] 그런데 시장경제가 발달하지 못하여 이익을 얻을 기회가 적었고, 관료가 가혹하게 수탈하여 이익을 얻어도 투자할 수 없었기 때문에, 그들에게 무기력하게 보였지만, 그 내부에서는 인적 자원이 만들어지고 있었던 것이다. 이사벨라 비숍은 1894-1897년에 한국을 네 차례나 방문했고, 한반도 남부의 부산항으로 입국하여 북부를 거쳐 시베리아까지 여행했는데, 그는 시베리아로 이민을 간 한국인의 주체성, 독립심, 강인함, 근면성, 농업적 성공에 깊은 인상을 받았고, 그들의 생활을 자세하게 묘사했으며, 한국인 이민자에게서 그러한 특성을 발견한 결과, 한때 한국인이 세계에서 가장 열등한 민족이 아닌가 의심했던 자신의 견해를 수정하게 되었다고 언급했다.[35] 인적 자원이 만들어지고 있었던 것과 비숍의 관찰을 결합하면, 한국의 기술과 제도와 사회 이념이 바뀌면 경제적 성과도 높아질 것이었다.

1) 內部警務局, 『民籍統計表』, 京城: 內部警務局, 1910; 이헌창, 「『민적통계표』의 검토」, 『고문서연구』 9호, 한국고문서학회, 1996, pp. 503-504에서 재인용. 표 2와 그 이후의 설명을 참조하여 표 3의 상업과 농업을 교체했음.

2) 김재호, 「전통적 경제체제의 전환: 재분배경제에서 시장경제로」, 이대근 편, 『새로운 한국경제 발전사』, 나남, 2005, p. 109.

3) 우대형, 「조선전통사회의 경제적 유산: 낙성대 경제연구소의 연구성과를 중심으로」, 『역사와 현실』 68호, 한국역사연구회, 2008, p. 280.

4) 박섭 · 이영훈, 「한국의 농업통계」, 낙성대경제연구소 WP2007-4, 2007.

5) 권태환 · 김두섭, 『인구의 이해』, 서울대학교 출판부, 1990, p. 233.

6) 박희진 · 차명수, 「조선 시대와 일제시대의 인구변동」, 『수량경제사로 다시 본 조선후기』, 서울대학교 출판부, 2004, p. 17.

7) 정석종, 「이익의 『성호새설』」, 『실학연구입문』 중판, 일조각, 1983, pp. 92-93.

8) 류시원, 『조선 시대 서울시장은 어떤 일을 했을까』, 한국문원, 1997, pp. 221-278.

9) 한영우, 「정약용의 『여유당전서』」, 『실학연구입문』 중판, 일조각, 1983, pp. 344-346.

10) 鄭基雨 지음, 鄭萬朝 편집, 『雲齊遺稿』, 1918; 황묘희, 「동학의 근대성에 대한 고찰」, 『민족사상』 창간호, 한국민족사상학회, 2007에서 재인용.

11) 정연태, 『한국 근대와 식민지 근대화 논쟁: 장기 근대사론을 제기하며』, 푸른역사, 2011, pp. 146-150.

12) 최원규, 「조선후기 수리기구와 경영문제」, 『국사관논총』 39집, 국사편찬위원회, 1992, pp. 221-222. 정수환, 「『朝鮮地誌資料』에 나타난 경기도 수리시설의 현황과 특질」, 『역사와 실학』 39호, 역사실학회, 2009, p. 147. 이우연, 『한국의 산림소유제도와 정책의 역사, 1600-1987』, 일조각, 2010, 제3장. 허수열, 『일제초기 조선의 농업: 식민지근대화론의 농업개발론을 비판한다』, 한길사, 2011, 제2, 3장.

13) 양선아, 「19세기 궁방의 간척: 부안 삼간평 용동궁 장토를 중심으로」, 『한국문화』 57호, 서울대학교 규장각 한국학연구원, 2012. 김경옥, 「조선시기 교동사람들의

입도와 축동 · 제언을 통한 토지개간」, 『島嶼文化』 32호, 국립목포대학교 도서문화연구원, 2008.

14) 고동환, 「상업과 도시」, 한국사연구회 엮음, 『새로운 한국사 길라잡이』 상권, 지식산업사, 2008. 김동철, 「18세기 후반-20세기 전반 기장지역의 시장권」, 『지방사와 지방문화』 13-1호, 역사문화학회, 2010. 허영란, 「근현대 울산지역 장시 변동과 지역질서의 재편」, 『역사와 경계』 81호, 부산경남사학회, 2011.

15) 김정미, 「조선후기 대청무역의 전개와 무역수세제의 시행」, 『한국사론』 36호, 서울대학교 국사학과, 1996. 이철성, 『조선후기 대청 무역사 연구』, 국학자료원, 2000, 제1장. 유승주 · 이철성, 『조선후기 중국과의 무역사』, 경인문화사, 2002, 제1장. 김양수, 「조선후기 역관의 중개무역과 왜관유지비」, 『실학사상연구』 32호, 무악실학회, 2007.

16) 박평식, 「조선전기의 화폐론」, 『역사교육』 118호, 역사교육연구회, 2011.

17) Tashiro Kazui, "Exports of Japan's Silver to China via Korea and Changes in the Tokugawa Monetary System during the 17th and 18th Centuries," Eddy Van Cauwenberghe, ed., *Precious Metals, Coinage and the Changes of Monetary Structures in Latin-America, Europe and Asia*, Leuven: Leuven University Press, 1989.

18) 원유한, 『조선후기 화폐사』, 혜안, 2008, pp. 161-181.

19) Tashiro, 앞의 글. 박재희, 「조선후기 대청무역구조변화와 그 추이 -18세기 후반 은가(銀買) 상승을 중심으로-」, 『실학사상연구』 25호, 무악실학회, 2003.

20) 원유한, 앞의 책, p. 147.

21) 이영훈, 「18세기 조선왕조의 경제체제」, 나카무라 사토루 · 박섭 엮고 지음, 『근대 동아시아 경제의 역사적 구조』, 일조각, 2007, p. 69.

22) 최원규, 「조선후기 아동구휼에 관한 일 연구: 정조시〈자휼전칙〉을 중심으로」, 한국사회복지학회, 『한국사회복지학』 12권, 1988. 김순남, 「조선 초기 진휼사신(賑恤使臣)의 파견과 진휼청(賑恤廳)의 설치」, 『조선시대사학보』 41호, 조선시대사학회, 2007.

23) 우용제, 「조선후기 서당교육의 양면성」, 『근대한국초등교육연구』, 교육과학사, 1998.

24) 권오석, 「서당교재에 관한 서지적 연구」, 『서지학연구』 10호, 서지학회, 1994.

25) 김애자, 「조선 시대 장혼의 아동교육관과 초학교재 내용에 관한 연구」, 『미래유아교육학회지』 10-4, 2003.

26) 권오석, 앞의 글.

27) 프레데릭 불레스텍스 지음, 이향 · 김정연 옮김, 『착한 미개인 동양의 현자』, 청년사, 2001, pp. 115-116.

28) 우하영 지음, 사리원 농업대학교 옮김, 『천일록』, 농업출판사, 1964, pp. 96-97, 138-192. 민성기, 『조선농업사연구』, 일조각, 1988, pp. 77, 95. 이호철, 「조선전기 농법의 전통과 변화」, 『농업사연구』 3호, 한국농업사학회, 2004.

29) 한상권, 「18 세기말-19세기초의 장시발달에 대한 기초연구: 경상도지방을 중심으로」, 『한국사론』 7호, 서울대학교 국사학과, 1981.

30) 이영훈, 「한국사 시대구분론: 한국사에 있어서 근대로의 이행과 특질」, 『경제사학』 21호, 경제사학회, 1996.

31) 권오석, 앞의 글, pp. 943, 948.

32) 김애자, 앞의 글.

33) 정연태, 「19세기 후반 20세기 초 서양인의 한국관: 상대적 정체성론 · 정치사회 부패론 · 타율적 개혁불가피론」, 『역사와 현실』 34권, 한국역사연구회, 1999, p. 167.

34) 김성우, 「조선시대 농민적 세계관과 농촌사회의 운영원리」, 『경제사학』 41호, 2006.

35) Isabella Bird Bishop, *Korea and her Neighbours*; 이인화 옮김, 『한국과 그 이웃나라들』, 살림, 1994, 제19장 시베리아의 한국인 정착민들.

03

개항과 정부 개혁의 실패

03

개항과 정부개혁의 실패

계산된 도발

18세기 말부터 영국과 프랑스의 군함이 한반도 해안을 탐사하기 시작했는데, 청이 영국과의 전쟁(아편전쟁, 1840-1842년)에서 패배한 후에는 영국, 프랑스, 미국의 군함과 상선이 한반도 해안에 자주 나타났다. 이들은 한국의 배와 모양이 다르다는 뜻에서 이양선으로 불렸는데, 그들의 목적은 피난처를 마련하고, 항해중의 물자를 보급하고, 통상 및 선교하는 것이었다. 그런데 그 무렵에 영국은 인도와 중국에, 프랑스는 인도차이나 반도와 중국에 관심을 가졌으며, 미국은 남북전쟁의 뒤처리를 해야 했고 서부 개척에 열중했다. 또, 한국은 자원의 공급지로서도 생산물의 소비지로서도 그다지 매력적이지 않았다.[1)] 매디슨은 1870년에 한국의 국내총생산(GDP)이 청의 약 6%였다고 추계했는데, 그 값을 완전히 신뢰할 수는 없지만, 열강의 관심을 끌기에는 한국의 경제 규모가 작았던 것은 사실일 것이다.[2)]

조선 조정은 1842년에 영국이 남경과 상해를 점령했던 사건의 중요성은 충분히 알지 못했으나, 1858년에 영국과 프랑스가 북경을 점령한 것은 심각하게 받아들였고, 조정도 통상의 필요성을 이해했지만 어떻게 행동해야 할지 알지 못했다.[3] 한편, 미국이 도쿄 앞바다에서 함선과 포의 위력을 과시하는 것만으로 일본의 항복을 끌어냈기 때문에 프랑스와 미국은 조선에 대해서도 그 정도의 무력으로 항복을 받을 수 있을 것으로 판단했으며, 조선의 가치를 그렇게 높게 계산하지도 않았기 때문에 조선을 개항시키기 위해서 많은 군인을 동원할 의사는 없었다. 그에 비해 조선 조정은 프랑스와 미국의 무력에 항복해서는 안 된다고 판단했고, 매우 단호히 저항했다. 그리하여 조선은 1870년대 전반까지 개항하지 않았다. 즉, 사대교린의 국제 관계를 넘어서지 않았다.

일본은 1868년의 메이지 유신 이후에 천황이 친정했고, 그때부터 천황의 이름으로 국서를 보내게 되었다. 그러자 조선 조정은 사대교린의 예의에 맞지 않는다고 판단하여 국서를 접수하지 않았고, 그때부터 조선과 일본은 외교가 중단되었다. 시간이 흐르는 중에 일본은 조선과의 통상에 점차 적극적으로 바뀌었다. 한국을 굴복시켜 일본에 유리한 조약을 맺으면 일본의 지정학적 위치를 개선할 수 있었고, 메이지 정부에 대한 국민의 지지도 높일 수 있었기 때문이었다. 열강은 조선과 통상조약을 맺으려는 일본의 계획에 찬성했는데, 일본이 동아시아의 약소국이어서 그 계획에 성공한 후에 그들의 이익을 손상할 염려는 없어 보였기 때문이다. 매디슨의 추계를 한 번 더 사용하면, 1870년에 일본이 1인당 국내총생산은 청의 약 2.5배였고, 러시아와는 거의 같았지만, 인구가 적었기 때문에 국내총생산은 청과 러시아 각각에 대해 약 3할에 지나지 않았다. 열강은, 일본이 조약을 맺은 후에 일본과 조선의 통상조약에 준해서 조선과 통상조약을 맺으면 족하다고 판단했다.[4]

한편, 조선 조정은 흥선 대원군이 물러나고 고종이 친정한 이후에 일본과의 외교를 재개하려 했고, 일본 정부의 국서를 조선 조정이 접수할 수 있는 조건에 대해 일본과 조선의 양자가 논의하기를 바랐다. 그런데 일본 정부는 조선과 평등외교를 하지 않으려 했기 때문에 조선 조정과의 교섭에는 불성실하게 대응했고, 조선을 무력으로 굴복시킬 수 있는 조건을 탐색하기 시작했다. 일본 정부는 한성의 외항 부근에서 무력시위를 하여 조선 군대의 포격을 유도하고, 조선 군대가 포격하면 그것을 기화로 조선을 공격하고, 그 이후 열강에게는 조선의 선제공격을 널리 알려 지지를 얻고, 조선과 불평등 조약을 맺어 한반도에 그들의 거점을 만들 계획을 세웠다. 일본 정부는 1875년 9월에 그 계획을 실행했고, 사건은 일본 정부의 계획대로 진행되었다.[5)]

불평등 조약

일본 정부가 1876년 1월에 부산에 군대를 보내어 조약을 맺을 것을 요구하자, 흥선 대원군과 유림은 반대했지만, 박규수와 오경석 등의 개화파와 민씨 일파는 개항에 찬성했다. 민씨 일파가 찬성한 것은, 쇄국을 유지하면 민씨 일파가 실각하고 다시 대원군이 집권할지도 모른다고 생각했기 때문이었다. 청의 이홍장(李鴻章)은 조선 조정에 개항할 것을 권했는데, 그것은 조선에 대한 청의 종주권을 과시하기 위해서였다. 조정은 일본 정부와 조약을 맺기 위한 교섭을 시작했고, 그 조약이 구미의 문물을 받아들이고 조선의 국력을 강화하는 계기가 될 것으로 기대했지만, 한편에서 일본과의 교린관계를 회복한다고 믿었기 때문에, 협상에 신중하지 않았다. 일본 정부와 단지 1개월 교섭하여 1876년 2월에 「조일수호조규」를 맺었는데, 조선 조정의 기대를 채우기에는 조약이 매우 부실했다.

「조일수호조규」에 따르면 수입관세율이 0%였다. 일본 정부는 당시에 무관세를 규정한 조약안(案)과 5% 관세를 규정한 조약안의 두 가지를 가지고 왔고, 조선 조정이 관세라는 제도를 아는지 떠보았다. 조선은 19세기에 청에서 공업 제품을 수입했고, 무역수지는 항상 적자였고, 조정은 그로 인한 은의 유출을 줄이기 위해서 수입을 억제했지만, 수입량을 제한했을 뿐 관세를 부과하는 일은 없었다. 재정 수입을 늘리기 위해서 관세를 부과하는 일이 있었지만 그것은 수출품에 부과되었다. 즉, 조선 조정은 수입관세라는 제도를 사용한 일이 없었다. 그렇지만 1842년에 청이 영국과 맺은 통상조약은 일반 관세율이 5%였고, 1858년에 일본이 미국과 맺은 통상조약은 일반 관세율이 10%였으므로, 조선 조정이 일본과의 통상조약을 체결하기 전에 조금이라도 준비했다면, 수입관세가 필요함을 알게 되었을 것이고, 5-10% 또는 그 이상의 관세를 부과했겠지만, 조정은 협상에 신중하지 못했고 중국과 일본의 다른 조약을 조사하지는 않았던 것이다.

또, 조약에 따르면 조선 조정은 1877년 말까지 부산을 포함하는 세 항구를 개항해야 했는데, 부두에서 4km 이내에는 일본인이 거주할 수 있고, 일본인이 상행위를 할 수 있고, 일본 화폐가 사용될 수 있고, 일본인이 피고로 된 사건에 대해서 그곳에 주재하는 일본 영사가 재판할 수 있게 되었다. 일본인은 개항장에 거주할 수 있고, 자국 화폐로 경제생활을 할 수 있고, 치외법권을 누리게 되었으므로, 일본은 조선의 세 항구에서 조계를 얻은 것과 마찬가지였고, 그곳을 거점으로 해서 조선에 세력을 펼칠 수 있었다.

「조일수호조규」에는 수시로 사신을 파견하여 사무를 협의한다는 조항이 있었는데, 조선 조정은 그 조항에 따라 1876년 4월에 수신사라는 명칭의 외교사절을 일본에 파견했고, 그 이후에야 관세를 부과해야 함을 알았다. 하지만 일본 정부는 무관세라는 규정을 바꾸려 하지 않았다. 그런 중에 쌀 수출량이 증가하여 쌀값이 상승하고 수입품이 증가하여 생산자가 피해를 입자 조선 조정은 1878년 9월에 부산항에 해관을 설치했고, 관세를 징수하기 시작했다. 일본 정부가 그것이 조약에 어긋난다는 이유로 크게 반발하자, 조정은 12월에 징세를 멈추었으나, 그때부터 통상조약의 개정에 더 적극적으로 바뀌었다.

한편, 조선 조정은 1879년 8월부터 청에서 신식 무기를 수입하고 그것의 제조법을 학습하기 위해, 청 조정과 교섭하기 시작했다. 1880년 12월에는 조정에 통리기무아문을 설치했고 외교 및 군사와 관련한 일들을 통괄하게 하자, 일본과의 조약 개정 교섭, 다른 외국과의 조약 협상, 청으로부터의 무기 도입을 적극적으로 할 수 있었다. 조정은 1881년 1월에는 일본과의 조약 개정 교섭과는 별개로 신사유람단으로 불린 견학단을 일본에 파견했다. 신사유람단은 60여 명으로 이루어졌고, 그들은 74일간 도쿄, 요코하마, 오사카에서 정부 관청, 공장, 문화시설 등을 관찰했으며, 그들의 일부는 일본에 남았다. 그때부터 1884년까지 약 100명이 일본에 유학했으며, 유학생들은 산업 기술, 군사 기술, 사회경제적 제도를 배웠다. 또, 조정은 같은 해 9월에는 청에 영선사로 불린 외교사절을 파견했다. 영선사 중에 38명은 유학생이었는데, 그들은 청에 남아서 5개월 동안 무기에 관한 기술을 공부했고, 그 밖에는 관헌, 통역, 하인 등이었는데, 관헌은 조정에서 논의가 시작된 미국과의 통상조약에 대해 청과 협의했다.[6] 1870년대 말에는 근대 세계에 적응하려는 조선 조정의 행동이 시작된 것이었다.

조약 개정

조선 조정은 1880년 5월에 김홍집을 대표로 하여 제2차 수신사를 일본에 파견했고 통상조약의 개정을 교섭하려 했으나, 일본 정부는 수신사가 고종의 전권위임장을 가지고 있지 않다는 것을 이유로 교섭하지 않았다.[7] 김홍집은 그 해 11월에 귀국했고, 일본에서 입수한, 중국인 황준헌이 쓴 『조선책략』을 고종에게 바쳤는데, 고종은 조선이 일본과 중국만이 아니라 미국과도 수교해야 한다는 그 책의 주장에 호감을 느꼈다. 청 조정은 조선이 미국과 그다지 불평등하지 않은 조약을 맺으면 그것을 이용해서 구미에 대한 청의 불평등 조약을 개정할 수 있을 것으로 기대했고, 고종의 판단을 지지했다. 조선 조정은 미국과의 조약 체결을 청이 지지하자 그 일을 진행하기 쉬워졌고, 그리하여 일본과의 조약 개정을 추진함과 동시에 미국과의 교섭을 추진했다. 조선 조정은 1881년 9월에 제3차 수신사를 파견했고, 그 수신사의 대표 김홍집은 국왕이 전권위임장과 조약의 개정안을 가졌으나, 일본 정부는 본격적인 교섭을 계속 피했다. 조선 조정은 일본이 조약 개정을 계속해서 회피하자 「조일수호조규」의 개정보다 미국과의 조약 체결을 선행하고, 그것을 이용해서 일본과의 조약을 개정하며, 미국과의 조약을 구미 국가와 그 이후에 맺

을 조약의 모범으로 삼는다는 방법을 택했다.[8)]

「조일수호조규」를 맺은 이후에 조선이 근대 세계를 점차 알게 되었기 때문에 조선 조정이 미국과의 조약을 준비하고 미국과 협상할 때 그 대표단은, 일본과의 조약 교섭과 비교하면 유용한 지식을 많이 갖추고 있었다. 조선 조정은 미국 정부에게 관세자주권, 종가 10% 이상의 수입관세, 종가 5%의 수출관세, 쌀 수출의 제한을 주장했는데, 미국 정부에게 위의 조건을 제시하기 전에 일본 정부에게 그 조건을 미리 제시해 두었고, 미국 정부에게는 일본 정부와 교섭중임을 들어 위의 조건을 실현했다. 이런 사실은 조선 조정의 대표단이 조약 체결에서 그들이 얻은 지식을 실제로 구사했음을 나타낸다. 조선은, 「조일수호조규」를 통해서 그가 애초에 기대했던 구미의 문물을 흡수한다는 목적을 조금은 이루었던 것이다. 하지만 미국이 조선의 입장을 받아들이기만 했던 것은 아니었다. 미국 정부는 난파하는 미국 선박의 구조와 보호를 중시했기 때문에, 조선과 조약을 협상하면서 조항 하나하나가 미국에 이익을 주도록 집착하지는 않았고, 최혜국 대우만 얻어 두려고 했던 것이다.

1882년 5월에 「조미수호통상조약」이 두 정부 사이에서 체결되었고, 1883년 1월에 비준되었다. 조선과 관련되는 것만 간추리면, 수입품 일반관세율은 종가 10%, 사치품 관세율은 종가 30%, 수출품 관세율은 5%였다. 관세자주권을 가졌고, 미국인의 내지 통상과 연안무역을 금지했다. 미국의 영사재판권(치외법권)을 제한하여 조선과 미국의 법률이 일치할 때는 거류지의 미국인이라도 조선인 관리가 재판하도록 했다. 또 미국을 조건부로 최혜국 대우하여, 미국에 주어지지 않고 있는 어떤 권리 및 특혜가 다른 나라에 주어질 때, 그것이 그 다른 나라의 어떤 조건 또는 양보를 수반하고 있다면, 미국이 그 권리 및 특혜를 받기 위해서는 동일한 조건 또는 양보를 허용해야 했다. 이와 함께 주선(周旋, good offices) 조항을 두어 분쟁이 발생했을 때 미국 정부의 중재를 받을 수 있게 했다. 「조미수호통상조약」이 체결된 이후 일본과의 조약 개정 협상도 그 이전보다 빨라졌다.

실속 없는 노력

한편, 청은 19세기 후반에 네팔, 부탄, 버마, 유구(현재의 오키나와) 등 동아시아와 남아시아의 조공국을 영국과 일본에게 차례로 잃었다. 사태가 영국과 일본의 도발에서 출발하기는 했지만, 청이 조공국을 잃어버린 것은 청이 부적절하게 대응했기 때문이기도 했다.[9] 조선 조정은 청과 일본을 견학하던 중에 위와 같은 사태를 알게 되었고, 청이 조선을 보호할 수 없다는 것을 알았다. 조정은 청과의 사대관계는 청산하며, 구미의 과학 기술을 도입하여 부국강병을 이루는 것을 중시하게 되었다.[10] 그리하여 조정은 1882년 1월에는 외교 및 군사와 관련한 일들을 통괄하던 통리기무아문의 12개 부서 가운데 청과의 외교를 담당한 사대사와 다른 국가와의 외교를 담당한 교린사를 통합하여 동문사를 설치했다. 또, 2월에는 어윤중을 청에 파견하여 사대 사신의 행차를 폐지하고 청과 근대적인 조약을 체결할 뜻을 전달하게 했다.

청 조정은 조선에 대한 권리를 잃지 않으려 했고, 조선에 대한 종주권을 주장할 수 있는 기회를 노렸는데, 임오군란은 좋은 구실을 제공했다. 임오군란은 신식 군대에 대한 구식 군대의 차별에 반대하여 구식 군대의 군인이 1882년 7월에 한성에서 일으킨 반란이었다. 당시에 한성 시민은 신식 군대의 필요성을 이해하지 못했고, 구식 군대의 반란에 전적으로 동조하여, 구식 군대는 큰 힘을 얻었다. 구식 군대는 개항 이후의 근대화 정책에 반대했으며, 그들을 지지한 흥선 대원군을 옹립했다. 1879년에 일본이 유구를 점령한 이후 일본과 청은 첨예하게 대립하고 있었는데, 임오군란이 일어나자 청은 남양만으로 4,000명의 군대를, 일본은 인천으로 1,500명의 군대를 보냈다.

인천으로 입국한 일본군이 한성에 들어오자 대원군은 청 군대에게 일본군을 물리칠 것을 요청했고, 청 군대가 한성에 들어오자 일본군은 인천으로 철수했다. 일본군이 철수했지만 청 군대는 철수하지 않았고 임오군란의 책임을 물어 대원군을 청으로 납치했다. 청의 그 행위에 대해서 조선의 군대와 민중은 저항했지만 화력이 부족하여 청 군대를 이길 수 없었다. 청 군대는 임오군란이 완전히 종결된 이후에도 철군하지 않았고, 3,000명의 군대가 경복궁 남쪽의 용산에 주둔했다.

청 군대가 한성을 점령하고 있는 상태에서 어윤중은 1882년 8월에 청을 다시 방문했고 통상조약을 협의했는데, 평등한 조약을 맺으려는 조선 조정의 계획과는 달리 청 조정이 제시한 통상조약의 초안은 청과 조선을 종주국과 속방(屬邦)으로 다루고 있었다. 어윤중은 여러 조항에 반대했으나, 한성에 청 군대가 주둔한 상황에서 청의 위세에 저항할 수 없었다. 그 달 23일에 북경에서 조약이 체결되었는데, 청은 조선이 청의 속방이므로 조선은 비준할 필요가 없다고 주장했고, 독립국 간의 조약이 아니라는 이유로 조약의 이름에도 국내법에 해당하는 장정을 사용했다(「조청상민수륙무역장정」).[11] 그 조약에서 조선은 청의 종주권을 인정했고, 모든 상품에 대해 수입관세율을 5%로 정했고, 이후에 관세율을 높일 때는 청과 협정하게 되었다. 청국인은 한성의 양화진에서 정주 상업을 할 수 있게 되었고, 청의 상인이 여행허가증을 받으면 조선 내지에서 행상할 수 있게 되었고, 연안무역권을 인정받았다. 또 치외법권의 범위가 확대되어 청국인이 피고일 때만이 아니라 원고일 때도 청의 법률이 적용되게 되었다. 「조미수호통상조약」과 비교하면 조선에 현저히 불리했다.

1882년 12월에 「조청상민수륙무역장정」이 일본에 알려지자 일본 정부는 그 장정에 입각해서 조선 조정과 교섭하려 했고, 그 장정 때문에 조선 조정의 교섭력은 이전보다 낮아졌다. 조선 조정은 1883년 11월에 「조일수호조규속약」을 체결했는데, 필수품에 5-10%의 관세는 부과하게 되었지만, 일본에게 최혜국대우를 주었다. 또, 당시에 유럽의 여러 국가가 「조미수호통상조약」을 모범으로 해서 조선 조정과 조약 체결을 협상하는 중이었는데, 「조청상민수륙무역장정」이 체결되자, 그 정부들은 조미조약을 무시했고, 조청장정을 모범으로 해서 조약을 맺고자 했으며, 조선 조정은 그것을 받아들이지 않을 수 없었다. 조선은 그때부터 1886년까지 영국, 독일, 이탈리아, 러시아, 프랑스와 통상조약을 맺었으며, 미국과는 「조미수호통상조약」의 최혜국 약관에 따라 조약을 개정했다.[12)]

조선 조정의 외국 정부와 가능한 한 평등 조약을 맺으려는 노력에도 불구하고, 1880년대에 조선과 외국과의 사이에 맺어진 조약을 1876년에 일본과의 사이에 맺어진 조약과 비교하면, 관세 조항만은 개선되었지만, 나머지 조항은 변함 없거나 개악되었다. 조선이 관세율을 높이기 위해서는 상대국과 조약을 개정해야 했으며, 개항장의 외국인 영사는 자국인이 피고가 된 사건을 자국법에 따라 재판할 수 있었으며, 외국인은 개항장에서 자유롭게 정주 상업을 할 수 있었고, 개항장에서 100리 이내에서도 행상할 수 있었다. 외국인이 위의 조항을 활용하면, 개항장에 기업을 세우고 내지에 행상을 파견하여, 수입품을 소비지에 가지고 가서 팔거나, 수출품을 생산지에서 매입할 수 있었던 것이다. 또, 청국인은 조선인 소유의 범선을 고용하면 개항되지 않은 항구에도 들어갈 수 있었다. 그리하여 조선은 불평등 조약으로 짜여진 틀 위에서 근대 국가를 건설해야 했다.

청의 계속된 간섭

청은 「조청상민수륙무역장정」을 체결한 이후에도 한성에 군대를 계속 주둔했고, 조선의 내정에 점점 더 심하게 간섭했다. 당시에 조선에는 급진개화파와 온건개화파가 대립했는데, 전자는 일본의 메이지 유신을 모범으로 하여 입헌주의 국가를 세우려 했으며, 후자는 청의 양무운동을 모범으로 하여 왕정을 유지한 채로 개혁하려 했다. 1880년대 초의 개화 정책은 급진개화파인 김옥균, 박영효, 홍영식, 서광범 등이 주도했고 그들은 일본의 지원을 받았는데, 청의 세력이 커지자 온건개화파의 세력이 점차 커졌다.

온건개화파는 청의 양무파의 방법, 즉 국영기업을 설립하고 그것을 통해서 서양의 새로운 제도와 기술을 도입하는 방법을 택했다. 그리하여 조선 조정은, 1883년 3월에는 병기공장인 기기창, 7월에는 화폐 발행 기관인 전환국, 8월에는 신문사인 박문국을 설립했다. 박문국은 그 해 10월부터 한성순보를 발행했는데, 한성순보는 서구의 기술을 도입하여 농업과 공업을 개량하고, 사회간접자본을 확충하고, 공장, 회사, 재정, 정부기구에 관한 여러 근대적 제도를 도입할 것을 주장했다. 조정은 1884년 3월에 우정총국을 설치했고 10월에 우체 업무를 시작했으며, 봄에는 농무목축 시험장을 설립하고 미국에서 농기구, 가축, 농작물을 수입하여 시험재배하기 시작했으며, 9월에는 잠상공사를 설치하여 외국의 양잠, 제사 기술을 도입했다.

이러한 모든 일에는 돈이 들기 마련이었는데, 그 밖에도 조선 조정은 국방을 청에 의존해서는 안 되었기 때문에 무기를 구매하고 신식 군대를 육성해야 했고, 조약을 맺은 국가가 증가하자 해외 사절의 접견과 파견이 잦아졌고, 조약에 따라 개항장을 설정하자 개항장을 유지하는 데에도 비용이 들었다.[13] 게다가 임오군란 후에는 일본에 50만 엔의 배상금을 지불해야 했다. 조선 조정이 1882년부터 수입관세를 징수했기 때문에 재정 수입이 증가하기는 했으나, 그것으로는 부족했다.

급진개화파는 일본에서 차관을 얻어 필요한 자금을 조달하려 했고, 김옥균이 일본 정부와 교섭했으나 실패했다. 그리하여 이 수입을 마련하려면 조선 조정이 재정제도를 개혁해야 했으나, 민씨 일파는 그 점을 중시하지 않았다. 조정은 화폐주조 차익을 늘려 재정 수입을 늘리는 방안을 채택했고, 1883년 2월부터 액면가치가 상평통보의 5배에 달하는 당오전을 발행하기로 결정했다. 구리 수입액에서 추론하면 당오전은 그 첫 해인 1883년부터 다량 주조된 듯한데, 그 목적이 주조차익을 얻는 데 있었던 만큼 처음부터 당오전의 소재가치는 액면가치에 크게 미달했다. 주조되는 시점에 따라 소재가치가 달랐지만, 평균하여 상평통보 소재가치의 약 2배에 지나지 않았다.[14] 그런데 당오전이 5전에 거래될 수 있도록 강제하기에는 당시의 국가권력은 약했다. 그리하여 민간과 조정의 거래에서는 당오전의 가치가 5전이었지만, 민간 상호간의 거래에서는 당오전의 소재가치에 준해서 거래되었다. 그 결과로 1884년 가을에는 인천의 쌀값과 면포가격이 직전 해의 약 3배가 되었다. 물가가 급등하자 당오전으로는 개화 정책에 필요한 자원을 조달할 수 없었다.

김옥균, 박영효, 홍영식 등의 급진개화파는 조선이 개화하기 위해서는 정부를 개혁해야 한다고 판단했고, 문관, 군인, 사관생도, 하인, 보부상, 내시, 궁녀 등 여러 신분과 직업에 속하는 많은 사람을 포섭하며 세력을 키웠다.[15] 그러던 중 1884년 8월에 청 조정이, 청과 베트남의 국경에서 일어난 프랑스와의 전쟁 때문에 1,500명의 군대를 본국으로 소환하자, 급진개화파는 김옥균이 중심이 되어 정변을 서둘렀다. 일본은 김옥균을 적극 지지한다는 신호를 보냈고, 한성의 외국 외교관들도 정변에 협조할 뜻을 보였다.[16] 김옥균은 11월 말에 고종에게도 그 뜻을 암묵적으로 전달했고, 12월에 약 200명의 조선 군대와 120-150명의 일본군을 동원하여 정변을 일으켰다. 그 직후에 고종이 정변을 승인했고, 외국 외교관들도 새 정부를 인정했기 때문에 갑신정변은 성공한 듯이 보였다. 김옥균은 친군사영의 약 2,000명의 군사를 더하여 왕궁을 방어했다.

갑신정변의 정강은 『갑신일록』에 14개 조가 남아 있는데, 청에 조공하지 않을 것, 문벌을 폐지하고 인민 평등의 권리를 제정할 것, 지세에 관한 법률을 개정할 것, 내시부를 없앨 것, 부패한 관료를 처벌할 것, 규장각을 폐지할 것, 순사를 두어 절도를 방지할 것, 영세상인을 억압하고 있는 혜상공국을 없앨 것, 최근에 유배 또는 금고된 사람의 형량을 다시 살필 것, 사영(四營)을 통폐합하고, 또 근위대를 편성할 것, 재정을 호조로 일원화할 것, 대신들이 의정부에서 회의하여 법령을 제정 · 공포할 것, 불필요한 관직을 폐지할 것 등을 주장했다. 14개 조항 가운데 대외적인 것은 제1조가 유일하며 청과의 관계에 대한 것이었고, 나머지 13개 조항은 모두 대내적 개혁에 관한 것이었다. 김옥균의 사고에 입각해서 이해하면, 1880년대 전반에 조선이 외국과의 불평등 조약 체제 속에 두어졌고 또 외국과의 통상이 늘었지만, 열강의 압력은 대단하지 않았고, 조선이 청의 간섭을 배제하면서 근대적인 정부를 세우면 독립을 유지할 수 있었던 것이다.

한성 시민은 갑신정변에 대해 호의적이지 않았는데, 그것은 한성 시민이 개화의 이익을 몰랐기 때문은 아니었다. 그들은 갑신정변을 일본이 일으킨 사건인 줄 알았고, 임오군란이 일어날 그 무렵에 일본인 교관이 훈련시키던 신식 군대(별기군)에 비판적이었던 것과 마찬가지로 일본군에 반대했으며, 그 연장선 위에서 갑신정변을 반대했다. 그리하여 원세개가 용산에 주둔하고 있던 1,500명의 청 군대를 출동시키자 한성 시민은 청 군대를 환영했고 지원했다. 김옥균은 정부군을 출동시켰으나, 정부군은 무기가 부족했고 또 정부군의 지휘관이 갑신정변에 우호적이지 않았기 때문에, 청 군대와 적극적으로 싸우지 않았다.[17)]

임오군란과 갑신정변은 그 원인도 그 성질도 전혀 다른 두 사건이었지만 두 사건 모두 청의 군대에 의해 진압되었던 것인데, 임오군란으로 인해 조선이 외국과 맺는 조약이 조선에 현저히 불리하게 바뀌었고, 갑신정변의 실패로 인해 조선의 근대화 정책이 현저히 저해되었으므로, 청의 간섭은 열강이 조선에 대한 청의 특수 권익을 묵인했던 것 및 조선의 군사력 부족과 어울려 1880년대 전반에 근대 세계에 대한 조선의 적응을 크게 저해했다고 할 수 있다.

허약한 조정

갑신정변이 실패로 끝난 이후 조정에는 청의 지원을 받는 온건개화파와 왕후의 집안인 민씨 일파가 대립했다. 1883-1884년에는 김홍집이 좌의정, 김윤식이 병조 판서, 어윤중이 선혜청 제조에 임명되어, 온건개화파가 외교 · 군사 · 재정을 장악했지만, 1885년에는 그 세 사람이 모두 직위에서 물러났고, 민씨 일파가 권력을 장악했다.[18] 민씨 일파는 왕권이 강할수록 그들의 세력도 강해졌기 때문에 고종을 적극적으로 지지했다. 이들의 지지에 힘입어 고종의 왕권은 안정적이었으나, 정부는 변화하지 않았다. 기술 관료는 느리게 증가했으며, 개화 정책은 그 이전보다 소극적이었다. 위에서 언급한 농무목축 시험장은 1886년 봄에 농장의 설립자이며 관리관이었던 최경석이 사망하자 적당한 인물이 없어 제프리(R. Jaffray)라고 하는 영국인을 고용하여 관리하게 했는데, 1888년에 그도 사망하자 내 · 외국인 중에서 더 이상 적절한 관리자를 구할 수 없었다. 시험장이 거의 방치되었고 실패로 끝났다. 이 밖에 전환국, 양잠공사 등도 모두 실패했다.[19]

상인이 상업 이윤을 축적하고 사업 기회를 발견하여 그 자금을 투자하면 산업을 일으킬 수 있었기 때문에, 조선 조정의 역량이 부족할 때 그것을 보완할 수 있는 것은 상인이었다. 그런데 그들이 상업 이윤을 축적하려면, 외국의 무역상인과 경쟁할 수 있어야 했다. 조선 상인은 개항 이전에 청과의 무역에서 요동과 북경의 청 상인과 거래했다. 조선 상인은 인삼을 팔았고, 청 상인은 섬유 제품, 문방구, 책, 모자 등의 공업 제품을 팔았다. 섬유 제품 중에는 유럽 제품도 있었지만 대부분은 청의 제품이었다.[20] 또, 개항 이전에는 대마도 상인이 동래를 방문했고, 조선 상인은 동래의 왜관에서 그들과 거래했다. 대마도 상인은 조선에서 인삼, 곡물, 섬유 제품을 구입했고, 은과 구리로 대금을 지불했다.[21] 조선의 상인은 개항 이전의 무역에서 자본과 지식을 쌓기는 했지만, 그것은 매우 제한적이었다.

조선 상인은 상업 자본과 무역에 관한 지식이 부족했기 때문에 외국 상인과 경쟁하기 위해서는 조정의 지원을 받아야 했다. 하지만 조약에 의해 개항장에서의 무역업이 자유화되었기 때문에 조정이 조선 상인에게 무역업에 대한 특권을 줄 수는 없었다. 또, 조정의 재정 수입은 적었고, 조정은 불평등 조약으로 인해서 부족한 재정 수입조차 자유롭게 사용할 수 없었기 때문에 상인에게 보조금을 준다는 발상을 내기도 어려웠다.

조선 조정은 1882년에 청과 조약을 맺은 후에는 수출입 관세를 징수할 수 있게 되었다. 그런데 조정은 세관을 설치하는 데 필요한 자금이 없었기 때문에, 1883년 1월에 중국 초상(招商)국에서 그 용도로 21만 냥(兩)을 빌렸다. 또, 조선에는 세관 업무를 이해하는 사람이 없었기 때문에 외국인을 고용해야 했고, 청 조정은 독일인 묄렌도르프(Paul Georg von Möllendorff)를 총세무사로 추천했다. 조선 조정은 그를 받아들이지 않을 수 없었는데, 청에서 세관 설치에 필요한 자금을 빌렸기 때문만이 아니라, 당시에 청의 군대 3,000명이 한성에 주둔하여 조선에 대한 청의 영향력이 매우 컸기 때문이었다.

청 조정이 추천한 독일인 묄렌도르프가 세관을 운영하게 되었지만, 조선에 청의 은행 지점이 없었기 때문에, 관세 수입을 청이 관리할 수는 없었다. 주한 일본 공사 다케조(竹添進一郞)에는 1880-1882년에 중국 천진에서 영사로 근무했을 때, 묄렌도르프와 쌓았던 친분을 이용해서, 그에게 일본에 협조해 줄 것을 요청했다. 조선 세관은 1884년 2월에 일본 국립 제일은행과 관세 취급 조약을 맺었고, 그 조약에 의하여 관세 수입은 총세무사의 명의로 제일은행 조선 지점에 예치되었다.[22] 그 이후 관세 수입을 누가 관리하는가를 둘러싸고 조선, 청, 일본, 영국 정부가 수시로 교섭했고 관리자가 때로 바뀌었지만, 관세 수입을 예치하는 은행은 바뀌지 않았다. 영국이 이 교섭에 참가한 것은 당시에 청 세관을 영국이 지배하고 있었기 때문이다. 어쨌든 총세무사가 독일인이었고, 관세 수입이 그런 총세무사의 명의로 일본계 은행의 조선 지점에 예치되자, 조선 조정은 그 자금을 자유롭게 사용하지 못했다. 조선의 상인은 자본, 지식, 정부의 지원이 모두 부족한 상황에서 새로운 국제 무역에 적응해야 했다.

개항장 상업

조선 상인에 비하면 개항장의 청과 일본의 상인은 자본도 지식도 풍부했다. 청 상인은 같은 고향 출신 상인들이 단체를 이루었으며, 그들이 합자하거나 자금을 서로 대부하여 자본금을 늘렸고, 그들의 네트워크를 통해서 정보를 수집했고, 그 자본과 정보를 이용해서 상품을 유리하게 거래했다.[23] 청의 상인은 동향 단체라고 하는 전통적인 방법을 활용하여 경쟁력을 높였지만, 일본 상인은 근대적인 금융기관과 근대적으로 개혁된 국가권력의 지원을 받았다. 일본의 조선 주재 영사관은 시장 정보를 수집하여 일본 상인에게 제공했고, 일본 상인이 불이익을 받지 않도록 조선의 지방관에게 꾸준히 이의를 제기했다. 또, 일본의 제일은행은 1878년에 부산에 지점을 연 이후 개항장이 늘어날 때마다 그곳에 지점을 두었고, 일본 상인에게 자금을 대부했다. 제일은행 조선 지점은 조선 조정의 관세 수입을 보관했기 때문에 자금이 풍부했는데, 개항장의 일본 상인은 그 자금을 빌려 수출품을 매입했고, 때로는 그 자금을 조선 상인에게 다시 대부하기도 했다. 일본 상인은 월 1%의 이자율로 빌려, 3-5%의 이자율로 대부했기 때문에 상품 매매를 하지 않고도 이익을 남길 수 있었다.[24)]

개항장의 청과 일본의 상인은, 내지에서 직접 매매하면 수익을 늘릴 수 있었다. 수입 면제품을 내지로 직접 반입하면 적어도 1할 이상 비싸게 팔 수 있었고, 함경도 내지에서 콩을 사면 원산의 개항장보다 2-4할을 싸게 살 수 있었다. 그 때문에 청과 일본의 상인은 개항장을 근거지로 해서 국내 상업에도 손을 뻗치고 싶었지만, 그 일은 순조롭지 않았다. 우선, 외국 상인은 내지에 정주할 수 없었기 때문에 조선 상인과 지속해서 거래할 수는 없었고 그런 만큼 조선 상인과 서로 신뢰하기 어려웠다. 청 상인은 1882년에, 일본 상인은 1883년에 내지 행상의 권리를 얻었지만, 외국인의 치외법권은 개항장에서만 보장되었기 때문에, 내지 행상은 위험했다. 조선인은 일본인을 적대시했기 때문에 일본인은 더욱 위험했다. 또, 도로와 교통 수단이 부족하여 내지의 사정에 익숙하지 않은 외국 상인은 상품을 제때에 맞추어 수송하기도 어려웠다. 그리하여 외국 상인(거의 모두 일본과 청의 상인)은 개항장에 찾아오는 조선인 행상과 거래할 수밖에 없었다. 그런데 조선인 행상과 외국 상인이 직거래하여 거래 조건을 합의하기에는 서로의 상관습이나 두어진 조건이 너무 달랐다. 그 때문에 개항장의 외국 상인도 조선인 행상도 그들의 거래를 중개할 조선인 상인이 필요했다.

이 기회를 틈타서 조선 상인 중의 일부가 개항장에 진출했고, 그곳에 설치된 조선 조정의 개항장 관리기구인 판찰소에 객주 영업을 출원했다. 조정은 1876년부터 개항장에 판찰소를 설치했으며, 판찰소는 조선 상인에게 세금을 부과하여 개항장 관리비를 조달했는데, 조선 상인이 개항장에서 객주 영업을 하면 판찰소의 세원이 증가했기 때문에, 판찰소는 조선 상인이 개항장에 진입하는 것에 반대하지 않았다. 개항장 객주는 대개 내지 객주 또는 행상 출신이었는데, 그들의 자본, 상업 지식, 시장 정보 등을 이용해서 외국 상인과 조선인 행상을 중개했다.[25)]

개항장 객주는 처음에는 개별적으로 영업했으나 1883년부터 상회사 또는 상회소라고 불리는 단체를 설립하여 개항장 상업에서의 그들의 지배력을 높였다. 상회사 또는 상회소는 객주만으로 설립되기도 했고, 객주와 관료가 공동으로 설립하기도 했는데, 개항장에서의 객주 영업을 거의 독점했고, 그 대신에 소속된 객주에게서 중개수수료의 약 10%를 징수했으며, 그 수입으로 그 회사를 관할하는 조정의 부서에 상납금을 바쳤다.[26)] 조선인의 개항장 상업이 발달할 수 있는 하나의 조건이 출현한 듯했지만, 김재호에 의하면 선상(船商)회사, 가사리(加沙里)회사, 국자(麯子)회사, 호패(號牌)회사, 우세(牛稅)회사만이 5-10년 존속했고, 설립 이후 2년을 넘기지 못하고 인허가가 취소되는 일이 많았다.[27)]

개항장에서는 영업이 자유였기 때문에 행상이 반드시 객주에게 매매를 의뢰해야 하는 것은 아니었으나, 행상이 무역상과 직접 거래하여 객주를 통해서 거래할 때보다 더 싸게 사고 더 비싸게 팔 가능성은 낮았다. 그 밖에도 행상이 싸게 사고 비싸게 팔려면 가격이 그들에게 유리할 때에 맞추어 개항장을 방문해야 했으나 행상은 개항장에서의 가격 변동을 예측할 수 없었기 때문에 그때에 맞추어 방문할 수는 없었다. 그리하여 개항장을 방문한 행상은 외국의 무역상과 직접 거래하기보다 객주에게 매매를 위탁하는 편이 나았다. 이런 이유로 해서 객주가 행상의 거래를 중개하는 것이 보통이었다.[28)]

외국인 상인은 개항장 객주가 그들과 행상을 중개하면서 수수료를 너무 많이 취한다고 반발하기도 했지만, 조선과 외국의 통상조약으로 개항장 객주의 영업을 규제할 수는 없었다. 조선 조정은 그것에서 한 발 더 나아가 1889년에는 개항장 전관(專管) 객주제를 시행하여, 부산과 인천에서 각각 25명의 객주를 지정했고 그들에게만 영업을 허가했다. 이 정책에 대해서는 외국 상인과 영사관이 개항장에서의 영업의 자유에 저촉된다고 항의했고, 조선 조정은 1890년 중에 그 제도를 철회했다.

외국 상인은 개항장에서의 객주의 중개를 마냥 참지는 않았고, 내지행상을 조금씩 시도하여 1888년쯤부터 눈에 띄게 활발해졌다.[29)] 하지만 외국 상인이 내지에 정주할 수는 없었고, 조선 조정은 1883년 9월에 혜상공국을 설립하여 조선인 행상(당시의 명칭으로는 보부상)이 권익을 보호했기 때문에 외국 상인과 내지 객주의 직거래는 적었다.[30)]

요약하면, 장시, 포구, 도시 시장으로 구성된 과거의 상업 네트워크에 개항장이 추가되었고, 개항장에는 외국 상인이 정주했으며 그들이 무역을 장악했다. 그런데 외국 상인이 내지에 정주할 수 없었고, 조선 상인이 개항장에서 객주 영업을 시작하여 조선인 행상과 외국 상인의 상거래를 중개했기 때문에, 외국 상인이 조선의 내지 상업을 장악하지는 못했다. 무역이 증가하면서 개항장의 비중이 점차 커졌고, 그런 만큼 외국인 상인의 영향력이 커지기는 했지만, 아직은 조선 상인이 절대적으로 미약해졌다거나 외국 상인에게 지배된 것은 아니었다.

회사

새로운 상품을 알면 그 상품을 소비하고 싶어지고, 외국이 원하는 상품을 알게 되면 그 상품을 증산하려는 의욕이 생기며, 외국에서 사용되는 기술을 알게 되면 그것을 이용해서 생산 방법을 바꾸려는 의욕이 생긴다. 1893년에 로니(J. H. Rosny)가 홍종우의 도움을 얻어 『춘향전』을 프랑스어로 번역했을 때, 그는 번역본의 마지막에서 "한국의 문명에 대한 욕구는 매우 강렬하다. 일본의 변화를 지켜보면서, 그리고 해안에서 무역하는 유럽인들을 보면서 특히 성냥에서 증기차나 전기 등에 이르는 신기한 물건들을 보면서 한국의 젊은이들의 마음 속에는 새로운 욕구가 싹트기 시작했다"고 썼는데,[31)] 무역은 새로운 상품과 기술을 당시의 한국인에게 알려 주었다.

한국인이 새로운 기술을 사용해서 종래의 생산 방법을 개선하거나 새로운 상품을 생산하려면, 자기자본만으로는 할 수 없는 경우도 있었고, 위험을 줄이기 위해서 타인과 합자해야 하는 경우도 있었는데, 이런 것이 한국인으로 하여금 회사를 설립하게 했다. 갑신정변 이전에는 회사가 거의 모두 정부에 의해 설립되었지만, 1880년대 후반부터 민간회사가 증가했다. 1885-1889년에 24회사, 1890-1894년에 18회사가 설립되었고, 그 중에 상업 회사가 18, 운수업 회사가 여섯, 제조업 회사가 다섯이었다. 당시에 무역이 증가하면서 상업이 발달하여 상업 이윤이 늘었는데, 개항장 객주, 시전 상인, 선상(船商) 등이 그 자금을 회사에 투자했다. 회사에 참가한 사람은 상인계층이 가장 많았고 다음은 관료였다.[32)]

조선 시대에 수상운송업은 범선을 사용했으며 수송량이 많은 계절에만 배를 띄웠다. 개항 이후에 외국에서는 기선을 사용하며 배를 정기적으로 운항한다는 사실을 알게 되었고, 또 1880년대에 외국과의 조약이 증가한 끝에 기선을 수입할 수 있게 되자, 기선을 사용하여 정기 운항하는 수상운송업이 계획되었다. 1887년 11월에는 전찰회사라는 조선인 기업이 1척의 소형 기선을 매입하고 일본인 몇 명을 고용해서, 낙동강 유역과 마산 · 울산 · 통영 등 남해안 각지를 정기 운항하고 있었다. 전찰회사는 기선을 사용하여 정기 운항한다는 새로운 사업 모델을 채용했지만, 조선인은 정기 운항에도 기선에도 익숙하지 않았기 때문에 이윤을 내기 위해서는 독점권이 필요했을 것인데, 1888년에 설립된 전찰회사의 후신인 남연회사가 통리아문에 수입의 1할을 납부하는 대신에 10년간의 독점권을 얻었던 것에서 판단하면, 전찰회사도 독점권을 가지고 있었을 것이다.

한편, 1889년 4월에 박기종이라는 부산의 유력자가 남연회사를 인수했고 기선회사라는 이름으로 재발족했다. 기선회사는 낙동강 유역과 경상도 연안 각지를 정기 운항하며, 조선 조정의 통리아문에 수입의 1할을 납부하는 대신에 1898년까지 독점하고, 무명잡세에서 면제된다는 남연회사의 권리와 의무를 승계했다. 박기종은 1889년에 대형 선박인 태륜

환, 1890년에 소형 선박인 웅내환을 구매하여 영업을 확장했고, 1891년 가을까지는 영업이 비교적 순조로웠다. 그런데 1891년 겨울 낙동강 하구에 강풍이 불어 웅내환이 침몰하고 승무원도 모두 사망하는 사건이 일어나 기선회사는 큰 손실을 입었다. 그것을 이겨 내려면 회사의 경영진이 자본을 더 모으거나, 정부와 은행이 그 회사를 지원해야 했지만, 경영진에게는 회사를 재건해야 한다는 의지가 미약했고, 조선 조정은 지원하지 않았으며, 한국인 민간기업에게 장기 자본을 제공할 은행도 없었다. 그리하여 기선회사의 경영권은 1892년 2월에 일본 기업 아사히구미에게 넘어갔다. 곧이어 오사카상선회사가 아사히구미와 계약을 맺었고, 오사카상선회사는 종래의 항로에 덧붙여 낙동강 하구에서 전라도를 거쳐 인천에 이르는 항로를 새로이 열었다.[33)]

위의 사례로 추리하면 한국인은 새로운 사업 기회를 알게 되었을 때, 회사를 설립하여 그 사업에 투자했지만, 생산 기술, 경영관리 능력, 사업 의지가 부족했고, 또 정부는 지원하지 않아서 위기가 닥쳤을 때 그 위기를 이겨 내지 못했던 것이다. 상인의 활동이나 회사 설립 상황으로 판단하면, 갑신정변에서 갑오개혁 사이의 약 10년간 조선은 기존의 권익은 가까스로 지켰지만 새로운 사업 기회에는 대응하지 못하고 있었다.

국제 분업

이런 중에 조선은 국제 분업에 피동적으로 흡수되었다. 일본에 진출한 구미의 상인은 1860년대 초에 일본에서 쌀을 구매하여 외국에 수출하고, 그 대신에 베트남산 쌀을 일본에 수입하기 시작했다.[34)] 한편, 1876년 이후에는 조선 개항장의 일본 상인이 한국산 쌀을 일본에 수출하기 시작했다. 1889년까지는 일본의 쌀 수출이 쌀 수입을 항상 초과했으며 1885-1889년을 평균하면 쌀 수입액이 수출액의 46%였으므로, 일본은 1880년대 말까지는 쌀이 부족한 나라가 아니었으나, 일본산 쌀의 국내외 가격 차이에 의해 쌀이 수출되었고, 저소득층은 잡곡을 소비하거나 일본산 쌀보다 값싼 외국산 쌀을 소비했던 것이다. 그런 중에 일본의 도시 노동자의 소득이 증가하자, 일본의 식량 수입에서 차지하는 쌀의 비중이 점점 증가했다. 1890년대에는 형세가 뒤집혔고, 1890-1894년을 평균하면 쌀 수입액이 수출액을 34% 초과했다. 그리고 한국산 쌀이 일본의 수입 쌀의 약 1/4을 차지하게 되었다.[35)]

또, 일본인은 콩으로 두부, 낫토, 된장, 간장 등을 제조했고 그것으로 단백질을 섭취했는데, 일본산 콩만으로는 일본인의 수요를 충족할 수 없어 콩을 수입해야 했다. 한국산 콩이 만주산 콩보다 비싸기는 했지만, 만주산 콩은 단백질 함유 비율이 37%였고, 한국산은 그보다 5%나 높았기 때문에,[36)] 일본의 콩 가공품 생산자는 한국산 콩을 사용하면 더 나은 제품을 만들 수 있었고, 일본인의 생활 수준이 높아지자 한국산 콩을 더 많이 수입해서 사용했다.

그리하여 1885-1894년에 일본의 한국산 쌀 수입량은 590톤에서 2.3만 톤으로, 한국산 콩 수입량은 1,681톤에서 1.6만 톤으로 증가했다.[37)] 1885-1895년에 조선의 수출액이 약 4배 증가했고, 1880년대 후반에서 1890년대 전반에 곡류 수출의 비중이 45%에서 78%로 증가했는데, 일본이 이 기간에 조선 수출액의 9할 이상을 차지했다.[38)] 종합하면 일본에서 공업과 도시가 발달하면서 조선은 일본에 대한 쌀과 콩의 공급지로 바뀌었던 것이다.

농업에 비교우위가 있는 국가가 농산물을 수출하는 것은 자연스러운 일이지만 조선의 농산물 수출은 조선 조정의 전략은 아니었다. 쌀 수출량이 증가하면서 한국의 쌀값이 상승했는데, 강화도에서는 지주가 판매할 때의 쌀값이 1871-1894년에 4.5배 올랐고, 1880년대 후반부터 1890년대 전반에 한국산 쌀의 수출가격은 약 4할 상승했다.[39] 쌀값이 상승하자, 쌀을 판매할 여력이 있는 일부의 지주와 농민은 소득이 늘었지만, 쌀을 사서 생활해야 하는 도시의 서민과 농촌의 빈농은 곤경을 겪었다. 일본 정부는 일본산 쌀의 수출은 용인하고 그 대신에 값이 더 싼 외국산 쌀이 수입되게 하여 쌀 부족에 대응했으나, 조선 조정은 방곡령이라는 방법을 채택했다. 방곡령을 내릴 권한은 도 관찰사가 가졌는데, 명령을 내린 한 달 후부터 쌀 수출을 금지할 수 있었다. 단지, 방곡령이 내려져 있는 동안에는 외국산 쌀을 무관세로 수입해야 했다. 조선 조정은 쌀의 수출을 줄여 저소득층의 생활을 보호하는 것만이 아니라 쌀을 수출하여 국제 결제 수단을 벌어들이는 것도 알아야 했고, 양자를 조합해야 했으나 그것까지 알지는 못했던 것이다.

조선의 수입액은 1885-1895년에 약 4배 증가했는데, 한국이 자본주의적 공업 생산에 적응하려면 농산물을 수출해서 얻은 국제 결제 수단이 공업용 생산재 수입에 지출되어야 했으나, 1885-1894년에 생산재의 수입은 미미하여 직물용 중간재, 금속 제품, 기계류는 수입 총액의 5%에 미달했다. 그 반면에 직물, 의류, 음식물, 곡물 등 소비재는 전체의 70%를 넘었다.[40] 그리하여 1890년대 중반에 1년에 약 30만 필(1필은 약 7.3제곱미터)의 면포가 수입되었고, 그것은 한국인의 1년 면포 소비량의 약 1/4이

었다.[41)]

갑신정변이 실패로 끝난 이후 청일전쟁이 발발할 때까지의 약 10년간, 정치적으로도 경제적으로도 조선에 대한 외압은 그다지 크지 않았다. 외압이 그다지 크지 않은 그때, 조선은 지국을 둘러싼 새로운 국제 분업을 이해해야 했고, 상공업 및 그것을 지원하는 금융 · 운수 · 보관업을 발달시켜 새로운 국제 분업에 적응해야 했다. 한국인이 완전히 무지했던 것은 아니었지만 속도는 매우 느렸는데, 시선을 정부로 돌려보면 적응 과정을 촉진하기에는 조선 조정은 낡고 부패했다. 조정은 재정 지출의 측면에서는 수입을 낭비했다. 재정 수입의 측면에서는 지방관이 과세원천에 대해 정확하게 징세하지 않고 백성을 사적으로 수탈하는 배임행위와 징수된 세금을 지방관이 횡령하는 일을 통제하지 못했다. 이런 문제를 해결하려면 정부가 개혁되어야 했으나, 조정은 이 문제를 미봉하고 있었다.

1) 윤소영, 「朝日修好條規의 역사적 위치」, 『한일관계사연구』 18호, 한일관계사학회, 2003, p. 141.

2) Angus Maddison, *Monitoring the World Economy, 1820-1992*, Paris: OECD, 1995에 따르면 1870년에 남한의 국내총생산은 청의 약 3%였다. 북한의 국내총생산이 남한과 같았다고 가정하더라도 6%에 지나지 않았다.

3) 연갑수, 「대원군 집권기 국방정책」, 『한국문화』 20호, 서울대학교 규장각 한국학연구원, 1997. 연갑수, 「동아시아의 문호개방과 근대화: 조선의 문호개방과 근대화」, 『동양학』 31호, 단국대학교 동양학연구소, 2001.

4) 윤소영, 앞의 글, pp. 135, 141, 167.

5) 같은 글, pp. 141-142.

6) 권석봉, 「영선사행에 대한 일 고찰」, 『역사학보』 17 · 18합호, 역사학회, 1962. 박기환, 「근대초기 조선인의 일본유학 –1881년부터 1884년까지를 중심으로–」, 『일본학보』 40호, 조선일본학회, 1998.

7) 김경태, 『한국근대경제사연구』, 창작과 비평, 1994, pp. 90-111.

8) 같은 책, 1994, pp. 129-141.

9) 강진아, 『문명제국에서 국민국가로』, 창작과 비평사, 2009, 제4장.

10) 이헌창, 「개항기 근대화 정책」, 안병직 편, 『한국경제성장사』, 서울대학교 출판부, 2001, p. 375.

11) 구선희, 「조선의 근대화를 막은 '조청상민수륙무역장정'」, 『내일을 여는 역사』 9호, 2002.

12) 최덕수 외, 『조약으로 본 한국 근대사』, 열린 책들, 2010, pp. 127-200.

13) 원유한, 「당오전고」, 『역사학보』 35 · 36합호, 역사학회, 1967, p. 317.

14) 원유한, 같은 글, p. 334. 오두환, 「당오전 연구」, 『경제사학』 6호, 1983, p. 202.

15) 박은숙, 『갑신정변 연구』, 역사비평사, 2005, 제3부 제2, 3장.

16) 김옥균 지음, 조일문 옮김, 『갑신일록』, 건국대학교 출판부, 1984.

17) 박은숙, 앞의 책, 제5부.

18) 구선희, 「조선사에서 국가권력 구조의 변화: 개항기 관제개혁을 통해 본 권력구조의 변화」, 『조선사학보』 12호, 고려사학회, 2002.

19) 이광린, 『한국개화사연구』, 1980, pp. 333-351. 정연태, 『한국 근대와 식민지근대화 논쟁: 장기 근대사론을 제기하며』, 푸른역사, 2011, p. 151.

20) 연갑수, 「19세기 중엽 조청간 교역품의 변화」, 『한국사론』 41 · 42합호, 서울대학교 국사학과, 1999.

21) 김경란, 「19세기 대일 공무역의 추이와 왜동(倭銅)의 운용」, 『대동문화연구』 76호, 성균관대학교 대동문화연구원, 2011.

22) 김순덕, 「1876~1905년 관세정책과 관세의 운용」, 『한국사론』 15, 서울대학교 국사학과, 1986, pp. 266, 313, 322.

23) 강진아, 『동순태호』, 경북대학교 출판부, 2011, 제3장. 李正熙, 『朝鮮華僑と近代東アジア』, 京都大學學術出版會, 2012, 제1장.

24) 이병천, 「개항기 외국상인의 침입과 조선상인의 대응」, 서울대학교 박사학위논문, 1985, p. 110.

25) 같은 글, 1985, 제2장.

26) 김재호, 「상회사의 특권과 지대추구, 1876-1904」, 『경제사학』 32호, 경제사학회, 2002. 김연지, 「19세기 말 · 20세기 초 부산지역 객주 영업과 자본 축적 유형」, 『역사와 경계』 71호, 부산경남사학회, 2009.

27) 김재호, 같은 글, 부표1.

28) 이병천, 앞의 글, p. 71.

29) 같은 글, pp. 124-138.

30) 최진옥, 「한말 보부상의 변천」, 『정신문화연구』 29호, 한국학중앙연구원, 1986.

31) 프레데릭 불레스텍스 지음, 이향 · 김정연 옮김, 『착한 미개인 동양의 현자』, 청년사, 2001, pp. 135-136.

32) 전우용, 『한국 회사의 탄생』, 서울대학교 출판부, 2011, pp. 56-60.

33) 藤永壯, 「開港後の會社設立問題をめぐって(上)」, 『朝鮮學報』 140호, 朝鮮學會, 1991.

34) 김광옥, 「동아시아의 개항과 쌀무역의 전개」, 『무역평론』 창간호, 경성대학교 무역연구소, 1994.

35) 吉野誠,「朝鮮開國後の穀物輸出について」,『朝鮮史研究會論文集』12號, 朝鮮史研究會, 1975, p. 36.

36) 竹內祐介,「日本帝國內分業における朝鮮大豆の盛衰」,『東アジア資本主義史論 II』, ミネルヴァ書房, 2008, p. 97.

37) 吉野誠, 앞의 글, p. 35.

38) 김낙년,「조선무역의 장기동향」, 안병직 편,『한국경제성장사』, 서울대학교 출판부, 2001, pp. 176-177. 박기주 · 김낙년,「한국의 장기무역통계와 무역지수(1877-1963)」,『경제학연구』57-3, 한국경제학회, 2009, 부표1.

39) 吉野誠, 앞의 글, p. 35. 김용섭,「강화 김씨가의 지주경영과 그 성쇠」,『조선근현대농업사연구』, 일조각, 1992, p. 73.

40) 김낙년, 앞의 글, pp. 176-177.

41) 梶村秀樹,「이조말기 면업의 유통 및 생산 구조」,『한국근대경제사연구』, 사계절, 1968, p. 128.

04

증가하는 외압과 미미한 정부 개혁

04

증가하는 외압과 미미한 정부 개혁

폐정 개혁

제3장에서 언급한 대로 조선 조정은 필요한 재정 수입을 재정제도를 개혁하기보다 당오전을 발행해서 조달했다. 조정은 처음에는 물가 상승을 우려하여 당오전의 발행량을 제한했으며, 전환국을 설립한 이후에는 그곳에서만 발행했으나, 1888년에는 지방 관아도 주조할 수 있게 했고, 심지어는 민간에게도 주전을 허락했다. 그리하여 당오전 주조가 급증했다. 김윤식에 의하면 당오전이 발행된 10년 후에는 상품 가격이 10-100배 상승했다.[1)]

물가는 상승했지만, 임금은 그만큼 상승하지 않았다. 당오전을 발행하고 1년이 지난 후에 생활필수품의 가격이 3배가 되었을 때, 임금은 약 1.6배가 되었을 뿐이었다. 또, 추계에 의하면 1880-1890년대에 실질임금은 하락했다.[2)] 이런 중에 고부 군수 조병갑의 수탈은 전라북도에서 백성의 대대적인 봉기를 일으키는 직접적인 원인이 되었다(동학농민운동). 농민군은 1894년 1월에 봉기했고, 4월에 전주성을 점령했다. 조선 조정은 농민군에게 협상을 제의했고, 전봉준은 농민군을 대표하여 5월에 전주에서 조정과 화약을 맺었다. 이때 전봉준이 27개 조의 폐정(弊政) 개혁안을 제시했고, 조정은 그 제안을 받아들였으며, 화약이 맺어지자 농민군은 해산했다.

하지만 농민군이 해산하자 조정은 폐정 개혁안을 집행하지 않았다. 농민군은 전라도 53개 군에 집강소를 설치했고 개혁정치에 직접 착수했다. 집강소는 1894년 6월부터 12월까지 활동했는데, 지배계층의 부정과 부패를 징계했고, 노비를 해방했고, 전세(田稅)와 군포세와 조정에 대한 백성의 부채를 감면했고, 환곡제도를 없앴고, 고리채를 감면했고, 미곡의 일본쪽 수출을 금지했다.[3] 농민군이 외국 상인의 내지 행상을 반대하는 구호를 내걸었지만[4] 집강소의 실제 활동에서는 나타나지 않았는데, 그것은 그 기간에 외국 상인이 농민군이 관리하는 지역에 들어오지 않았기 때문일 것이다. 목포는 1897년에, 군산은 1899년에 개항되었기 때문에 그때까지 전라도는 경기도, 경상도, 함경도와는 달리 외국과의 접촉이 적었다. 그것을 포함하더라도 집강소의 활동은 대내적 개혁에 집중되어 있었는데, 그것은 청일전쟁이 발발하기 전까지는 외압이 그다지 강하지 않았기 때문일 것이다.

갑오개혁

조선 조정은 정부군이 농민군과의 몇 차례 전투에서 패배하자 청에 구원군을 요청했다. 청이 출병을 결정한 직후에 1885년에 일본과 맺었던 「천진조약」에 따라 일본에 출병할 것임을 통고하자, 일본은 조선 조정이 파병을 요청하지 않았음에도 불구하고, 공관과 인민을 보호한다는 명분을 내세워 조선에 군대를 파견했다. 그리하여 1894년 6월 초순에 청 군대는 아산에, 일본군은 인천에 도착했는데, 이들이 도착했을 때는 정부군과 농민군 사이에 전주화약이 이미 맺어졌고, 농민군은 이미 해산한 후였다. 조선 조정은 청과 일본의 군대가 충돌할 것을 우려하여 청과 일본 양자 모두에게 상륙하지 말도록 요청했다. 당시에 청은 조선 해관을 장악하는 등 정치적 영향력이 일본보다 컸고, 또 청의 국영기업인 윤선초상국이 1888년 3월부터 상해와 산동성 연태와 인천을 연결하는 정기선을 취항시키는 등 조선과의 경제적 관계도 일본보다 빨리 긴밀해지고 있었기 때문에, 그 현상을 깨트리고 싶지 않았다. 그리하여 청 조정은 청 군대가 아산에 머물도록 조처했고, 일본군에게는 인천에 머물도록 요청했다.

일본군은 인천에 머물렀지만 일본 정부는 군대를 증파했고, 그 무력을 바탕으로 6월 중순에는 청과 일본이 함께 조선 내정을 개혁하자고 청 조정에 제안했다.[5] 청 조정이 일본 정부의 제안을 거부하자 일본은 6월 하순에 단독으로 조선 조정에 대해서 의정부를 중시할 것, 정부와 궁중 사무를 분리할 것, 유능한 대사가 외교를 담당할 것, 인재 등용 문호를 개방할 것, 매관매직하지 말 것, 관리의 수뢰와 수탈을 엄금할 것, 한성과 주요 도시 사이에 철도와 전신을 가설할 것 등을 요구했다.[6] 조선 조정은 일본 정부의 요청을 내정간섭을 이유로 거절했으나, 이미 농민군도 내정개혁을 요구하고 있었기 때문에, 같은 달에 교정청을 설치했고 내정개혁을 준비했다.

일본은 여기에서 물러나지 않았다. 일본군은 7월 23일에 경복궁을 점령했고, 흥선 대원군을 영입하여 고종과 왕후를 견제했고, 개화파 관료를 조정의 요직에 등용하게 하여 민씨 일파를 제거했다. 조정에 군국기무처라는 최고 권력기관이 새로이 설립되었고, 총재에 김홍집, 의원에 박정양, 김윤식, 안경수, 유길준 등이 임명되었다. 청 조정이 일본군의 경복궁 점령에 반대하자, 일본군은 7월 25일에 아산 앞바다의 청 군대를 기습 공격했다. 그와 함께 조선에 대한 청의 정치적 영향력은 급속히 약해졌고, 조선 조정은 7월부터 각종 제도를 대대적으로 개혁했다. 그 내용은, 왕실 업무를 전담하는 부서를 설립하여 왕실과 정부를 분리하고, 의정부를 통치의 중추기관으로 하여 그 아래에 6조를 개편한 8아문(衙門)을 두고, 관료의 등급을 칙임관, 주임관, 판임관으로 단순하게 하고, 과거를 폐지하여 주임관과 판임관의 임용권을 의정부와 아문의 대신에게 주고, 관료의 복무 규율과 징계 방법을 제정하고, 신분제를 폐지하는 것이었다. 재정금융의 측면에서는 세금을 현금으로 납부하게 하고 은본위의 화폐발행제도를 채택하고 재정을 탁지아문으로 통합하고 도량형을 통일했으며, 교육의 측면에서는 소학교, 외국어학교, 사립학교 등 각종 학교에 대한 제도를 제정하여 신식 교육을 장려했다.

갑오개혁의 초기에는 일본이 청과 전쟁 중이었기 때문에, 일본 정부가 조선 조정에 적극적으로 간섭하지는 못했고, 그런 만큼 조선 조정에 자율성이 있었다. 갑오개혁 중인 1894년 8월에 일본 정부는 스에마츠(末松謙證)를 파견하여 조선 정세를 조사하게 하자, 그는 "오도리 공사의 통제력 결여에 편승하여 소장분자가 군국기무처를 지도하고, 조선 국정에 맞지 않는 급격한 개혁을 강행하고 있는 중"이라고 보고했는데,[7] 이 보고는 조선 조정이 그 무렵에는 자율적으로 개혁했음을 나타낸다. 갑오개혁은 그 무렵에 조선을 방문한 서양인들에게 깊은 인상을 주었는데,

그들은 갑오개혁이 왕권을 법으로 제한하고, 회사의 설립을 촉진하고, 시장경제를 발달시킬 것으로 기대했다.[8)]

러시아의 개입

일본군은 청 군대와의 거듭된 전투에서 승리했으며, 1894년 10월 하순에는 전쟁터가 중국으로 옮겨 갔다. 또 12월 말에는 일본군과 조선 조정의 관군이 동학 농민군을 거의 진압했다. 일본은 조선 조정에 대한 개입을 점차 늘렸고 조정을 장악한 개화파는 친일적 성격이 강해졌다. 친일 개화파에 반대하는 세력은 일본을 견제하고 싶었고, 러시아 정부는 그들에게 접근했다. 1895년 4월에 청일전쟁을 종결하는 조약인 「시모노세키 조약」이 청과 일본 사이에서 맺어졌고, 그 조약에서 일본은 다른 권익과 함께 요동반도를 얻었지만, 러시아 정부는 이때 프랑스와 독일 정부를 설득하여, 3국이 공동으로 일본 정부에게 배상금을 3,000만 냥 더 받는 대신에 요동반도를 중국에 반환하도록 요청했다. 러시아 정부의 이 계획이 성공하자 조선 조정에는 친러파가 증가했다. 이런 중에 일본 정부는 왕비를 친러 정책의 핵심 인물로 생각했고, 러시아가 더 이상 세력을 늘릴 수 없도록 1895년 8월에 왕비를 시해했다.

일본군이 동학 농민군을 진압하고, 또 왕비를 시해하자, 한국인의 반일 감정은 매우 높아졌지만, 개화파는 조정의 친러파를 견제하기 위해서 일본에 더 밀착했다. 그리하여 군국기무처 총재였던 김홍집은, 일본군의 왕비 시해 사건이 친러파의 세력 증대에 귀결하지 않도록 그 사건이 일본과 무관하다고 말하며 일본을 옹호했다. 그리고 반일 감정이 채 삭기도 전인 1895년 11월에 단발령을 선포했다. 개화파 내각은 고종에게 단발할 것을 요청했고 고종이 그 요청에 따르자 여론은 개화파 내각을 격렬하게 비판했고, 전국 각지에서 의병이 조직되었다(제1차 의병). 그러자 개화파 내각은 의병을 진압하기 위해서 왕궁 경비를 담당하던 친위대를 의병 진압에 파견했다. 고종은 왕비가 시해된 이후 신변에 불안을 느꼈는데, 친러파는 왕궁 경비가 소홀해지자 고종에게 러시아 공사관에 피신하도록 권했고, 고종은 그 권고를 받아들여 1896년 2월에 러시아의 공사관으로 몸을 옮겼다(아관파천). 개화파의 중심 인물이었던 김홍집, 정병하, 어윤중은 군중에 의해 살해되었고 개화파 내각은 무너졌으며, 고종은 러시아 공사관에 거주하면서 갑오개혁이 무효임을 선언했다.

독립협회와 대한제국

고종은 갑오개혁을 무효화했지만, 적어도 한성 주민 중에는 내정개혁이 필요함을 이해하는 사람이 점점 증가했다. 그러한 바탕 위에서 서재필, 윤치호, 이상재 등 일본, 청, 미국에서 유학 또는 유람하며 근대적 지식을 널리 섭취한 사람들이 개혁을 원하는 주민을 이끌었고, 개화 정책을 바탕으로 해서 자주적인 국가를 건설할 것을 주장하는 중견 관료가 그러한 근대적 지식인과 연합했는데, 그들은 고종이 러시아 공사관에 머무르고 있는 도중인 1896년 7월에 독립협회를 설립했다. 1896년 말에는 협회 회원 수가 2,000명을 넘었고, 자주, 민권, 개혁 등을 주장했다.[9] 그리하여 여론이, 고종이 환궁하여 자주독립의 의지를 분명하게 하고 개화 정책을 지속할 것을 요청하자, 고종은 1897년 2월에 러시아 공사관에서 왕궁으로 돌아왔고, 그 해 10월에 대한제국으로 국명을 바꾸었으며, 황제로 취임했고 연호를 광무(光武)로 정했다.

광무정권(황실을 포함함)은 자주독립의 의지를 분명하게 함과 동시에 국내 철도와 광산을 스스로 개발하며 이권을 양여하지 않는다고 공표했지만, 고종이 1년이나 신세를 졌던 러시아의 요청을 거절하기에는 힘이 부족했다. 러시아는 1897년 7월에는 군사교관을 파견했고, 9월에는 부산 앞바다의 절영도를 조차하려 했고, 10월에는 재정고문에 러시아인을 취임시켰고, 12월에는 한러은행을 설치하고 그것을 국고은행으로 승격시키려 했다. 독립협회는 러시아가 이권을 차지하기 위해서 광무정권을 억압하자, 그것에 반대하여 러시아 및 다른 열강이 획득한 이권을 조사했고, 그 결과를 이용해서 열강의 이권 침탈을 규탄하는 만민공동회를 여러 번 개최했으며, 1898년 3월에는 외세, 특히 러시아에 반대하는 여론을 만들 수 있었다. 한편, 러시아가 군사교관과 재정고문을 파견하자, 영국 · 일본 · 미국은 러시아의 세력 확장에 일제히 반대했다. 그리하여 1898년 4월에 러시아는 절영도 조차를 포기했고 한러은행도 폐쇄했다.[10] 독립협회가 자력으로 성취한 것은 아니었으나 약간의 성과는 거두었던 것이다.

그런데 독립협회는 자주, 개혁과 함께 민권을 중시했기 때문에, 광무정권과 항상 협조적이지는 않았다. 독립협회는 러시아가 후퇴한 1898년 4월에는 의회 설립의 중요성을 주장하기 시작했고, 7월에는 고종에게 갑오개혁 중에 내각의 자문기관으로 설치되었던 중추원을 의회원으로 개편할 것을 청원했는데, 고종은 그 일을 탐탁하게 여기지 않으면서도 받아들였다. 나아가서 11월에는 중추원 의원의 반수가 독립협회 회원에서 임명되게 되자, 독립협회는 그때부터 중추원을 발판으로 해서 입헌군주제를 도입하려 했다. 고종이 여전히 마뜩지 않게 생각하던 중에 중추원이 12월에 미국 국적의 서재필과 갑신정변을 일으킨 죄로 망명했던 박영효를 각료로 추천하자, 고종은 그것을 구실로 군대를 동원하여 독립협회를 해산시켰고, 중추원은 더 이상 기능하지 못하게 되었다.[11]

고종은 1899년 8월에 대한국 국제(大韓國國制)를 공포했고, 그 이전보다 황제의 권한을 더 강화했다. 입헌군주제에 대한 고종의 불신과 독립협회의 욕심이 겹쳐 광무정권과 독립협회는 협력할 조건을 만들지 못했고, 그 결과로 대한제국은 황제의 권한이 커졌으며, 법치주의 국가로는 나아가지 못했다. 민간의 재산권이 불완전하게 보호되는 만큼 광무정권의 개혁정치는 민간의 자발성을 이용하기는 어려웠고, 민간을 동원하기도 쉽지 않았다. 대한협회 간부였던 김성희는 1908년에 대한제국에서는 인민이 정부를 도적처럼 방어하고, 정부는 인민을 원수처럼 보니 이것이 망국의 첫째 원인이라고 지적했는데, 위의 사태와 잘 부합한다.[12]

화폐 남발

정부와 황실의 중요성은 컸지만, 개혁정치를 하기에는 재정 수입이 부족했다. 지세는 그것으로 경상비를 지출해야 했기 때문에 위의 용도로는 사용할 수 없었다. 관세 수입은 세관 유지비, 개항장의 감리서 유지비, 사신 파견비 등에 사용하고도 여유가 있었지만, 그것은 일본 제일은행에 예치되었고, 그 지출은 총세무사가 동의해야 지출할 수 있었다.

1893년부터 영국인 브라운(John McLeary Brown)이 총세무사를 맡았는데, 그는 광무정권보다 영국과 일본 정부의 판단에 따라 관세 수입의 지출 방법을 결정했기 때문에 광무정권이 자유롭게 사용할 수 없었다. 광무정권이 1901년 2월에 브라운을 해고하려고도 했지만 실패했고, 그 이후로도 일본과 영국 정부의 지지에 힘입어 그의 세력은 유지되었다. 1901년에는 관세 수입금으로 등대를 건설하고 한성에 수도를 설치하게 되었으나, 그것은 영국 · 일본 · 미국 공사가 합의한 결과였지 광무정권의 판단에 따른 것은 아니었다.[13)]

광무정권은 재정 수입을 늘리기 위해서 화폐의 발행과 그것의 유통에 힘을 기울였다. 조선 조정은 1894년 7월에 「신식화폐발행장정」을 제정했고, 그 규정에 따라 본위화폐로서는 5냥 은화, 보조화폐로는 1냥 은화, 2전 5푼 백동화, 5푼 적동화, 1푼 황동화를 발행했다. 은본위 화폐제도가 제대로 운영되기 위해서는 5냥 은화가 충분히 발행되어야 했지만, 그렇게 하기에는 정부에 은이 부족했기 때문에 본위화폐는 많이 주조되지 않았고, 보조화폐 중에서는 주로 백동화가 주조되었다. 그런데 위의 장정에 의하면, 한국의 화폐와 품질, 형상, 가치가 같은 외국 화폐는 한국에서 사용될 수 있었기 때문에 시중에서는 5냥 은화 대신에 1엔짜리 일본 은화가 사용되었다. 한편, 1897년에 일본 정부가 금본위제를 채택하자, 한국에서는 일본 은화의 시세가 하락했고, 1898년부터 일본 은화의 유통량은 감소했다. 그러자 백동화의 수요가 증가했고, 백동화의 발행량이 1897년에는 2만 원(元=5냥)에 미달했지만, 1898년에는 35만 원, 1899년에는 128만 원으로 급증했다.[14)]

광무정권은 백동화 수요가 증가하는 것을 재정 수입을 증가시킬 좋은 기회로 보았기 때문에 백동화를 주조하는 데 원료를 가능한 한 적게 사용했다. 그 무렵의 여러 보고에 의하면 2.5전의 백동화를 주조하여 1개당 약 2전의 이익을 얻었다.[15] 그로 인해 백동화 소지자들이 피해를 입자 독립협회는 백동화 발행을 주도한 전환국장 이용익을 고등재판소에 고발하기에 이르렀고,[16] 중추원도 백동화 남발에 반대했지만, 1898년 12월에 고종이 독립협회를 해산하자 정부 내의 중추원의 권한도 함께 낮아졌고 백동화 남발은 억제되지 않았다.

광무정권이 백동화의 주조 차익을 늘리려면 백동화의 사용 지역이 넓어져야 했으나, 한성에서 가까운 황해도 및 평안도의 지방관과는 달리 영남과 호남의 지방관은 조세를 계속해서 엽전으로 징수하여 백동화 유통을 저지했다. 그것은 엽전을 백동화로 바꾸어 중앙정부에 납부하면 시세 차익을 얻을 수 있었기 때문이었다. 또, 원산의 일본인 상업회의소는 백동화의 시세 하락을 염려하여 1898년 12월에 백동화로는 거래하지 않을 것을 결의했다.[17]

이권재상*

광무정권은 백동화를 더 많이 유통시키기 위해서는 은행이 필요하다고 판단했다. 대한천일은행은 1899년 1월에 설립되었고, 그 발기인에는 탁지부(재무부) 대신 심상훈, 궁내부 대신 민병석, 군부 차관 민영기, 전환국장 이용익 등 고관이 매우 많았는데, 광무정권은 대한천일은행의 설립을 적극적으로 지원했다.[18] 그 이유는 고종이 백동화를 유통시키고

* 모든 이권은 국왕에게 귀속된다는 사상.

그로 인해 증가할 황실의 자금을 관리할 은행을 원했으며 고관들이 그 목적에 맞추어 행동했기 때문이었다. 대한천일은행이 많이 대출할수록 백동화 유통량이 늘어나기 때문에 광무정권은 대한천일은행에게 여러 특혜를 주었는데, 다른 은행과는 달리 부동산을 담보로 한 대출을 허가 했고, 전환국으로 하여금 대한천일은행의 보유 어음을 인수하게 했다. 1900-1905년에 대한천일은행은 대출에서 차지하는 어음 할인의 비중이 66%였는데, 그렇게 할 수 있었던 것은 전환국이 대한천일은행이 보유하는 어음을 인수했기 때문이었다.[19] 또, 광무정권은 국방 자금과 내장원의 홍삼사업 자금의 일부를 대한천일은행에 예치했고, 대한천일은행으로 하여금 전국의 군현이 징수한 세금의 일부를 수송하게 했다. 나아가서 대한천일은행은 1899년에 58만 원(元)의 세금을 징수했는데, 그것은 그 해의 총세입 426만 원의 14%였다.[20] 이 방법은 효과를 거두었고, 백동화 발행액은 1899년에 128만 원, 1900년에 203만 원에 이르렀다.

1902년에는 고종의 일곱 번째 아들 이은이 은행장에, 고종의 심복이었던 이용익이 부은행장에 취임하여 대한천일은행과 광무정권의 관계는 더욱 깊어졌고, 광무정권이 여러 혜택을 제공한 덕택에 1903년에 대한천일은행의 대출금 잔액은 일본 제일은행 조선 지점의 14.1%였고, 예금 잔액은 1904년에 4.7%였다.[21] 대출이 특히 많았던 것은 광무정권이 백동화를 더 많이 유통시켜서 화폐 발행 수입을 늘리려고 했기 때문이었다.

그런데 일본의 금태환 지폐와 일본 은화가 본위화폐 대신에 유통되었기 때문에 광무정권의 화폐주권은 제한적이었다. 광무정권은 1901년 초에 프랑스에서 차관을 들여오고 그 자금을 사용해서 중앙은행을 설립하고 금본위제를 시행한다는 계획을 세웠고, 이어서 일본 은화의 유통을 금지시켰다. 1901년 4월에 광무정권과 프랑스 정부는, 프랑스가 한국에 은화 500만 원[圜]에 해당하는 금괴와 은괴를 대부하는 계약을 체결했다. 관세 수입이 담보로 제공되었고, 이자는 연리 5.5%, 25년 분할상환하는 것이 그 조건이었다. 그런데 이 계약에 대해서 일본 정부가 강하게 반대했고, 영국과 미국의 정부는 일본 정부의 주장에 동조했다. 그리하여 3국의 공사는 고종에게 차관이 도입될 경우에 열강 사이에 분쟁이 일어날 수도 있다고 위협했고, 프랑스의 우방이었던 러시아마저도 그 계약에 반대하자 결국 광무정권은 계약 이행기간을 9개월로 구두 약속했던 것을 이용하여 계약을 파기했다.[22)]

한국에 중앙은행이 설립되면, 일본 제일은행은 한국의 관세를 취급할 수 없게 될 것이었고, 제일은행 조선 지점의 주요 자금 원천은 관세 예치금이었으므로 그로 인해 조선 지점의 영업이익이 줄어들기 때문이었다. 일본 제일은행의 영업보고서에 의하면, 조선 지점의 순이익금이 제일은행 전체 순이익금에서 차지하는 비율이 1899년에 11.4%, 1901년에 14.9%, 1905년에 29.0%였다.[23)] 1903년에 20%에 가까웠을 것으로 추측하면, 한국에 중앙은행이 설립되면 제일은행 조선 지점만이 아니라 본점도 타격을 입을 것이었다.

또, 한국에 중앙은행이 설립되면 일본 정부는 일본 은화를 처리하기 어렵게 될 것이었다. 일본이 1897년에 금본위제도를 채택했는데, 그때 약 1억 1,000만 엔의 일본 은화가 외국에서 유통되고 있었다. 일본 정부는 은화 소유자가 그 은화를 일본에 들여와 금화로 태환하면 금 보유량이 부족하게 될 것을 염려하여 은화가 국내로 돌아오지 않고 외국에서 계속 유통되기를 바랐다.[24)] 제일은행이 1902년에 광무정권의 일본 은화 유통 금지에도 불구하고 은화를 발행해서 한국에서 사용하려 하자, 일본 정부가 그 계획을 허가했는데, 그렇게 되면 일본 은화가 일본으로 적게 유입될 것이기 때문이었다. 그런데 광무정권이 본위화폐를 발행하면 일본 은화가 조선에서 유통될 수 없게 되고, 은화가 일본으로 돌아가면 일본 정부의 금 보유량이 줄어들 것이었다.

일본 정부가 광무정권의 차관 도입을 무산시킨 후, 일본 제일은행은 1903년 초에 한상룡을 통해서 한성은행장 이재완에게 접근했고, 한성은행에 3만 5,000원(元)을 무담보 및 저리로 대출했는데, 제일은행이 노린 것은 한성은행을 통해서 제일은행권을 조선에 유통시키는 것이었다.[25)] 광무정권은 일본의 이러한 움직임에 대응하여 1903년 3월에 「중앙은행조례」와 「태환권조례」를 제정했고, 그 해 8월에 300만 원[圜]의 자본금으로 중앙은행을 설립했으며, 이때 황실은 그 자본금의 일부를 제공했다. 그 조례에 의하면 중앙은행의 사업은, 금태환 화폐를 발행하고 국고를 취급하고 금은을 매매하고 외국 화폐를 환전하고 정부에게 대출하는 것이었다.[26)] 광무정권은 지불준비금으로 금괴와 금화를 저장했고, 1904년 4월부터 금태환권을 발행했다.

광무정권이 대한천일은행과 중앙은행에 특별히 관심을 쏟았고 부분적인 성과를 거두었던 것은, 황실이 화폐 발행 수입의 대부분을 차지할 수 있었기 때문이었다.[27)] 즉, 황실이 식산흥업의 바탕을 마련한다는 생각으로 화폐금융제도를 발달시키려 한 것은 아니었지만, 황실이 화폐 발행 및 유통과 관련한 권리를 지키려 했던 것은 한국인 상공업자가 자금을 대출받을 수 있는 기회를 늘렸다.

이러한 뜻하지 않은 성과는 있었지만, 민간을 자극하기에는 황실의 식산흥업 행위가 부족했다. 황실은 토지 개척, 수삼의 매입에서 홍삼의 제조와 판매에 이르는 홍삼사업, 평양탄광의 개발과 운영 등을 직접 행했고, 한성전기회사, 한미전기회사, 대한천일은행, 특립제일은행, 경원철도, 인공(人工)양잠회사 등에 투자했으며, 1903년에는 중앙은행의 자본금을 제공했다. 또, 황실의 내장원에 서북철도국을 설치하여 경의철도의 부설을 계획했고 이어서 한성-개성 사이를 측량하기도 했다.[28] 평양탄광, 대한천일은행 등 어느 정도의 성과를 거둔 사업도 있었지만, 민간의 투자 의욕을 높이기에는 사업의 양이 적었고 그 성과는 낮았다.

그런데 이 기간에 황실의 수입은 적지 않았다. 거액의 화폐 발행 수입 이외에도 황실이 몇 사업을 직접 경영했고, 외국 기업의 광산 개발에 대해 사용료를 징수했고, 한성보신사를 세워 조세를 포탈한 관료의 집문서를 전당 잡았고, 황실이 고용한 상인으로 하여금 외획*을 받아 상거래를 하고 그 이익을 황실이 납부받았기 때문이었다.[29] 하지만 황실은 그 수입을 식산흥업보다는 장례, 연회, 왕릉과 왕궁의 개수 등에 훨씬 많이 지출했다.[30]

쌀 수출

광무정권의 개혁이 부진하여 민간의 자발성은 낮았고, 민간에 대한 정부의 지원이 미미하여 민간이 동원되지도 않았지만, 이 기간에 민간

* 외획(外劃)은 지방 행정기관이 징수한 국세 수입을 지방 행정기관이 보관하고 있다가 중앙정부의 지시에 따라 지출하는 18세기 이후의 조선 조정과 광무정권의 고유한 세출제도였는데, 상인은 지방 행정기관이 징수한 국세를 지방 행정기관에게서 대부받았고, 그 자금으로 상품을 사서 한성으로 수송했고, 그 상품을 매각하여 중앙정부에 반제했다. 이렇게 하면 중앙정부는 국세의 수송 비용을 줄일 수 있었고, 상인은 유동자본을 보완할 수 있었다.

이 정체하거나 후퇴한 것은 아니었다. 농업에서는 그 이전에 비하면 국제 분업에 대한 농민의 적응이 두드러졌다. 한국산 쌀과 콩에 대한 일본의 수요가 늘어나면서 농민은 그 이전보다 쌀과 콩을 비싸게 판매할 수 있게 되었는데, 이때에 이르러 농가의 판매량이 늘어났을 뿐 아니라 재배 농산물의 구성에도 변화가 일어났다. 일본 외무부에 대한 진남포 주재 일본 영사관의 1899년 보고 「진남포 농작상황」에 의하면, 황주, 안악, 재령, 봉산, 신천 등에서 벼 재배 면적이 증가했다.[31] 콩 농사에서도 그런 변화가 일어났는데, 콩이 일본에 수출되기 시작하자, 콩 값이 올라갔고, 보리 밭에 콩을 함께 심기도 했고, 면작을 콩 농사로 바꾸었다. 또, 목포 주재 일본 영사관의 1902년 보고 「조선 전라도 영광군 토지개간」에 의하면 영광군 법성포의 조 아무개라는 농민이 하천변의 30정보를 개간할 계획을 세웠고 10정보를 완성했는데, 일본에서 농산물을 도입하여 그곳에 재배할 계획을 가지고 있었다. 그러자 주변의 많은 농민이 그 개간에 관심을 가져 조 아무개에게 개간을 의뢰하기도 했다.[32] 즉, 유리하게 판매할 수 있는 농산물의 생산량을 늘리기 시작한 것이다.

일본의 소비자가 한국 품종의 쌀보다 일본 품종의 쌀을 더 좋아했기 때문에, 일본 상인은 농민이 일본 품종의 벼를 재배하기를 바랐다. 일본 품종은 1890년 무렵 전라남도 함평과 학교 지역에 처음 도입되었고 재배 성적이 좋아지면서 점차 주변에도 보급되었는데,[33] 1903년에 전라남도 목포의 일본 영사관은 1894년 이후 일본 품종의 재배 면적이 꽤 증가했고, 1897년에는 전라북도 전주 부근에는 논의 40-50%에서, 전라남도 영산포 부근에는 논의 20-30%에서 일본 품종이 재배되었다고 일본 외무부에 보고했다. 전주와 영산포 부근에서 일본 품종을 누가 재배했는지 정확하게 알 수는 없지만 1897년은 아직 일본인 지주가 적었다. 일본인의 논 소유 면적은 1906년에 전라북도에서 4,260정보, 전라남도에서 337정보였는데, 그 무렵에 전라북도와 전라남도의 논 면적이 각각 11만 5,094정보와 21만 2,151정보였다.[34] 일본 품종 재배 면적 중에는 일본인 지주의 지시에 의한 것도 있었겠지만, 일본 품종이 그 지역의 20-50%를 차지했다면 한국인 농민의 판단에 의한 것이 훨씬 많았을 것이다.

나아가서 벼 재배 방법도 바뀌었다. 일본 품종은 내비성(耐肥性)이 높았는데, 내비성이 높은 품종은 시비량이 부족하면 작황이 많이 나빠졌기 때문에, 한국인 농민과 지주가 일본 품종을 재배해서 그 효과를 제대로 보려면 시비량을 늘려야 했다. 그런데 부산 주재 일본 영사관의 1895년 보고 「조선국 전라도 순회복명서」에 의하면 논농사에 퇴비와 분회는 많이 사용해도 콩을 원료로 하는 비료는 거의 사용되지 않았지만, 목포 주재 일본 영사관의 1904년 보고 「조선 전라남북도 농업정황」에 따르면 농민이 퇴비와 분회만 아니라 대두와 녹비를 비료로서 다량 사용하고 있었다.[35]

청일전쟁이 끝난 후인 1895년부터 러일전쟁이 발발하기 직전인 1905년까지 수출이 1.8배 증가했는데 그 기간에 일본쪽 수출이 8할을 넘었고, 곡류의 수출이 7할을 넘었으므로 일본 시장에 대한 농민의 적응이 수출을 늘렸다고 이해해도 될 것이다.[36] 그림 2-1에서 18세기 후반부터 장기간 하락하던 농업 생산력이 1890년대에는 다시 상승했음을 추측할 수 있는데, 농민이 새로운 국제 분업에 적응하면서 생산물과 생산 방법을 바꾸었던 것이 하나의 요인이었다.

회사와 은행

한국이 국제 분업에 적응하기 시작한 그때에 한국이 독립국가를 유지하려면 수출하여 입수된 금은이 공업용 생산재 수입에 사용되어야 했다. 농업을 육성하는 것만으로는 일본과 경쟁할 수 없었는데, 농업 부문이 공업 부문보다 이윤율이 낮았기 때문이기도 했고, 석탄과 철과 기계를 생산하지 못하면 무기를 만들 수 없기 때문이기도 했다. 한편, 그 무렵에 유럽인은 농장을 만들고 기계를 사용하여 밀을 재배했지만, 동아시아의 쌀 농사에서는 기계가 중요하지 않았기 때문에, 농업용 생산재를 수입할 필요는 적었다.

1895-1905년에 수입이 3.5배 증가했고, 그 직전의 10년과 비교하면, 직물, 의류, 음식물, 곡물 등의 소비재 비중이 전체의 6할 남짓으로 약간 낮아졌지만, 광물, 금속 제품, 기계류의 수입 비중은 여전히 전체의 1할에 미달했다.[37] 농업과는 달리 공업은 공장이라는 제도를 도입해야 했고 기계를 사용해야 수입품과 경쟁할 수 있었지만, 공장, 기계, 임노동자로 구성된 생산 방법은 당시의 한국인에게는 매우 생소했다. 그들이 생소한 생산 방법을 도입하려면 정부가 민간의 재산권을 보호하고, 또 그 위에서 그들을 지원해야 했으나, 광무정권의 의식도 행동도 그것에 이르지 못했다.

민간의 재산권과 관련해서 회사의 설립을 살펴보자. 전우용의 연구에 따르면 각종 자료에 등장하는 회사의 수가 1890년대 후반의 5년은 91개, 1900년대 전반의 5년은 126개였다. 자료에 이름이 등장했을 뿐 실제로 설립되지 못한 회사도 있었겠지만, 1885-1894년에는 한국에 설립된 회사가 모두 합해서 42개에 지나지 않았기 때문에 실제로 설립된 회사가 증가했다고 추측해도 될 것이다.[38] 어쨌든 회사라는 제도에 민간이 적응하는 중이었다고 할 수 있다.

한편, 위의 217개 회사에 참여한 사람이 모두 3,125명이었는데 그 중에서 신원을 알 수 있는 409명을 정리하면 전현직 고위 관료가 67명, 전현직 중하위 관료가 96명, 직함만 가지고 있을 뿐 실제로는 일하지 않던 허직 관료(虛職官僚)가 86명, 상인과 기타가 160명이었다. 관료의 신원은 상인과 기타의 사람보다 알기 쉬우므로 참여자 중의 관료 비율이 실제보다는 높게 나타나겠지만, 그럼에도 불구하고 관료가 상인에 버금가는 역할을 했다고 추리해도 될 것이다.

갑신정변 이전까지는 회사가 거의 정부에 의해 설립되었고, 갑신정변 이후에 민간회사가 출현했으며, 상인과 관료가 자본과 경영 능력을 제공했는데, 그때부터 약 20년이 지난 이후에도 민간의 자산가가 관료를 대체하지 못했다. 갑오개혁 직후에는 전직 관료에 대해서, 곧이어 현직 관료에 대해서도 상업을 경영하는 것이 공식적으로 허용되었기 때문에 회사에 참여하는 관료가 증가하기도 했겠지만,[39] 광무정권이 민간의 재산권을 충분히 보호하지 않았기 때문에 상인은 관료와 합작하는 편이 유리했던 것이다.

재산권에 이어서 은행을 살펴보자. 은행은 민간의 경제 활동을 지원하는 효과적인 제도이다. 일본 제일은행은 1878년 6월에 부산에 지점을 설치했고, 1899년까지 원산, 인천, 한성, 목포에도 그 지점을 두었다. 제일은행은 1884년에 한국의 관세 수입을 유치했는데, 수수료를 받았을 뿐 이자를 지불하지 않았기 때문에, 그 자금을 이용해서 개항장의 일본 상인에게 저리의 자금을 지원할 수 있었다. 그런데 한국인 상인에게 저리의 자금을 지원하는 금융기관은 없었고, 한국인 상인은 1890년대 전반까지 대금업자에게서 고금리의 자금을 대출받았다. 금융기관이 저리의 자금을 대출하기 위해서는 규모가 큰 은행을 설립하고, 민간 예금과 정부 자금을 유치하고, 대출 심사를 할 수 있어야 했지만, 그때까지 대금업자는 그런 정도의 자본금을 모을 수도 없었고 또 대출 심사를 할 능력도 없었던 것이다.

그런 중에 안경수, 김종한 등이 1896년 6월에 탁지부 대신의 지원을 받아 조선은행을 설립했는데, 그것은 한국 최초의 은행이었다. 조선은행은 중앙은행이 되는 것을 목표로 했고 정부의 재정자금과 관세 수입을 유치하려 했으나, 총세무사 겸 탁지부 고문 브라운이 관세를 조선은행에 예치하는 일에 반대하여 그 계획에는 실패했다. 게다가 조선은행은 설립자의 한 명인 안경수가 1898년 말에 독립협회 사건 때문에 일본에 망명하자 정부와의 관계가 나빠졌고, 1899년 10월에 영업을 정지했다. 권재형, 민영환 등이 한흥은행으로 이름을 바꾸어 영업을 재개했으나 1901년에 폐업했다.[40]

한편, 김종한, 이보응 등은 1897년 2월에 한성은행을 설립했고, 중앙은행을 목표로 했던 조선은행과는 달리 예금 유치, 어음 할인과 환전, 동산을 담보로 한 대출에 주력했다. 그것은 설립자였던 김종한이 경강상인을 대상으로 대금업을 했던 경력이 있었기 때문이었다. 그런데 한성은행은 자본금이 적었고, 또 금융업을 이해했던 김종한이 1897년 12월부터 함경도에서 관찰사로 재직하게 되자 영업은 줄곧 부진했다. 1903년에 일본 제일은행의 자본을 유치하여 비로소 경영을 재건했다.[41]

외압 및 수탈

앞에서 소개된 대한천일은행의 사례에서 정부의 목적이 어디에 있었든지 정부가 의식적으로 지원하면 은행이 성장할 여지가 있었음을 알 수 있었다. 하지만 광무정권이 조선은행과 한성은행을 지원하지 않았던 일에서 알 수 있듯이 광무정권은 그러한 의식을 갖추지 못했다.

민간의 재산권이 보호되지 않고 그들의 사업투자를 지원할 제도가 부족한 상황에서도 광무정권이 한국인의 사업을 외압으로부터 보호하려 노력했다면, 불평등 조약으로 짜여진 틀 속에서도 약간의 성과를 거둘 수 있었을 것이다. 그런데 광무정권은 조약 속의 조항조차 지키지 못했다. 외국 상인의 내지 정주를 불허한 조항을 둘러싼 갈등은 하나의 예이다.

일본 상인은 청일전쟁 중에 일본군이 한국에 주둔하자, 그 세력을 이용해서 내지에 정주하기 시작했다. 1895년 8월에 왕비 시해 사건이 일어나자 한국에서 반일 감정이 커졌고 일본 상인이 내지에서 철수했지만, 이번에는 청 상인이 내지에 정주하기 시작했고, 반일 감정이 누그러지자 일본 상인도 다시 정주하기 시작했다. 광무정권은 청 조정과 1899년에 통상조약을 새로이 맺었는데, 이병천에 의하면, 청의 영사는 조약의 문구를 청에게 유리하게 해석하여 청국인에 의한 기왕 입치가 합법화되었다고 주장했고, 광무정권은 청이 청일전쟁에서 패배한 이후에 한국에 대한 영향력이 거의 소멸했음에도 불구하고 그것에 굴복하여 청 상인의 내지 정주를 인정했다. 그러자 일본 상인은 청 상인의 내지 정주를 구실로 내지에서 철수하지 않았다.[42] 외국 상인이 내지에 정주하자 한국인 행상만이 아니라 한국인 객주의 수입도 줄었다.

광무정권은 한국인 상인을 보호하지 않았을 뿐 아니라, 그 이전과 동일한 방법으로 상인을 지배하여 더 우수한 상인이 성장하는 것을, 달리 말하면 상인의 경영 능력이 상승하는 것을 저해했다. 군산 지역 객주들이 1899년에 궁내부의 허가를 얻어 영흥사를 설립했는데, 영흥사는 궁내부에 1년에 600원(元)의 상납금을 바쳤고, 그 대신에 개항장에서 외국 상인과 행상을 중개할 권리를 얻었다. 영흥사는 상납금을 마련한다는 구실로 백일세(百一稅)를 징수했는데, 이것이 한국인 객주와 거간 및 일본 상인의 반발을 일으켰고, 옥구 감리서는 궁내부에 영흥사의 백일세 징수를 우려하는 청원을 내었다. 하지만 궁내부는 1900년 2월에 그 청원을 물리쳤고 영흥사를 지원했다. 그런데 영흥사가 백일세만이 아니라 다른 부가세도 징수하자 1901년에 반발이 또 일어났다. 영흥사에 반발한 객주와 거간은 일부가 한흥사, 다른 일부가 광흥사를 조직했고, 내장원에 접촉하여 독점권을 얻으려 했다. 영흥사는 그의 권리가 줄어들 것을 우려하여 그도 내장원에 접촉했고, 한흥사보다 더 많은 상납금을 제시했다.[43] 대한제국이 설립된 이후에도 객주는 경영 능력보다 조정과의 관계를 이용해서 사업 규모를 늘리려고 했던 것인데, 객주의 이런 행동은 광무정권에 의해 유도된 것이기도 했다.

느린 적응

당시 민간의 능력으로는 정부가 지원하지 않는 한에는 공장과 기계를 갖춘 근대적인 생산 방법은 채택하기 어려웠다. 면방직업은 무기제조업과 함께 당시의 가장 중요한 공업이었는데, 정부의 지원이 없는 상태에서 매우 느리게 발달했고 한국 시장은 속속 일본 기업이 차지했다. 당시에 유럽에서 개발된 면제품 중에서 시팅*은 재래면포의 대체재가 될 수 있었지만, 유럽인과 미국인의 의생활에서는 시팅이 중요하지 않았기 때문에 유럽의 기업은 시팅의 제조 기술을 그다지 개발하지 않았다. 그 때문에 1890년대 전반까지는 시팅이 재래면포와의 경쟁에서 이기지 못했고, 한국에 수입된 면포는 금건**이 대부분이었다. 그런데 일본의 방적기업이 1890년대 초부터 군대에 납품할 목적으로 시팅을 제조하기 시작하자 시팅의 품질이 개선되었고, 또 일본의 기업은 납품하고 남는 시팅을 어딘가에 판매해야 했다. 그리하여 그들은 한국을 시팅의 수출 시장으로 개척하기 시작했다. 또, 일본의 재래면포 생산자는 시장에서 경쟁하는 도중에 점차 품질을 개선했다. 그 결과로 일본산 재래면포의 한국쪽 수출이 증가하기 시작했다. 원산항을 조사하면, 1894-1903년에 한국산 면포에 대한 일본산 재래면포의 상대가격이 약 3할 상승했음에도 불구하고 한국산 면포의 원산으로의 반입량에 대한 일본산 재래면포 수입량의 비율은 1894-1898년부터 1899-1903년 사이에 2.0배에서 2.6배로 상승했으므로, 품질이 꽤 개선되었음을 알 수 있다. 그리하여 1898년에는 시팅과 일본산 재래면포가 한국의 면직물 수입액의 5할을 차지하게 되었다.[11]

한국의 면포 생산자가 시팅과 일본산 재래면포의 수입에 대항하기 위해서는 공장을 설립하든지 가내 작업장을 개선하여 베틀이 아니라 직

* Sheeting. 20수 정도의 굵은 면사로 짠 평직 면포.
** 金巾. 포르투갈어 canequine의 음역. 30-40수의 가는 면사로 짠 평직 면포.

조기계를 사용해서 시팅 또는 재래면포를 제조해야 했다. 그러한 기계에는 바탄(battan), 발로 밟는 족답기, 동력으로 움직이는 역직기 등이 있었는데, 바탄의 생산성은 재래직기의 2배, 족답기는 재래직기의 3-4배에 달했다.[45] 그리하여 1900년대 초에 직조단포(1900), 종로직조사(1900), 남죽동조직소(1900), 한성제직회사(1901), 중곡염직공소(1902)는 그러한 직조기계를 구비했지만, 이 공장들 중에서 중곡염직공소를 제외한 나머지는 몇 년 지나지 않아 전부 파산했고, 중곡염직공소도 허리띠 등 수입품과 경쟁하지 않는 부문에서 생존했다.[46]

한편, 물레로 자은 수방사(手紡絲)는 그다지 질기지 않았기 때문에 역직기에 날실로 쓰면 쉽게 끊어졌다. 그 때문에 방적기계를 사용하는 한은 방적사를 사용해야 했고, 그것을 위해서는 한국에 방적공장이 설립되어야 했지만, 결국 설립되지 않았다. 그것은 국제경쟁력을 갖춘 대규모 공장을 설립하기 위해서는 사업가도 자본도 없었기 때문이었다. 그리하여 방적사의 수입량은 1890년대 후반에는 연평균 501만 근, 1900년대 전반에는 연평균 753만 근에 이르렀다.[47] 방적공장은 설립되지 못했으며, 직조공장은 수입품과 경쟁하지 않은 부문에서만 생존했던 것은, 근대적 공업 생산에 대한 적응이 민간의 능력이 감당할 수 있는 범위 내에서만 천천히 진행했음을 나타낸다.

그릇 제조업도 위와 유사했다. 조선의 전통적인 그릇 제조업에는 유기 제조업과 도자기 제조업이 있었다. 유기는 고가품이었고, 도자기는 유기의 대체재였지만, 19세기 말까지는 수입되는 도자기도 값이 비쌌기 때문에 도자기가 유기 수요를 위축시키지 않았다. 그런데 20세기에 들어와 일본에서 도자기가 값싸게 제조되자 수입이 급증했고, 유기 제조업은 쇠퇴했다. 도자기 수입이 증가하고 도자기 시장이 커지자, 1900년대 초에 함경도 성진에 세워진 성진공업조합은 신식 가마를 도입하여 설치했고, 1902년에 세워진 자기제조소는 외국인 기술자를 고용하는 등 국내의 도자기 생산자도 바뀐 환경에 적응하려 했지만, 경쟁력을 갖춘 도자기 공장은 출현하지 않았다.[48] 정부의 지원 없이는 도자기공업이 성장할 수 없었던 것이다.

광무정권은 법치주의 국가를 만들지 않았고, 정부는 민간의 역량을 동원하지 못했고, 황실은 민간의 역할 모델이 되지 못했다. 광무정권은 일본과의 힘의 격차가 점점 커지자 일본에 의해 점령당할 것을 두려워했고, 러시아를 끌어들여 일본을 견제하는 정책을 멈추지 않았다. 그런 중에 중국에서 1899년 11월부터 의화단이 북경과 천진 일대를 점령하고 외국인 공관을 공격하자, 러시아는 그것을 빌미로 1900년 가을에 만주를 점령했고, 의화단 사건이 끝난 이후에도 동청철도(현재의 중국 장춘철도)를 경비한다는 명목으로 군대를 철수하지 않았다. 일본은 러시아가 만주를 점령하자, 동아시아에서의 자국 세력을 유지하고 넓히기 위해서는 한국을 지배해야 한다고 판단했다. 이 무렵에 한국에서 일본 · 영국 · 미국 연합과 러시아 · 프랑스 연합이 대립했는데, 일본 정부는 러시아와의 전쟁에 중국의 프랑스 해군이 참전할 것을 우려했다. 그런데 일본이 영국과 동맹을 맺으면, 프랑스 군대는 영국군과의 전쟁을 피하기 위해서 러시아 군대를 지원하지 않을 것이었다.

일본 정부는 1902년 1월에 영일동맹을 맺었는데, 그 동맹의 주 목적은 동북아시아에서의 러시아의 남하를 영국과 일본이 공동으로 저지하는 것이었다. 이 이후로 러시아에 대한 일본의 자세는 그 이전보다 강경해졌고, 1903년 4월에 일본 정부는 러시아가 청과의 조약으로 만주에 대해서 얻은 권리를 인정하는 대신에 한국에 대해서는 결코 양보하지 않는다고 결정했다. 이어서 일본 정부는 1903년 7월에 러시아 정부에 한국에 대한 일본의 특수 권익을 인정할 것을 제안했으나, 러시아 정부는 10월에 러시아와 일본이 권리를 함께 가진다고 답신했다.[49] 일본은 1904년 2월 8일에 선전포고를 하지 않고 인천 앞바다의 러시아 함대를 공격했으며, 그날부터 한반도를 점령하기 시작했고, 10일에 선전포고했다. 일본 정부는 개전 직후인 2월 23일에 광무정권의 친일파를 움직여 「한일의정서」를 체결했는데, 제4조에는 제3국의 침해나 혹은 내란으로 인하여 대한제국의 황실 안녕과 영토 보전에 위험이 있을 경우에는 대일본제국 정부는 속히 임기응변의 필요한 조치를 행하고, 대한제국 정부는 대일본제국 정부의 행동이 용이하도록 충분히 편의를 제공하며, 대일본제국 정부는 그 목적을 성취하기 위하여 군략상 필요한 지점을 일정한 기간 동안 수용할 수 있다고 규정되었다. 그로 인해 일본은 한반도 곳곳에 군대를 주둔했으며, 물자를 동원할 수 있게 되었다. 일본군은 1904년 2월부터 8월 사이의 여러 전투에서 한 번도 러시아 군대에게 패전하지 않았다.

1) 오두환, 「당오전연구」, 『경제사학』 6호, 1983, p. 203. 원유한, 「당오전고」, 『역사학보』 35 · 36합호, 역사학회, 1967, p. 336.

2) 이우연, 「농업임금의 추이: 1853-1910」, 안병직 · 이영훈 편저, 『맛질의 농민들』, 일조각, 2001. 차명수, 「의궤에 나타난 조선 중 · 후기의 비숙련 실질임금 추세, 1600-1909」, 『경제사학』 46호, 2009.

3) 김경순, 「1894년 집강소의 정치적 지향」, 『조선정치외교사논총』, 조선정치외교사학회 17호, 1997. 황묘희, 「집강소의 농민사회 신질서 수립을 위한 개혁활동」, 『동학학보』 10-2, 동학학회, 2006.

4) 한우근, 「동학군의 폐정개혁안 검토」, 『역사학보』 23호, 역사학회, 1964.

5) 최석완, 「일본 정부와 조선 내정의 개혁안(1894.6)」, 『일본역사연구』 21호, 일본사학회, 2004.

6) 신국주, 『조선근대외교사』, 탐구당, 1965, pp. 221-227.

7) 김인순, 「조선에 있어서 1894년 내정개혁 연구: 유길준의 개화사상을 중심으로」, 『갑신갑오기의 근대변혁과 민족운동』, 청아출판사, 1983, p. 243.

8) 정연태, 「19세기 후반 20세기 초 서양인의 조선관: 상대적 정체성론 · 정치사회부패론 · 타율적 개혁불가피론」, 『역사와 현실』 제34권, 조선역사연구회, 1999, p. 196.

9) 신용하, 『독립협회연구』, 일조각, 1978. 이신철, 「독립협회와 만민공동회의 "근대성" 논의 검토」, 『사림(성대사림)』 39호, 수선사학회, 2011.

10) 김숙자, 「19세기말 한로교섭에 관한 일연구: 러시아의 한반도 침략과 독립협회의 저항」, 『한국학보』 8호, 일지사, 1982. 최덕규, 「비떼의 대한정책과 한러은행」, 『슬라브학보』 14-2, 한국슬라브학회, 1999. 배항섭, 「아관파천 시기(1896-1898) 조선인의 러시아 인식」, 『한국사학보』 33호, 고려사학회, 2008.

11) 박찬승, 「조선의 근대국가 건설운동과 공화제」, 『역사학보』 200호, 역사학회, 2008.

12) 金成喜, 「國民的 內治 國民的 外交」, 『大韓協會會報』 4호, 1908.

13) 村上勝彦, 「植民地」, 大石嘉一郎 편, 『日本産業革命の研究』 하권, 東京大學出版會, 1975; 정문종 옮김, 『식민지』, 한울, 1984, p. 60. 홍준화, 「雲南 · 大韓신디케이트 차관과 열강의 개입(1901-1902)」, 『한국사학보』 28호, 고려사학회, 2007, pp. 62-69.

14) 甲賀宣政, 「近世朝鮮貨幣及典圜局沿革」, 『朝鮮總督府月報』 4-12, 1914. 김윤희, 「일본의 금본위제 실시(1897년)와 서울 화폐시장의 변동」, 『한국사학보』, 고려사학회 14호, 2003, pp. 197-198. 이승렬, 「광무정권의 화폐 · 금융정책과 대한천일은행의 영업」, 『한국사연구』 123호, 한국사연구회, 2003, p. 100.

15) 도면회, 「갑오개혁 이후 화폐제도의 문란과 그 영향(1894-1905)」, 『한국사론』 21호, 서울대학교 국사학과, 1989, p. 402.

16) 신용하, 『독립협회연구: 독립신문 · 독립협회 · 만민공동회의 사상과 운동』, 일조각, 1976, p. 320.

17) 이승렬, 앞의 글, p. 109.

18) 전우용, 『한국 회사의 탄생』, 서울대학교 출판부, 2011, p. 134.

19) 김윤희, 「한말 대한천일은행의 설립과 상업신용의 형성: 조직운영과 자금조달을 중심으로」, 『아세아연구』 45-2(통권 108호), 고려대학교 아세아문제연구소, 2002. 이승렬, 앞의 글.

20) 이승렬, 같은 글, pp. 105-113.

21) 島田昌和, 「第一(國立)銀行の朝鮮進出と渉澤榮一」, 『經營論集』 9-1, 文京學院大學總合研究所, 1999, p. 56. 한국상업은행, 『한국상업은행백년사: 1899-1999』, 1998, p. 154.

22) 이승렬, 앞의 글, p. 120. 홍준화, 앞의 글.

23) 村上勝彦, 앞의 글; 정문종 옮김, 앞의 책, p. 53.

24) 羽鳥敬彦, 『朝鮮における植民地幣制の形成』, 未來社, 1986, p. 24.

25) 김명수, 「한말, 일제하 한상룡의 기업활동 연구」, 『연세경제연구』 7-2, 연세대학교 경제연구소, 2000, p. 182.

26) 이승렬, 앞의 글, pp. 118-124.

27) 이영훈, 「대한제국기 황실재정의 기초와 성격」, 『경제사학』 51호, 경제사학회, 2011, pp. 21-25.

28) 김윤희, 「대한제국기 황실재정운영과 그 성격」, 『한국사연구』 90호, 한국사연구

회, 1995. 이윤상, 「대한제국기 황제 주도의 재정운영」, 『역사와 현실』 26호, 한국역사연구회, 1997.

29) 이윤상, 「대한제국의 재정운영과 근대국가의 경제적 기초」, 『내일을 여는 역사』 17호, 내일을 여는 역사, 2004. 전우용, 『한국 회사의 탄생』, 서울대학교 출판부, 2011, p. 185.

30) 이영훈, 앞의 글, p. 25.

31) 『通商彙纂』 151호, 日本外務省通商局, 1899, p. 117. 박섭, 「근대경제에 대한 한국인의 적응: 19세기 후반부터 20세기 전반까지」, 『역사학보』 202집, 2009.

32) 『通商彙纂』 221호, 1902, p. 30. 박섭, 같은 글.

33) 하원호, 『조선근대경제사연구』, 신서원, 1997, pp. 299-300.

34) 裵民植, 「韓國全羅北道日本人大地主形成」, 『農業史硏究』 22호, 東京: 農業史硏究會, 1989. 전라도의 논 면적은 朝鮮總督府, 『朝鮮總督府統計年報』의 1909년 논 면적에 1.79를 곱해서 구했음. 그 이유는 박섭, 「농업」, 김낙년 편, 『한국의 경제성장, 1910-1945』, 서울대학교 출판부, 2006을 참조.

35) 『通商彙纂』 22호, 1895, 雜之部, p. 47, 『通商彙纂』 68호, 1904, pp. 19-20. 박섭, 「근대경제에 대한 한국인의 적응」.

36) 김낙년, 「조선무역의 장기동향」, 안병직 편, 『한국경제성장사』, 서울대학교 출판부, 2001, pp. 175-177. 박기주 · 김낙년, 「한국의 장기무역통계와 무역지수(1877-1963)」, 『경제학연구』 57-3, 한국경제학회, 2009, p. 169.

37) 김낙년, 같은 글, pp. 176-177. 박기주 · 김낙년, 같은 글, p. 169.

38) 전우용, 앞의 책, pp. 54, 130.

39) 같은 책, pp. 184-190.

40) 「한흥은행 간친회 초대장 및 회담」, 한국상업은행행우회 편, 『대한천일은행公牒存案해설』, 1960. 조기준, 『한국 기업가사 연구』, 민중서관, 1971, pp. 71-78. 배영목, 『한국금융사, 1876-1959』, 개신, 1990, pp. 18-21. 전우용, 같은 책, p. 190, 「조선은행」, 한국민족문화대백과사전(http://www.encykorea.com/).

41) 조기준, 같은 책, pp. 71-78. 배영목, 같은 책, pp. 18-21. 김명수, 「한말, 일제하 한상룡의 기업활동 연구」, 『연세경제연구』 7-2, 연세대학교 경제연구소, 2000, p. 182. 전우용, 앞의 책, p. 190.

42) 이병천, 「개항기 외국상인의 침입과 조선상인의 대응」, 서울대학교 박사학위논문, pp. 123-159.

43) 김태웅, 「한국 개항장 도시의 식민성과 근대성: 대한제국기 군산 객주의 상회사 설립과 경제, 사회운동」, 『지방사와 지방문화』 9-1, 역사문화학회, 2006, p. 26.

44) 吉野誠, 「李朝末期における綿製品輸入の展開: 貿易統計を中心に」, 『朝鮮歷史論集』, 龍溪書舍, 1979.

45) 권태억, 『한국근대 면업사 연구』, 일조각, 1989, p. 61.

46) 같은 책, pp. 51-59.

47) 高村直助, 「近代日本綿業と韓國」, 『朝鮮文化研究』 1호, 東京大學文學部朝鮮文化研究室, 1994.

48) 권병탁, 「조선후기 17-19세기의 장인」, 『주종환박사 화갑기념논문집 한국자본주의론』, 한울, 1989.

49) 김태준, 「영일동맹 결성과 러일전쟁의 외교사적 분석」, 『한국정치외교사논총』 29-2, 한국정치외교사학회, 2008. "Russo-Japanese War" from Wikipedia, the free encyclopedia.

05

시장경제 및 그 위에서의 동원체제

05

시장경제 및 그 위에서의 동원체제

화폐 개혁

일본은 러일전쟁이 아직 끝나지 않았지만, 높아진 위세를 이용해서 한국을 실질적으로 지배하기 시작했다. 일본 정부는 8월에 광무정권의 친일파를 움직여 제1차 한일협약을 맺었는데, 그 협약에 따르면 광무정권은 일본인 1명을 재정고문으로, 일본 정부가 추천하는 외국인 1명을 외무고문으로 임명해야 했고, 재무와 외교에 관한 사항은 모두 그 고문의 의견을 물어서 실시해야 했으며, 특별히 중요한 외교 안건은 일본 정부와 미리 토의해야 했다.

일본 정부는, 일본 재무부의 주세(主稅)국장이던 메가타(目賀田種太郎)를 한국의 재정고문으로 임명하면서 백동화를 정리하여 일본 상인이 한국의 인플레이션에 의한 피해를 입지 않게 할 것과, 재정수지가 균형을 이루게 하여 이후로 재정수지 적자로 인해 화폐가 남발되는 일이 없게 할 것을 지시했다. 일본인 재정고문은 조약상으로는 광무정권에게 의견을 낼 권한밖에 없었지만, 광무정권은 친일파에 의해 장악되었기 때문에 메가타는 재정고문부를 설치할 수 있었고 제일은행 조선 지점 등을 이용해서 일본 정부의 지시를 이행할 수 있었다.

메가타는 1904년 10월에는 백동화의 주조를 정지시켰고, 11월에는 전환국을 폐쇄하여 광무정권이 1903년에 설립한 중앙은행이 기능하지 못하게 했으며, 12월에는 제일은행이 은행권을 발행할 수 있게 했다. 이어서 1905년 1월에는 그 해 6월에 화폐제도를 개혁함을 알리는 칙령을 내게 했다(「화폐정리사업」). 사업의 시행기관은 제일은행이었고, 그 내용은 본위화폐로 금화를 발행하고, 보조화폐로 백동화와 청동화를 발행하며, 구 화폐를 신 화폐와 교환하는 것이었다.

제일은행이 금화를 발행하기 위해서는 많은 금을 매입해야 했지만, 지불준비금으로 금 대신에 금과 태환할 수 있는 일본은행권을 보유했고, 금화 대신에 제일은행권을 발행했기 때문에 신 화폐의 발행은 어려운 일이 아니었다. 또, 구 은화 10냥을 순금 750mg의 금화 1원[圜]과 교환하는 것으로 했으나, 광무정권이 은화를 거의 발행하지 않았기 때문에 구 은화의 교환은 사소한 일이었다. 「화폐정리사업」에서 가장 큰 일은 구 백동화를 신 백동화로 교환하는 것이었다. 1905년에 백동화, 엽전, 일본 화폐가 화폐 유통액의 각각 58%, 16%, 26%를 차지했는데 엽전과는 달리 백동화에는 위조화폐가 많았기 때문에, 백동화의 교환은 간단하지 않았다. 광무정권이 본위화폐를 발행하지 않고 보조화폐인 백동화를 값싸게 주조하여 주조 차익을 얻자, 민간도 화폐를 몰래 주조하거나 외국에서 밀수입하여 유통시켰는데, 1904년까지 발행된 백동화 2,300만 원(元) 중에서 전환국이 발행한 것이 약 1,700만 원, 민간의 사사로운 주조와 밀수입에 의한 것이 약 600만 원이었는데, 후자의 백동화 품질이 특히 나빴다. 제일은행은 구 백동화를 전환국에서 발행한 것과 위조한 것으로 구분한 다음, 전자는 그 2개를 신 백동화 1개와 교환하고, 후자는 그 5개를 신 백동화 1개와 교환하며, 후자 중에도 형상과 품질이 매우 나쁜 것은 교환하지 않기로 했다.[1)]

메가타는, 일본 정부의 지시를 수행하기 위해서는 화폐제도와 함께 재정제도도 개혁해야 했다. 그 중에서 징세제도를 개혁하려면 지방관과 크게 다투어야 했기 때문에 그것은 뒤로 미루었고, 재정지출제도를 먼저 개혁했다.[2)] 그는 1904년 12월에 광무정권으로 하여금 일본 제일은행을 국고 출납기관으로 지정하게 했다. 1905년 1월부터 조세 수입이 중앙 금고와 지방 금고에 예치되게 되었는데, 제일은행 경성지점이 중앙 금고를 대행했고, 제일은행의 지방 지점이나 출장소가 지방 금고를 대행했으며, 제일은행이 없는 곳에서는 우편국이 국고금을 취급했다.[3)] 그리하여 부윤과 군수가 금고에 입금하고, 관찰사가 지급을 명령하고, 각 금고의 지배인이 금고의 출납을 담당하게 되었다. 이어서 6월에는 외획이 폐지되었다. 재정고문부는 7월에는 일본인 재무관을 도에 파견하여 도의 재무를 담당하고, 지방관의 재무 활동을 감독하게 했다.

재정 금융 지배

「화폐정리사업」과 국고제도는 한국인의 경제력을 매우 위축시켰다. 통화 개혁 중에 일본인과 청국인은, 외국인은 구 백동화를 5할의 가치로 신 백동화와 교환할 수 있겠지만 한국인은 교환 과정에서 큰 손해를 입을 것이라고 소문을 퍼뜨렸다. 많은 한국인은 갑오개혁의 초기에 당오전의 발행이 중단되면서 큰 손실을 입은 일이 있었기 때문에 이번에도 그럴 수 있을 것으로 믿었고, 그 손실을 피하기 위해서 백동화로 각종 동산, 부동산, 제일은행권을 구매했다. 그로 인해 백동화의 공급이 증가한 끝에 백동화의 가치는 폭락하여, 1905년 1월 초에서 6월 초 사이에 2할 이상 하락했다.[4] 말하자면, 한국인은 2할 이상 비싼 값으로 백동화 이외의 실물 또는 금융자산을 매입했던 것이다. 한국인이 백동화로 각종 동산, 부동산, 제일은행권을 구매한 끝에 화폐 교환이 시작된 1905년 6월부터 그 해 11월 사이에 한국인이 교환한 화폐는 전체의 약 1할에 지나지 않았다.[5]

한국인은 화폐정리사업이 끝난 이후에 보유하고 있던 실물자산을 매각하여 화폐를 조달해야 했지만, 실물자산에 대한 수요가 그렇게 많지는 않았기 때문에, 또 화폐 소유자들이 실물자산의 가격이 하락할 때를 기다렸기 때문에, 매각하기 어려웠고 화폐를 입수할 수 없었다. 1905년 7월에 한성의 상인들이 한성상업회의소를 설립했고, 광무정권에 300만 원[圜]의 구제자금을 요청했으나 메가타가 그것을 거절했고, 고종이 30만 원의 구제자금을 제공했으나 메가타는 그것의 집행도 막았다. 또, 재정 개혁 중에 외획이 폐지되었기 때문에 한국인 상인들은 지방 행정기관의 국세 수입을 대부받을 수도 없었다. 「한국 폐제 개혁에 관한 정원서(情願書)」에 의하면 1905년 10월까지 한성에서만 23명의 거상이 파산했다.

메가타는 한국인 상인을 구제하려고는 하지 않았고, 이 일을 기화로 재정고문부와 제일은행으로 하여금 한국의 금융을 장악하게 했다. 광무정권은 1905년 9월에 「공동창고회사조례」를 제정하여 화물저당 대출, 상업어음 할인, 부동산담보 대출, 보세창고 업무를 할 수 있게 했고,

1905년 9월에 「어음조합조례」를 제정하여 어음조합에 가입한 자만 약속 어음을 발행할 수 있게 했는데, 재정고문부의 일본인 재무관이 공동창고회사와 어음조합를 감독할 수 있었다.[6] 또, 메가타는 일본 제일은행이 지배하고 있던 한성은행에 대해서는 탁지부 자금 10만 원[圜]을 대출하고 재정고문부의 일본인 재무관을 파견했지만, 한국인이 지배하는 은행이었던 대한천일은행에 대해서는 자금 지원을 미루었다.[7]

이리하여 일본 정부는 재정고문부와 제일은행을 이용해서 한국의 재정 지출, 화폐 발행, 금융을 장악했는데, 그런 중에 일본 회사인 경부철도가 1904년 12월에 경부선을 완공하고 1905년 1월 초부터 운행하자, 도쿄의 일본 정부는 한성의 광무정권을 조종하기 쉬워졌다. 한국은 실질적으로는 일본 정부의 지배 하에 들었다.

일본은 1905년 1월에 여순항을 점령했고, 5월에는 블라디보스톡으로 가던 러시아 제2 태평양함대를 격파했고, 7월에는 사할린을 거의 모두 점령했다. 러시아 정부와 일본 정부가 8월 초부터 미국의 중재 하에 종전 협상을 했는데, 그 협상에서 러시아 정부는 일본이 한국에 대해 가장 우월한 권리를 가진다고 인정했다. 영국과 미국은 일본의 한국 지배를 이미 인정한 상태였기 때문에, 한국에 대한 러시아의 영향력이 소멸하자 일본은 거칠 것이 없었다. 일본 정부는 1905년 11월에 광무정권에게 제2차 한일협약을 체결할 것을 요구했다. 고종은 그 조약에 반대하여 마지막까지 날인하지 않았지만, 일본은 외부대신의 날인만으로 체결된 것으로 공포했다(「을사보호조약」).

제2차 한일협약에서 일본 정부가 얻은 권리는 한국에 통감을 두고, 그가 외교에 관한 모든 일을 관리하는 것이었다. 또, 그 협약에 따라서 영사관은 이사청(理事廳)으로, 영사는 이사관으로 바뀌었고, 통감이 이사관을 지휘할 수 있는 권한을 가졌기 때문에, 통감은 꽤 많은 인적 · 물적 자원을 통제하며 한국의 정치에 간섭할 수 있게 되었다. 일본 정부는 1906년 2월에 한국통감부를 두었고 초대 통감에 이토 히로부미(伊藤博文)를 임명했는데, 이토는 일본 정부가 추천하여 광무정권에 고용되어 있던 고문관을 통감부가 감독하게 했고, 그들을 광무정권의 각 부서에 배속했다. 이렇게 하여 통감부는 광무정권의 재정과 외교만이 아니라 모든 내정을 지배하게 되었다.

일본이 한국에 대한 배타적인 권리를 얻게 되자, 일본은 한국을 자국에게 특별히 유리하게 이용할 수 있었고, 그런 만큼 한국에 대한 일본의 정책은 그 이전보다 적극적으로 바뀌었다. 그런데 한국통감부가 그것에 필요한 비용을 일본에서 가져올 생각은 없었다. 일본이 1895년에 청일전쟁의 배상금으로 대만을 획득했는데, 사회간접자본을 건설하고 위생시설을 갖추는 데 많은 자금이 필요했다. 처음에는 대만에서 그 비용을 조달할 수 없었기 때문에 일본 정부는 1895-1902년에 재정 지출의 7%에 달하는 금액을 대만총독부에 보조해야 했다. 그리하여 일본 국내에서는 대만 지배를 비판하는 목소리가 높았으며, 대만을 중국에게 팔아야 한다는 주장까지 나왔다.[8)] 대만에서 일어났던 그런 일이 반복되지 않게 하려면 한국의 세입을 충분히 늘려야 했다. 또, 일본 정부는 러일전쟁 기간에 증세했을 뿐 아니라 외채도 들여왔는데, 러시아로부터 배상금을 받지 못했기 때문에 사용할 수 있는 자금이 부족했다. 이토 히로부미는 한국에 부임하기 직전인 1월 말에 각 신문사 기자들과의 간담회에서 한국을 개발하는 데 필요한 비용은 한국 인민이 부담해야 한다고 발

언했다.[9)]

한국통감부는 재정제도 개혁 중에서 지방관과의 마찰을 우려해서 시행하지 않았던 징세기구 개혁에 착수했다. 통감부는 광무정권으로 하여금 1906년 9월에 「관세관(管稅官) 관제」를 제정하게 했는데, 그 법률에 의해서 지방에 세무 행정을 전담하는 관세관이 배치되었다. 이어서 10월에는 「조세징수규정」이 제정되어, 관세관이 지세 및 호세의 납입고지서를 면장에게 발행하면, 면장이 면의 다액 납세자들과 협의하여 지세와 호세 부과액을 정하도록 했고, 영수증 징수원이 납세자에게 납입통지서를 발부하도록 했다. 이어서 1907년 12월에는 한성, 평양, 대구, 전주, 원산에 재무감독국이, 전국의 231개소에 재무소가 설치되었고, 관세관이 탁지부가 아니라 재무감독국에 소속되자 세무 행정이 일반 행정에서 완전히 독립했다.

군수와 향리는 징세기구 개혁에 의해 그들의 권리가 없어지는 것에 저항하여 관세관에게 징세 사무에 관한 서류를 인계하려 하지 않았으며, 「을사보호조약」 이후에 일어난 제2차 의병은 면장이 징수한 세금을 탈취하기도 했으나, 1905-1907년에 지세와 호세의 징수액은 각각 2.5배와 3.9배로 증가했다. 통감부는 1907년에는 항세(港稅)와 염세를, 1909년에는 가옥세, 주세, 연초세를 신설했다. 그 결과로 1905-1909년에 조세 수입 총액이 2.6배로 증가했다.[10)]

한 걸음 더 나아가서 한국은 일본에게 유용해야 했다. 한국이 일본에 유용한 식민지가 되려면 한국에 잉여가 많아야 했고, 그렇게 되려면 물산이 증산되어야 했고, 그 중에서도 일본에 유용한 물산이 증산되어야 했다. 그렇게 되려면 투자율이 높아져야 했다. 투자율이 높아지려면 한국인의 심성과 한국의 제도 및 기술이 그에 합당하게 바뀌어야 했는데, 한국통감부의 초기 정책의 중점은 제도 개혁에 있었다.

통감부는 화폐제도와 재정제도를 개혁한 다음, 금융기관을 정비했다. 통감부는 1906년 3월에 광무정권으로 하여금 「농공은행조례」를 제정하게 하여, 농업과 공업에 자금을 대부하는 지방은행이 설립되게 했다. 농공은행은 부동산을 담보로 대출할 수 있었는데, 1907년 7월까지 11곳에 설립되었다.[11] 「화폐정리사업」 직후에 한성의 상인들이 그 위기를 극복하기 위해 경성상업회의소를 설립했고, 그 회의소가 한국통감부에 은행 설립 허가를 청원하자, 통감부는 1906년 5월에 한일은행의 설립을 허가했다.[12] 또, 제일은행은 메가타의 지시에 따라 1905년 9월에 한성은행에 투자했고, 한성은행은 자본금 15만 원의 공립한성은행으로 재편되었다. 대한천일은행은 화폐정리사업 이후 휴업 중이었으나, 통감부는 1906년 6월에 광무정권으로 하여금 22만 5,000원을 지원하게 했고, 그 지원에 힘입어 대한천일은행은 자본금을 15만 원으로 늘렸으며, 영업을 재개했는데, 통감부는 이즈미 간타(飯泉幹太)를 상임감리자로 파견하여 대한천일은행을 감독했다.

농공은행은 비교적 순조롭게 설립되었지만 도시에 집중했고, 부동산을 담보로 하는, 한 건당 금액이 비교적 많은 대출만 했기 때문에 농촌에 거주하거나 자산이 적은 사람은 필요한 자금을 지원받기 어려웠다. 한국통감부는 그 단점을 해결하기 위해서, 광무정권으로 하여금 1907년 5월에 지방금융조합에 관한 법규를 제정하게 했고, 일본인 관선이사를 파견하여 감독하게 했다. 1907년 12월부터 1908년 3월 사이에 안주지방금융조합의 대출건수 5,132 중에 신용대부가 1,885건, 담보대부가 3,247

건이었고, 같은 기간에 평양 지방금융조합의 신용대부자 191명 중에 경지 면적이 1정보 이하인 사람이 75명, 그 이상이 116명이었으므로, 농공은행과 비교하면 자산이 적은 사람에게도 대부되었다고 할 수 있다. 단지, 금융조합은 6개월 이내의 단기 대부를 했기 때문에 농민이 그 대출금으로 장기 투자를 할 수는 없었고 파종부터 수확 사이에 필요한 운영자금을 조달할 뿐이었다.[13]

유용성 탐색

한국이 한국통감부에 의해 점점 더 장악되자, 한국에 투자하려 계획하던 일본인들은 크게 자극을 받았다. 일본의 이시카와현은 1906년에 한국에 9인의 농업 시찰자를 포함한 시찰단을 보내었는데, 이들이 돌아가서 한국에서의 농업 경영은 장래성이 크다고 보고하자, 그 이듬해인 1907년에 지주들이 중심이 되어 이시카와현 농업회사를 만들었고, 한국 진출을 계획했으며, 1908년 7월에는 이시카와현 농업주식회사를 설립했다. 그 밖에도 1907-1908년에 일본에서 5개의 회사가 한국에서의 농림업 경영을 목적으로 설립되었다.[14]

한편, 한국통감부는 1907년 7월에 광무정권으로 하여금 황실 재산과 국유 재산을 조사하는 칙령과 국유 미간지 이용에 관한 법률을 내게 했고, 그 사업의 결과 약 10만 4,000정보의 국유지가 확보되었다.[15] 사업이 끝난 직후인 1908년 12월에 동양척식이 일본과 한국에서 동시에 설립되었는데, 사업은 농업 경영, 토지 매매 및 임대차, 토지 경영과 관리, 이주민 모집, 이주민에 대한 농업자금 공급 등이었다. 대한제국 정부는 동양척식에 토지를 출자했고 그것이 자본금의 30%에 달했지만, 일본 정부가 경영권을 가졌기 때문에 약 1만 8,000정보의 농경지는 거의 전부가 일본인 이주자를 모집하는 데 사용되었다.

또, 한국통감부는 1909년에 「제언 및 보의 수축에 관한 통첩」을 내었으며, 그것에서 "설계와 감독은 지방청이 하고, 노동력은 혜택을 입는 자가 부담하고, 공사비가 필요할 때는 국고에서 보조금을 교부한다"고 규정했고, 그 해부터 그 통첩을 시행했다.[16] 이 제도는 자산가가 척박한 토지를 사서 농지로 개척할 때의 투자비용을 줄여 주어 일본인의 농업 투자를 촉진했다. 논산과 옥구에는 그 해부터 일본인들이 수리조합을 설립했으며, 1909년에는 692명의 일본인이 4만 2,880정보의 농경지를, 1910년에는 2,254명의 일본인이 6만 9,311정보의 농경지를 소유했다.[17]

일본인의 투자가 농업에 한정되지는 않았다. 일본인은 1905-1909년에 131개의 회사를 설립했다. 통감부의 제도 개혁은 한국에 대한 일본인의 투자를 늘렸던 것인데, 투자가 늘고 기술이 개선되면 한국 경제는 개발될 것이었다. 하지만 개발의 결과가 이민족에게 돌아간다는 점에서 식민지적이었다. 나아가서, 일본인은 이 기간에 농업회사를 허가받은 다음, 그 허가를 근거로 민유지를 무단 점거하기도 했다.[18]

협력 또는 저항

한국인은 1900-1904년에 126개의 회사 설립을 신청했으나, 1905-1909년에는 344개로 급증했다. 퇴직 관리가 증가하여 회사 설립을 희망하는 자가 늘기도 했지만, 일본인의 회사 설립이 한국인을 자극했기 때문이었다.[19] 그런데 1911년 6월에 조선총독부에 등록되어 있던 회사는, 일본인 설립이 91개, 한국인 설립이 10개, 일본인과 한국인의 합동 설립이 17개였다. 또, 그 해에 조선의 공장*은 일본인 소유가 185개, 한국인 소유가 66개, 외국인 소유가 1개였고, 공장 자본금 총액은 각각 983만 원, 64만 원, 15만 원이었다.[20] 한국이 보호국으로 전락한 이후에도 근대적인 제도에 적응하려는 움직임은 활발해졌지만, 일본과의 격차는 오히려 커졌던 것인데, 이런 중에 자강(自强)운동 참가자 중의 일부는 한국통감부의 제도 개혁과 산업 개발 정책에 호응하기 시작했다.[21]

한편, 무력으로 국가 주권을 지켜야 한다고 주장하는 사람들은 의병운동을 일으켰다(제3차 의병). 제3차 한일협약에 의해 대한제국 군대가 해체되자 전직 군인들이 의병에 가담했는데, 일부의 군인은 무기를 가진 채로 제대했기 때문에 의병은 군인의 수만이 아니라 무기도 늘었다. 의병은 민심을 얻었고 지세를 알았기 때문에 처음의 몇 전투에서는 승리했지만, 일본군이 주민을 괴롭혀 보급을 차단하고 일본군도 지세를 익히자 일본군의 무기를 감당할 수 없었다. 일본군이 가혹하게 진압하자, 의병의 사기도 낮아졌다. 또, 제2차 한일협약 이후에 한국에 주재하던 외국 공관이 철수했기 때문에 의병을 일으키는 정당성도, 의병에 대한 일본군의 가혹한 진압도 외국에는 거의 알려지지 않았으며, 그로 인해 일본군에 대한 의병의 전투는 외국의 외교적 지원을 받지 못했다. 그리하여 1908-1909년에 의병전쟁은 빈발하여 연평균 약 1,900건에 달했지만,[22] 의병은 한국통감부에 타격을 입히지 못했다.

그런 중 1909년 10월에 안중근이 한국 통감이던 이토 히로부미를 저

---

* 공장은 동력을 사용하며, 종업원 10인 이상을 상시 고용하는 작업장임.

격했는데, 이토는 한국인에게는 잔인한 침략자였지만, 일본인에게는 국가적 영웅이었다. 일본에서는 한국을 병합해야 한다는 주장이 커졌고, 1910년 8월에 「일한병합조약」이 맺어졌다. 병합조약과 동시에 한국통감부는 조선총독부로 바뀌었다.

토지 및 금융제도

조선총독부는 1910년 10월에 임시토지조사국을 설치하여, 전국의 토지를 측량하고, 각 필지의 소유자를 명확히 하고, 토지의 용도와 가치를 정하고, 그 가치에 따라 징세하는 사업을 준비했으며, 1912년 8월에는 「토지조사령」을 시행하여 사업에 착수했다. 또 같은 달에 「조선부동산등기령」을 시행하여, 토지 소유자가 소유권을 등기하게 했다. 일본 정부는 총독부에게 보조금을 가능한 한 적게 주려 했기 때문에 세원을 늘리고 세율을 높여야 했는데, 그 무렵에는 토지를 정확하게 조사하고 필지(筆地)당 지세를 높이는 것이 가장 효과적이었다. 한국통감부는 1907년부터 황실 재산과 국유 재산을 조사하던 중에 이 일에 필요한 기술자를 양성했고, 그들은 1907년부터 시험 측량하여 실무 경험을 축적했으며, 1909년에는 경기도 부평군 일대에서 예비 조사도 했기 때문에 사업은 1912년부터 곧바로 시행되었다.

조선총독부는 모든 토지에 대해 필지마다 조사를 하여 필지의 경계, 그 토지의 용도, 지가를 결정했다. 필지마다 조사한 끝에 과세지의 면적이 1908년에 100만 결(結)이었으나 1916년에는 107만 결로 늘어났다.[23) 또, 토지 소유자에게서 토지신고서를 접수했고, 토지신고서를 결수연명부(結數連名簿)의 납세자와 대조했으며, 신고자가 결수연명부의 납세자와 일치하면 동일한 토지에 대해 2인 이상이 소유자 신고를 했거나 소유권의 기원에 의심이 가는 경우를 제외하고는 신고자를 소유자로 인정했다. 신고된 토지의 99.5%에서 신고자가 소유자로 인정되었는데, 신고자가 매매를 증명하는 문기를 가지고 있었기 때문에 그 판단이 어렵지 않았다. 1918년 7월에는 지세가 지가의 1.3%로 정해졌고, 농지의 가격은 평균 수확량을 이용해서 계산되었다.

한국통감부는 제일은행 조선 지점으로 하여금 은행권을 발행하게 하여 중앙은행처럼 기능하게 했지만, 그것은 임시 변통이었다. 일본 정부는 민간은행이 정부의 식민지 지배 정책을 방해할 수 있게 하고 싶지 않았다. 그리하여 1907년부터 일본 정부와 한국통감부가 한국의 중앙은행제도를 논의했다. 일본의 중앙은행의 지점을 설치하자는 주장도 있었지만, 조선의 중앙은행이 은행권을 발행할 수 있어야 통감부가 재정 자금을 조달할 수 있었고, 일본은행권이 한국에서 유통되면 조선에서의 인플레이션이 일본에 파급될 수 있다는 우려 때문에 채택되지 않았다.[24)]

한국통감부는 1909년 11월에 중앙은행으로서 한국은행을 신설했고, 제일은행 조선 지점을 한국은행에 귀속시켰으며, 이어서 조선총독부는 한국은행을 조선은행으로 개칭했다. 또, 조선총독부는 금환본위제를 채택했고, 조선은행은 금화, 금괴, 일본은행권, 위험하지 않은 증권을 준비금으로 해서 은행권을 발행했는데, 금화와 금괴는 소액이었고, 일본은행권과 증권이 거의 전부였다. 조선은행권의 가치는 일본은행권과 같았다. 그런데 조선은행은 민간에게 예금을 받았고 대부도 했다. 즉, 조선은행은 발권은행이기는 했지만 완전한 중앙은행은 아니었고 상업은행의 기능도 가졌던 것이다. 그리하여 조선은행은 공정이자율을 정하지 못했고, 보통은행을 감독하는 권한도 없었다.

조선총독부는 1912년 12월에 「은행령」을 시행했고, 제1조에서 점포를 공개하고 증권 할인, 이체, 환전, 예금, 대부를 하는 자를 은행으로 규정했고, 제2조에서 은행업은 조선 총독의 면허를 받아야 경영할 수 있게 했다. 그리하여 그때까지 대금업을 하던 사업자들이 은행을 설립하기 시작했는데, 이미 존재하던 대한천일은행, 공립한성은행, 한일은행 이외에 1912-1918년에 12개의 민간은행이 새로 설립되었다.[25] 또, 총독부는 1918년 6월에 조선식산은행을 설립했고, 그와 동시에 모든 농공은행을 식산은행에 합병했다. 조선식산은행은 상업은행들이 단기 자금을 취급했던 것과 달리 장기 대부하는 일이 많았다. 같은 1918년부터 도시에도 금융조합이 설립되어 도시의 서민이 금융을 이용할 수 있게 되었다. 그리하여 중앙은행에 해당하는 조선은행, 장기 자금을 취급하는 조선식산은행, 단기 자금을 취급하는 보통은행, 소액 자금을 취급하는 금융조합이 갖추어졌다.

토지 및 금융 제도가 정비됨과 함께 사회간접자본이 증설되었다. 1913년 3월 말까지 경인선, 경부선, 경의선, 경원선, 호남선, 평남선 및 경전선 중의 마산-삼랑진 구간이 부설되었고, 1914년 3월 말까지 총독부의 국비로 노폭 4-10m의 도로, 약 2,500km가 개수되었다.[26] 또, 1914년 말에는 우편, 전신, 전화의 전부 또는 일부를 취급할 수 있는 통신시설이 595곳 있었다.[27] 그 해에 면의 수가 약 2,500개였으므로 약 4개 면에 하나의 통신시설이 있었던 것이다. 1905년 9월부터 일본 시모노세키와 부산 사이에 부관연락선이 정기적으로 취항했기 때문에 조선에 교통 통신시설이 증가할수록 일본과 조선은 밀접해졌다.

관료에 의한 통제

조선총독부는 조선의 경제제도와 사회간접자본을 정비하여 조선이 일본에 유용한 식민지가 되게 했으며, 그 일에 필요한 비용이 조선에서 조달되게 한 것이었는데 이 일은 조선에서 시장경제가 발달할 수 있는 바탕이 되었다. 조선총독부는 그 경제를 시장에만 맡기지 않았고, 그와 동시에 조선의 인적·물적 자원을 자신의 필요에 따라 동원할 수 있는 체제를 만들기 시작했다. 총독부는 우선 한국인의 심성을 일본에 우호적으로 바꾸려 했고, 교육 과정의 변화는 그 점을 잘 나타냈다. 총독부는 1910년에 「조선교육령」을 내었는데, 제5조에 따르면 보통교육(초등교육)의 목표는 국민으로서의 성격을 함양하고 국어를 보급하는 것이었다. 그에 입각하여 수신(修身)과 일본어가 필수과목으로 지정되었고, 1주일에 수신은 1시간, 일본어는 10시간 가르쳐지게 되었다. 1911년에 시행된 「보통학교규칙」 제8조에 따르면, 수신교육의 목표는 인륜 도덕의 요지와 국가와 사회에 대한 책무를 가르치는 것이었다.[28)]

이어서 조선총독부는 관료가 인민을 통제하기 쉽게 했다. 먼저, 총독부는 한국인의 참정권을 줄였다. 총독부는 대한제국의 중추원을 유지시켰고, 중추원의 의장과 사무국의 국장을 제외한 나머지 70명은 모두 한국인이었지만, 조선 총독은 1910년대에 중추원에 자문을 구하지 않았다. 또, 총독부는 관료의 수를 줄이는 중에 한국인을 더 많이 줄였다. 1913-1918년에 중앙정부에서의 일본인 관료의 총수는 2만 150명에서 1만

9,735명으로 약간 감소했지만, 한국인 관료는 1만 5,790명에서 1만 3,498명으로 그보다 더 많이 감소했다.[29] 조선이 병합된 3년 후인 1913년에 이미 일본인 관료가 한국인 관료보다 많았던 것은 제3차 한일협약 이후에 한국통감부가 일본인을 대한제국의 관료로 채용할 수 있었기 때문이었다.

조선총독부는 한국인의 참정권을 줄인 다음 관료가 한국인을 직접 지배하게 했다. 총독부는 우선 촌락*의 자치 기능을 없앴다. 19세기의 한국 촌락은 재생산 단위로서의 공동체는 아니었지만, 납세, 동제, 공동노동 등 공동사업을 행하는 동계가 조직되어 있었고, 촌락이 공동으로 사용할 수 있는 산림을 가지고 있는 등 자치 기능을 꽤 가지고 있었기 때문에, 촌락이 인민의 삶의 바탕이 되는 한, 관료의 지시가 인민 개개인에게 침투하는 효과가 낮았다. 총독부는 1912-1918년에 6만 2,532개의 촌락을 통폐합하여 2만 7,595개의 동리를 만들었으며, 임야조사사업 중에 촌락 소유의 임야를 국유지로 편입시켰다. 그 뒤 국유지로의 편입이 촌락주민의 경제생활을 위협한다고 주장되기도 했지만, 촌락은 법인이 아니라는 이유로 촌락민의 이용을 허가하는 경우에도 그 소유권은 부 또는 면에 귀속되었다.[30] 동계가 약해지고 공유 재산이 줄어들면 촌락의 자치 기능이 줄어들 것이었다.

나아가 조선총독부는 지방에서의 토착 유력자의 권위를 낮추었다. 총독부는 촌락을 통폐합하는 도중의 1914년에 317개의 군을 통폐합하여 220개로 했고, 4,321개의 면을 통폐합하여 2,521개로 했는데, 군과 면의 행정구역이 바뀌자 지방 유력자의 권위는 하락했다. 부(오늘날의 시에 해

* 이 책에서의 촌락은 자연발생적으로 형성된 마을을 뜻함.

당)는 종래의 12부를 유지시켰는데, 부의 인구는 약 4할이 일본인이었고, 부의 경제력은 일본인이 장악했으며, 일본인 거류민단과 일본국 영사관의 후신인 이사청이 발전하여 부청(府廳)이 되었고, 부의 일본인은 부청에 협력하고 있었기 때문에 굳이 변화를 일으킬 필요가 없었다.[31]

조선총독부는 지방 행정제도를 개혁한 다음, 동리가 아니라 면을 지방 행정의 기초 단위로 했는데, 그것은 촌락의 자치 기능이 동리를 단위로 해서 부활할 위험이 있었기 때문이었다. 그리하여 총독부는 면사무소, 면 직원, 면 재정을 두었으나, 동리에는 명예직의 구장만을 두었다. 또 재정정리사업 중에 설치되었던 세무서를 폐지하고 면이 징세하게 하여 행정비용을 줄임과 동시에 면의 위상을 높였다.

사보타주

면이 지방 행정의 기초 단위가 될 수 있도록 제도는 갖추어졌지만, 면이 주민을 장악하기에는 인적 자원이 부족했다.[32] 우선 그 무렵에 면의 평균 인구는 약 6,500명이었으나, 면의 평균 직원은 4.6명에 지나지 않았다. 그것은 총독부의 재정 수입이 부족하여 관리를 많이 채용하지 못했기 때문이었다. 총독부는 면장이 그 지역에서 권위를 가진 사람이면 면 직원이 부족한 중에도 면의 사무를 수행할 것으로 판단했고, 지방 유력자에게 면장 취임을 권유했으며, 그들이 면장에 취임할 수 있도록 면장에게 판임관의 직급을 부여했다.

그럼에도 불구하고 지방 유력자는 면장에 취임하지 않았고 임명되어도 사양했는데, 면장은 군수에 의해 임명된 실무자에 지나지 않았고,

그런 만큼 지방 유력자가 갖추어야 할 권위가 없었기 때문이었다. 조선총독부의 면장 우대 정책에도 불구하고, 군 직원, 헌병, 경찰 등은 면장을 '어이어이'라고 부르기도 했다. 삼일운동 중의 수원군 장안면의 사례는, 면장의 지위를 잘 나타낸다. 독립만세 시위가 곳곳으로 확산하던 중에 면장이 동리의 책임자인 구장들을 소집하여 총독의 유고를 훈시하고, 봉기 방지에 노력할 것을 요구하자, 그 일을 안 주민은 오히려 면사무소를 습격했고 서류와 장부를 파기했다. 그러면서 주민은 면장이 송충이 퇴치도 하지 않고, 묘포(苗圃)의 제초도 하지 않고, 제방 쌓기에도 열심이지 않으니 차라리 제방에 파묻어 버리자고 위협했다.[33] 면장은 자신이 권위를 가졌다고 생각했으나 주민은 면장을 실무자로만 보았던 것이다.

조선총독부는 면의 힘만으로는 지방 행정을 할 수 없었기 때문에 경찰로 하여금 면의 부족함을 보완하게 했다. 그리하여 경찰의 역할은 징세, 호구조사, 산업 장려, 위생검사 등에 두루 미쳤다. 1916년의 도장관회의에서 조선 총독은 "농사 기타 일반 산업의 장려에서 경무관헌의 도움에 의하여 조선이 금일과 같이 발달했다고 하는 것은 사실이다. 만약 경무기관의 원조가 없었다면 금일과 같을 수는 없었다고 생각한다"고 발언했는데, 경찰에 대한 총독부의 의존을 잘 나타내는 것이었다. 총독부는 경찰이 위의 과업을 효과적으로 시행할 수 있도록 경찰에게 재판권을 주었고, 3개월 이하의 징역 또는 100엔 이하의 과태료에 해당하는 범죄는 경찰이 즉결 심판할 수 있게 했다.[34]

동원체제

조선에 중간 단체가 발달하여 한국인이 단체에 소속되고 관료가 중간 단체에 개입하면 관료에 의한 통제의 효과를 높일 수 있었다. 일본이 한국을 병합한 직후 조선 총독 데라우치(寺內正毅, 1910-1916년)는 산업을 개발하기 위해서는 산업단체를 육성해야 한다고 주장했고, 총독부는 1912년부터 지주회를 설립했다. 총독부는 지주회를 이용해서 생산력을 높이고자 했는데, 군수가 그 회장을, 군청의 권업과장이 간사를, 군청의 서기 또는 기술 직원이 서기를 겸임하여, 총독부의 지시가 지주에게 그대로 전달되었다. 1917년까지 220개의 군 중에 120곳에 지주회가 설립되었다. 또, 조선총독부는 1915년에 「중요 물산 동업조합령」을 시행했는데, 주 목적은 품질 개량, 불량품 감소, 생산량 증가였다. 총독이 동업조합을 설립할 수 있는 업종을 지정했고, 지방 장관이 그 설립을 인가하면 행정구역을 단위로 해서 설립되었다. 총독부는 이 밖에도 농업, 잠업, 축산의 각 부문에 전문 기술자를 배치했고, 부문마다 정책을 수행할 단체를 설립하도록 유도했다. 그리하여 1920년에 농업 단체가 758개나 세워져 있었다.[35)]

조선총독부는 상공업에서는 1915년 10월에 「조선상업회의소령」을 시행했다. 그 명령*에 따르면 지방 행정 단위 중에서 부에만 상업회의소를 설립할 수 있었고, 하나의 부에 하나의 회의소만 설립할 수 있었고, 회원 자격에 해당하는 자는 탈퇴할 수 없었다. 이 명령의 목적의 하나는

* 정확하게는 제령(制令)이며 오늘날의 법률에 해당했음. 그렇지만 당시 일본 천황의 칙령과 일본 의회의 법률의 하위법이었음.

한국인의 상업회의소를 없애는 것이었는데, 이 명령이 나온 이후 개성, 김천, 함흥, 수원, 강화, 통영 등 군에 설립되어 있던 한국인 상업회의소는 명칭을 바꾸거나 해산해야 했으며, 부에 설립되어 있던 한국인 상업회의소는 일본인 상업회의소와 통합해야 했다. 그런데 부에서는 일본인의 경제적 실력이 더 높았기 때문에 설립된 한일 통합 상업회의소는 평의원과 회장단을 일본인 상공업자가 장악했다.[36] 또, 하나의 목적은 상공업자를 총독부가 감독할 수 있는 단체에 소속시키는 것이었다. 「조선상업회의소령」에 따르면 회원의 자격에 해당하는 자는 상업회의소에서 탈퇴할 수 없었기 때문에 총독부는 상업회의소를 이용해서 부의 모든 주요 상공업자를 통제할 수 있었다.

일본이 조선을 병합할 때, 한국인의 저항은 컸지만 병합에 동조하는 집단도 있었다. 그들은 일본과의 무역이 증가하면 새로운 사업 기회를 가질 수도 있었고, 양반에게 억눌려 있던 것에서 벗어날 수도 있었다. 병합을 묵인하는 집단도 있었다. 그들은 제국주의 국가에 의해 세계가 분할된 속에서는 조그만 국가가 독립을 유지하기 어렵다고 생각했다.[37] 조선총독부는 동조자를 늘리고, 묵인하는 자를 동조자로 바꾸고, 저항하는 자를 전향하게 해야 했지만, 총독부는 세원을 늘리고 세율을 높였으며, 도시에서는 일본인 유력자가 한국인 유력자를, 농촌에서는 면장이 지방 유력자를 대체하게 했고, 촌락자치 대신에 면 직원이 인민을 지시하게 했고, 경찰이 재판권을 가져 한국인을 불안하게 하는 등 그 반대의 정책을 폈다.

회사령

이런 중에 투자율이 높아져 생산이 늘어나고 그로 인해 개인 소득이 증가하면 총독부와 한국인의 갈등이 조금이라도 완화되겠지만, 병합 초기의 조선총독부 정책은 투자율을 높이는 것이 아니었다. 조선의 토지 · 화폐 · 금융 · 재정제도가 갖추어지고 사회간접자본이 증설되자, 조선에 투자하려는 일본 재계의 욕구는 커졌지만, 총독부는 일본 민간 기업의 투자를 적극적으로 유치하려고는 하지 않았다. 총독부는 시정 초기부터 회사 설립에 대해 허가주의를 채택할 것을 알렸고 그 이유에 대해 설명했다. 그에 따르면 일한 병합의 공로자에게 배부된 은사공채 3,000만 엔에 대한 매년의 이자 150만 엔이 한국인의 부를 늘렸고, 그것이 한국인 사회에 기업 설립 열기를 높일 것인데, 이 때문에 조선의 교활한 자들이 경제 사정에 어두운 사람을 속여 사업의 전도가 밝지 못한 회사에 투자하게 할 수도 있고, 또 조선의 실정을 잘 알지 못하는 일본의 자산가가 모험사업을 하는 자의 과장된 말에 속아 부적절한 회사에 투자할 수도 있고, 다수의 기업가가 수익률이 높을 것처럼 보이는 어떤 사업에 중복 투자할 수도 있기 때문에, 건전한 회사가 설립되도록 유도하기 위해서는 허가제로 해야 한다는 것이었다.[38)]

조선총독부는 1911년 1월에 「회사령」을 시행했는데, 그 법률에 의하면 조선에서 영리를 목적으로 하는 회사를 신설하거나, 조선 바깥에 설립된 영리 목적의 회사가 조선에 본점 및 지점을 설치하기 위해서는 조선 총독의 허가를 받아야 했고, 허가를 받은 회사라도 「회사령」 혹은 그것에 의거하여 발포되는 명령이나 허가의 조건을 위반하거나 또는 공공의 질서와 선량한 풍속에 반하는 행위를 하면 총독이 사업의 정지 또는 금지, 지점의 폐쇄, 회사의 해산을 명할 수 있었다. 그 결과로 조선이 일본의 보호국이었던 1906-1910년에는 일본인 회사만으로도 연평균 28개의 회사가 설립되었지만, 1911-1916년에는 일본인과 한국인을 모두 합쳐도 연평균 24개의 회사만 설립되었다.[39]

당시 일본의 상법에는 회사를 자유롭게 설립할 수 있었다. 회사 설립 후 2주일 이내에 등기하게 되어 있었지만 등기는 제3자 대항을 위한 요건이었을 뿐, 설립의 법적 요건이 아니었다. 그런데 「회사령」에 따르면 조선이 일본의 영토임에도 불구하고 조선에서 회사를 설립하기 위해서는 허가를 받아야 했으며, 일본에 본점이 있는 회사가 조선에 지점을 내기 위해서도 허가를 받아야 했다. 그리하여 일본의 재계는 조선이 일본의 식민지가 되었음에도 불구하고, 그곳에서는 일본의 상법이 아닌 조선의 법률에 따라야 하고, 그 때문에 조선에서 자유롭게 사업을 할 수 없게 된 것에 대해 반발했다.

그 반발에 일본 의회의 의원들도 동조했고, 1911년 3월에는 "회사령이 그곳 실업계에 다대한 불편과 악영향을 주고 있다고 하는데 진상은 어떠한가" 라는 질문이, 1912년 12월에는 "회사령 발포 때에 다소 물의를 빚은 일이 있는데, 2개년의 시일이 흐른 금일, 상공업의 안녕을 해하지 않는 한 이 허가주의를 고치는 것이 낫다고 생각하는바, 목하의 상황 및 장래의 전망은 어떠한가" 라는 질문이 조선총독부에 제출되었다. 또 1913년에는 일본 의회에 「회사령」 폐지 법률이 제출되었다.[40]

총독부의 계획

조선총독부는 일본 재계와 정계의 반대에도 불구하고 「회사령」을 철폐하지 않았는데, 총독부는 「회사령」을 이용해서 자신에게 협력하는 자를 육성하고, 일본 정부의 일본제국 지배 정책을 지원하려고 했다. 총독부는 1911년에 한국인이 대표자이던 수륙운수를 그다지 명확하지 않은 이유로 해산했고, 1912년 1월에 원산의 요시다기선, 목포의 목포항운, 부산의 부산기선 등 세 일본인 중소 해운업자들이 일본우선 및 오사카상선과 협력하여 설립한 조선우선을 허가했다. 또, 총독부는 1911년에 한국인이 대표자인 조선우피를 해산했고, 같은 해에 일본인이 대표자인 조선피혁을 허가했다. 총독부에 대한 협력이라는 점에서 한국인 회사는 총독부에게 유익하지 않았던 것이다.[41)]

또, 당시에 한국 소가 일본과 러시아에 많이 수출되었는데, 1908년에 일본에 수출된 한국 소가 우역(牛疫)을 일으키자 수출량이 급감한 일이 있었다. 조선총독부는 1911년에 소의 매매를 중개하려는 풍순(豊順)에 대해 회사 설립을 불허했고, 이미 영업 중이던 우마매매에 대해 합리적인 이유 없이 해산명령을 내렸는데, 자신이 원하는 수준으로 소의 유통을 통제할 수 없다고 판단했기 때문이었다. 이 밖에도 1911년에 일본의 유력 기업인들이 조선면화재배를 설립하여 면화 재배와 조면 제조를 하려 했고, 같은 해에 일본인, 한국인 자산가가 협력하여 조선면화를 설립하여 위의 사업을 하려 했지만, 총독부는 두 회사 모두 허가하지 않았다. 총독부는 1913년에 자신에 협조적인 천평면업과 목포면업은 허가했다.[42)]

한편, 일본 정부는 「회사령」을 지지했는데, 「회사령」을 이용해서 일본 정부의 산업 정책의 효과를 높일 수 있었기 때문이었다. 조선 북부에서 질 좋은 사탕무를 재배할 수 있다는 사실은 1905년 무렵부터 알려졌고, 그 이후 시험 재배도 이루어졌다. 그리하여 1914년에 일본의 유력 기업인들이 조선제당을 설립하려 했고, 같은 해에 미국인 모건도 한국과 일본의 자산가들과 협조하여 제당회사를 설립하려 했다. 하지만 조선총독부는 한국의 사탕무 제당사업은 전도유망한데, 그곳에서 두 기업이 경쟁하는 것은 바람직하지 않다는 이유로 회사를 허가하지 않았다. 하지만 실제의 이유는 일본 정부의 대만 제당업 육성 정책을 지원하는 것이었다.[43)]

한편, 일본 정부의 정책과 어울리는 회사는 허가되었다. 당시에 일본은 강철 생산시설은 많았으나 철광석이 부족해서 인도에서 선철을 수입했는데, 일본 정부는 자신의 점령지에서 선철을 가능한 한 많이 생산하여 선철 수입에 지출되는 금은을 줄이고 싶었다. 미쓰비시조선(造船)이 1914년에 제철소 설립 허가를 신청하자(겸이포제철소), 총독부는 제철소의 설립을 허가하여 일본 정부의 산업 정책을 지원했다.

조선총독부는 회사 설립을 허가제로 하여 일본의 제국주의적 정책에 유용한 회사 및 자신에게 협력할 회사만을 육성했던 것이지만, 총독부의 재정 수입이 부족하여 이 정책을 오래도록 지속할 수는 없었다. 1912년과 1913년의 결산에 의하면 일본 정부가 총독부에게 제공하는 보충금의 비중이 총독부 재정 수입의 각각 20%와 18%였다.[44)] 총독부는 1914년에 재정 독립 5개년계획을 세웠는데, 일본 정부의 보충금을 꾸준히 줄여 1919년에는 재정을 자립한다는 것이었다.[45)] 총독부는 재정 수입을 늘리기 위해서 과세지를 철저히 조사했고, 1913-1916년에 지세 수입을 1.4배로 늘렸다. 또 1914년부터 술과 담배의 제조를 자가용과 판매용을 불문하고 면허제로 하여 세원을 넓혔고, 1916년에는 소득세도 부과하기 시작했다. 그리하여 1913-1916년에 국세 총액은 1.3배로 증가했고, 보충금의 비율은 1916년에는 10% 남짓으로 하락했다.[46)]

그렇지만 여전히 재정 수입의 1할 이상을 일본 정부의 보충금에 의존해야 했기 때문에, 조선총독부는 조선을 일본에 유용하게 개조하기 위해서는 일본 민간기업의 투자를 오래도록 억제할 수는 없었다. 그런 중에 1916년 10월에 총독이 데라우치 마사타케에서 하세가와 요시미치(1916-1919년)로 바뀌자 총독부의 정책도 바뀌었다. 총독부는 회사 설립 신청을 1917년에는 42건, 1918년에는 89건, 1919년에는 250건 허가했고, 1920년에는 「회사령」을 폐지했다.

제1차 세계대전

조선총독부가 「회사령」을 완화한 그 무렵에 제1차 세계대전이 일본에 초래한 호황이 조선에도 영향을 미치기 시작했다. 1910년대 전반에 일본은 공업용 기계를 유럽에서 수입했으며, 그 기계로 화학 제품과 경공업 제품을 생산하고 있었다. 1915년에 일본의 공업 생산액에서 차지하는 중공업(철강, 비철금속, 기계)의 비중은 17.6%에 지나지 않았다. 화학공업이 11.7%를 차지했고, 경공업이 나머지 70.7%를 차지했다. 일본은 경공업 제품을 수출했는데 1914년에 제1차 세계대전이 발발하자 유럽의 공업 제품 수출이 급감했고, 일본은 아프리카, 서아시아, 남아시아 등 전통적으로 유럽이 상품을 수출하던 지역에 각종 소비재를 수출하게 되어 수출이 크게 증가했다. 그리하여 1913-1919년에 면포와 생명주실 생산량은 각각 1.7배와 1.8배로 되었다. 또, 유럽의 중공업 제품 수출량이 감소하자 중공업 제품의 일본 내 생산량은 증가했다. 1913-1919년에 선철과 강철의 생산량은 각각 2.1배와 2.5배, 기선 건조량은 12배로 되었다.[47]

제1차 세계대전이 초래한 호황 중에 일본의 1인당 국민소득은 약 30% 증가했는데, 1914-1919년에 최상위 소득자 1%의 소득이 국민소득에서 차지하는 비중이 18.6%, 19.6%, 19.5%, 18.7%, 16.6%, 15.3%로 변동했으므로, 그 기간의 호황은 고소득층만이 아니라 저소득층의 소득도 증가시켰다고 추측할 수 있다.[48] 그리하여 일본 하층민이 자포니카 쌀을 점점 더 많이 소비하게 되었고, 국제 시장에서의 타이, 버마, 베트남 등의 인디카 쌀의 가격은 정체했음에도 불구하고, 일본에서의 쌀값은 상승하기 시작했다. 자포니카 쌀의 가격은 상승했지만 그 무렵에 일본과 조선 이외에는 자포니카 쌀을 거의 재배하지 않았기 때문에 자포니카 쌀의 공급은 쉽게 늘어나지 않았다. 일본의 쌀 재고는 전쟁 발발 직후인 1915년에는 623만 석이었으나 1916, 1917년에는 547만 석, 447만 석으로 계속 감소했다.[49] 일본에서 쌀값이 올라가자 한국산 쌀의 수출이 증가하기 시작했고 1914년에는 100만 석이었던 것이 1915-1917년에는 230만 석, 181만 석, 187만 석에 달했다.[50]

이 사태는 조선의 농민과 지주를 자극했다. 1914-1917년에 일본 품종의 보급률은 10%에서 36%로 높아졌으며, 일본 품종이 비료를 많이 소비하는 만큼 비료 소비량이 증가했다. 판매 비료는 1916-1917년에 약 3배, 자급 비료는 1915-1917년에 1.7배로 증가했다. 조선총독부는 1917년 10월에 「조선수리조합령」을 시행하여 농지 개량을 지원하기 시작했다. 그것에 따르면 조합원 5인 이상이 창립자가 되어 조합 규약을 작성하고, 조합원의 절반 이상 및 조합 구역 내 토지의 3분의 2 이상에 해당하는 소유자의 동의를 얻고, 총독의 인가를 받으면, 수리조합을 설립할 수 있었다. 수리조합은 법인이었으며 조합비 징수를 지방 행정기관에 위임할 수 있었기 때문에 조합비를 걷지 못할 위험이 낮아졌다.[51]

농지개량사업은 증가했지만 수리조합을 결성하고 농지 소유자의 동의를 얻고 관개시설을 건설할 때까지 시간이 걸렸기 때문에 이 정책의 효과가 금방 나타나는 것은 아니었다. 1918년에 한국의 쌀 수출량은 213만 석으로 1915년의 수출량을 넘지는 않았다. 한편, 그 해에 일본의 쌀 재고는 236만 석에 지나지 않았다. 그런 중에 1918년 8월에 일본 정부가 시베리아 출병을 선언하자 상인들은 쌀을 매점하기 시작했다. 그리하여 7월 초부터 한 달 사이에 쌀값이 1.8배로 높아졌고, 8월 초부터 도시 노동자, 빈민 등이 쌀값 상승에 항의하여 큰 소동을 일으켰다. 쌀값은 1919년에도 1918년보다 1.5배로 높아졌다.[52]

이 기간에 대두의 수출도 증가했는데, 1911-1913년에는 연수출량이 80만 석을 넘지 못했지만, 1915년에는 101만 석이었고, 그때부터 1919년까지 연평균 100만 석을 넘었다. 조선에서의 쌀과 대두의 1석당 생산자 판매가격은, 1910-1914년 평균과 1915-1919년 평균을 비교하면, 쌀은 13엔에서 21엔으로, 대두는 7엔에서 11엔으로 상승했다. 또, 1914년을 1로 한 공업에 대한 농업의 교역조건은 1918년에 1.1로 상승했다.[53] 즉, 1918년에는 1914년과 같은 양의 농산물을 팔아서 10%의 공산물을 더 살 수 있었다. 그리하여 1913-1919년에 농가 호수는 약 10만 호 증가했지만, 소작농가 호수는 약 7만 호 감소했다.[54] 이것은 조선의 농민이 제1차 세계대전이 초래한 호황의 혜택을 입었음을 나타낸다.

하지만 그 호황이 조선총독부가 조선의 농민에게 초래한 고통을 모두 잊게 하는 것은 아니었다. 조동걸에 따르면, 농민은 공동묘지제도 시행, 화전 경작 제한, 임산물 채취 제한, 주세와 연초세 징수, 임야 소유권 문제, 외국인의 산림 이용 독점, 도로공사에서의 저임금과 부역, 일본인의 오만함 등에 큰 불만을 가졌고, 야마나베 겐타로의 연구에 의하면 삼일운동 중에 면사무소와 각종 경찰관서가 공격을 많이 받았다.[55]

한편, 농업의 호황은 조선 경제의 다른 부문으로 파급되었다. 공업 부문의 사업 기회는 증가했고, 공업 생산량은 1913-1919년에 1.9배로 증가했다.[56] 공장은 1910-1915년에는 연평균 123개 증가했지만, 1915-1920년에는 연평균 261개 증가했고, 1920년의 공장 수는 1910년의 14배였다. 또 이 기간에 한국인 공장이 일본인 공장보다 빨리 증가하여, 1910년대 전반에는 공장 총수에 대한 한국인 공장의 비율이 27%였으나, 1910년대 후반에는 45%에 이르렀다.

삼일운동

이 기간의 호황이 노동자의 임금을 높이지는 않았다. 그림 5-1은 노동자의 산업 전체 평균 임금을 나타낸 것인데, 1910년대 전반에 비해 그 후반에는 숙련 노동자의 실질임금은 약간 하락했고, 비숙련 노동자의 실질임금은 정체했다. 노동자의 한 해 동안 총근로일수를 모르기 때문에 단정할 수는 없지만, 많이 증가하지는 않았다고 가정하면 1910년대에

그림 5-1 1910년대의 하루 임금, 1910년 기준 실질값 (단위: 엔)

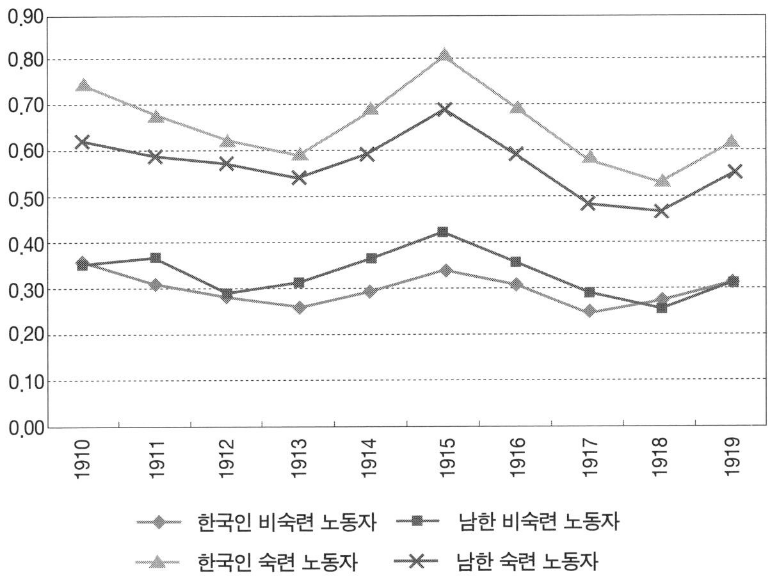

자료: 이우연 · 차명수, 「식민지 조선의 임금 수준과 구조」, 『경제사학』 43호, 경제사학회, 2007, p. 55, 부표. 김낙년 · 박기주, 「해방 전(1906–1943년) 조선의 임금 재론: 『조선총독부통계연보』의 임금을 중심으로」, 『경제사학』 49호, 2010, 부표. 박기주 · 김낙년, 「해방 전(1907–1939) 소비자물가지수 추계」, 낙성대경제연구소 워킹페이퍼 2010-5, 2010, 부표.

노동자의 생활은 개선되지 않았을 것이다. 1914-1915년에 일시 실질임금이 상승한 것은 그 기간에 물가가 하락했기 때문이었다.

제1차 세계대전 중의 세계 정치의 변동이 한국인에게 독립할 수 있다는 기대를 가지게 했다. 미국의 대통령 윌슨(Thomas Woodrow Wilson)은 제1차 세계대전 중인 1918년 1월에 미국 상원에서 세계 평화와 관련된 14개 조항을 제시했는데, 그 5조에서 식민지에 대한 모든 요구를 자유롭게, 편협하지 않게, 절대적으로 공평하게 조정할 것, 주권에 대한 모든 의문을 해결할 때에는 관련된 주민의 이해가 정부의 공정한 요구와 동등한 비중을 차지해야 한다는 원칙을 엄격하게 준수할 것을 주장했다. 마지막의 것이 민족자결의 원칙으로 불리게 되었는데, 영국 정부는 좌파의 지지를 얻기 위해서 민족자결의 원칙을 받아들였고, 독일은 그 원칙이 패전 후의 종전 협상에서 독일을 덜 불리하게 할 것이라고 믿었다. 그리하여 제1차 세계대전을 청산하는 국제적 협상이었던 파리강화회의가 시작하기 직전인 1918년 11월 무렵에는 민족자결의 원칙이 꽤 널리 수용되었다.[57)]

한국인 독립운동가들은 파리강화회의의 연합국 대표들에게 조선의 주민은 독립을 원한다는 것을 보여야 했다. 그리하여 중국에서는 1918년 11월에 여운형, 김규식, 장덕수 등이 신한청년당을 결성했고, 독립청원서를 작성하여 상해에 온 미국 특사에게 윌슨 대통령 및 파리강화회의에 제출해 줄 것을 부탁했다. 이어서 1919년 1월에는 김규식을 파리강화회의에 특사로 파견했고, 김철과 선우혁을 조선에 파견하여 종교계 등의 사회지도자와 접촉하게 했다. 미국에서는 아메리카 대륙의 대한인(大韓人)국민회 총회가 윌슨 대통령에게 독립청원서를 제출했고, 이어서 이승만 등을 파리강화회의에 파견하려 했다. 파견 계획은 미국 정부가 여권을 발급하지 않아 실패했지만,[58)] 이 소식은 〈일본소식(*Japan Advertiser*)〉과 〈아사히신문〉에 보도되었고, 도쿄의 재일 조선인 유학생 학우회에 큰 영향을 미쳤다. 재일 유학생은 조선독립청원단을 결성했고, 민족대회소집청원서, 독립선언서, 결의문을 작성했으며, 1919년 2월 8일 오전에는 독립선언서 등의 자료를 일본의 유명 인사와 기관에 우송한 뒤, 오후에는 독립선언서와 결의문을 낭독했다.

국외에서의 독립운동은 국내의 한국인을 자극했다. 그런 중에 1919년 1월에 고종이 사망했는데 일본에 의해 독살되었다는 소문이 전국에 퍼졌고, 한국인은 크게 분개했다. 1919년 3월 1일에 손병희 등 국내 종교계 인사를 중심으로 한 33인이 민족자결의 원칙에 입각해서 독립을 선언했고, 이 사건을 계기로 해서 독립운동이 전국에서 일어났다. 일본 정부와 조선총독부는 삼일운동을 무자비하게 탄압했는데, 그 실상의 일부는 국외에도 알려졌고, 외국의 정부와 민간이 조선을 동정하기도 했으나, 파리강화회의의 연합국 대표들은 조선 문제를 다루지 않았다. 민족자결의 원칙을 제안한 미국조차 조선의 독립운동에는 냉담했는데, 강화회의에서의 쟁점 지역 처리 방법에 합의하기 위해서는 일본의 협조가 반드시 필요했기 때문이었다.[59] 삼일운동은 5월경에 거의 소멸했지만, 약간의 친일파를 제외한 나머지 거의 모든 한국인이 일본의 지배에 반대함을 드러낸 사건이었다.

1) 김재순, 「노일전쟁 직후 일제의 화폐금융정책과 조선상인층의 대응」, 『한국사연구』 69호, 한국사연구회, 1990. 화폐유통액은 일본 화폐 1円=한국 화폐 2元으로 하여 계산함. 1円=2元으로 산정한 것은 화폐정리사업에서 1圜=2元이었기 때문임.

2) 나애자 외, 「한말, 일제초 재정개혁론과 '재정정리사업'」, 『한국역사연구회회보』 9호, 한국역사연구회, 1991, p. 3.

3) 박이택, 『한국 통신산업에 있어서 지배구조와 고용구조』, 한국학술정보, 2008, p. 87.

4) 松本重威, 『男爵目賀田種太』, 靑雲文化社, 1938, pp. 388-389. 김재순, 앞의 글, p. 151.

5) 澁澤榮一, 『韓國貨幣整理報告書』, 제일은행, 1909, pp. 79-82.

6) 오미일, 『한국근대자본가연구』, 한울아카데미, 2002, pp. 41-47.

7) 김경일, 「한상룡: 친일 예속자본가의 전형」, 『한국학보』 19-2, 일지사, 1993. 김명수, 「한말, 일제하 한상룡의 기업활동 연구」, 『연세경제연구』, 7-2, 연세대학교 경제연구소, 2000. 한익교 정리, 김명수 옮김, 『한상룡을 말한다』, 혜안, 2007.

8) 矢內原忠雄, 『帝國主義下の臺灣』, 岩波書店, 1988, p. 8. 柯志明, 『米糖相剋: 日本植民主義下臺灣的發展與從屬』, 群鶴出版有限公司, 2006; 문명기 옮김, 『식민지 시대 대만은 발전했는가: 쌀과 설탕의 상극, 1895-1945』, 일조각, 2009, p. 64.

9) 「일본 명년도 군비」, 〈대한매일신보〉, 1904년 10월 14일. 김혜정 외, 『통감부 설치와 한국 식민지화』, 한국독립운동사 편찬위원회, 천안: 독립기념관 한국독립운동사연구소, 2009, p. 183.

10) 이윤상, 「일제에 의한 식민지 재정의 형성과정-1894-1910년의 세입구조와 징세기구를 중심으로-」, 『한국사론』, 서울대학교 국사학과, 1986, 제3절. 宮嶋博史, 『朝鮮土地調査事業史の研究』, 東京大學東洋文化研究所, 1991, pp. 295-309. 김혜정 외, 같은 책, pp. 205-209.

11) 조선식산은행, 『조선식산은행 10년지』, 1928, p. 9. 조선식산은행, 『조선식산은행

20년지』, 1938, pp. 20-21. 정병욱, 「농공은행, 조선식산은행의 운영주체와 조선인 참여자의 지위」, 『민족문화연구』 38호, 고려대학교 민족문화연구원, 2003.

12) 전성현, 「한말-일제 초기 경성상업회의소의 설립과 활동」, 『역사연구』 8호, 역사학연구소, 2000. 박현, 「한말, 일제하 한일은행의 설립과 경영」, 『동방학지』 128호, 연세대학교 국학연구원, 2004.

13) 이경란, 『일제하 금융조합 연구』, 혜안, 2002, pp. 62-78.

14) 田中喜男, 「明治後期朝鮮拓植への地方的關心: 石川縣農業株式會社の設立を通じて」, 『朝鮮史研究會論文集』, 4호, 1967. 전우용, 『한국 회사의 탄생』, 서울대학교 출판부, 2011, pp. 226-228.

15) 박진태, 「통감정시기 황실재산의 국유화와 역둔토 정리」, 『사림』 18호, 수선사학회, 2002.

16) 松本武祝, 『植民地期朝鮮の水利組合事業』, 未來社, 1991, pp. 52-53.

17) 淺田喬二, 『日本帝國主義と舊植民地地主制』, お茶の水, 1968, p. 78.

18) 전우용, 앞의 책, pp. 226-228.

19) 같은 책, pp. 235-236. 오미일, 앞의 책, pp. 205-210.

20) 조선총독부, 『조선총독부 통계연보』, 1910, 1911.

21) 오미일, 앞의 책, pp. 210-211.

22) 국사편찬위원회, 『한국독립운동사』 1, 1965, pp. 295-296.

23) 조석곤, 「토지조사사업과 근대적 지세제도의 확립」, 김홍식 외, 『조선 토지조사사업의 연구』, 민음사, 1997.

24) 배영목, 『한국금융사, 1876-1959』, 개신, 1990, pp. 51-52.

25) 같은 책, p. 101.

26) 조선총독부, 『조선총독부통계연보』, 1915, pp. 297, 358.

27) 박이택, 앞의 책, p. 112.

28) 유봉호, 『한국교육과정사 연구』, 교학연구사, 1992, pp. 129-134. 손종현, 「일제 초등학교 수신교육 연구」, 『한국교육』 22호, 한국교육개발원, 1995. 정태준, 「일제 강점기하 수신교과의 정책연구」, 『일본어교육』 27호, 한국일본어교육학회, 2004.

29) 「국비지급 직원(봉급)」, 국가통계포털.

30) 權寧旭, 「朝鮮における日本帝國主義の植民地的山林政策」, 『歷史學研究』 297호,

1965.

31) 權寧旭, 앞의 글, 1965. 박섭, 『한국근대의 농업변동』, 일조각, 1997, p. 156.

32) 朴ソプ, 「韓國近代の農村開發と村落の共同性」, 『史學硏究』 268호, 廣島史學硏究會, 2009, p. 51.

33) 大和和明, 「植民地期 朝鮮地方行政に關する試論: 面制の確立過程を中心として」, 『歷史評論』 458호, 1988, p. 54.

34) 정연태, 「1910년대 일제의 농업정책과 식민지 지주제 -이른바 '미작개량정책'을 중심으로-」, 『한국사론』 20호, 서울대학교 국사학과, 1988, p. 430, Ching-chih Chen, "Police and Community Control Systems in the Empire," Ramon Myers and Mark Peattie, *The Japanese Colonial Empire, 1895-1945*, Princeton: Princeton University Press, 1984. 松本武祝, 『朝鮮農村の植民地近代經驗』, 社會評論社, 2005; 윤해동 옮김, 『조선농촌의 식민지 근대경험』, 논형, 2011, 제1장. 이상의, 「일제하 조선경찰의 특징과 그 이미지」, 『역사교육』 115호, 역사교육연구회, 2010.

35) 小早川九郎, 『朝鮮農業發達史』, 政策編, 1944, pp. 176, 307-310. 文定昌, 『朝鮮農村團體史』, 1942, pp. 23, 60-66, 77-79, 박섭, 앞의 책, pp. 155-161.

36) 전성현, 『일제시기 조선상업회의소 연구』, 선인, 2011, pp. 45-46.

37) 이태훈, 「1920년대초 자치청원운동과 유민회의 자치구상」, 『역사와 현실』 39호, 한국역사연구회, 2001.

38) 〈매일신보〉, 1911년 1월 21일, p. 2.

39) 전우용, 앞의 책, pp. 227, 236, 343, 359, 373.

40) 같은 책, p. 328.

41) 幸野保典, 「會社令の施行と會社設立狀況」, 小林英夫 編, 『植民地への企業進出: 朝鮮會社令の分析』, 栢書房, 1994.

42) 같은 글.

43) 같은 글.

44) 「조선총독부 특별회계 누년비교」, 조선총독부, 『조선총독부 통계연보』, 1913년판.

45) 조선총독부, 『조선총독부 시정연보』, 1915, p. 64.

46) 「조선총독부 특별회계 누년비교」, 조선총독부, 『조선총독부 통계연보』, 1916년판.

47) 三和良一,『槪說日本經濟史: 近現代』第2版, 東京大學出版會, 2002; 권혁기 옮김, 『일본경제사』, 보고사, 2005, p. 157.

48) Chiaki, Moriguchi, and Emmanuel, Saez, "The Evolution of Income Concentration in Japan 1886-2005," in A. B. Atkinson and T. Piketty, eds., *Top Incomes: A Global Perspective*, Oxford University Press, 2010, chapter 3, pp. 76-170. http://topincomes. g-mond.parisschoolofeconomics.eu/#Database: 김낙년, 「한국의 소득 집중도 추이와 국제비교, 1976-2010: 소득세 자료에 의한 접근」, 낙성대경제연구소 Working Paper 2012-03.

49) 朝鮮總督府農林局, 『朝鮮米穀要覽』, 1940, p. 140.

50) 현미, 백미, 벼, 쇄미를 모두 합하고 현미로 환산함.

51) 박섭, 앞의 책, p. 39.

52) 梅村又次 외, 『長期經濟統計 農林業』, 東洋經濟新報社, 1966, pp. 152-153, 162-163에서 생산액을 생산량으로 나누어 계산함.

53) 김낙년 편, 『한국의 경제성장, 1910-45』, 서울대학교 출판부, 2006, p. 406.

54) 朝鮮總督府農林局, 『農業統計表』, 1940.

55) 조동걸, 「삼일운동의 지방사적 성격: 강원도 지방을 중심으로」, 『역사학보』 47호, 1991, p. 109. 山邊健太郎, 「三一運動について」, 『歷史學硏究』 185호, 1955.

56) 박기주, 「광업 · 제조업」, 김낙년 편, 앞의 책.

57) 김승렬, 「윌슨의 민족자결주의와 조선의 3 · 1 운동: 한국사의 서술분석」, 『역사교육연구』 14호, 한국역사교육학회, 2011. 박현숙, 「윌슨의 민족자결주의와 세계평화」, 『미국사연구』 33집, 한국미국사학회, 2011.

58) 「대한인 국민회 북미총회, 4251년도 사업성적 보고서」, 〈신한민보〉, 1919년 1월 16일(국사편찬위원회 한국사데이터베이스 http://db.history.go.kr).

59) 박현숙, 앞의 글.

06

적응, 그러나 일본에 유용하다는 것

06

적응, 그러나 일본에 유용하다는 것

참정권

일본 정부와 조선총독부는 삼일운동과 같은 대규모의 독립운동이 재발하지 않도록 대책을 강구해야 했다. 총독부는 1910년대에 자신의 뜻에 따라 식민지 인민을 동원하는 체제를 만들고자 했고, 그 과정에서 한국인의 정치적 자유를 크게 줄였다. 그 일은 삼일운동이 일어나게 되는 주요 원인의 하나였다. 삼일운동이 일어난 이후에도 동원체제를 만들고자 하는 총독부의 목표에는 변함이 없었으나 그 방법은 다소 수정되었다. 한국인의 참정권을 늘려서 총독부의 동원체제에 대해 한국인이 협력하게 하는 것이었다.

조선총독부는 중앙에서는 1919년 9월부터 중추원 회의를 정기적으로 개최했고, 총독이 조선의 관습과 관련해서 자문했으며, 1921년에는 중추원 관제를 개편하여 그 이전에는 한국인 70명 중에 15명에게만 표결권을 주었으나 그 이후에는 70명 모두에게 그 권리를 주었다.[1] 지방에서는 1920년에 지정 면(현재의 읍)과 부에 협의회를 두어 임기 3년의 의원을 민선하게 했다. 면에도 협의회를 두었지만 그곳에서는 의원을 군수가 임명했다. 도에는 평의회를 두었는데 1/3의 의원은 도지사가 직접 임명했고, 2/3는 부협의회와 면협의회의 추천을 받아 도지사가 임명했다.[2] 지정 면과 부에서 선거권과 피선거권은 면 부과금을 5원 이상 납부하거나 부세를 5원 이상 납부하는 남자에게 국한되었는데, 부산부를 살펴보면 한국인 3만 8,362명 중 294명에 지나지 않았다. 즉, 한국인 중에는 상류층만이 선거권과 피선거권을 가졌다.[3] 1910년대에 총독부는 한국인 상류층에게 면장에 취임하도록 권유했으나, 군수의 지시를 받고 일하는 면장은 지방의 유력자에게 하찮은 지위였고, 그들은 그 권유에 응하지 않았다. 하지만 지방의 유력자들은 협의회 의원은 피하지 않았고, 총독부도 선거 결과에 만족했다.[4]

아울러 조선총독부는 한국인이 중앙정부의 관료로 일할 기회를 늘렸다. 국비에서 임금을 받는 관료 중에서 고등 관료의 수는 1918-1922년에 341명에서 390명으로 증가했고, 판임관과 판임관 대우만으로 계산한 보통 관료의 수는 1918-1922년에 2,694명에서 1만 1,240명으로 급증했는데, 당시에 많은 한국인은 판임관이 되면 영광으로 생각했다.[5]

농업 개발

조선총독부는 경제적인 면에서는 한국이 산업과 자원을 개발할 계획을 세웠다. 1919년 8월에 부임한 제3대 조선 총독 사이토(齋藤實, 1919-1927, 1929-1931년)는 1920년 12월에 오사카에서 일본의 기업가들과 간담회를 하던 중, 한국에는 자원이 풍부하지만 자본이 부족한데 일본의 풍부한 자본과 지식을 도입하여 농업, 광업, 수산업, 교통시설을 개발하면 오사카 지방의 공업 제품에 대한 수요도 증가할 것이므로 조선의 개발에 협력해 줄 것을 요청했다.[6)] 산업이 개발되고 실업자가 감소하면 일본의 지배에 대한 저항은 줄어들 것이었다.

사이토가 언급한 산업 중에서 총독부가 가장 중시했던 것은 농업이었다. 앞에서 설명했듯이 일본에서는 제1차 세계대전에 의한 호황기에 쌀의 수요는 증가했지만 쌀의 생산량과 수입량을 합한 공급량은 정체했고 쌀값은 상승했다. 쌀값이 하락하려면 쌀 공급량이 증가해야 했는데, 일본에서 생산량이 늘어날 가능성은 낮았다. 공장이 증가하자 벼 재배 면적이 늘어날 여지가 거의 없었고, 또 일본의 중상류층은 맛있는 쌀을 원했기 때문에 농업용 생산재의 공급이 늘어도 단위면적당 수확량이 반드시 늘어나는 것은 아니었다. 일본 정부는 조선과 대만에서 쌀을 증산할 계획을 세웠고, 조선총독부와 대만총독부는 그 구상에 협조했다.

조선총독부는 1917년에 제정한 「조선수리조합령」에 이어서 1919년에는 「수리조합 보조규정」을 제정하여 관개시설의 신설과 증설, 지목변환, 개간 및 간척사업에 대해서 사업 면적이 200정보, 공사비가 4만 엔을 넘으면 사업비용의 15%를 보조했다. 이어서 1920년부터 산미증식계획을 시작했다. 향후 15년 동안 42.7만 정보의 논에 관개설비를 새로 건설하거나 개량하여 쌀 생산량을 349만 석 늘리고, 비료 사용량을 늘리거나 재배법을 개선하여 쌀 생산량을 551만 석 늘리는 것이 목표였다. 계획을 효과적으로 집행하기 위해서 총독부는 그 해에 농상공부를 식산국으로 명칭 변경했고, 1921년에는 과장을 5명에서 6명으로 늘렸다.[7)]

1920년에 벼 재배 총면적의 51%에 조신력, 곡량도, 다마금과 같은 일본 품종이 재배되었는데, 그것들은 조선의 재래품종과 비교하면, 다비

다수확 즉 비료를 많이 소비하고, 그 대신에 열매도 많이 맺는 특성을 가지고 있었다. 위의 세 품종 중에서 1920년대 초에 가장 많이 재배되었던 곡량도와 다마금은, 그 적정 질소 소비량이 1정보에 6.3kg이었다.[8] 비료를 많이 소비하는 만큼 이삭도 많이 팼는데, 조선총독부 권업모범장의 1910년 시험 재배에 의하면 곡량도와 다마금보다 비료를 적게 소비했던 조신력도 당시의 대표적인 재래품종이었던 조동지보다 49%를 더 수확할 수 있었다.[9]

그런데 다비품종은 그 적정 소비량이 많은 만큼, 비료를 적게 주면 소비(少肥)품종보다 수확량이 감소했기 때문에 충분히 시비하지 못할 것이라면 애초에 소비품종을 재배하는 편이 더 나았다. 그리하여 일본 품종을 재배하여 효과를 거두려면 비료를 많이 줄 수 있는 조건이 갖추어져야 했다. 그 조건 중에서 가장 중요한 것은 가뭄과 홍수의 피해를 줄일 수 있는 관개시설이었다. 가뭄이나 홍수로 인해 수확량이 감소하면 비료 지출액만큼 손실을 입었기 때문이었다. 총독부는 관개시설이 중요한 만큼, 농지 개량에 필요한 1.7억 엔의 자금 중에 28%는 일본 정부가 보조하고, 27%는 총독부가 저리 자금을 알선하여, 민간의 투자비용을 줄여주는 것으로 했다.

그렇지만 비료를 한 번에 많이 주면, 작물이 웃자라 병들거나 마르거나 썩을 수 있었고, 또 비바람에 약해졌기 때문에 조선총독부 농사시험장은 농민에게 덧거름을 자주 줄 것을 권장했다. 그런데 덧거름을 주면 잡초가 비료를 먹고 무성하게 될 수도 있었기 때문에, 작물이 자라는 도중에 자주 제초하고, 그 직후에 덧거름을 주어야 했다. 그리하여 농사시험장은 제초를 손쉽게 할 수 있도록 모를 줄지어 심는 방법(정조식)을 적극 장려했다. 이 밖에도 총독부는 모를 적게 쥐고서 촘촘하게 심으면 (소주밀식) 수확량이 늘어나고, 벼를 선반에서 건조하면 수확 후의 손실이 줄어든다는 이유로 그 방법들을 적극 권장했다.[10]

시장 통합

상공업에서는 조선총독부보다 재계가 더 기민하게 움직였다. 1918년 9월에는 제1차 세계대전이 막바지에 이르렀는데, 상공업자는 전쟁이 끝나면 일본의 호황이 종료될 것으로 판단했고, 일본의 투자가 감소할 것을 우려했다. 그리하여 전선상업회의소 연합회는 1918년 9월의 제1차 회의에서 「회사령」의 철폐를 요청했다. 그런데 전쟁이 끝난 직후에 조선에서 삼일운동이 발발하여 반일 사상이 증가하자, 상공업자는 일본의 투자가 줄어들 것을 더 우려했고, 전선상업회의소 연합회는 1919년 10월의 제2차 회의에서 「회사령」의 철폐를 더 강하게 요청했다.

한편, 조선 총독 사이토가 일본 자본을 유치하여 조선을 개발할 구상을 내었고, 1920년 4월에 드디어 「회사령」을 철폐했지만, 농업 이외의 다른 산업에 대해서는 계획을 내지 않자 상공업자는 총독부를 더 움직여야 했다. 1920년 9월의 전선상업회의소 연합회 제3차 회의에서는 금융을 완화하고, 철도 · 항만 · 도로를 증설하고, 공업을 보호하고, 광업을 진흥할 것 등을 결의했으며, 1921년 3월에는 조선산업조사회를 설치하여, 그곳에서 산업 개발에 대해 논의할 것을 총독부에 요청했다.[11]

조선총독부는 조선산업조사회를 설치해 달라는 상공업자의 제안을 받아들였고, 그 조사회가 다룰 안건에 대해 전선상업회의소 연합회에 자문하자, 그 연합회는 총독부의 자문에 대해서 제1, 2차 산업의 균형된 개발과 그것을 뒷받침하는 사회간접자본의 건설이 필요하다고 답신했고, 총독부는 그 답신을 바탕으로 해서 1921년 9월에 조선산업조사위원회를 개최했다.[12] 한편, 조선산업조사위원회가 일본인 38명과 한국인 10명으로 구성되었지만 한국인 위원이 한국인 상공업자의 이익을 주장할 만하지는 않았기 때문에, 한국인 상공업자는 조선산업조사위원회의 회기 중에 경성방직과 동아일보 참여자들을 중심으로 해서 조선인산업대회를 별도로 열었고, 한국인을 중시하는 정책을 수립할 것을 주장했으며, 그 일환으로 관세를 인상하고 공업에 보조금을 지급하고 한국인 기술자를 육성할 것 등을 내세웠다. 이 대회에는 박승직, 민영은, 고원훈, 송진우, 안국선 등의 기업가가 참가했으며, 경성방직 그룹의 동아일보가 이 대회를 지원했다.[13]

전선상업회의소 연합회는 조선산업조사위원회를 이용해서 관세를 그들에게 유리하게 바꾸고 싶었다. 일본이 조선에 공업 제품을 수출하고 농업 제품을 수입하기 시작한 1880년대부터 조선과 일본의 필수품 관세율은 5-10%였고, 조선이 일본에 병합될 때까지 그 관세율은 바뀌지 않았다. 1910년에 조선이 일본의 식민지가 되었지만 일본 정부는 조선과 무역하고 있던 열강을 배려하여 그때부터 10년간은 조선의 관세율을 그대로 유지하는 것으로 했다. 그때부터 10년이 지나고 1920년 8월에 「조선관세령」이 폐지되자, 전선상업회의소 연합회는 관세제도를 탄력적으로 운용하여 조선의 유망한 공업은 보호해 줄 것을 요청했다. 조선총독부가 그 방법을 택할 수 있게 된다면 관세 정책이 구사된다는 점에서 중요한 일이 될 것이었다. 한편, 한국인으로 구성된 조선인산업대회는 관

세율을 인상할 것을 주장했다.[14]

그런데 조선총독부가 관세 정책을 쓸 수 있는가 아닌가는 일본 정부에게 매우 중요한 일이었다. 일본 정부가 총독부의 독자적인 경제 정책을 인정하면, 조선의 참정권도 점차 그것과 어울리게 조정될 것이었고, 그 정책이 계속 진전하면 조선은 자치주의 식민지가 될 것이었다. 하지만 일본에게 조선은 그 이상으로 중요했다. 조선산업조사위원회의 회기 중에 일본 내각 수상이었던 하라(原敬)는 "조선은 보통의 식민지가 아니다. 어떤 일이 있더라도 일본에 동화시켜야 한다. 한국인은 동화될 수 있는 인민이다. 그들에게 일본인과 전혀 다르지 않은 교육을 시켜야 한다. 일본어를 많이 가르쳐야 하는 것이 다를 뿐이다. 마치 일본의 오키나와나 홋카이도와 같은 존재가 될 수 있다"고 주장했다.

그리하여 1923년에 제정된 「신(新)조선관세령」은 일본과 대만 이외의 국가로부터의 수입품에 대해서는 일본 정부가 정한 관세를 부과하게 되었고, 일본과 대만으로부터의 수입품에 대해서는 에탄올, 에탄올을 함유한 음료, 직물에만 5%의 관세를 부과할 뿐, 나머지 모든 상품에는 관세를 부과하지 않게 되었다. 위의 세 상품의 관세를 유지시킨 것도, 조선에서 에탄올과 직물 관련 산업을 발달시키기 위해서가 아니라 오직 조선총독부의 재정 수입이 줄어들지 않게 하기 위해서였다.

1922년에 조선은 수입 총액의 11%를 유럽과 미국에서 구매했는데, 「신조선관세령」으로 인해 그 상품들의 수입 관세율이 높아졌으므로 그만큼의 수입품이 조선 내 생산으로 대체될 가능성이 생겼다고 하겠지만, 조선과 일본이 무관세로 무역하게 되었기 때문에 수입 대체품이 조선에서 제조될 가능성은 낮았다. 조선총독부는 조선산업조사위원회 회기 중에 농업 개발의 중요성을 계속 강조했으며, 그 회의가 종료했을 때 조선의 유력 기업가였던 가다 나오지는 회의 결과를 수리조합 건설과 산미증식으로 요약했고, 매우 불만스러워했다.[15] 그 이후의 경과를 보아도 「신조선관세령」은 조선의 공업 생산자에게 유익하지 않았다. 1924년에 유럽과 미국에서 수입된 제품의 비율이 5%만큼 하락했는데 일본에서 수입된 제품의 비율은 6% 상승했으며, 그때부터 1930년까지 유럽과 미국에서 수입된 제품의 비율은 2% 더 하락했고, 일본에서 수입된 제품의 비율은 7% 더 상승했다.

지주의 협력

조선총독부는 힘을 쏟았지만, 산미증식계획의 성과는 조선총독부의 기대보다 훨씬 낮았다. 총독부는 1920년부터 5년 동안에 12.3만 정보의 농지를 개량할 계획이었지만 실적은 7.1만 정보에 지나지 않았다. 정부의 보조를 받지 않은 농지 개량을 모두 합해도 11만 정보가 개량되었을 뿐이었다. 총독부가 애초의 계획대로 자금을 보조했고, 또 식산은행의 저리 자금을 농지 개량사업에 지원했음에도 불구하고 실적은 나빴는데, 그것은 총독부의 최초 계산보다 공사비가 지나치게 높아 이 사업에 참여하는 지주가 적었기 때문이었다.[16]

이런 중에 일본의 현미가격은 1922년에 일시 1석당 27엔까지 하락했지만 이후 다시 상승하여 1924년에는 39엔까지 높아졌다.[17] 그리하여 일본 정부가 조선에서의 증산 정책에 개입하기 시작했다. 조선총독부는 1925년에 산미증식계획을 중지했고, 1926년에 산미증식 경신계획을 시작했는데, 향후 12년 동안 35만 정보의 논에서 관개 설비를 새로이 건설하거나 개량하여 쌀 생산량을 280만 석 늘리고, 비료 투입량을 늘리거나 재배법을 개선하여 쌀 생산량을 537만 석 늘리는 것을 목표로 세웠다. 총독부는 1927년에는 식산국의 토지개량과를 토지개량부로 독립시켜 계획의 지원 부서를 보강했다.[18)]

이어서 농지 개량에 필요한 총액 2.9억 엔의 자금 중에서 23%는 일본 정부가 보조하고, 69%는 조선총독부가 저리 자금을 알선하여 공급하며, 나머지 8%만 민간이 자력으로 조달하게 했다. 1920년의 산미증식계획에는 45%를 민간이 조달하게 되어 있었으므로 민간의 투자비를 크게 절감시킨 것이었다. 또, 1927년에 국책회사 조선토지개량을 설립하여 농지 개량 공사를 담당하게 했다. 일본 정부와 총독부가 보조금과 저리 자금 융자액을 늘렸고, 농지 개량 공사를 담당할 국책회사를 세웠기 때문에 이 사업에 참여하는 지주의 부담은 크게 감소하게 되었다. 1920-1925년에는 수리조합 몽리면적이 5만 정보 증가했지만, 경신계획을 시작한 이후인 1925-1930년에는 12만 정보가 증가했으므로,[19)] 경신계획은 기대한 성과를 거두었다고 할 수 있다.

그림 6-1은 1930년에 존재한 수리조합을 설립 연도에 따라 나열한 다음, 조합장의 국적으로 나누어 나타낸 것이다. 그림 6-1에서 1919년에 수리조합이 많이 증가한 것은 1917년의 「수리조합령」과 1919년의 「수리조합 보조규정」 덕택에 수리조합을 만들면 여러 가지 혜택을 누릴 수 있었기 때문일 것이다. 그런데 수리조합을 한국인 조합장과 일본인 조합장으로 나누어 살펴보면, 1925년까지는 양자의 신규 설립 조합의 수에 큰 차이는 없었다. 당시에 한국인 지주가 일본인 지주보다 훨씬 많았으므

그림 6-1 조합장의 국적으로 본 신규 설립 수리조합의 수

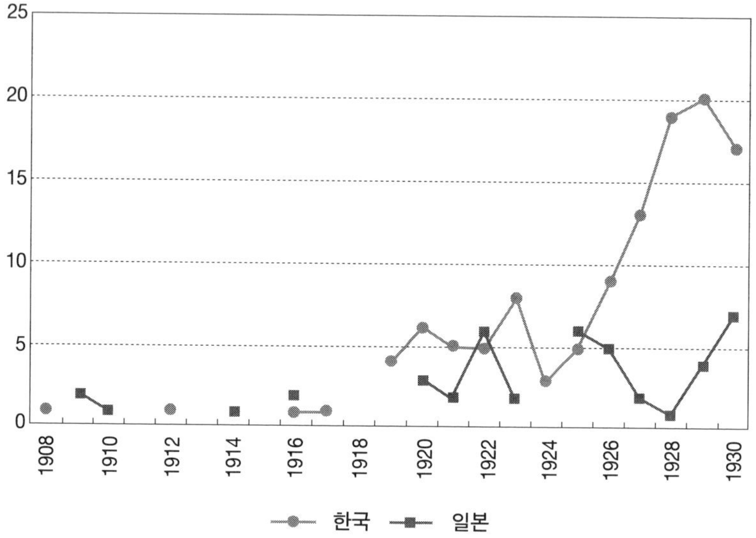

자료: 朝鮮總督府土地改良部, 『朝鮮土地改良事業要覽』, 1931.

로 그 점을 감안하면, 수리조합이라는 제도를 일본인 지주가 한국인 지주보다 더 적극적으로 이용했음을 알 수 있다. 일본인이 회사나 조합을 설립하고 운영하는 일에 더 익숙했고 또 일본인이 한국인보다 총독부와 교섭하기 쉬웠기 때문일 것이다.

그런데 일본인의 신규 조합은 1922년에 가장 많았고 그 이후에 정체했지만, 한국인 신규 조합은 1924년에 감소하기는 했어도 그것은 일시적이었고 1929년까지 계속해서 증가했다. 1926년부터는 한국인 신규 조합의 수가 일본인보다 많았으며, 1929년에는 한국인 신규 조합의 수가 일

본인의 5배에 달했다. 조선총독부는 수리조합의 설립에 지주를 동원해야 했고 그것을 위해서 여러 유인을 제공했는데, 처음에는 일본인 지주만이 총독부의 정책에 협력했으나 시차를 두고 한국인 지주도 협력한 것이다.

농민 포섭

조선총독부가 장려한 일본식 농법이 얼마나 보급되었는지 수치로서 알 수 없으나, 1930년에 벼 재배 면적의 73%에 일본 품종이 파종되었으므로 7할에 가까운 논에 그 농법이 보급되었다고 추측할 수 있으며, 1926-1930년에 퇴비 소비량이 1.4배로, 판매 비료 소비량이 2.6배로 증가한 것으로 보아 재배의 집약도도 점차 증가했다고 할 수 있다.[20] 관개시설, 품종, 비료가 변화한 끝에 1단보당 쌀 생산량은, 1924-1926년에 연평균 1.0석이었는데, 1929-1931년에는 1.2석으로 증가했다. 같은 기간에 쌀 생산량은 245만 석 늘었고, 연평균 증가율은 3.1%였다.[21]

농민이 한국의 재래품종 대신에 일본 품종을 심으면 단위면적당 수확량이 증가할 뿐 아니라 판매 단가가 높아졌는데, 일본 품종을 재배하면 수출 미곡상에게 팔 수 있었고 그 판매가격이 국내 시장에 팔 때보다 더 비쌌기 때문이었다. 그렇지만 일본 품종을 재배하는 데에는 돈과 시간이 더 많이 들었다. 1923-1925년의 여러 조사에 의하면 일본식 농법을 사용하면 농업 경영비가 1.9-2.7배, 노동은 1.2-1.6배 필요했다.[22]

노동이 많이 드는 중에도 농민이 일본식 농법을 채택하려면 농민이 노동으로 인한 고통보다는 그로 인한 수입에 더 큰 가치를 두어야 했는데, 서장에서 설명했듯이 한국인 농민은 소득을 중시했기 때문에 더 큰 고통을 감수할 수 있었다. 그런데 돈과 노력이 많이 들면 실패로 인한 손실도 커졌기 때문에 일본식 농법을 채택하려면, 그것을 이해하여 그것이 초래할 수 있는 이익과 손실을 스스로 짐작할 수 있어야 했다. 즉, 소득의 증가분을 기대할 수 있어야 했다.

조선과 일본은 전근대에 인구 밀도가 높았기 때문에 가능한 한 휴경하지 않아야 했는데, 휴경하지 않으려면 비료를 주어야 했고, 지력을 충분히 이용하기 위해서는 깊이 갈아야 했다. 또, 두 나라 모두 몬순 지대에 속하여 우기에 잡초가 무성했기 때문에 두 나라의 농민은 작물이 성장하는 도중에 제초해야 했다(중경제초). 19세기 말에 한국 농민이 2-3회 제초할 때 일본 농민은 5-6회쯤 제초했으며,[23] 조선 농민은 퇴비 이외에는 분회를 주었고, 일본 농민은 퇴비 이외에 어비(魚肥)를 주었는데, 분회와 비교하면 어비는 비료 성분이 더 많았다. 그리하여 19세기 말에 일본의 농사 기술이 조선보다 진전해 있었다고 할 수 있지만, 그것은 양적인 차이였고 질적으로는 유사했기 때문에 조선 농민은 일본식 농법을 어렵지 않게 이해했다. 이 유사함은 일본식 농법이 빨리 보급되는 바탕이 되었다.

농민의 성향과 지식에 차이가 있었으므로 일본식 농법이 보급되는 데에는 시간이 필요했으며, 조선의 지주와 총독부는 그것의 채택을 재촉했다. 조선의 농업에 투자한 일본인 자산가들은 지가 상승에 의한 이득과 함께 농업 경영 수입을 늘리려 했다. 그들은 경영 성과를 높이기 위해서 농장을 만들었는데, 농업학교에서 교육을 받은 농업 기술자를 직원으로 채용했으며, 농장 직원이 소작농에게 일본식 농법을 가르쳤고,

또 소작농이 쟁의를 일으키지 못하게 감시했다.[24] 1920년대 전반까지는 한국인 지주들은 농업 경영을 소작농에게 일임했으나, 1920년대 중반에 들어와 한국인 지주들도 농장을 만들기 시작했다. 처음에는 소작쟁의를 막기 위해서 농장을 만들었지만 1925년부터 쌀값이 하락하자 생산비를 인하하기 위해서도 농장이라는 경영조직을 채택했다. 고부 김씨는 1924년에 삼수사를, 동복 오씨는 1920년대 중반에 동고농장을, 해남 윤씨는 1920년대 말에 수당농장을, 암태도 문씨는 1930년대 초반에 호성농장과 호화농장을 만들었고,[25] 지주는 품종, 못자리, 모내기, 시비, 사이갈이와 김매기, 가을갈이, 벼 건조 방법, 포장 방법 등을 세밀하게 규정했다.[26]

조선총독부는 삼일운동 이후에 한편에서는 지방자치제도를 도입했지만, 다른 편에서는 내무관리와 경찰을 대거 늘렸고, 경제단체를 더 적극적으로 이용하기 시작했다. 1920년부터 농업단체를 통폐합하기 시작했는데, 단체의 규모를 키워서 그 효율성을 높이기 위해서였다. 총독부는 지방의 농업단체를 통폐합한 다음 그것의 상급 단체를 만들었으며, 상급 단체와 지방의 단위 농업단체를 계층적으로 조직했는데, 그것은 동원의 효과를 높이기 위해서였다.

1926년 3월에 시행된 「조선농회(農會)령」에 따르면, 중앙, 도, 군에 계통적으로 이어지는 농회가 설립되었고, 0.1정보 이상 경작하는 모든 농민과 지주는 반드시 가입해야 했고, 중앙 농회장은 정무총감, 도 농회장은 도지사, 군 농회장은 군수가 겸임했다. 군 농회가 말단의 실행 기구였는데, 가장 중요한 임무는 일반 농사를 지도하는 것이었다. 군 이하에는 농회가 설립되지 않았으나, 촌락에 도작(稻作)모범부락, 잠업모범부락, 퇴비모범부락 등의 칭호를 주거나, 권농(勸農)공제조합과 같은 소조합을 설립해서 총독부의 농업 정책에 협력하게 했다.[27] 모범부락과 모범단체는 1926년에 각각 158개, 196개였고, 권농공제조합은 1930년에 3,724개였다.[28] 권농공제조합은 1928년부터 설립되었는데, 조합은 그 소속 농민에게 소액 생업자금을 대부했고, 대부를 받은 농민에게는 농사 기술 개선, 저축, 근검절약, 부업 등을 지도했다.[29]

조선총독부는 지방 행정 · 경찰 기구와 농업단체를 이용해서, 일본식 농법 중에서 한국인 농민이 그다지 받아들이려 하지 않는 요소를, 매우 강압적으로 보급했다. 예를 들어, 정조식과 소주밀식을 지도하는 관리는 농민이 모를 줄지어 내는지 또 모를 적게 쥐고서 촘촘하게 심는지 감독했으며, 감독하지 못한 논에 그 방법과 다르게 모내기가 되어 있으면, 논을 짓밟기도 했고, 그래도 모를 줄지어 내지 않으면 그 농민에게 벌을 주기도 했다.[30] 벼농사는 아니지만 면 직원은, 농민이 면화를 심도록 콩밭을 뒤엎기도 했다.[31]

지주가 총독부의 지원을 많이 받았던 것과 비교하면, 농민은 모범부락, 모범단체, 권농공제조합에 주어진 약간의 보조금 및 자작농지와 판매 비료의 구입자금을 제외하면 총독부의 지원을 거의 받지 못했다. 총독부는 지주에게 많은 유인을 제공했던 것과 비교하면, 농민에게 유인은 적게 제공하고 강제적으로 동원했던 것이다. 농민은 그들에게 주어지는 유인을 늘리기에는 교섭력이 낮았다. 서장에서 언급한 성장지향성은 농민으로 하여금 총독부의 정책에 동원되게 했고, 시장경제가 발달하는 것은 총독부의 약간의 유인에도 농민이 협력하게 하는 또 하나의 조건이 되었다. 정책에 순응하여 생산량을 늘리면 그것을 시장에서 팔아 수입을 늘릴 수 있었기 때문이다.

일본의 사업투자

앞에서 소개한 사이토의 발언에서 잘 나타나듯이 조선총독부는 일본과의 분업을 염두에 두고 있었고, 조선의 산업을 개발하더라도 그 분업을 약화시키려고는 결코 생각하지 않았다. 그런 이유 때문에 1921년에 열린 조선산업조사위원회에서 상공업자들이 공업 개발을 적극적으로 주장했지만 총독부는 수용하지 않았고, 1923년에 「신조선관세령」이 제정되었을 때 에탄올, 에탄올을 함유한 음료, 직물을 제외한 모든 상품에 대해 수입관세를 면제했다. 이것은 일본 기업의 조선에 대한 공업투자의 필요를 줄였을 것이나, 한편에서는 조선에 대한 투자를 촉진하는 변화도 일어났다.

제1차 세계대전 중의 호황에 일본은 기업의 수익률이 매우 높아졌다. 사업회사의 불입자본 이익률을 전 산업에 대해 평균하면, 1914년 상반기와 하반기에는 각각 16%와 14%였지만, 1919년 상반기와 하반기에는 47%와 51%였고, 그 이후 하락했으나 1923년까지 21%를 넘었다.[32] 일본 기업의 자금이 그만큼 풍부해진 것이었다. 한편, 전쟁 중의 호황에 노동운동이 발달했다. 노동쟁의는 1914년에는 50건에 7,904명이 참가했지만, 1916년에는 108건에 8,413명이 참가했다. 일본 정부는 1916년에 「공장법」(근로기준법)을 시행했고, 그 이후 노동쟁의를 덜 탄압하게 되었으며, 노동조합에 대해서도 자연스럽게 발달하도록 허용했다. 그 결과로 노동쟁의가 급증하여 1918-1928년에 매년 250건을 밑돌지 않았으며, 참가자는 매년 3만 6,000명을 넘었다. 노동조합은 1911-1920년에 40개에서 273개로 증가했다. 이런 움직임에 힘입어 제조업의 실질임금은 1916-

1920년, 1920-1924년에 각각 26%, 19% 상승했다.[33] 즉, 일본 기업은 자금이 풍부해졌으나, 일본의 상황은 일본 기업의 신규 투자에 불리하게 바뀌었다.

한편, 조선에서는 1920년에 「회사령」이 폐지되었기 때문에 투자의 장애물은 줄었다. 또, 제1차 세계대전 중의 호황에 공산물에 대한 소비지출이 증가했다. 대표적인 물품이었던 의복과 신발을 살펴보면, 1914-1916년과 1919-1921년 사이에 연평균 6.8% 증가했다. 1920년대 전반은 그 직전의 호황기에 비교하면 불황이었지만, 그 기간에도 새로운 물건에 대한 호기심은 위축되지 않았다. 1919-1921년부터 1924-1926년 사이에 의복과 신발에 대한 소비지출은 연평균 3.9% 증가했다.[34]

일본에서는 1920년대에 노동운동이 꾸준히 성장했고 실질임금도 상승했지만, 조선은 그렇지 않았다. 노동계층은 미약했으며, 총독부는 노동 3권을 인정하지 않았다. 1921년의 조선인산업대회에서 참가자들은 공장법을 제정하여 사용자와 노동자의 이익관계를 공평하게 해야 한다고 주장했고,[35] 총독부 내무국과 경무국은 공장법을 제정할 필요를 인식했지만 제정되지는 않았다.[36] 그리하여 1910년대 전반에는 도쿄의 비숙련 노동자의 임금이 경성의 1.5배쯤이었지만 양자의 격차는 점점 커졌고, 1922년 이후에는 평균적으로 2배였다.[37]

한편, 1910년대 말까지 조선에는 약 2,200km의 철도가 부설되었고, 약 4,500km의 도로가 건설 또는 정비되었다. 그리하여 인천과 경성 사이, 부산 부근, 진남포와 평양 사이, 원산 부근에 공장을 건설하면 일본과의 사이에서 생산재와 완제품을 수송하는 데 큰 곤란이 없었다. 또 인천, 경성, 부산, 진남포, 평양, 원산 등에는 전력이 공급되고 있었기 때문에 공장에서 전등과 전기모터도 사용할 수 있었다.

조선에서 「회사령」이 폐지되고, 사회간접자본이 정비되고, 공산물 소비량이 증가하고, 일본과 조선의 임금 격차가 증대하자, 일본 기업의 공업투자가 증가했고, 조선수전(水電), 조선질소비료, 남북면업, 조선면업, 오노다시멘트, 아사노시멘트스레트, 군시제사, 전남도시(道是)제사 등이 이때 설립되었다. 1910년대에는 일본에 본점을 둔 공업회사가 10개를 밑돌았으나 1920년대에는 1922년을 제외하면 항상 10개를 넘었고, 1921, 1927, 1928년에는 20개를 넘었다. 또, 1918년까지 조선에 본점을 둔 공업회사가 70개를 밑돌았으나 1919년에는 100개를 넘었고, 1923년에는 200개, 1926년에는 300개를 넘었다.[38] 조선에 본점을 둔 공업회사 중에 어느 정도가 일본의 자본에 의해서 설립되었는지 알 수 없으나, 김낙년에 의하면, 1910-1921년에는 본점 회사 납입자본 증가 총액에서 차지하는 일본 자본의 비율이 71%였고 1922-1926년에도 그에 필적할 만큼 높았으므로,[39] 이 기간에는 일본으로부터의 공업투자가 조선의 공업을 이끌었다고 할 수 있다.

일본의 자본에 의해 설립된 공장은 일본과의 교통이 편리한 곳에 건설되었고, 처음에는 원재료와 기계 부품을 일본에서 수입했지만, 조선에서 생산된 부품과 재료가 가격과 품질을 만족시키면 조선에서 조달하는 것이 더 나았다. 일본인만이 아니라 한국인도 그 사업 기회에 대응했다. 품질과 가격을 모두 고려할 때, 일본인 공장의 경쟁력이 한국인 공장보다 반드시 높지는 않았는데, 일본인 공장은 생산물의 품질이 더 낫기는 해도, 일본인 노동자를 많이 채용하여 한국인 공장보다 인건비가 높았기 때문이었다. 그리하여 한국인 공장이 부품과 재료의 품질을 충족하기만 하면 시장에서 살아 남을 수 있었다.

1915년의 통계이기는 하지만 종업원이 200명을 넘는 한국인 공장은 단 하나였는데, 200명이 넘는 일본인 공장은 17개였다. 한편, 같은 해에 공장 총수 중의 한국인 공장의 비중은 27%였다. 그로부터 10년 후인 1925년에는 200명을 넘는 공장의 민족별 비중은 알 수 없지만 공장 총수 중의 한국인 공장의 비중은 49%로 증가했다. 그런데 1930년에 종업원이 200명을 넘는 한국인 공장은 10개였고, 200명이 넘는 일본인 공장은 41개였으므로 1925년에도 종업원을 200명 이상 고용한 대공장은 대부분 일본인 소유였을 것이다. 조선에서 일본인이 대공장을 설립했고, 그 대공장과 거래하면서 중소공장이 증가했는데, 일본인이 그 거래에 먼저 참가했고 이어서 한국인이 일본인 공장을 모방하며 공장을 설립하여 그 거래에 가담했다고 추리할 수 있다.

한국인 공장은 일본인 공장보다 빨리 증가하여 1927년에는 한국인 공장이 일본인 공장을 초과했는데, 일본인 대공장과의 거래가 그만큼 빨리 증가했기 때문은 아니었다. 한국인 공장은 한국인이 사용할 소비재를 생산했고, 그 부문에서 두드러지게 성장했다. 종합하면 한국인이 공장을 짓고, 기계를 설치하고, 임노동자를 고용해서 생산하는 방법에 빠른 속도로 적응했음을 알 수 있는데, 이런 중에 경성방직과 같은 일본인 대기업과 경쟁하는 기업도 출현했던 것이다.

자본과 기술

한국인 공장은 영세공장에 치우친 것이 큰 특징이었다. 표 6-1에 의

표 6-1 직공 수와 소유자 민족별로 분류한 공장 수, 1930년

직공 수	5-49인	50-99인	100-199인	200인 이상	합계
한국인	2,119	43	12	10	2,184
일본인	1,804	83	42	41	1,970
합계	3,923	126	54	51	4,154

주: 5인 이상의 직공을 사용하는 설비를 가지거나 상시 5인 이상의 직공을 사용하는 작업장. 휴업 중인 사업장은 제외했음.
자료: 조선총독부 식산국 편, 『조선공장명부』, 조선공업협회, 1932년판. 허수열, 「일제하 조선인 공장의 동향」. 안병직 · 中村哲 엮음, 『근대조선공업화의 연구』, 일조각, 1993.

하면 조선에는 5-49인의 영세공장이 전체의 94%를 차지했는데, 그 영세성은 한국인 공장에서 특히 강하여 한국인 공장만으로는 97%였고, 일본인 공장만으로는 92%였다.

초등교육 정도 받고 도시에서 상공업 부문에 종사하면 공업 사회를 이해하게 된다. 종업원 50-200명 정도의 중소공장을 경영하는 데에는 기술이나 행정기관과의 관계는 대단히 중요한 것은 아니었고, 그들에게 필요한 것은 공장을 세우고 운영하는 데 필요한 자본이었다. 1926년 말의 자료에 따르면 특수은행(조선은행과 식산은행), 보통은행, 도시 금융조합의 총대출금 4.5억 엔 중에서 공업 부문 대출금은 1,400만 엔에 지나지 않았고, 그 중에서도 중소공장이 이용할 수 있었던 도시 금융조합만 떼어 내면 445만 엔에 지나지 않았다. 이 일부가 한국인 중소공장에 대부되었겠지만, 특수은행과 보통은행의 대출에서 차지하는 한국인의 비율이 34%였던 것에서 도시 금융조합의 민족별 대출 상황을 미루어 짐작하면, 또 도시 금융조합을 일본인이 지배했던 것을 고려하면, 445만 엔 중에서 한국인에게 대출된 금액은 적었을 것이다. 말하자면, 한국인 중소공장 경영자는 저금리의 자금을 대출받을 가능성이 매우 낮았다고 보아야 할 것이다. 한국인 중소공장 경영자는 대금업에서 대출받아야 했는데 대금업의 대출 이자율은 위의 세 금융기관보다 1920년대 전반에는 10% 이상, 그 후반에는 20% 이상 높았다.[40)]

표 6-1에 의하면 1930년에 종업원 200인 이상의 공장 중에서 한국인 소유는 10개였는데, 그것은 자본만이 아니라 대공장의 기술체계를 조작할 수 있는 기술자도 부족했기 때문이었다. 당시의 주요 면방직 기업 네 곳을 살펴보면, 한국인이 소유한 경성방직에는 기술자가 11명 있었는데 모두 한국인이었고, 일본인이 소유하는 세 기업에는 27명이 일본인이었고, 5명이 한국인이었다.[41)] 일본인이 소유하는 세 기업이 경성방직과 달리 한국인 기술자를 채용했던 것은 기능공 및 단순근로자와의 의사소통에 한국인 기술자가 필요했기 때문일 것이다. 말하자면, 기업의 전략 때문이든지 기술자의 선호 때문이든지 양자 모두에 의한 것이든지 한국인 기업과 일본인 기업은 서로 외국인 기술자를 채용하지 않았던 것이다. 한국인 대공장이 증가하려면 한국인 기술자가 충분해야 했다.

조선총독부는 1916년에 3년제의 경성공업전문학교를 세웠고, 염직, 응용화학, 요업, 토목, 건축, 광산학과를 두었다. 그 학교는 1922년에 경성고등공업학교로 명칭이 바뀌었고, 그와 함께 학과의 명칭과 구성은 다소 바뀌었으나, 그 골격은 최초와 같았다. 경성고등공업학교는 1938년에 대동공업전문학교가 설립될 때까지 조선에서는 기술자를 양성할 수 있는 유일한 학교였는데, 1918년에 첫 졸업생이 나온 이후 1942년까지 한국인 졸업생이 총 412명이었고, 연평균하면 매년 약 15명이었다. 서문석의 연구에 의하면, 1938년까지 방직학과를 졸업한 한국인 53명 중에서 졸업 후의 진로를 알 수 있는 41명을 살펴보면, 14명은 재계에, 6명은 교육계에 종사했고, 6명은 사업자단체에서, 17명은 군청과 도청에서, 2명은 검사소에서 일했다. 군청의 어떤 부서에서 일을 했는지는 알 수 없지만 도청에 취업한 사람이 산업과에서 일한 것에서 유추하면 군청에서도 유사했을 것이다.[42] 우리는 이 조사에서 고급 인력에 대한 수요처가 광범위했던 것을 짐작할 수 있는데, 그렇다면 당시 1년에 15명의 한국인 졸업생으로는 한국인 기업이 현장에서 필요한 기술자를 채용하기는 어려웠을 것이다. 총독부와 한국인 기업의 관계는 배제하더라도 한국인 기업이 대공장을 세우기에는 자본과 기술자가 부족했다.

철도와 전력

사이토는 조선 총독으로 재임하는 중에, 조선의 공업을 육성하지는 않았지만, 일본의 자본을 도입하여 조선의 제1차 산업과 자원을 개발하는 점에서 일관적이었다. 총독부는 전선상업회의소 연합회가 조선산업조사위원회에서 공업 정책을 세울 것을 요청했을 때는 무시했지만, 그 위원회에서 「철도 보급에 관한 보고서」를 작성하여, 총독부가 국유 철도를 적극적으로 부설하고, 사설 철도회사를 합동하여 반관반민의 주식회사를 설립하며, 총독부가 그 회사에 보조금을 지급하여 사설 철도 부설을 촉진할 것을 요청했을 때는 선로 조사사업에 착수했는데, 그것은 철도가 놓여야 자원을 개발할 수 있기 때문이었다. 그리하여 1923년에는 사철 6개 회사가 합동했고 조선철도가 설립되었다.

조선에서의 철도 부설 움직임이 활발해지자 일본의 제국철도협회가 1924년부터 조선철도망 조사위원회를 설치했고, 조사 결과를 정리하여

1926년에 일본 의회에 「조선 철도망 보급 촉진안」을 제출했다. 1926년에는 산미증식계획과 함께 상정되었고, 일본은 쌀 증산이 더 중요했기 때문에, 일본 의회가 철도 부설을 부결했지만, 1927년에는 조선 철도망 보급계획에 자금을 집행할 것을 가결했다. 일본 의회도 조선에서의 자원 개발에는 적극적이었던 것이다. 조선총독부는 1927년에 조선 철도 12년 계획을 수립했는데, 그 계획에는 총독부가 이미 연장 공사 중인 평원선, 함경선 이외에 도문선, 만포선, 혜산선, 경전선, 동해선의 다섯 노선을 연장 또는 부설하고, 그 외에 다섯 사철 노선을 매수하여 경전선, 동해선, 도문선과 연결하는 것으로 되어 있었다.[43)]

한편, 조선총독부는 1922-1929년에 수력자원을 조사했고, 국경을 제외한 150개 지점에서 220만kW를 발전할 수 있음을 알았다. 특히, 동부 개마고원에는 물길을 서쪽에서 동쪽으로 돌리기만 하면 적은 비용으로 많은 전력을 생산할 수 있는 여러 하천이 있었다. 총독부는 그 결과를 바탕으로 일본의 기업에게 수자원 개발을 타진했고, 투자 의향이 있는 기업에게는 토지 구매와 노동자 알선 등에서의 지원을 약속했다. 그리하여 1925년에는 일본질소비료에게 부전강의 수리개발권을, 1926년에는 미쓰비시전기에게 장진강의 수리개발권을 주었다. 총독부가 철도 부설과 수력 발전을 지원했던 것은 한국의 자원을 개발하기 위해서였지만 철도와 수력 발전은 그 이후의 공업 성장의 바탕이 되었다.

생활 수준

1920년대에 농업에 많은 자본이 투자되었고, 또 농업이 그 이전보다 더 노동집약적으로 바뀌었지만 증가하는 모든 농촌 인구가 농업 부문에서 일자리를 얻지는 못했다. 조선총독부가 1920년대에 철도를 부설하고 수력자원을 개발했고, 또 일본 기업의 사업투자에 힘입어 공업이 성장했지만, 농업 이외 부문의 인구 흡수력은 아직 낮았다. 총독부의 조사에 의하면, 전체 세대에서 차지하는 농림목축업의 비중은 1920년대의 10년 동안에 85%에서 78%로 하락했고, 인구의 비중은 87%에서 81%로 하락했지만,[44] 그 기간에 광공업 세대 인구 중에서 무업자*의 비중이 48%에서 50%로 상승했고, 상업과 교통업 세대 인구 중의 무업자 비중은 50%로 바뀌지 않았고, 공무·자유업 세대 인구 중의 무업자 비중은 53%에서 56%로 상승했다.[45] 말하자면, 이 기간의 산업 개발은 인민의 고용 상태에 유의미한 변화를 일으키지는 못했던 것이다.

그림 6-2에서 노동자의 실질임금을 살펴보면, 제1차 세계대전의 호황이 끝난 직후에 물가가 하락한 덕택에 1920년대 초에는 실질임금이 상승했으나 그 이후에 다시 하락했다. 그 중에서 숙련 노동자의 실질임금은 1920년대 말에 1920년대 초의 수준을 회복하여 1920년대의 임금이 1910년대보다 꽤 높았으나, 비숙련 노동자의 임금은 미미한 차이밖에 없었다. 이 기간의 비농업 부문 성장은 인구 증가와 이농으로 인해 증가한 무업자를 충분히 흡수할 만한 것은 아니었던 것이다.

1920년대에 농업이 개발되었고 이농이 증가했지만 농업 인구와 농가 호수가 감소한 것은 아니었다. 쌀 생산량을 늘리기 위해서 개간과 간척한 끝에 경지 면적이 약 10만 정보 증가했음에도 불구하고, 농가 1호

* 취업과 실업은 조사기간 중의 소득의 유무로 구분하지만, 유업과 무업은 연중 평균적인 취업 상태로 구분함.

그림 6-2 1910-1930년의 하루 임금, 1910년 기준 실질값 (단위: 엔)

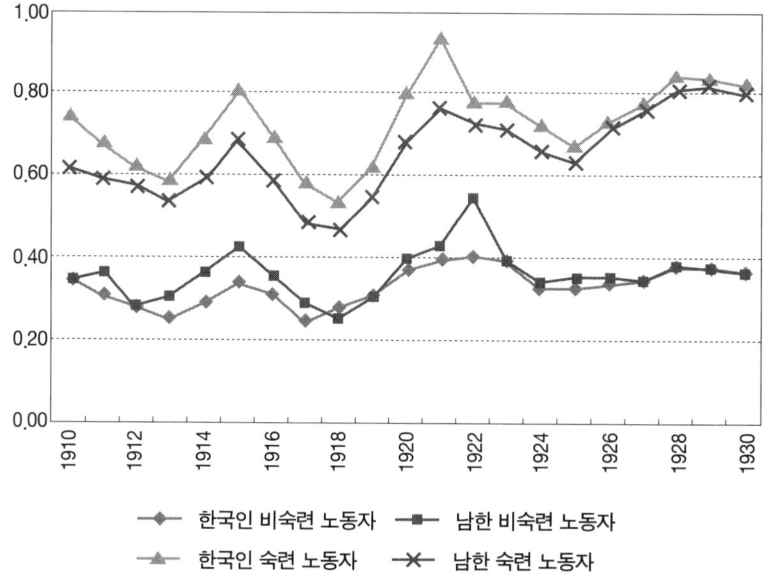

자료: 그림 5-1과 같음.

당 경지 면적은 약 150평 감소했다. 게다가 겸업농가가 13만 호나 줄었기 때문에 1호당 경지 면적의 감소가 농가 경제에 미치는 효과는 150평이라는 수치 이상으로 컸다.

경지에 대한 인구 비율이 높아지는 것은 소작 조건이 지주에게 유리하게 바뀔 수 있는 중요한 조건이었다. 조선 시대에는 소작관행이 촌락의 관습에 의해 규제되는 일이 많았었으나,[46] 조선총독부가 촌락의 자치 기능을 줄이고, 촌락의 관습과는 무연한 일본인 지주가 증가하고, 시장경제가 더 발달하자, 과거의 소작관행은 점차 덜 중요하게 되었다. 지주는 소작농을 자주 바꾸었고 그 기회를 이용해서 소작료를 늘렸는데, 소작료율(수확량에 대한 소작료의 비율)은 1910-1929년에 약 45%에서 51%로 높아졌다.[47] 1920년의 소작료율은 모르지만, 총독부의 정무총감(현재의 국무총리와 유사함)이 1928년에 소작지의 생산력 증진, 소작농의 생활안정, 소작쟁의의 억제를 목적으로 하여 「소작관행 개선에 관한 건」이라는 통첩을 내었고, 1929년에는 그 통첩의 효과를 높이기 위해서 소작관이라는, 소작 조건을 둘러싼 문제를 전담하는 관리를 두었던 것을 참조하면,[48] 1920년대 후반에 소작료율이 빨리 상승했을 것으로 추측할 수 있다.

한편, 1925년을 100으로 한 현미가격은 1926-1930년에 94, 88, 79, 73, 41로 계속해서 하락했고,[49] 또, 공산물에 대한 농산물의 교역지수는 같은 기간에 32% 하락했다. 그림 6-3을 살펴보면, 1920년대에 자작농 또는 자소작농이 감소하고 소작농이 증가한 점은 전후반이 동일하지만, 소작농의 증가 추세는 1920년대 전반보다 1920년대 후반에 훨씬 빨랐다. 1920년대 후반에 농가 전체에서 차지하는 소작농가의 비율은 40%에서 47%로 높아졌고, 경지 전체에서 차지하는 소작지의 비율은 51%에서 56%로 상승했다. 농업은 개발되었지만, 농업을 둘러싼 주변 산업의 변화는 느렸고, 농산물의 상대가격이 하락하여 농민에 대한 농업 개발의 혜택은 미미했던 것이다.

1920년대의 쌀 증산은 한국인의 식생활을 개선하지도 못했다. 1920-1930년에 쌀이 332만 석 증산되었는데, 일본쪽 수출량은 368만 석 증가했다. 수출이 생산보다 빨리 증가한 끝에 1인당 쌀 소비량은 1920년대에 약 9% 감소했으며, 조선총독부는 그로 말미암은 곡물 부족을 대만, 베트남, 태국, 인도의 인디카 쌀과 만주의 조를 수입하여 완화했다. 1920년대

그림 6-3 농가계층별 호수 변화(1916년=100)

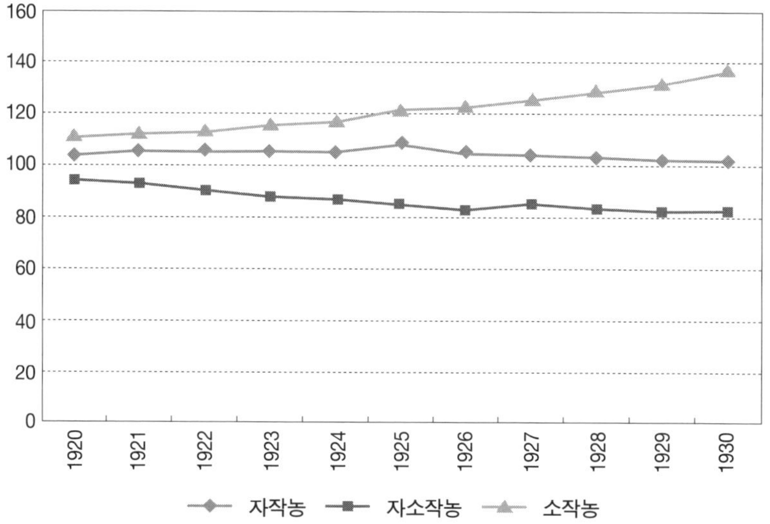

자료: 朝鮮總督府農林局, 『農業統計表』, 1940.

에 일본의 쌀값은 조선보다 13%쯤 더 높았는데, 1910년대에는 일본의 쌀값이 조선보다 28%나 높았지만 수출이 생산보다 더 빨리 증가하지는 않았다. 1920년대에 수출량이 급증했던 것은, 일본과 조선을 연결하는 교통 통신시설 및 무역상이 꾸준히 증가하여 두 지역 사이의 쌀이 이동하기 쉽게 되었고, 일본의 소득이 증가하여 하층민도 한국산 쌀을 소비하게 되었기 때문이었다. 조선총독부와 일본 정부는 일본 시장에 쌀 공급을 늘린다는 정책 목표를 달성했지만, 한국인의 식생활은 더 불만족스럽게 되었다.

1) 박성진, 「중추원 일제강점기」, 『한국민족문화대백과사전』, 한국정신문화연구원, 2000. 이승렬, 「일제하 중추원 개혁 문제와 총독정치」, 『동방학지』, 132호, 연세대학교 국학연구원, 2005.

2) 具英姬, 「朝鮮植民地時代における'地方自治制'」, 『史學研究』 182호, 廣島史學研究會, 1989.

3) 손정목, 『한국 지방제도 자치사 연구(상)』, 일지사, 1992, pp. 185-187.

4) 朝鮮總督府, 『施政30年史』, 1940, p. 140.

5) 「국비지급 직원(봉급)」, 국가통계포털. 〈동아일보〉, 1920년 6월 7일, p. 4; 1920년 9월 13일, p. 1.

6) 齋藤子爵記念會, 『齋藤實傳』 제2권, 齋藤子爵記念會, 1941, pp. 613-619.

7) 木村健二, 「朝鮮總督府經濟官僚の人事と政策」, 波形昭一 · 堀越芳昭, 『近代日本の經濟官僚』, 日本經濟評論社, 2000.

8) 李相舜, 「韓國農業における肥料の派生需要分析」, 『北海道大學農經論叢』 44집, 1988, p. 138. 박섭, 『한국근대의 농업변동』, 일조각, 1997, p. 61.

9) 朝鮮總督府勸業模範場 편, 농촌진흥청 옮김, 『조선총독부 권업모범장 보고』 5호, 1910, p. 20.

10) 김도형, 「일제의 농업기술 보급과 농민들의 대응」, 조동걸선생 화갑기념논총 간행위원회, 『한국민족운동사연구』, 나남, 1997. 안승택, 「일본식 근대농법과 식민지조선의 농속(農俗) 사이: 정조식(正條植) 장려와 막모관행의 충돌을 중심으로」, 『역사와 현실』 61호, 한국역사연구회, 2006. 안승택, 「식민지 조선의 소주밀식(小株密植) 정책과 농민의 소식(疎植) 관행: 역사생태의 지평에서 본 농업기술의 비교문화론」, 『농업사연구』 7-2, 한국농업사학회, 2008.

11) 전성현, 『일제시기 조선상업회의소 연구』, 선인, 2011, pp. 133-134.

12) 같은 책, pp. 142-153.

13) 오미일, 『한국근대자본가연구』, 한울아카데미, 2002, pp. 425-428.

14) 〈동아일보〉, 1923년 5월 19일, p. 2. 朝鮮貿易協會, 『朝鮮貿易史』, 1943, pp. 155-165.

15) 金子文夫, 「1920年代における朝鮮産業政策の形成」, 『近代日本の政治と經濟』, 山川出版社, 1992.

16) 河合和男, 『朝鮮における産米增殖計劃』, 未來社, 1986, pp. 106-110.

17) 梅村又次 외, 『長期經濟統計 農林業』, 1966, pp. 152-153, 162-163에서 생산액을 생산량으로 나누어 계산함.

18) 木村健二, 앞의 글.

19) 이영훈 외, 『근대조선수리조합연구』, 일조각, 1992, p. 14.

20) 朝鮮銀行, 『朝鮮經濟統計要覽』, 1949, p. 32 표28. 朝鮮總督府農林局, 『農業統計表』, 1940.

21) 박섭, 앞의 책, 제1장.

22) 같은 책, p. 171. 정연태, 「1910년대 일제의 농업정책과 식민지 지주제: 이른바 '미작개량정책'을 중심으로」, 『한국사론』 20호, 서울대학교 국사학과, 1988, pp. 472-473.

23) 안승택, 「일본식 근대농법과 식민지조선의 농속 사이」.

24) 蘇淳烈, 「戰時體制期植民地朝鮮における日本人大地主の存在形態」, 『農業史研究』 25호, 農業史研究會, 1992.

25) 金容燮, 「古阜金氏家의 地主經營과 資本轉換」, 『韓國近現代農業史研究』, 一潮閣, 1992. 박천우, 「韓末/日帝下의 地主制 研究: 岩泰島 文氏家의 地主로의 성장과 그 변동」, 연세대학교 석사학위논문, 1983. 최원규, 「19 · 20세기 海南 尹氏家의 農業 경영과 그 변동」, 연세대학교 석사학위논문, 1984. 洪性讚, 「日帝下 企業家的農場型地主制의 存在形態: 同福 吳氏家의 東皐農場 經營構造分析」, 『經濟史學』 10호, 1986.

26) 박섭, 앞의 책, pp. 168-169.

27) 朴ソプ, 「韓國近代の農村開發と村落の共同性」, 『史學研究』 268호, 廣島史學研究會, 2009.

28) 朝鮮總督府內務局, 「優良部落竝團體調査表」, 『朝鮮農會報』, 1927년 1월, pp. 96-105, 2월, pp. 46-56, 3월, pp. 26-35. 「소농 생업자금 대부사업」, 국가통계포털 중의 광복 이전 통계.

29) 朝鮮總督府學務局, 『小農に對する少額生業資金貸付說明書』, 1933.

30) 김도형, 앞의 글. 안승택, 「일본식 근대농법과 식민지조선의 농속 사이」. 안승택, 「식민지 조선의 소주밀식 정책과 농민의 소식 관행」.

31) 〈동아일보〉, 1938년 5월 12, 17, 29일. 박섭, 앞의 책, p. 129.

32) 三和良一 · 原朗, 『近現代日本經濟史要覽』 보정판, 東京大學出版會, 2010, p. 99.

33) George O. Totten, *The Social Democratic Movement in Prewar Japan*, New Haven: Yale University Press, 1966; 정광하 · 이행 옮김, 『일본의 사회민주주의운동』, 한울, 1997, p. 58. 三和良一 · 原朗, 같은 책, p. 106.

34) 김낙년 편, 『한국의 경제성장, 1910-45』, 서울대학교 출판부, 2006, p. 393.

35) 〈동아일보〉, 1921년 9월 16일, p. 4.

36) 宣在源, 『近代朝鮮の雇用システムと日本』, 東京大學出版會, 2006, pp. 95-96.

37) 차명수, 「동아시아 내 비숙련 임금의 수렴과 발산, 1900-1939」, 『경제사학』 52호, 경제사학회, 2012, p. 47.

38) 「회사(일본 또는 외국 본점, 조선지점 설립)」, 「회사(조선본점)」 국가통계포털 중의 광복 이전 통계.

39) 김낙년, 『일제하의 한국경제』, 해남, 2003, p. 99.

40) 「조선은행 평균금리」, 「조선식산은행 평균금리」, 「보통은행 평균금리」, 「금융조합 금리」, 「대금업자 평균금리」, 조선총독부, 『조선총독부통계연보』, 1930년판. 배영목, 『한국금융사, 1876-1959』, 개신, 1990, pp. 203, 217.

41) 서문석, 「일제하 대규모 면방직공장의 고급기술자 연구」, 『경영사학』 18호, 한국경영사학회, 2003.

42) 서문석, 「일제하 고급섬유기술자들의 양성과 사회진출에 대한 연구: 경성고등공업학교 방직학과 졸업생을 중심으로」, 『경제사학』 34호, 2003.

43) 김경림, 「일제하 조선철도 12년계획선에 관한 연구」, 『경제사학』 12호, 경제사학회, 1988.

44) 조선총독부, 「현주호구 직업별」, 『조선총독부 통계연보』, 1929년판.

45) 같은 글.

46) 李覺種, 『朝鮮における小作制度』, 1922.

47) 박섭, 「식민지 조선에 있어서 1930년대의 농업정책에 관한 연구」, 『한국 근대 농촌사회와 농민운동』, 열음사, 1988, p. 130.

48) 朝鮮農會,「小作慣行改善改善に關する件」,『朝鮮農務提要』, 1936.

49) 朝鮮總督府農林局,『農業統計表』, 1940년판에서 생산액을 생산량으로 나누어 계산함.

07

만주 붐

07

만주 붐

빈곤

일본의 연평균 쌀 생산량은 1920년대 전후반에 각각 583만 석과 595만 석으로 거의 정체했으나, 한국산, 대만산 쌀의 수입량이 증가하여 쌀의 공급량은 같은 기간에 연평균 717만 석에서 759만 석으로 증가했다. 일본은 쌀이 과잉 공급되자 수출량을 늘리려 했으나, 1920년대 말에는 전 세계적으로 농산물의 공급이 수요를 초과하여, 수출량을 많이 늘릴 수 없었다. 그리하여 1934-1936년을 100으로 한, 일본 농민의 쌀 판매가격이 1924-1929년에 141, 130, 120, 103, 99로 꾸준히 하락했다. 그런 중에 1930년에 일본이 대풍년이었다. 1929년의 생산량이 5,956만 석이었는데 그 해에는 6,688만 석으로 급증했다. 그리하여 1930년에는 위의 쌀 판매가격이 61로 폭락했다.[1)] 식민지기에 일본과 조선의 미곡 시장은 통합되어 있었고, 1920년대에 일본에서의 미곡 거래량은 조선의 약 8배였다. 조선의 쌀값은 일본에 동조했다. 일본의 대풍년은 그 해 10월부터 조선에 영향을 미쳤고, 부산, 군산, 인천, 대구에서의 쌀 매매가격은 1930년 9월과 10월 사이에 22%나 하락했다.[2)]

농민이 개인으로서 또는 단체를 만들어 거래 조건을 개선할 수 있었다면 쌀값의 하락을 저지할 수 있을 것이다. 농민이 무심했던 것은 아니나, 그렇게 녹록한 일은 아니었다. 조선총독부가 1920년대에 일본식 농법을 적극적으로 보급하자, 농민은 일본 품종과 그것에 필요한 비료를 구매해야 했고, 그리하여 그 이전보다 농업 경영비를 더 많이 지출해야 했고, 경영비 중 현금의 비율이 높아졌다. 현금이 점점 더 중요해지는 중에 1920년대 후반에 쌀값이 하락하기 시작하자 농가는 농산물 판매가격에 점점 더 민감하게 되었다. 그리하여 1920년대 전반까지는 대부분의 농민이 자기 집에서 농촌을 순회하는 중매인 또는 미곡상인에게 쌀을 팔았지만, 1920년대 후반부터 일부의 농민은 견본을 가지고 미곡상인을 돌아다니며 시세를 조사했고, 가장 높은 가격을 제시하는 상인에게 판매하게 되었다. 판매량이 적은 경우에는 현물을 가지고 다니기도 했다. 이 일은 농민의 생산만이 아니라 유통에 대한 지식도 늘었음을 나타내지만, 1920년대 후반까지는 농민은 개별적으로 대응했고 조합을 이용해서 공동으로 대응하는 일은 미미했다.[3] 쌀값이 하락할 때 하락폭을 줄이려면 공급량을 조절하며 상인에 대한 교섭력을 높여야 했지만 당시의 농민에게는 그런 정도의 역량은 없었다. 쌀값은 1930년 10월부터 1931년 1월 사이에 25% 더 하락했다.

1910년대의 농업 호황기에 농산물 가격이 공산물 가격보다 더 빨리 상승했던 것과 반대로 1920년대에는 농산물 가격이 공산물 가격보다 더 빨리 하락했다. 그리하여 1920년을 1로 한, 공업에 대한 농업의 교역조건은, 1929년에 0.86이었고, 1930년에는 0.69였다.[4] 그런데 1932년 4월부터 1933년 3월에 걸친 조선총독부의 조사에 의하면, 농민은 농산물의 약

40%를 시장에서 팔아야 했고, 그것으로 공산물과 서비스의 약 40%를 시장에서 구매해야 했다.[5] 쌀값은 폭락했지만 공산물 가격은 그만큼 하락하지 않자, 농가의 지출이 수입을 크게 초과했고, 농가는 빚을 얻거나 경작지를 팔아야 했다. 1931, 1932년에 자작농과 자소작농이 5.3만 호, 13.3만 호 감소했고, 반면에 소작농은 5.9만 호, 15.3만 호 증가했으며, 소작지는 1931년에 2.5만 정보, 1932년에 1.6만 정보 늘어났다. 또, 1931년에 자작농의 18%, 자소작농의 38%, 소작농의 68%가 춘궁 농가였다.[6]

농민운동

1920년대에 농민은 수확량이 증가하도록 농사 기술을 개량했고, 판매가격이 높아지도록 농산물 판매 방법을 개선했다. 또 학교교육을 받은 사람도 증가했다. 초등학교 취학률이 1919년에는 4.2%였지만, 1929년에는 17.2%로 높아졌다.[7] 농촌 초등학교 졸업생의 일부는 농촌의 면사무소, 경찰서, 금융조합, 수리조합 등에서 일했고, 또 일부는 도시에 이주했지만, 나머지 일부는 여전히 농촌에 거주했다. 이것들은 농촌에 지식이 늘어났음을 나타낸다. 농촌 출신의 지식인들은 농촌에서 단체를 만들었고 단체행동의 중요성을 이해하고 협조하는 농촌 주민이 늘었다. 농민단체의 수는 1925-1930년에 126개에서 943개로 꾸준히 증가했다.[8]

이런 중에 1930년대 초에 농가가 더 궁핍해지자, 농민은 단체행동을 늘렸다. 조선총독부가 1920년부터 소작쟁의를 조사했으나, 매년의 자료를 모두 이용할 수는 없다. 쟁의 1건당 참가자의 수가 매년 크게 다르기 때문에 매년의 조사기준이 같았다고 판단할 수는 없으며, 그로 인해 소작쟁의의 횟수나 참가자 총수가 줄거나 늘었다고 해서 소작쟁의가 더 성하거나 더 쇠퇴했다고 판단할 수도 없기 때문이다. 다행히 1925-1927년과 1929-1932년은 1건당 참가자 수가 14명 전후로 비슷하기 때문에 그 기간의 소작쟁의 건수 변화는 농민의 단체행동의 변화를 나타내는 것으로 받아들일 수 있는데, 그 조사에 의하면 1925-1927년과 1929-1931년의 6년간에 소작쟁의는 204건, 198건, 275건, 423건, 726건, 676건으로 증가했다.[9)]

1920년대 후반의 조선 농촌에는 소작쟁의뿐 아니라, 독립과 무산자 해방을 동시에 목표로 하는 농민운동이 성장하기 시작했다. 이 농민운동은 1920년대 말에 이르러 정치적 계급적 목표를 더 선명하게 했고, 1930년 무렵부터는 사회주의를 표방하는 적색(赤色)농민조합으로 전환하기 시작했다.[10)] 농촌에서 빈곤과 소작쟁의가 증가하는 것은 그 자체로서도 위험한 일이었지만, 사회주의적 농민운동이 발달하는 토양이 될 수도 있었다. 조선총독부는 빈곤과 소작쟁의의 증가에 대처해야 했다.

억압

조선에서는 1919년에 거의 모든 한국인이 동조했던 독립운동이 발발했고, 조선총독부는 1920년대 전반에 그와 같은 독립운동이 두 번 다시 일어나지 않도록 각종 정책을 조정했다. 총독부는 삼일운동 직후부터 농민을 동원하는 체제를 더 강화했다. 총독부는 그것을 위해서 면의 지도력을 높이고, 자연부락에 농촌진흥단체를 설립하고, 행정기구와 농촌진흥단체를 매개하는 중심 인물을 육성하려 했는데, 농민을 총독부의 정책 목표에 동원할수록 또 농민이 총독부의 정책 목표에 협력할수록 일본의 조선 지배는 안정될 것이었다.

조선총독부는 삼일운동이 끝난 이후 면의 관리를 늘렸고 1924년에는 1만 8,314명에 달했으나, 1925년부터 긴축재정을 이유로 면을 통폐합했고 면 관리를 줄였으며, 그때부터 1935년까지는 1924년의 수준을 넘지 못했다. 당시에 촌락이 약 7만 4,000개였으므로 1명의 면 직원이 4개 이상의 촌락을 지도해야 했는데, 면 직원이 그 정도의 업무를 감당할 수는 없었다. 총독부는 면 직원과 다른 관공리의 관계를 긴밀하게 했고, 그것을 이용해서 면 직원의 부족을 보완했으며, 면의 지도력을 높였다. 1930년대 전반에 경기도와 황해도는 한 사람의 면 직원이 하나의 촌락을 담당해서 지도하고, 금융조합과 각종 농업단체와 수리조합의 직원, 보통학교 교사, 경찰, 면협의회 의원이 면 직원과 협력하며 다른 촌락을 지도하게 했다.[11)]

이어서 조선총독부는 관공리가 촌락을 지도하기 쉽도록 촌락에 각종 단체를 설립하게 했다. 그리하여 1930년대에는 촌락에 농촌진흥회, 부인회, 청년단, 권농공제조합, 식산계 등 다양한 명칭의 단체가 많이 증가했다. 총독부가 촌락단체의 수를 조사했던 듯하지만 매년의 수를 알 수는 없으나, 총독부 경무국은 1933년 11월에 촌락단체가 2만 9,383개 있었던 것으로 보고했다.[12)] 당시에 촌락이 약 7만 4,000개였으므로 1촌락에 하나의 단체가 있었다고 가정하면, 약 4할의 촌락에 단체가 있었던 것이다.

조선총독부가 면 직원과 여타의 관공리로 하여금 촌락을 지도하게 했지만 그들이 각자에게 배정된 하나 또는 그 이상의 촌락의 농민을 직접 지도할 수는 없었다. 농업과 농가경제에 대한 그들의 지식이 부족했기 때문이기도 했고,[13] 지도해야 하는 농가가 많았기 때문이기도 했다. 경상남도 청원군은 읍면 직원으로 하여금 담당 촌락에서 침식을 주민과 함께 하기도 했지만 그것으로 지도원의 부족을 해결할 수는 없었다.[14]

총독부는 촌락의 중심 인물을 늘리기 시작했다. 총독부가 농촌의 중심 인물에 관심을 가진 것은 한국을 병합한 직후부터였다. 총독부는 지방 유력자가 중심 인물 역할을 할 것을 기대했으나 뜻대로 이루어지지 않자, 1920년대 후반에는 농촌의 초등학교 졸업생에게 영농 기술을 가르쳤고, 그들이 도시로 이주하지 않고 농촌에 체류하여 촌락의 중심 인물이 되도록 유도했다. 1927년에 경기도에서 가장 먼저 시행되었는데 보통학교 졸업생의 일부에게 영농계획을 짜도록 했고 그 계획을 성공적으로 달성한 이후에는 그가 그 경험을 바탕으로 해서 다른 농가를 지도하게 했다.[15] 총독부는 이 사업을 졸업생 지도라고 불렀고, 1932-1934년에 각각 947개, 1,158개, 1,326개 학교에서 9,215명, 1만 855명, 1만 1,687명의 졸업생을 지도했다.[16] 또, 1933년부터 장기 농민훈련소를 설치하고, 1934년부터 개조농업보습학교를 두어 중심 인물을 양성하기 시작했다. 이 두 기관의 교육기간은 8개월 내지 1년이었다.[17] 총독부가 양성한 중심 인물은 촌락의 중상층 농민이었는데, 그들은 지방 유력자들과는 달리 면 직원의 지시에 비교적 쉽게 순응했고, 또 농사의 실제에 대해 잘 알았기 때문에 총독부의 목적에 잘 맞았다.

조선총독부는 관공리-중심 인물-농가로 이어지는 계통을 이용해서 소작쟁의와 농민운동을 억압할 뿐 아니라 농촌의 빈곤을 줄여야 했다. 가장 중시한 방법은 더 많이 일하게 하는 것이었다. 총독부는 윤작과 제초의 횟수를 늘리고, 비료를 더 자주 주고, 벼를 잘 말려서 벼 등급을 높이고, 벼를 농가가 직접 도정하고, 벼를 잘 포장하고, 부업과 겸업을 더 많이 하도록 독려했는데, 한국인 농가의 1년 노동일수는 169일에 지나지 않으므로 그것을 298일로 늘리면 위의 일을 모두 할 수 있다고 주장했다.[18] 그와 함께 총독부는 농업 불황 이후에 농촌과 농업에 재정적·금융적 지원을 줄이는 중에도 판매 비료 구입자금은 계속해서 대부했고, 그것을 이용해서 농민이 시비를 많이 하게 했다. 1933년부터 농촌진흥운동의 일환으로 농가경제 갱생계획이 시행되었는데, 그 계획은 위의 사업을 모두 담고 있었다.

회유

1920년대 후반에 소작 조건이 지나치게 나빠졌기 때문에, 소작농이 생산량을 늘리면 지주가 그 증가분의 거의 전부를 가지고 갈 것이었다. 말하자면, 소작농은 자작농과는 달리 조선총독부의 정책에 협력해도 얻을 이익이 없었다. 그리하여 총독부는 소작농이 농촌진흥운동에 협력하게 하기 위해서는 소작 조건을 조금이라도 소작농에게 덜 불리하게 바꾸지 않으면 안 되었다. 총독부는 1928년에 「소작관행 개선에 관한 건」이라는 정무총감의 통첩을 내었고, 1929년 9월에는 모든 도에 소작관을 두어 소작관계에 관한 사무를 담당하게 했고, 그 직급을 도의 과장이나 군수와 같은 수준인 주임관으로 했는데, 1930년대 전반의 상황을 살펴보면 전직 군수나 현직 농무과장이 많았다. 소작관은 위의 정무총감 통첩을 지침으로 해서 소작 관행을 조정하려 했지만 지주는 그 통첩에 따를 의무가 없었다. 총독부는 소작 조건에 관한 법적 기준을 제정하려 했으며, 지주는 그 기준이 제정되지 않도록 총독부를 상대로 맹렬히 반대했고, 도쿄에 대표를 파견하여 일본 정부의 주요 인사들에게 로비도 했으나, 총독부를 이기지는 못했다.[19)]

1934년 10월에 소작 조건의 법적 기준을 정한 조선총독부 명령인 「조선농지령」이 시행되었다. 그것은 지주가 소작농에게 경지를 3년 이상 임대하도록 규정했으며, 지주가 임대차 기간이 만료하기 3개월 전까지 아무런 조치를 하지 않으면 예전의 조건으로 임대차가 갱신되게 했다. 소작농이 죽으면 그의 가족이 소작지를 상속하게 했고, 소작지가 매매되어도 소작농은 바뀌지 않게 했다. 소작농이 소작료의 일부만을 납부하지 않은 것으로는 소작 계약을 해지할 수 없게 했고, 수확이 현저히 감소했을 때 소작농이 소작료의 감면을 청구할 수 있게 했다. 또, 소작농에게 배신행위가 없는 한 지주가 임대차 계약의 갱신을 거부할 수 없게 하여, 소작료를 인상할 목적으로 소작농을 교체할 여지를 줄였다.[20)]

한편, 「조선농지령」에 1년 앞서 1933년 2월에 「조선소작쟁의조정령」이 시행되었는데, 소작농이 그 명령을 이해했다면 그때부터는 쟁의를 일으키기 위해서 다수의 소작농이 단결할 필요가 줄었을 것이다. 또, 소작농이 「조선농지령」을 이해했다면 쟁의를 일으킨 이후에 이길 승산이 커졌음을 알았을 것이고, 더 많은 농민이 쟁의를 일으키게 되었을 것이다. 종합하면, 소작농이 위의 두 명령을 이해했다면, 소작쟁의 1건당 참가자 수는 계속 감소했을 것이며, 쟁의 건수는 증가했을 것이고, 소작쟁의에서 소작농의 요구가 관철되는 비율은 상승했을 것이다. 조선총독부 조사에 의하면 소작쟁의 1건당 참가자 수가 1932-1935년에 15.6명, 5.2명,

2.8명, 2.2명으로 감소했고, 소작쟁의의 횟수는 1932-1935년에 300건, 1,975건, 7,544건, 25,854건으로 증가했고, 소작농의 요구가 관철되는 비율은 1932-1935년에 20%, 43%, 40%, 64%로 상승했으므로, 「조선소작쟁의 조정령」과 「조선농지령」은 효과를 발휘했다고 할 수 있을 것이다.[21] 소작기간에 대해서는 더 자세히 알 수 있는데, 〈동아일보〉에는 소작 계약기간이 3년으로 길어졌다고 자주 보도되었고,[22] 충청도 소작관이었던 히사마(久間健一)는 소작기간이 안정되었다고 보고했다.[23]

만주 이민

조선총독부가 한국의 농업 불황에 대한 대책을 세우고 있던 무렵인 1931년 9월에 일본군이 중국 요녕성 심양 부근에서 일본 기업인 남만주철도 소유의 철로를 폭파한 후, 그 사건을 만주 군벌의 소행으로 돌렸고 곧이어 도발했으며, 1932년 1월에는 중국의 동북 3성을 점령했고 3월에는 만주국이라는 괴뢰국을 세웠다. 일본이 만주를 점령하자 총독부는 한국인 농민을 만주로 이주시켜 농촌 실업자를 줄이려 했고, 1932년 1월에는 15개년에 45만 호를, 1934년에는 10년에 40만 호를 이주시키는 계획을 세웠다.[24]

조선총독부는 한국인이 불황 중에 일본으로 불법 도항하는 것을 막기 위해서는 만주 이민을 촉진할 필요가 있다고 주장하며 일본 정부와 만주국 정부를 설득했지만, 일본 정부와 만주국 정부는 한국인이 만주를 선점할 것을 우려하여 총독부의 계획에 동의하지 않았다. 일본 정부는 한국인의 만주 이민을 견제하면서, 1935년에는 1936-1940년의 5년 동안 일본 농민 2만 호를 만주에 이주시키는 계획을 세웠고, 1936년에는 계획을 확장하여 1937-1956년의 20년 동안 100만 호를 이주시키는 계획을 세웠다.[25] 일본 정부와 만주국 정부는, 일본 정부의 이민계획이 구체적으로 정해진 이후에야 총독부의 한국인 이민계획에 동의했고, 만주국 정부가 1937년부터 15개년에 한국인 15만 호를 받아들이기로 했다.[26] 1937-1940년에는 1만 9,000호가 이주하도록 계획되었고, 계획의 74%인 1만 3,977호가 그 기간에 이주했다. 계획이민 이외에도 많은 한국인이 만주로 이민했기 때문에, 만주국의 한국인 인구는 1932년에 47만 명이었는데, 매년 약 10만 명씩 증가하여 1937년에는 98만 명에 달했다. 그 이후는 더 빨리 증가하여 1942년에는 160만 명에 달했으며, 그 해에 만주국의 일본인 인구보다 46만 명 더 많았다.[27] 이 기간의 만주 이민은 조선 농촌의 인구 압력을 약간이나마 줄였다.

투자 유치

농촌의 소작쟁의와 농민운동과 빈곤을 줄이는 조선총독부의 또 하나의 방법은 공업을 육성하는 것이었다. 하지만 총독부는 공업을 육성하는 데 필요한 정책을 구사할 수 없었다. 조선의 공업 제품 시장을 관세 또는 비관세 장벽으로 보호하면 민간의 공업투자를 촉진하겠지만, 총독부가 「신조선관세령」을 개정하려면 일본 정부가 그것에 동의해야 했다. 또, 총독부가 채권을 많이 발행하고, 그것을 조선은행이 인수하게 하여 재정 수입을 많이 늘리면, 정부기업을 세우거나 민간기업에 보조금을 주어 공장을 늘릴 수 있었으나 총독부의 예산은 일본 의회의 심의를 통과해야만 했다. 게다가 당시의 일본 의회는 식민지에서의 통화 증발에 반대했기 때문에 총독부는 정부 채권을 일본의 채권시장에서 팔아야 했고, 그런 만큼 총독부는 공업 육성자금을 자유롭게 조달할 수 없었다.

조선총독부는 조선에서의 공업 개발을 중시했지만,[28] 조선총독부는 일본 정부의 협조를 얻기보다는 일본 민간기업의 사업투자를 유치하려 했다. 1920년대에 총독부가 재정자원을 농업에 유리하게 배분하는 중에도 공업은 꾸준히 성장했고, 1929년에는 5인 이상의 직공을 사용하는 설비를 가지거나 상시 5인 이상의 직공을 사용하는 공장만으로 4,000개를 넘었다. 조선에 공업이 어느 정도로 발달해 있었던 것은 총독부가 일본 대기업의 사업투자를 유치할 때의 좋은 조건이었고, 또 사업투자를 유치하면 그 기업과의 거래 속에서 조선의 공업은 더 빨리 성장할 수 있을 것이었다.

값싼 노동력과 전기

조선총독부가 내세울 수 있는 것은 조선에 저임금으로 일할 수 있는 노동자가 충분히 있는 것이었다. 허수열의 추계에 의하면 1930년도 초에 실업률이 10%를 넘었다.[29] 그들은 공장에서 노동한 경험이 없거나 거의 없었지만, 기계를 감시하고 기계가 오작동할 때 그것을 바로잡는 것으로 충분한 경공업에서는 1개월 정도의 기업 내 훈련만으로도 쓸 만한 작업자가 될 수 있었다.

한편, 학교에서의 신식 교육은 이 기간을 단축시켰다. 학생은 비가 와도 등교하고, 어두우면 불을 켜고 공부하며, 학교 종소리에 맞추어 휴식했으며, 성적에 따라 상벌을 받았기 때문에, 초등학생이라고 해도 규칙에 대한 복종, 인내심, 성과에 대한 평가 등 공장에서 일하는 데 필요한 자질을 갖추게 되었다.[30)]

초등교육 수준의 교육을 이수 또는 중퇴한 사람의 수는 1910년대에 꾸준히 증가했고 조선총독부 인가학교의 재학생도 증가했지만, 그림 7-1에서 재학생 수를 서당과 총독부 인가학교로 나누어 살펴보면, 1910년대에는 서당의 비중이 훨씬 더 컸을 뿐 아니라, 그 기간에 조선총독부 인가학교의 비중은 9% 감소했고, 서당의 비중은 9% 커졌다. 한국인들이 신식 교육을 경시했던 것은 아니었고 큰 이유는 학비가 드는 것이었다. 1910년까지 초등학교는 수업료를 받지 않았지만 조선총독부는 1911년에 「보통학교규칙」을 내어 도장관이 인가하면 초등학교가 수업료를 받을 수 있게 했다. 1915년의 조사에 의하면 382개 초등학교 중에서 273개 학교가 수업료를 받았다. 또, 총독부는 1913년부터 교과서를 판매했는데, 1917년도의 조사에 의하면 판매된 초등학교 교과서의 5할 이상이 학생에 의해서 구입되었다.[31)] 아울러 초등학교가 부족하여 통학에 시간이 많이 들었기 때문에 아이들이 초등학교에 다니면 부모의 일을 도울 수 없었다.

그런데 1919년을 경계로 서당의 비중이 급감하고 총독부 인가학교의 비중이 급증하는 것으로 바뀌었고, 1922년에는 총독부 인가학교의 비중이 서당보다 더 커졌다. 한국인 측에서의 이유는 삼일운동에서 실패한 이후에 신식 교육을 더 중시하게 된 것이었고, 총독부 측에서의 이유는 내선일체를 더 추구하게 된 것이었다. 1920년 1월에 총독부는 1918년 12월에 세운, 1926년까지 3개 면에 하나의 초등학교를 설치하려던 계획

그림 7-1　초등교육 수학자와 교육기관별 비중 (단위: 만 명, %)

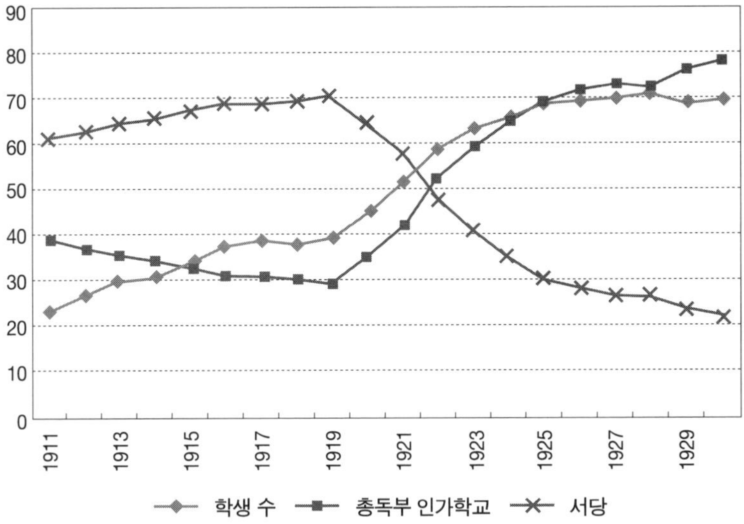

자료: 古川宣子, 「일제시대 보통학교 체제의 형성」, 서울대학교 박사학위논문, 1996, pp. 112, 140.

의 목표 연도를 1922년으로 앞당겼다.[32] 학교가 늘어나자 통학시간이 단축되었다.

도시의 초등학교 취학률은 농촌보다 높았다. 또, 농민의 자녀도 그 일부는 학교교육을 받으면 농업에 종사하지 않고 도시로 나왔는데, 그것은 도시의 새로운 산업과 문화가 가진 매력 때문이었다. 그리하여 도시에는 초등교육 수학자가 농촌보다 훨씬 많았다. 조선총독부의 1943년 조사에 의하면 광공업 노동자 가운데 중학교(5년제) 중퇴 또는 졸업자가 2.5%, 초등학교(4-6년제) 졸업자가 31.7%, 초등학교 중퇴자가 17.7%, 무학이 48.1%였다.[33] 광공업 노동자의 평균 연령을 30세로 가정하고, 그들이

10세였을 때의 상황을 살펴보자. 1923년에 초등학교 취학률이 13.2%였으므로, 광공업 노동자 중에 초등학교 졸업 또는 중퇴자가 51.9%였던 것은 조선의 평균 취학률보다 훨씬 높았는데, 그 이유는 도시의 초등학교 취학률은 농촌보다 높았고, 농민의 자제는 학교교육을 받은 후 도시로 나왔기 때문이다. 실업자가 많았던 점에서도, 또 교육을 받은 사람들이 공장에서 일하고 싶어했던 점에서도 한국은 경공업을 육성하는 한에서는, 공장 노동자가 충분히 공급되는 사회였다.

조선총독부는 노동 공급을 제한하는 정책은 도입하지 않았다. 경무국은 치안을 위해서, 학무국과 사회국은 사회 안정을 위해서 공장법을 제정해야 한다는 의견을 내었지만, 식산국은 일본의 사업투자를 유치하기 어렵게 된다는 이유로 공장법 제정에 반대했다. 그리하여 공장법 제정은 지지부진했고,[34] 총독부는 소작 조건에 대해서는 1934년에 법적 기준을 제정했음에도 불구하고, 노동 조건에 대해서는 1939년까지 그런 기준을 전혀 제정하지 않았다. 많은 공장이 1일 2교대제로 일했고 휴식시간은 매우 짧았다. 경성방직에서는 12시간 중에 휴식시간이 단 40분이었다.[35] 사용자의 입장에서 보면, 하루 2교대하면 교대 횟수가 적어 작업시간의 손실이 적었고, 작업자의 순인원이 줄어들어 노동 통제에 편리했고, 기계가 구식이 되기 이전에 최대로 사용할 수 있었다. 또, 노동조합, 노사협상, 파업을 허용하지 않았다. 오노다시멘트의 평양 공장에는 장려회라는 이름의 노사협의회가 있었지만, 친목단체에 지나지 않았으며 그나마 일본인 사원만으로 조직되었다.[36]

노동 공급이 풍부했고 또 노동자를 보호하는 정책이 없었던 만큼 조선의 임금은 낮았는데, 1930-1941년에 오노다시멘트 평양 공장의 평균 임금은 일본의 오노다시멘트 공장의 평균 임금의 1/2이었다.[37] 그런데 노동생산성은 임금만큼 낮지 않았다. 1930년에 조선총독부 식산국의 어떤 관리는 일본인은 한국인보다 두뇌를 많이 쓰고 민첩하지만 체력이 뒤떨어지므로, 광산에서는 한국인의 기량이 일본인에 뒤떨어지지 않는다고 말했다. 또, 가네가후치방적 경성 동대문 공장의 공장장은 1939년에 한국인 여공은 이직률과 결근율이 높고 정신력이 낮지만, 채용한 후에 기술을 지도하면 노동 능률이 일본의 여공보다 더 나아진다고 말했다.[38] 이상을 종합하면, 임금이 일본의 절반에 지나지 않았으므로 조선에 투자하면 인건비를 줄일 수 있었을 것이다.

조선총독부가 기대한 또 하나는 1920년대 후반부터 개발하고 있던 조선의 전력자원이었다. 일본질소비료는 1926년 1월에 자회사인 조선수전(水電)을 세웠고 1930년에 19만kW의 전력을 공급할 수 있는 부전강발전소를 완성했다. 부전강발전소의 전기 생산비는 일본의 5할에 지나지 않았지만, 1927년 5월에 설립된, 또 다른 자회사인 조선질소비료가 그 전량을 소비했기 때문에 한국의 다른 기업은 그 전기를 사용할 수 없었다. 총독부는 미쓰비시전기가 장진강에 발전소를 건설하지 않자, 그 수리개발권을 회수했고 1933년 4월에 일본질소비료에 그 수리개발권을 주었는데, 이때는 발전량의 절반을 다른 기업에 공급하는 것을 조건으로 했다. 일본질소비료는 그 조건에 동의했고, 곧이어 장진강수전을 세웠다. 총독부는 부전강발전소의 단가가 낮다는 것을 이미 알았고, 조선의 값싼 전기가 일본 기업을 유치하는 데 도움이 될 것으로 기대했다.

지가도 낮았다. 1930년에 논 300평의 평균 가격은 일본이 447엔, 한국이 114엔이었다.[39] 논과 공장 용지는 다르지만 조선과 일본의 가격 차이를 알 수 있다.

만주 붐

조선총독부가 조선에서 공업을 육성하며, 또 공업 육성의 속도를 높이기 위해서는 일본 기업의 사업투자를 유치해야 한다고 판단했을 때, 총독부의 공업화 정책에 우호적인 사건이 발생했다. 일본 정부가 1932년 3월에 그 직전에 점령한 중국의 동북 3성에 만주국을 세운 것이었다. 이 때부터 몇 년 이후의 일이기는 하지만 조선 총독 우가키(宇垣一成, 1931-1936년)는 자신의 일기에 일본에 가공도가 높은 공업을, 조선에 가공도가 낮은 공업을, 만주에 농업을 육성하여 일본과 조선과 만주가 분업해야 한다고 썼다.[40] 우가키의 그 문장은 이미 중공업이 성장하고 있던 그 무렵의 만주의 실태를 반영한 것은 아니었지만, 만주국이 세워짐과 함께 조선에는 일본에 농산물을 육성한다는 용도 위에 일본의 만주 지배에 필요한 물자를 공급한다는 용도가 새로이 덧붙여졌음을 나타낸다.

만주국이 설립되자 조선의 기업은 만주국에서 가격 경쟁력을 가지게 되었다. 열강들은 일본 정부가 남만주를 점령하고 그곳에 만주국을 세우는 일에 반대했기 때문에 일본 정부는 열강과의 관계를 신중하게 고려해야 했다. 그리하여 만주국 정부는 당시 중국의 관세율을 만주국의 관세율로 그대로 채용했고, 일본이 특수한 권리를 누리지는 않았다. 따라서 한국산 상품에 대한 만주국의 관세도 그 이전의 중국의 관세보다 하락하지는 않았다. 하지만 만주국과 중국은 국교를 맺지 않았기 때문에 중국의 기업은 상품을 공급하기 어렵게 되었고, 그로 인해 조선의 기업은 만주국에 진출하기 쉽게 되었던 것이다.

조선총독부는 이 기회를 틈타 1932년에 대만(對滿)수출협회를 만들기로 결의했고, 1933년에 설립했다. 본부와 지부를 각각 경성과 만주국 봉천에 두었고, 그 직후부터 만주 무역에 대해 조사했으며 조선의 물산을 그곳에 선전했고 거래의 중개와 알선을 시작했다. 1934년에는 조선물산 선전(宣傳)전시회를 개최했고, 만주에서 열린 각종의 견본시장에 참가했다.[41]

조선총독부 이외에도 여러 사업자단체가 만주 무역을 늘리기 위해서 나섰다. 부산상공회의소는 1932년 4월에 부산산 해산물의 만주쪽 수출을 늘릴 목적으로 만주국 안동 해관의 해산물 관세와 총독부 철도국의 운임을 조사했고, 만주국은 관세를 인하하고, 철도국은 만주 철도 또는 일본 철도 수준으로 조선 운임을 인하하기 바란다는 의견을 제출했으며, 이어서 그 해 5월에는 조선의 다른 회의소에도 철도 운임 인하 요청에 동참할 것을 호소했다.[42] 조선실업구락부는 같은 달에 경성 조선호텔에서 만주 무역의 증진에 대한 간담회를 열었고, 여기에는 약 30명의 한국인 및 일본인 기업가와 총독부 관료가 출석했다. 경성상공회의소는 1932년 6월에는 총독부 식산국 관리를 회의소 총회에 초청하여 만주와의 수출 무역에 관한 전문적 의견을 들었고, 1933년 10월에는 조선무역촉진전람회를 개최했다.[43]

한편, 조선과 만주 사이에 교통 수단은 점차 늘었고, 두 지역 사이의 통관제도는 조선에 유리하게 개정되었다. 만주에서는 1933년에 경도선이 개통되었고, 1934년에는 조양선이 개통되었다. 한국에서는 1933년에 도문선 및 남양(南陽)과 도문을 연결하는 철교가 개통되었다.* 그 밖에도 평양에서 만포진으로, 길주에서 혜산진으로 가는 철도가 부설되기 시작했다. 또, 조선총독부는 1933년에는 청진 이북의 철도와 웅기항, 나진항, 청진항을 남만주철도에 위탁했고, 1935년에는 웅기, 나진, 청진, 상삼봉, 도문에서는 일본 관리와 만주국 관리가 공동 검사하도록 일본과 만주국이 합의했다.[44] 공동 검사로 인해 통관 절차가 거의 절반으로 줄었다. 한편, 1933년 8월부터 금에 대한 은의 가격이 높아졌고, 일본은 평가 절하하는 정책을 폈기 때문에 은본위제였던 중국과 만주국의 원(元)에 대한 엔의 가치가 하락했다. 1932년 6월에는 만주국 100원이 약 90엔이었는데, 1934년 10월에는 115엔이었다.[45] 또, 1932-1942년에 만주국에 거주하는 한국인이 113만 명 증가했는데,[46] 그들은 한국산 상품에 익숙했다. 이런 변화로 인해 한국산 상품의 만주쪽 수출이 촉진되었다.

조선의 만주쪽 수출은 1932-1941년에 연평균 7.6%씩 증가했고, 1939년에는 조선 수출의 20.3%가 만주에 팔렸다. 호리(堀和生)의 계산에 의하면, 1935-1941년에 만주쪽 수출품 중 공업 제품의 비중은 39-58% 사이에 있었다. 1930년대 후반에 조선에서 만주로 면제품, 마대, 모직물, 견직물, 철강, 기계, 기구, 화학 제품, 약품, 종이, 고무신 등이 수출되었다. 섬유 제품이 공업 제품 전체의 66.3%를 차지했고, 비금속광물 제품이 6.5%, 의약품이 6.0%를 차지했다.[47] 조선에서 제조된 상품은 일본 상품보다 품질이 낮았지만 가격이 쌌기 때문에 만주국 주민에게 적합했던 것이다.[48]

만주국이 설립되자 조선총독부는 조선에 대한 일본 기업의 투자를

* 경도선은 신경(新京)과 도문(圖們), 조양선은 상삼봉(上三峰)과 조양천(朝陽川), 도문선은 웅기와 회령을 연결함.

유치하기 쉬워졌다. 조선에서 생산하면 만주에 수출하기 쉬웠기 때문이다. 조선총독부에 우호적이 사건은 또 하나 있었다. 1931년 3월에 일본 정부는 「중요산업통제법」을 제정했고, 섬유, 화학, 식품, 금속, 광업 등 24개 업종에 대해 신규 투자를 금지했다. 상품 공급을 줄이고 경쟁을 제한하여, 기업의 이윤율을 높이는 것이 그 정책의 목적이었는데, 이렇게 강경한 정책을 폈던 것은, 1929년 10월에 미국에서 주가가 폭락한 이후, 미국에서의 수요 감소가 유럽과 아시아에도 영향을 미치면서, 일본에서도 공산물이 심각하게 초과 공급되었기 때문이었다. 「중요산업통제법」은 1931년 12월에 시행되었으며, 일본 정부 내에서는 그 시행 직후부터 법률의 효과를 높이기 위해서는 조선에서도 그 법률이 시행되어야 한다는 주장이 나왔다.

조선총독부는 1932년 봄부터 「중요산업통제법」의 시행 여부를 판단할 목적으로 조사 · 연구했는데, 1933년 봄에는 조선에 실시하는 것은 시기상조라고 주장했다.[49] 당시의 총독부 식산국 국장 호즈미(穗積眞太郎)는 1935년에 일본을 방문하여 도쿄 상공회의소에서 조선은 산업을 통제해야 할 때가 아니며, 일본 자본이 조선에 투자하여 조선의 산업을 발전시켜야 한다고 역설했다.[50] 일본 정부와 위 산업의 사업자단체는 총독부의 정책에 반대했지만 통제업종 내부에서도 경쟁력이 높은 기업과 그 기업들에 기계와 설비를 공급할 수 있는 기업은 총독부의 정책을 환영했다. 기계 제조업은 제1차 세계대전 중에 성장했고 전쟁이 끝난 이후에 유럽의 기계 수출이 증가하자 후퇴했으나 1920년대 후반에는 다시 성장하고 있었는데, 일본 정부도 기계 제조업은 중시했다. 그리하여 조선에서는 1938년까지 「중요산업통제법」이 시행되지 않았다.

표 7-1 주요 제국주의 국가의 주요 식민지에 대한 투자액

제국주의 국가	식민지	연도	투자액 누계(백만 달러)	1인당 투자액(달러)
미국	필리핀	1935	252	15.5
영국	인도(실론 포함)	1938	3,050	8.4
일본	조선	1938	869	37.8
프랑스	베트남, 라오스, 캄보디아	1938	295	12.8

자료: 박섭, 『식민지의 경제변동: 한국과 인도』, 문학과 지성사, 2001, p. 150.

표 7-1에 의하면 조선에 대한 일본의 1인당 투자는 다른 제국주의 국가보다 훨씬 많았는데, 이것은 조선총독부의 사업투자 유치 정책이 성과를 거두었음을 나타낸다.

새로운 적응

1920년대에 조선은 일본에 매우 유용한 식민지였다. 조선에서 쌀이 증산되자 일본의 쌀값이 안정되었으며, 일본은 절약한 외화로 공업용 생산재를 수입할 수 있었다. 1930년에 일본에서 쌀이 과잉 공급되자 조선의 유용성은 저하했다. 이럴 때 일본 정부는 조선에 군대를 주둔시켜 일본의 국방력을 보강하고, 경찰과 관료를 두어 조선의 치안을 유지하고, 조선에서 징수하는 세금으로 경찰과 관료와 군대를 유지하는 것으로 조선의 유용성을 제한할 수 있었을 것이다. 그런 중에 조선에서 소작쟁의와 농민운동이 빈발하자 조선총독부는 공업을 개발한다는 더 적극적인 방법으로 조선을 안정시켜야 했는데, 만주국이 수립되자 그 방법을 시행하는 조건이 더 좋아졌다. 즉, 공업을 개발할 필요가 조선 내부만

그림 7-2　수출 중의 공산물 비중과 수입 중의 기계 비중 (단위: %)

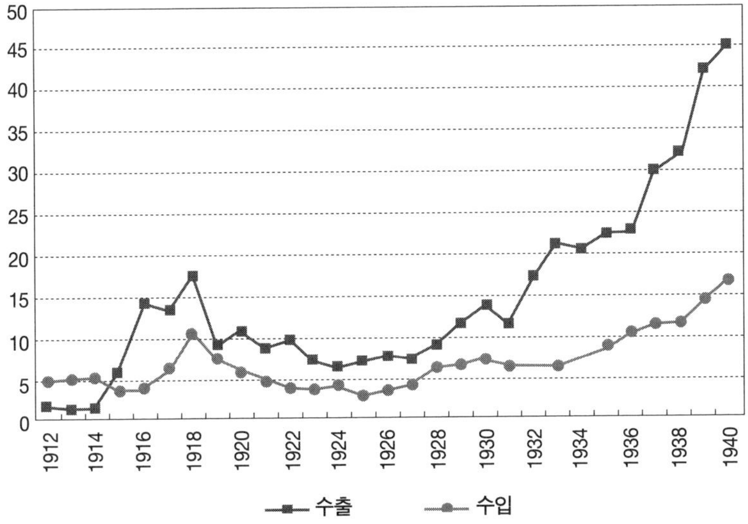

자료: 김낙년 편, 『한국의 경제성장, 1910–45』, 서울대학교 출판부, 2006, pp. 509–512.

이 아니라 조선 외부에서도 출현했던 것이다. 조선이 공산물을 수출할 수 있는 국외의 환경에 적응하면 조선의 공업이 성장하면서 경제구조가 바뀔 것이다.

그림 7-2의 수출은 공산물(SITC 제5-8분류) 수출이 수출 총액에서 차지하는 비율이며, 수입은 기계(SITC 제7분류) 수입이 수입 총액에서 차지하는 비율인데, 둘 모두 1920년대의 농업 개발기간에 정체한 이후, 1930년대에 상승했다. 또, 1930-1939년에 국내총생산은 76% 증가했고, 국내총생산 중의 공업의 비중은 8.8%에서 15.6%로 상승했으며, 공산액이 증가하는 중에 생산재 업종의 비중이 점차 커졌다. 예를 들면, 제1차 금속, 금

속 제품, 기계, 장비 생산액의 공업 생산액 중의 비중은 1930-1939년에 5.7%에서 14.1%로 높아졌다.[51] 즉, 금속과 기계의 수입 및 국내 생산이 증가했고 그것으로 공업 제품을 제조하고 수출하는 새로운 모습이 나타났는데, 이것은 조선이 새로운 국제 분업에 적응하기 시작했음을 나타낸다.

새로운 경제 환경에 한국인은 꽤 대응했다. 1930-1939년에 공장 수가 2,707개 증가했는데, 그 중에 1,952개가 한국인 공장이었다. 1919-1928년의 10년간에 공장 증가분의 53%를 한국인이 차지했던 것과 비교하면 한국인의 대응 속도가 빨라졌던 것이다. 그런데 1930-1939년에도 4인 이하의 가정공업과 5-49인의 영세공장의 비중은 96%에 달했다. 1910-1915년에 그 비율이 94%였으므로 한국인 공업 생산자는 1930년대에도 영세공장의 수준을 넘지는 못했던 것이다.

경성상공회의소의 중소공업금융에 대한 1942년 9월 말 조사에 의하면, 한국인이 소유한 공장과 회사는 일본인 소유의 공장과 회사보다 자기자본이 적음과 동시에 친척, 아는 사람, 대금업자에게서 많이 대출을 받았다. 한국인이 소유한 공장은 위의 세 곳에서 필요한 자금의 28%, 회사는 13%를 대출받았는데, 일본인이 소유한 공장은 20%, 일본인 회사는 7%를 대출받았다.[52] 1942년은 태평양전쟁 중이었기 때문에 1930년대의 상황과 꼭 같지는 않겠지만 앞에서 설명했던 1920년대의 금융적 조건과 함께 이해하면 한국인 기업이 처해 있던 1930년대의 금융적 조건이 특별히 낫지는 않았을 것이다. 한국인 공업 기업이 차입금에 많이 의존함과 동시에 그 차입금을 주로 전근대적 금융기관에서 조달했다면, 원리금 부담 때문에 공장 규모를 늘리기는 어려웠을 것이다. 한국인 기업가가 환경에 적응하고 있었지만 그 적응을 지원하는 태세는 갖추어지지 않았던 것이다. 그리하여 1938년에 한국에 종업원 200인 이상의 공장이 128개 있었는데, 그 중에서 112개가 일본인 소유였다.[53)]

1939년의 공업 생산액을 업종별로 나누어 살펴보면, 식료품공업이 34%, 화학공업이 23%, 섬유공업이 16%, 제1차 금속공업이 10%의 순서였다.[54)] 화학공업 중에는 전기화학공업이 발달했는데 그것은 자원 개발 과정에서 출현한 대표적인 업종이었다. 조선총독부는 1920년대에 조선 북부에 수력자원이 많이 있음을 알았고, 공업 기업이 그것의 개발에 나설 수 있도록 처음에는 전기를 개발한 기업이 그 전기를 독점적으로 소비할 수 있게 했다. 그리하여 일본질소비료가 한국에 투자하여 조선수전과 조선질소비료를 세웠고, 발전소와 화학공장을 동시에 건설했다. 값싼 전기를 사용해서 물을 전기분해했고 그 수소와 공기 중의 질소를 결합하여 화합물을 만들었으며, 이어서 화학비료, 폭약, 기타의 생필품을 생산했다. 조선질소비료는 일본인 소유 거대공장의 중심에 있었다.

전기화학공업의 발달은 농업 생산에 변화를 일으켰다. 총독부는 산미증식계획을 종료한 1934년 이후에도 판매 비료 구입자금의 대부는 지속했다. 1934-1939년에 2억 134만 엔이 대부되었고 그 기간의 판매 비료 소비액의 47%였다.[55)] 1926-1933년에 6,551만 엔이 대부되었고 판매 비료 소비액의 41%였으니, 산미증식계획이 끝난 후에 판매 비료 구입자금의 대부사업은 더 활발해진 것이었다. 농지 개량을 소홀히 하면서 비료 소비만을 늘리는 정책에 대해서는 비판이 많았지만 총독부는 그 정책을 바꾸지 않았는데,[56)] 그것은 1930년부터 조선에서 비료 생산이 급증했으며, 비료를 생산하던 조선질소비료가 총독부의 경제 정책에 협력하는 기업이었기 때문이었다.

조선질소비료가 화학비료 생산을 늘리고 또 농산물에 대한 화학비료의 상대가격이 하락하자, 농민이 채소나 과일 같은 새로운 작물을 재배해야 했을 때 그 변화에 적응하기 쉬워졌다. 한국인 농가는 쌀을 팔아서 현금을 입수했기 때문에 채소를 상업적으로 재배하는 데에는 관심이 적었고, 채소를 상업적으로 재배한 농가는 중국인 농가와 일본인 농가였다. 중국인이 더 활발했는데, 1880년대 말부터 산동지방의 중국인 농민이 인천에 이주했고 그들이 채소를 재배하여 한성과 인천의 외국인에게 공급했다. 그들의 재배 기술이 좋았기 때문에 한국인의 눈에 띄었고, 〈독립신문〉이 중국인의 채소 재배가 한국인보다 우월하다고 보도하기도 했다. 중국인 농민은 1908년에 146호였고, 1930년에는 3,331호로 늘었는데, 그런 만큼 중국인 농민에 의한 채소 공급도 증가했다. 조선에서 생산되지 않는 채소는 주로 일본에서 수입되었다.[57] 그런 중 1920년대 후반에 쌀값이 하락하자 한국인 농가가 중국인 및 일본인 농가의 채소 재배 및 그 판매 방법을 모방하기 시작했고, 1931년에 화교 배척 사건이 일어나 중국인 농가가 다수 귀국하자 한국인 농가는 채소와 과일을 판매할 기회가 증가했다.[58] 이런 중에 1930년대에 들어와 비료가격이 하락한 것은 한국인 농민이 새로운 작물의 재배를 늘리기 쉽게 했던 것이다.

생활 수준

그림 7-3에서 노동자의 실질임금 변화를 살펴보면 1920년대 후반부터 1930년대 초에 실질임금이 증가했는데, 명목임금이 증가한 것은 아니

그림 7-3 1910-1939년의 하루 임금, 1910년 기준 실질값 (단위: 엔)

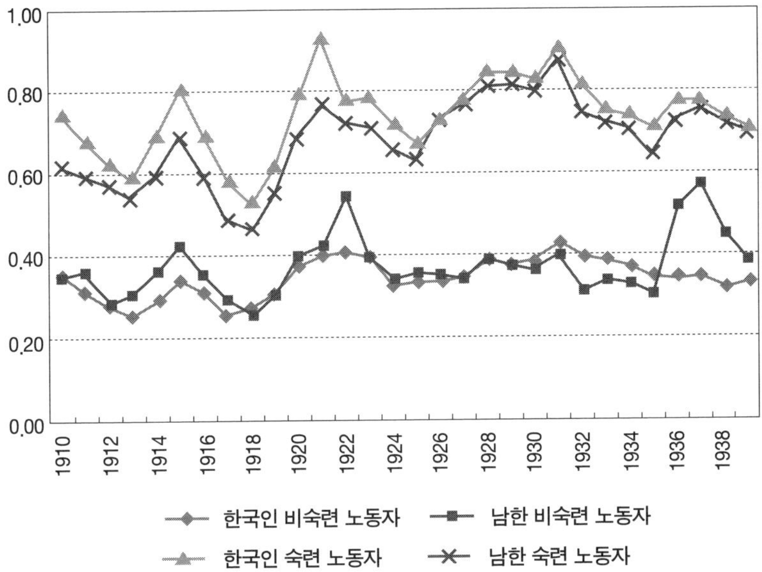

자료: 그림 5-1과 같음.

었고 물가가 하락한 덕택이었다. 그 이후는 경향적으로 하락했다. 1910년대와 비교하면 실질임금이 다소 증가했으나 1920년대와 비교하면 그렇지 않았던 것을 알 수 있는데, 1930년대에 도시인구가 빨리 증가한 것이 중요한 이유일 것이다. 이 점은 아래에서 농업과 함께 다시 설명한다. 한편, 노동자를 계층별로 나누어 1910-1939년의 변화를 살펴보면 숙련 노동자의 임금이 비숙련 노동자의 임금보다 더 빨리 상승했고, 숙련 노동자는 비숙련 노동자보다 초과 공급이 적었던 것을 나타낸다. 이것은 외국에서도 공업화의 초기에 자주 나타나는 일이었다.

또, 조선총독부가 농촌을 안정시키기 위해서 여러 정책을 사용했지만 1932-1939년에 경지 전체에서 차지하는 소작지의 비율은 57%에서 58%로, 순소작농의 비율은 55%에서 56%로 상승했다. 1926년에는 소작지의 비율이 51%, 순소작농의 비율이 44%였으므로 1920년대 후반부터 1930년대 초의 농업 불황기와 비교하면 사태가 안정되었지만, 농가가 자작지를 보전하지는 못했던 것이다. 이런 점에서 보면 1930년대의 경제 변동은 인구 압력을 줄이고 노동자, 농민의 생활을 개선할 정도의 변화는 일으키지 못했다.

1920년대에는 농민의 경제 상황은 1910년대보다 나빴지만, 노동자의 실질임금은 1910년대보다 증가했다. 그런데 1930년대에는 농민의 경제 상황은 1920년대보다는 속도가 느려졌지만 계속해서 나빠졌고, 한편에서 노동자의 실질임금은 정체했다. 즉, 노동자와 농민의 경제 상황이 같은 방향으로 변화한 것이다.

이 점은 인구이동과 관련이 깊다. 1920-1940년을 5년 단위로 구분해서 살펴본 이농 인구는 인구의 자연증가율을 감안하여 계산하면, 23만, 54만, 70만, 201만 명으로 꾸준히 증가했다. 1920년대에는 농민이 정보의 부족 때문에 거주지 바깥의 취업 기회와 노동 조건의 차이를 이해하지 못했고, 알아도 교통 수단이 부족하여 이동하지 못했으나, 1930년대에는 통신 수단이 증가하여 정보가 빨리 보급되어 취업 기회와 노동 조건의 차이를 이해했고, 교통 수단이 증가하여 이동하기 쉽게 되었기 때문일 것이다. 또, 이농 인구를 도시로 이주한 사람과 국외로 이주한 사람으로 나누어 보면, 1920년대에는 38%가, 1930년대에는 45%가 도시로 이주했다. 1930년대에 만주로 이주하기 쉬워졌음에도 불구하고 국외보다 도시로 이주하는 비율이 높아졌던 것은 조선총독부가 공업을 육성하기 시작하자 농민이 도시에서 일자리를 가질 수 있을 것으로 기대했기 때문일 것이다. 도농간에 인구 이동이 증가하자, 농촌과 도시의 취업 기회와 노동 조건의 차이가 줄었고, 그로 인해 노동자와 농민의 경제 상황이 같은 방향으로 변화했다고 추측할 수 있다.

조선총독부는 구호와 관련한 명령을 내지는 않았고 행정적으로 집행했을 뿐인데, 1944년에 제정된 「조선구호령」은 총독부의 구호사업을 요약해서 담고 있었다. 그것에 의하면 정부는 65세 이상의 노약자, 13세 이하의 어린아이, 임산부 및 정신 또는 신체장애로 인하여 노무를 하기에 장애가 있는 자에게 생활부조, 의료, 조산, 생업부조를 하게 되어 있었다. 총독부의 정책은 노동 능력이 없는 자를 구호했을 뿐, 능력이 있는 자는 방치했기 때문에 경기와 산업구조의 변동에 따르는 실업과 그로 인한 빈곤은 자못 심각했다.

상호부조의 관행이 남아 있던 농촌보다 그런 관행이 없는 도시에서 빈곤은 영세민을 더욱 괴롭혔다. 총독부는 도시 빈민을 대상으로 궁민구제토목사업을 일으켰고 1931-1935년에 하루 0.5-0.6엔의 임금을 지급하면서 도로, 하천, 항만, 상하수도를 정비했다.[59] 1931-1933년에 고용된 연인원이 4,442만 명이었으니, 고용 인원이 예산에 비례한다고 가정하여 1934-1935년을 보완하면 1931-1935년에 6,081만 명이 고용된 것이었다.[60] 1931-1935년에 한국인 비숙련 노동자의 하루 임금이 약 0.8엔이었기 때문에 임금이 적기는 해도, 1년 노동일수를 300일로 가정하면 약 4만 명의 궁민을 구제할 수 있는 사업이었는데, 총독부가 1933년 3월에 궁민을 605만 명으로 추정했던 것에 비하면 매우 부족했고, 그 사업으로 도시의 빈곤을 해소할 수는 없었다.

민족 차별

일본 정부와 조선총독부는 일본인이 조선의 상류층을 차지하고 한국인이 중하류층을 차지하며, 일본인이 한국인 중간 관리자를 경유하여 한국인을 지배하게 하려 했다. 한국인이 재산과 지식을 이용해서 과거의 상류층 지위를 유지하거나 상류층에 새로이 진입하는 것을 그들이 막을 수는 없었지만, 그들의 의도는 그러했다. 근대 사회는 학력이 사람을 선별하는 중요한 기준이 되었는데, 총독부는 자신의 의도를 실현하기 위해서 교육제도를 적절히 사용했다. 총독부는 한국인의 초등교육은 한국인이 원하는 것보다는 속도가 느렸으나 계획을 세워서 보급했다. 하지만 한국인의 중등교육은 교육기관을 설립하려는 한국인이 지방 행정기관에 그 필요성을 충분히 납득시킬 때만 설립을 인가했다. 1939년에 일본인의 인구가 한국 총인구의 약 3%였지만, 중학생은 일본인이 3만 1,129명, 한국인은 6만 5,978명이었다.

조선총독부는 중일전쟁이 발발한 이후에 고급 인력이 부족하게 되자, 비로소 고등교육기관을 늘리는 것으로 정책을 바꾸었다. 그리하여 1938년에는 경성여자의학전문학교와 대동공업전문학교, 1939년에는 숙명여자전문학교와 광산전문학교, 1940년에는 혜화전문학교, 1941년에는 아사히의학전문학교, 경성제국대학 이공학부, 부산고등수산학교, 1942년에는 명륜전문학교가 세워졌다. 고등교육기관 중에서 관공립의 고등교육기관은 대개 일본인 입학생 정원이 한국인 입학생 정원의 2배였기 때문에 1939년에 관공립과 사립을 합한 고등교육기관의 재학생은 일본인이 6,519명, 한국인이 5,038명이었다. 조선총독부가 고등교육기관의 설립을 제한했기 때문에 한국인이든 일본인이든 조선에 거주하는 사람이 고등교육을 받기 위해서는 외국에 유학해야 했다. 태평양전쟁 종전 직전에 미국 육군부가 만든 보고서에 따르면 1942년에 약 5,000명의 한국인이 외국에 유학 중이었다.[61] 조선총독부의 교육 정책은 일본인이 상류층에 자리잡게 하는 유력한 수단이었다.

1941년에 자본금 100만 엔 이상의 대기업에서 일본인이 회사 수의 59%와 자본금의 91%를 소유했다. 1938년에 종업원 200인 이상의 대공장에서 일본인이 공장 수의 88%를 차지했다.[62] 1942년에 일본인은 경지를 200정보 이상 소유한 대지주의 73%를 차지했다. 1943년에 국비에서 급료를 받는 고급 공무원의 82%가 일본인이었다. 『조선기술가명부』에 따르면 1939년에 전문학교, 기술계 고등학교, 대학교 이상의 졸업자, 주요 공장의 주임 기술자 중에 일본인의 비중이 84%였다.[63] 조선총독부의 민족 차별 정책은 꽤 성공했다고 하겠다.

그림 7-3에 의하면 1911-1939년에 숙련 노동자의 임금상승률이 비숙련 노동자보다 근소하나마 높았다. 1941년 6월의 조사에 의하면 기술자의 70%와 기능공의 13%가 일본인이었는데, 1940년에 조선 총인구 중의 일본인 인구의 비중이 3%에 미달했으므로, 노동계층에서 일본인과 조선인의 소득격차는 커졌을 것이다. 또, 그림 7-4를 살펴보면 1911-1939년에 한국인 임금의 증가율은 1인당 국민소득의 증가율보다 낮았다. 일본인이 상류층에 한국인이 중하류층에 자리잡았던 것을 고려하면 임금소득자의 비중은 한국인이 일본인보다 높았을 것이다. 이상의 사실들을

그림 7-4 한국인 명목임금과 1인당 명목국민소득의 증가율 (단위: %)

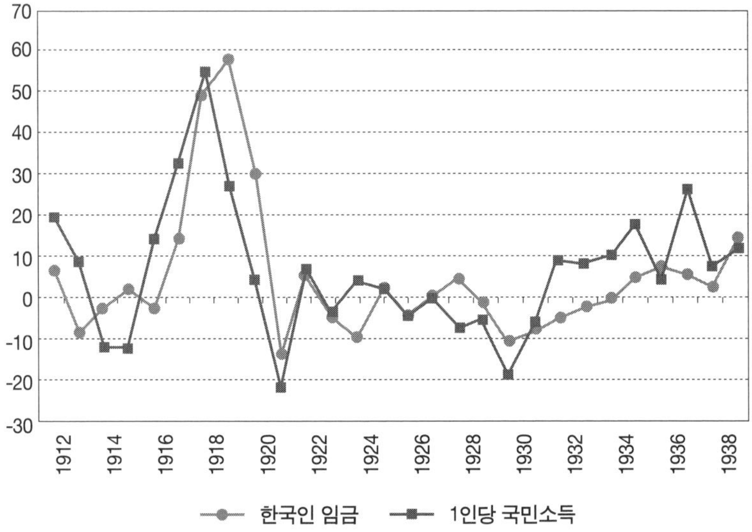

자료: 김낙년 · 박기주, 「해방 전(1906-1943년) 조선의 임금 재론: 『조선총독부통계연보』의 임금을 중심으로」, 『경제사학』 49호, 2010. 김낙년 편, 『한국의 장기통계, 국민계정 1911-2010』, 서울대학교 출판문화원, 2012, p. 407.

종합하면, 식민지기에 일본인과 한국인의 1인당 소득격차는 커졌을 것으로 추측할 수 있다.

1) 梅村又次 외,『長期經濟統計 農林業』, 東洋經濟新報社, 1966, pp. 160-168. 朝鮮總督府農林局,『朝鮮米穀要覽』, 1940, pp. 140-141.

2) 朝鮮總督府農林局, 같은 책, pp. 74-75.

3) 菱本長次,『朝鮮米の硏究』, 1938, pp. 457-468. 박섭,『한국근대의 농업변동』, 일조각, 1997, pp. 92-119.

4) 김낙년 편,『한국의 경제성장, 1910-45』, 서울대학교 출판부, 2006, p. 406.

5) 朝鮮總督府農林局農村振興課,『農家經濟槪況調査』, 自小作農の部, 小作農の部, 1940. 박섭, 앞의 책, pp. 89-91.

6) 朝鮮總督府農林局,『朝鮮における小作に關する參考事項適要』, 1932, p. 24.

7) 古川宣子,「일제시대 보통학교 체제의 형성」, 서울대학교 박사학위논문, 1996, pp. 143-144.

8) 朝鮮總督府警務局,『最近における朝鮮の治安狀況』, 1930.

9) 朝鮮總督府農林局,『朝鮮農地年報』, 1940, pp. 5-45.

10) 飛田雄一,「定平農民組合」,『日帝下の朝鮮農民運動』, 未來社, 1991; 거름 편집부 옮김,「정평농민조합의 전개」,『1930년대 민족해방운동』, 거름, 1984. 지수걸,『일제하 농민조합운동 연구: 1930년대 혁명적 농민조합운동』, 역사비평사, 1993, 제1장. 박이준,「1930년대 영암지방 적색농민조합운동의 성격」,『한국근현대사연구』 18호, 한국근현대사학회, 2001.

11) 朴ソプ,「韓國近代の農村開發と村落の共同性」,『史學硏究』 268호, 廣島史學硏究會, 2009.

12) 金正明 編,『朝鮮獨立運動』 第5卷, 原書房, 1966, p. 412.

13) 富田晶子,「農村振興運動下の中堅人物の養成」,『朝鮮史硏究會論文集』 18호, 1981, pp. 150-153.

14) 〈동아일보〉, 1937년 10월 1일, p. 7.

15) 八尋生男,『朝鮮における農村振興運動』, 友邦協會, 1983, p. 5.

16) 富田晶子, 앞의 글, pp. 150-153.

17) 朝鮮總督府農林局農政科, 『農山漁村における中堅人物養成施設要覽』, 1941, pp. 1-16.

18) 朝鮮總督府, 『自力更生彙報』 1호, p. 4. 박섭, 앞의 책, p. 182.

19) 久間健一, 『朝鮮農業の近代的樣相』, 1935, pp. 42-44.

20) 朝鮮總督府農林局, 『朝鮮小作關係法規集』, 1940. 박섭, 앞의 책, p. 199.

21) 朝鮮總督府農林局, 『朝鮮農地年報』, 1940, pp. 5-45.

22) 대표적으로 1935년 5월 7일, 1936년 5월 8일, 1936년 5월 15일, 1936년 6월 6일, 1936년 7월 12일, 1937년 1월 2일, 1937년 11월 4일자.

23) 久間健一, 『朝鮮農政の課題』, 1943, p. 113.

24) 김기훈, 「일제하 '만주국'의 이민 정책 연구 시론」, 『아시아문화』 18호, 한림대학교 아시아문화연구소, 2002, p. 50. 임성모, 「만주농업이민 정책을 둘러싼 관동군 · 조선총독부의 대립과 그 귀결: 우가키(宇垣) 총독의 구상 및 활동과 관련하여」, 『일본역사연구』 29집, 2009, pp. 141-142.

25) 김기훈, 같은 글, pp. 55-58.

26) 같은 글, p. 69. 임성모, 앞의 글, p. 155.

27) 야마나카 미네오, 「만주국의 인구와 노동력」, 『경제사학』 47호, 2009, pp. 129-134.

28) 조선공업협회, 『회보』 29호, 1933, p. 1.

29) 허수열, 「일제하 조선의 실업률과 실업자수 추계」, 『경제사학』 17호, 경제사학회, 1993, p. 23.

30) 김영화, 「한국의 경제발전과 교육의 역할」, 『교육재정 경제연구』 6-1, 한국교육재정경제학회, 1997, pp. 31-63.

31) 古川宣子, 앞의 글, 1996, pp. 99-104.

32) 같은 글, p. 112.

33) 宣在源, 『近代朝鮮の雇用システムと日本』, 東京大學出版會, 2006, p. 61.

34) 같은 책, pp. 96-99.

35) 〈동아일보〉, 1931년 5월 31일, p. 2; 1935년 7월 14일, p. 3. Carter Eckert, *The Ko-ch'ang Kims and the Colonial Origins of Korean Capitalism, 1876-1945*, Seattle: University of Washington Press, 1991; 주익종 옮김, 『제국의 후예: 고창 김씨가와 한국 자본주의의 식민지 기원 1876-1945』, 푸른역사, 2008, p. 285.

36) 宣在源, 앞의 책, p. 138.

37) 宣在源, 「1920/30年代朝鮮の勞務管理體制」, 『社會經濟史學』 60-5, 1995, p. 26. 宣在源, 앞의 책, p. 69.

38) 같은 책, p. 32.

39) 三和良一 · 原朗, 『近現代日本經濟史要覽』 보정판, 東京大學出版會, 2010, p. 18, 殖産銀行, 『全鮮田畓賣買價格及收益調』, 1939년판, p. 4.

40) 宇垣一成, 『宇垣一成日記』 2권, みすず書房, 1970, 1935년 3월 5일.

41) 송규진, 「만주사변이 조선경제에 미친 영향: 대만주국무역을 중심으로」, 『아세아연구』 44-1호(통권 105호), 고려대학교 아세아문제연구소, 2001. 송규진, 「일제하 조선과 만주국의 무역에 관한 연구」, 『중국학보』 52호, 한국중국학회, 2005.

42) 〈釜山日報〉, 1932년 4월 8일. 「京城日報」, 1932년 5월 22일.

43) 송규진, 앞의 글, pp. 178-180.

44) 朝鮮貿易協會, 『朝鮮貿易史』, 1943, pp. 177-178.

45) 山本有造, 『「滿洲國」經濟史研究』, 名古屋大學出版會, 2003, p. 102. 리유핑, 「은과 아시아 국제 경제 질서, 1933-1935」, 나카무라 사토루 · 박섭 엮고 지음, 『근대 동아시아 경제의 역사적 구조』, 일조각, 2007.

46) 야마나카 미네오, 「만주국의 인구와 노동력」, 『경제사학』 47호, 2009, pp. 129-134.

47) 堀和生, 『東アジア資本主義史論 I』, 京都: ミネルヴァ書房, 2009, pp. 64-65. 1932-41년에 일본과 대만을 제외한 한국의 수출에서 차지하는 만주국의 비중이 81%였으므로(같은 책, p. 51), 일본과 대만 이외의 지역으로 수출된 한국산 상품을 살펴보면, 한국의 공업에 미친 만주국의 영향을 알 수 있다.

48) 지수걸, 「1930년대 전반기 부르주아 민족주의자의 민족경제 건설전략」, 『국사관논총』 51호, 1994, p. 50.

49) 〈동아일보〉, 1932년 6월 24일, p. 8; 1933년 3월 5일, p. 4.

50) 高橋龜吉, 『現代朝鮮經濟論』, 1935, p. 359.

51) 김낙년 편, 앞의 책, pp. 354, 372, 423-424.

52) 堀和生, 「朝鮮人民族資本論」, 中村哲外編, 『朝鮮近代の歷史像』, 日本評論社, 1988, pp. 156-157.

53) 조선총독부 식산국 편, 『조선공장명부』, 조선공업협회, 1938년판. 허수열, 「일제

하 조선인 공장의 동향」, 안병직 · 中村哲 엮음, 『근대조선공업화의 연구』, 일조각, 1993.

54) 김낙년 편, 앞의 책, pp. 423-424.

55) 朝鮮總督府農林局, 『農業統計表』, 1940년판. 朝鮮總督府農林局, 『朝鮮の肥料』, 1942.

56) 최유리, 「일제말기 '조선증미계획'에 대한 연구」, 『한국사연구』 61 · 62호, 한국사연구회, 1988, pp. 382-385.

57) 박섭, 앞의 책, p. 133.

58) 李正熙, 『朝鮮華僑と近代東アジア』, 京都大學學術出版會, 2012, 제9, 10장.

59) 이종범, 「1930년대 초의 '궁민구제토목사업'의 성격」, 『전남사학』 2호, 전남사학회, 1988, pp. 12, 17.

60) 朝鮮社會事業協會, 『朝鮮社會事業』, 12-11, 1934년 11월, p. 55. 이종범, 같은 글, p. 135.

61) 정연태, 「태평양전쟁기 미국의 복안적 시각과 조선사회 인식: 식민지 근대화 논쟁에 부쳐」, 『조선사연구』 134호, 조선사연구회, 2006, p. 286.

62) 조선총독부 식산국 편, 『조선공장명부』, 조선공업협회, 1938년판. 朝鮮銀行調査部, 『朝鮮經濟年報』, 1948, p. I-318.

63) 김병관, 「일제하 조선인기술자의 형성과정과 존재형태」, 충남대학교 경제학과 박사학위논문, 1996, p. 132.

08

전쟁경제

08

전쟁경제

총동원체제

1937년 7월에 중일전쟁이 일어났고, 일본 정부는 그 해 9월에 「임시자금조정법」, 「수출입품 등 임시조치법」, 「군수공업동원법」을 제정했다. 「임시자금조정법」의 목적은 투자가 군수산업에 집중되게 하고, 군수산업에 자금을 충분히 공급하고, 투자 증가에 의해 늘어나는 시중의 구매력을 여러 수단을 이용해서 흡수하는 것이었으며, 「수출입품 등 임시조치법」의 목적은 군수산업을 지원하도록 수출입을 규제하는 것이었고, 「군수공업동원법」의 목적은 인적 · 물적 자원을 군수산업에 동원하는 것이었다. 나아가서 일본 정부는 1938년 4월에 「국가총동원법」을 시행했다. 그 법률에 따르면 정부가 기업에 판로를 제공하는 대신에 기업은 그 생산에 집중해야 했고, 기업이 생산에 집중하는 만큼 정부는 기업이 도산하지 않게 해야 했으며, 그것을 위해서 징용, 노동 조건, 노사분규, 물자 · 금융 · 자본의 통제, 카르텔, 가격, 언론과 출판의 역할이 규정되었다.

조선총독부는 그 해 9-10월에 「임시자금조정법」, 「수출입품 등 임시조치법」, 「군수공업동원법」을 시행했으며, 1938년 5월에 「국가총동원령」을 시행하여, 조선의 모든 인적 · 물적 자원을 통제할 수 있게 되었다. 총독부는 1938년 9월에 1941년을 목표 연도로 하여 알루미늄과 마그네슘 등의 경금속, 석유 및 그 대용품, 소다, 유안, 폭약, 공작기계, 자동차, 철도차량, 선박, 항공기, 피혁 등 11개 업종의 생산량을 획기적으로 높이는 생산력 확충계획을 세웠는데, 위와 같은 법률에 입각한 것이었다.[1)]

조선총독부가 생산력 확충계획의 목표를 이루기 위해서는 토지와 노동이 총독부가 원하지 않는 부문에서 사용되어서는 안 되었다. 총독부는 1934년에 「조선시가지계획령」을 제정하여 공장 용지를 확보하기 쉽게 했고, 1934년에는 나진, 1936년에는 경성, 청진, 성진에 적용했으며, 1937년에는 부산과 그 밖의 6개 도시, 1938년에는 원산과 그 밖의 6개 도시, 1939년에는 진남포와 그 밖의 7개 도시로 그 적용 대상을 빨리 넓혔다. 또, 1938-1941년에 네 차례에 걸쳐 「토지수용령」을 개정하여, 그 이전에도 허용하고 있던 사회간접자본과 제철소 건설만이 아니라, 인조석유 제조업, 항공기 제조업, 경금속 제조업, 유기합성산업을 위해서도 토지를 수용할 수 있게 했다. 1939년 6월에는 「국민직업능력신고령」을 시행하여 16세 이상 50세 미만의 사람에 대해서 현직자, 경력자, 학교 졸업자, 기능공 양성시설 수료자, 검정시험 합격 또는 면허자로 나누어 그들의 직업 능력을 신고하게 했다. 총독부는 1938-1940년에 식산국에 4개의 과를 증설하여 이 일을 수행했다.[2)] 그리하여 총독부는 중일전쟁 이후에 토지, 노동, 자금, 수입 생산재의 사용을 그가 원하는 대로 규제할 수 있게 되었는데, 총독부가 1910년대 초부터 조선의 인적 · 물적 자원을 동원하는 체제를 만들어 왔던 것을 고려하면, 총독부는 전쟁을 기화로 자신의 뜻을 실현했다고 할 수 있다.

전쟁 초기에는 그 형세가 일본에 유리했다. 일본군은 1938년 말에 천진에서 광저우에 이르는 중국의 연안부를 거의 모두 점령했고, 1939년부터 중국 내륙으로 진출했으며, 1940년 가을에는 프랑스 비시 정부의 협조를 얻어 프랑스령 인도차이나의 북부에도 진입했다. 일본제국은 팽창했고 그 속에서 한반도의 지정학적 중요성이 높아졌다. 조선으로의 자본 유입은 이 점을 잘 나타내는데, 1934-1937년에는 연평균 주식자금이 4,155만 엔, 사업투자가 1,892만 엔 유입되었지만, 1937-1940년에는 각각 9,433만 엔, 3,811만 엔 유입되었다.[3] 일본 기업은 군수산업의 중요성이 높아지면서 조선에서 평시산업에 투자하기도 했고, 조선의 북부에서 지하자원을 이용한 중화학공업 생산에 투자하기도 했다.

공업 노동자 부족

공업이 급성장하자 필요한 노동력이 원활히 공급되지는 않았다. 1937년까지 조선에 소재한 공업 기술자를 배출할 수 있는 교육기관은 경성고등공업학교가 유일했고, 1938년에야 평양에 대동공업전문학교가 설립되었다. 그리하여 기술자가 되기 위한 교육은 일본에서 받는 일이 많았다. 1939년에 발행된 『조선기술가명부』에 총 6,775명이 실려 있는데 그 중에 일본, 조선, 중국, 미국에서 공부한 사람이 각각 5,222명, 1,392명, 135명, 1명이었다.[4] 또, 1939년에 조선의 4대 면방직 기업에 43명의 기술자가 근무했고, 27명이 일본인, 16명이 한국인이었는데, 일본인 중의 1

명, 한국인 중의 9명만이 한국에서 공부했고 나머지 33명은 모두 일본에서 대학교 또는 고등공업학교를 졸업했다.[5] 또, 조선에 기술자가 부족했을 뿐 아니라, 외국에서 고등교육을 받아야 했던 만큼 기술자 중에는 일본인이 많아서 『조선기술가명부』에 실린 6,775명 중에 일본인이 84%를 차지했다.[6] 그런 중에 1939년 7월에 일본 정부가 징용령을 시행하여 국외의 일본인을 소환하자, 조선에는 기술자 부족이 더 심각해졌다.

한편, 1940년 10월 당시에 조선의 광공업 종사자 68만 명 중에 51%가 경력 없는 신규 노동자일 만큼 경력 노동자가 부족했다.[7] 신규 노동자는 이직률이 높았는데 총독부의 한 관리는 노동자의 평균 근속기간을 6개월만 연장하면 노동자 모집을 위한 경비와 노력이 절반으로 감소할 것이라고 했다.[8] 또, 신규 노동자들은 기계를 잘못 다루어 고장도 자주 일으켰다.[9] 그리하여 기업들이 다른 기업의 경력 노동자를 스카우트하자, 총독부는 그 해 8월에 「종업원고용제한령」을 시행했고, 기업이 경력 노동자를 신규 채용할 때는 부윤이나 군수의 인가를 받게 했다. 신규 노동자도 풍부하지만은 않았다. 1940년 국세조사에 따르면, 조선 전체에는 그 해에 약 1,500만 명의 무업자가 있었지만,[10] 공장이 주로 건설되는 북부에는 인구가 적었으며, 그곳은 교통편이 나쁘고 주거지가 부족하여 노동자를 구하기 어려웠기 때문이었다.[11] 그 때문에 조선총독부는 임금 상승을 우려했고, 1939년 8월에 「노동자임금통제령」을 시행하여 신규 노동자의 초임에 일정한 표준을 정했다.

노동자의 부족에 대응하여 기업이 노동시간을 늘리자, 조선총독부는 노동 능력이 손상될 것을 우려했고, 1939년 8월에 「공장취업시간 제한령」을 시행하여 12시간 이하로 근로시간을 제한했다. 또, 6시간 이상 노동하면 30분, 10시간 이상 노동하면 1시간을 휴게하고, 매월 2일 이상 쉬도록 지도했다.[12] 총독부가 인적 자원을 남김없이 동원하기 위해서는 그에 합당한 방법으로 인력을 관리해야 했던 것이다.

농업 생산재 부족

공장이 증설되자 농업용 생산재가 모자라기 시작했다. 조선총독부는 1930년에 쌀값이 폭락한 이후에 농지 개량에 대한 지원을 줄였고, 1934년에는 완전히 중단했다. 그런 중에 1939년에 봄 가뭄이 극심했고, 많은 논에서 모내기를 하지 못했다. 사태를 빨리 판단하고 벼 대신에 밭작물을 재배해야 했지만, 1930년 이후로 흉년은 심하지 않았고, 중일전쟁이 발발한 이후에 총독부의 관심이 공업에 더 쏠리자 지방 행정기관은 그 사태에 효과적으로 대응하지 않았다. 봄 이후에도 가뭄은 지속하여 그 해의 연강수량은 예년의 46%에 지나지 않았다.[13] 1939년의 쌀 생산량은 1938년의 60%에 지나지 않았으며, 다른 작물을 대파하지 않았던 탓에 재배업 전체의 생산량도 27% 감소했다. 조선에서 군량미가 공급되어야 했기 때문에 이것은 깊고 중대한 사태였다.

조선총독부는 1939년 12월에 「소작료통제령」을 시행했고, 1939년 9월 18일을 기준으로 해서, 지주가 소작료를 인상하던가 그 밖의 부담을 그 이전보다 소작농에게 불리하게 개정하는 것을 원칙적으로 인정하지 않았으며, 지주가 자기 부담으로서 농지를 개량한 경우에만 소작료를 증액할 수 있게 했다.[14] 「소작료통제령」의 목적은 지주의 농지 개량 의욕과 소작농의 증산 의욕을 동시에 높여 생산량을 늘리는 것이었다. 총독부는 이어서 1940년 1월에 조선증미(增米)계획을 발표했다. 그 계획에 따르면 1945년까지 농지 개량으로 120만 석, 재배법 개선으로 463만 석을 증산하는 것이었다.[15] 산미증식계획을 참조하고, 또 1930년대에 농지 개량을 소홀히 했던 것을 고려하면 농지 개량에 역점을 두어야 했지만, 그와 달리 농지 개량의 비중이 작았던 것은 농지 개량에 필요한 자재를 충분히 공급할 수 없었기 때문이었다.

그런데 총독부의 기대와는 달리 재배법을 개선하기도 어려웠다. 총독부가 1930년대 후반에 판매 비료 구입자금의 대출을 늘린 끝에 조선의 농업은 비료에 크게 의존하게 되었고, 재배법을 개선해서 효과를 올리려면 비료가 충분히 공급되어야 했다. 그런데 당시의 중요한 두 비료였던 유안과 조합비료를 합하면, 생산량과 소비량 모두 1939년까지 증가했지만 1939년 봄부터 경상남도에는 유안과 조합비료가 부족했고, 그로 인해 보리농사의 밑거름을 포기했다. 이 일은 철도 수송력이 하락하여 일어났다.[16] 1939-1940년에는 조선질소비료의 화학비료 생산량이 35만 톤, 16%나 감소했는데, 그것은 폭약의 생산을 늘려야 했기 때문이었다.[17] 생산량이 감소하자 비료가 원활하게 공급되지 않는 지역은 더 증가했고, 보리농사만이 아니라 벼농사용 비료도 부족하게 되었다.[18] 그 때문에 1940년과 1941년에는 비가 예년 이상으로 내렸지만, 생산량은 충분히 회복되지 않았다. 1939년 이전에 가장 생산량이 많았던 1937년과 비교하면 조선의 쌀 생산량은 20%와 7% 줄었고, 재배업 생산량은 18%와 12% 줄었다. 1940년대 초에 전쟁의 형세는 일본에 유리했지만, 일본이 중국 대륙 전체를 점령하기에는 노동력과 생산재가 부족했던 것이다.

수송 수단 부족

일본군이 1941년 여름에 인도차이나 반도의 남부에도 주둔하게 되자 일본군의 작전 범위가 남지나해까지 확장되었고, 1941년 12월에 필리핀, 하와이, 말레이 반도를 침공하자 전쟁터가 북태평양에까지 확대되었다. 일본 정부는 전쟁터가 넓어짐에 따라 자원을 군수공업에 집중시키는 것에 덧붙여 일본제국 내의 각종 수송 수단을 징발했는데, 조선총독부는 1942년 3월에 「전시해운관리령」을 시행했고, 100톤 이상의 선박을 모두 징용했다.[19] 한편, 이 무렵부터 일본군은 미국, 영국, 네덜란드 군대로부터 잠수함 공격을 받았고, 미국 공군의 공격도 받았다. 1943년 10월에는 부관 연락선의 하나였던 곤륜마루(崑崙丸)가 미국 잠수함의 공격을 받아 침몰되기도 했다.[20]

수송 수단이 줄어들고 또 해운이 부자유하게 되자, 1942년과 1943년에 조선의 수입무역은 각각 11%와 17% 감소했고, 수출은 18%와 8% 감소했다. 또, 일본이 원자재를 수입하기 어렵게 되어 일본에서의 기계와 반제품 생산량이 감소하자, 조선의 수입품 중의 금속, 금속 제품, 기계류의 비중이 1942년과 1943년에는 30%로 하락했는데, 1930년대 말과 비교하면 약 4% 낮았다. 또, 일본이 원료 생산국은 아니었지만 많은 원료가 일본을 경유하여 조선에 공급되었기 때문에 1941-1943년에 연료와 비식용 원료의 합계가 조선의 수입품에서 차지하는 비중이 14%, 8%, 7%로 하락했다.[21] 조선은 각종의 모든 생산재를 구하기 어렵게 되었던 것이다.

조선은 1910년에는 일본의 식민지가 되었고, 1923년에는 「신조선관세령」이 시행되어 일본 및 대만과 무관세로 무역하게 되었고, 1932년에는 중국 상품이 만주에 수출되지 못하게 되면서, 조선의 무역은 점점 중요하게 되었다. 무역의존도는 1915년부터 5년 간격으로 16%, 24%, 31%, 41%, 45%, 52%로 상승했다. 그와 병행해서 조선의 생산자는 전문화하고 규모의 경제를 갖추고 새로운 생산 방법을 채택하여 생산성을 높였으며, 총독부는 수출 공로자를 표창하는 등 수출을 중시하여 국제 분업에 대한 적응을 촉진했다. 무역은 식민지기에 조선 경제의 성장을 지탱한 하나의 바탕이었는데, 1941년을 정점으로 무역이 감소하자, 생산력이 후퇴하기 시작했다.

기회 증가

조선 경제의 생산력이 후퇴할 기미를 보이자 조선총독부는 일본인 기업만이 아니라 한국인 기업의 협력도 적극적으로 구하기 시작했고, 일부의 한국인 기업가는 그것에 호응했다. 백낙승은 1942년 6월에 조선와타나베주공(渡邊鑄工)을 인수하여 무연탄을 사용하는 제철에 도전했고, 1944년 2월에는 강원조선의 경영권을 취득했다. 민규식은 이강현이 1938년에 설립했던 풍림주강소를 인수하여 농기계를 제작하던 중에 1942년 여름부터 무연탄 제철사업을 시험했으며, 1944년에는 제철회사인 풍림주강을 설립했다. 이종회는 1943년 9월에 대인조선을 인수했고, 박흥식은 1944년에 조선비행기를 설립했다.[22)]

조선 경제는, 선박이 절실히 필요했고, 선박의 생산량을 늘리기 위해서는 제철업을 육성해야 했지만 제철업과 조선업을 육성하기에는 바탕이 갖추어지지 않았다. 조선총독부 식산국은 1941년 초부터 소형 용광

로에서 한국산 철광석과 무연탄을 사용하여 제철하는 방법에 관심을 가졌고, 1942년 봄부터 조선 와타나베주공으로 하여금 그 방법을 실험하게 했으며, 8월에는 가능하다는 실험 결과를 얻었다. 1942년 후반에 일본의 해상 수송력이 급격히 하락하자 무연탄을 이용한 제철을 공장에서 실제로 하게 되었는데, 그 기술을 실험실에서 공장으로 가지고 오자, 송풍량 부족 등 미처 예상하지 못했던 문제가 속출했고 결국은 실패했다.[23]

한편, 부산의 조선(朝鮮)중공업(한진중공업의 전신)은 1942년에 일본의 조선(造船)통제회에 가입했고, 자금, 자재, 기술자를 조달할 수 있는 조건을 마련했다. 이어서 조선중공업은 1942-1943년에 조선통제회를 경유해서 일반형, F형, D형이라고 하는 여러 종류의 선박을 발주받았는데, 강재가 적게 필요한 F형 선박은 발주를 받은 그 해에 완성했지만, 건조에 필요한 일수는 비슷하면서도 강재는 3배 정도 필요한 D형은 그 해에 완공하지 못했다. 이것은 조선총독부의 무연탄 제철이 실패했으며, 또 조선통제회에 가입했음에도 불구하고 강재를 공급받지 못했기 때문이었다.[24]

사보타주

경력 노동자는 여전히 부족했다. 1944년 10월부터 1945년 3월에 조선질소비료의 신규 노동자의 53%가 그 직전까지 농민이었고, 신규 노동자는 빈번히 사고를 일으켰다.[25] 신규 노동자의 조달도 원활하지 않았다. 조선총독부는 1927년부터 직업소개소를 운영했지만 1940년까지 일용노동자를 제외한 구직자의 수는 모두 합해서 6만 명을 넘지 않았고, 취직자의 수는 3만 명을 넘지 않았다.[26] 총독부는 1940년부터 구인자의 요청에 따라 농민을 차출했으며 그들을 구인자에게 공급하는 관알선 사업을 시작했는데, 농촌이 궁핍했고 또 총독부가 강제로 동원했기 때문에 농민은 그것에 응하지 않을 수 없었다. 남부에서 소집된 노동자들의 적어도 1할은 북부로 이동하는 도중에 탈출했고 제 살길을 찾아갔지만, 그럼에도 불구하고 조선토건협회가 1941년 12월에 전국 17개 공사장을 조사한 바에 따르면 그 해의 사용 연인원 590만 명 중에 총독부가 알선한 노동자가 36%를 차지했고, 1944년 10월에서 1945년 3월에 조선질소비료 신규 노동자의 50%가 총독부의 소개 또는 인가에 의해 고용되었다.[27] 총독부의 강제적 동원에 의해서만 노동력을 조달할 수 있게 된 것이었다.

그렇지만 기업은 그들이 원하는 만큼 노동자를 부릴 수 없었다. 전쟁 중에 노동자의 이직률은 매우 높았다. 1940년 초에 노동자 이직률이 공장에서는 월평균 약 6%, 광산에서는 약 11%였다.[28] 광산이나 중공업 공장에서 일하려면 기계를 이해해야 했고, 엄격한 규칙에 따라야 했기 때문에 농촌을 갓 떠난 노동자에게는 작업 환경이 가혹했던 것이다. 시기가 조금 이르지만, 울산읍 달리에 대한 1935년 조사나 남원군 주생면 정충리의 91개 호에 대한 1939년 조사에 의하면 이농민의 대부분이 토목건축업에서 일했는데,[29] 그것은 토목건축업에 일자리가 많았기 때문이기도 하지만, 광산과 공장의 그런 특성 때문이기도 했다. 그 때문에 다른 광산이나 공장으로 옮기기도 했지만, 일용 노동자로 전직(轉職)하는 일도 많았다.

일용 노동자로 전직하는 또 하나의 이유는 임금이었다. 총독부가 「노동자임금통제령」을 시행하여 직종 또는 직장 사이의 임금 격차를 줄였지만, 그 법률로는 일용 노동자의 임금을 제한할 수 없었던 것이다. 한편, 이직하거나 전직하지 못하는 노동자는 결근 또는 태업하며 몸을 아끼거나 농촌으로 되돌아갔다.[30] 조선총독부는 통치를 시작한 이후 노동자의 협력을 구한 일은 없었지만, 이때에 이르러 대량의 군수품을 지속적으로 생산하기 위해서는 노동자의 협력을 얻어야 했는데, 총독부가 노동자에게 제공할 수 있는 유인은 거의 없었고, 총독부가 강제에만 의존하자 동원의 효과는 높아지지 않았다.

한편, 조선총독부가 1930년대에 자작농지 구매자금을 대부하고 「조선농지령」과 「소작료통제령」을 시행하는 등 농민의 협력을 얻어 생산량을 늘리는 정책을 폈지만, 쌀 생산량이 늘어나지 않자, 총독부는 1941 미곡 연도(직전 해 11월부터 그 해 10월까지)부터 쌀을 공출받기 시작했다. 1941 미곡 연도에는 921만 석이 공출되었고, 그 해 쌀 생산량의 43%였다.[31] 그와 병행해서 총독부는 1941년 10월부터 벼 한 가마니당 1엔 70전, 현미 한 가마니당 2엔 70전을 판매자인 농민이 아니라 그 농산물의 구매자가 저축하게 했다.[32] 소비재의 공급 부족에 기인하는 인플레이션을 억제해야 했기 때문이었는데, 그 해부터 시작한 것은 공출로 인해 강제저축의 조건이 만들어졌기 때문이었다. 1941년 11월에서 1942년 3월에 금융조합, 은행 및 지정매수인은 벼 매입 총액의 14%를 농민에게 지불하기 전에 저축했다.[33]

농민은 생산물의 판매 방법도 소득의 지출 방법도 스스로 결정하지 못하게 되자 근로 의욕이 낮아졌다. 조선총독부는 농가 소득을 늘려서 근로 의욕의 하락을 막으려 했고, 1942 미곡 연도부터 공출량이 배정량의 90%를 초과하면 초과분에 대해 1석당 23엔의 장려금을 교부했지만,

그것이 농민의 자유를 억압한 것에서 기인하는 근로 의욕의 하락을 상쇄하지는 못했다. 농촌에 농업 경영을 회피하려는 태도가 만연하여, 농민이 농경을 게을리하거나 농촌을 떠났다.[34] 이것은 총독부가 농민을 차출하고 광산, 공장, 토목사업장으로 보내는 데에는 좋은 조건이었지만, 농민은 그곳에서도 가혹한 작업 환경과 저임금에 만족할 수 없었기 때문에, 농촌과 그곳을 순환하는 일도 많았고 좋은 조건만은 아니었다.

더한층의 동원

조선총독부는 동원하는 방법을 점점 더 개발했다. 1944년 2월에 현원 징용제도를 시행하여, 중요 산업에 종사하고 있던 노동자를 징용의 형식을 빌어서 그 사업장을 이탈하지 못하게 했다. 그런 중에도 노동자들은 조금이라도 임금을 더 받기 위해서 장기 결근했고 결근 중에 일용 노동자로 일하자, 총독부는 그에 대한 대책으로 같은 해에 노무 공급업자, 일용 노동 사용자, 작업 청부업자를 모두 묶어 노무보공회를 조직했다. 광공국 노무과, 경무국 경제경찰과, 재무국 관리과는 노무보공회를 이용해서 일용 노동자의 임금을 통제했고, 일용 노동자를 중점 사업장에 배치했고, 사용자로 하여금 일용 노동자 임금의 10%를 그들에게 지불하기 전에 미리 저축하게 했다.[35] 농촌과 도시에서의 강제저축의 결과로 총독부는 조선의 저축률이 1943년에는 30%에 달했고, 1944년에는 36%에 달할 것이라고 추정했다.[36]

조선총독부는 1944년 3월에는 군수생산책임제를 시행했다. 총독부는 주요 군수업종에 사업자를 지정했고 그 사업자가 생산을 책임지게 했다. 그리하여 책임자가 책임을 완수하고 공을 세우면 표창하고, 책임자가 태만하면 징계할 수 있게 되었다. 농업에서는 생산책임량과 공출책임량을 사전에 결정했는데, 이 제도가 농민의 근로 의욕을 지나치게 저해할 것을 우려하여, 실제 공출량이 책임량을 초과하면 그 초과분에 대해서는 이미 주고 있던 장려금만이 아니라 보장금도 1석당 80엔씩 함께 교부했다.[37] 주요 식량작물의 생산 책임자는 원칙적으로 지주였지만, 같은 해에 「임시농지 등 관리령(臨時農地等管理令)」을 시행하여, 지주의 농업 개량 열의가 부족하고, 소작농에 대한 지도력이 낮으면 적당한 제3자가 관리할 수 있게 했다.[38]

조선총독부는 동원하는 방법을 점점 더 보강했지만, 그럼에도 불구하고 생산력은 회복되지 않았다. 김낙년의 추계에 따르면, 1946년의 남한 국내총생산이 1940년 남한 국내총생산의 66%에 지나지 않았으므로 전쟁 중에 생산력이 크게 후퇴했다고 믿어도 될 것이다.

기회와 한계

앞에서 설명했듯이 중일전쟁이 발발한 이후에 일본인 기업만으로 자본과 기술이 공급되지 않게 되자 한국인 기업가가 참가할 여지가 커졌다. 백낙승, 민규식, 이종회, 박흥식 이외에도 김연수는 경성방직의 사업을 계속 확대하여, 1930-1937년에 방직기를 4배로 늘렸고 1936년부터 직물에 덧붙여 면사도 제조했으며, 1942년에는 만주국에 경성방직과 동일한 규모의 남만주방적을 완공했다. 유일한은 1936년에 유한양행을 설립했고, 안티푸라민만이 아니라 이질, 기생충, 영양실조, 기관지염 치료제와 수은제, 종합 비타민제, 결핵성 질환 치료제, 방부소독제 등 생산물을 늘렸다. 또, 국내에 판매할 뿐 아니라 만주, 중국, 대만에도 수출했다.[39] 나아가서 1939년부터 일본에서 「국민징용령」이 시행되어 일본인이 귀국하자 한국인이 그들을 조금이나마 대체했고, 1944년에 공업과 토목건축업 기술자의 20%는 한국인이었다.[40] 일본의 패전 직전에 조선중공업에 39명의 기술자와 140명의 기능공이 있었는데, 한국인 기술자가 5명, 한국인 기능공이 80명이었다.[41]

그렇지만 한국인이 경제 권력의 일부를 나누어 가졌던 것은 아니었다. 조선총독부는 1928년에 「은행령」을 개정하면서 은행의 자본금을 최저 200만 엔으로 했는데, 그 직전에 개정된 일본 정부의 은행법에는 최저 자본금이 100만 엔이었다. 그때 일본에서 최저 자본금 100만 엔을 가리켜 대은행주의라고 했으므로 총독부는 일본 정부 이상으로 대은행주의를 채택했던 것을 알 수 있다. 총독부는 그 이후 「은행령」을 이용해서 은행을 통폐합하기 시작했고, 때로는 자본금이 200만 엔을 넘는 은행도 통폐합했다. 한국인 유력자의 은행도 예외가 아니어서, 김연수가 경영하던 해동은행은 1938년에 일본인 소유의 한성은행에 합병되었고, 현준호가 경영하던 호남은행은 1942년에 민규식이 경영하던 동일은행에 합병되었으며, 동일은행은 1943년에 한성은행과 합동하여 조흥은행이 되었다. 두 은행이 합동하는 중에 조선은행이 거액을 투자하여, 조흥은행의 초대행장에는 일본은행의 전직 간부, 전무에는 조선은행의 현직 간부가 취임했다. 그리하여 1943년에는 한국인이 소유하는 은행은 없어졌다.

또, 조선총독부는 1942년에 「기업정비령」을 시행하여 총독이 평시

그림 8-1 국비에서 임금을 받는 관료 수 및 한국인 비중 (단위: 명)

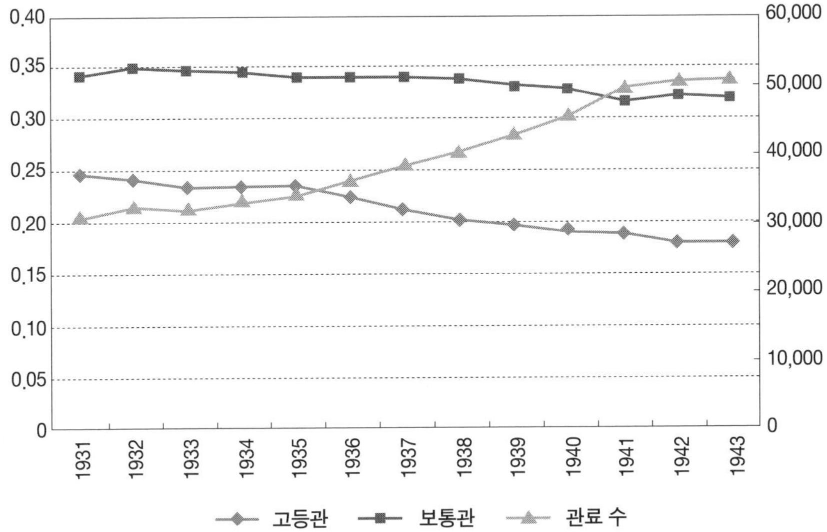

자료: 「국비지급 직원(봉급)」, 국가통계포털.

산업의 설비를 군수기업이 소유 또는 이용할 수 있도록 명령을 내릴 수 있게 했다. 여러 기업이 합병되었고, 그런 중에 많은 기업의 소유자가 한국인에서 일본인으로 바뀌거나 일본인 경영자가 주도권을 가지게 되었다. 예를 들어, 박흥식은 「기업정비령」에 따라 1944년에 화신의 5개 계열사를 화신이라는 하나의 기업으로 합동했는데 그 과정에서 일본인 기업가가 많이 참가했고 박흥식의 지분율은 40% 이하로 하락했다. 결국 일본인과 경영권을 공유하게 되었다.[42)]

그림 8-1은 국비에서 임금을 받는 관료 수 및 그 중의 한국인 비중인데, 1931년 이후에 총독부 관료의 총수는 꾸준히 증가했지만, 보통관 중

의 한국인 비중은 서서히, 고등관 중의 한국인 비중은 그보다 더 빨리 하락했다.

조선총독부는 그가 한국인의 협력을 구했고 그 결과로 한국인이 권력의 중위 부분에 더 많이 진입하자, 총독부나 은행과 같은 정치경제 권력의 중심부에서는 일본인의 권력을 더 강화했던 것이다.

1) 김인호, 『태평양전쟁기 조선공업연구』, 신서원, 1998, pp. 43-46. 방기중, 「1930년대 조선 농공병진정책과 경제통제」, 『동방학지』 120호, 연세대학교 국학연구원, 2003.

2) 조선총독부, 『시정30년사』, 1940, p. 413.

3) 김낙년 편, 『한국의 경제성장, 1910-45』, 서울대학교 출판부, 2006, p. 518.

4) 김병관, 「일제하 조선인기술자의 형성과정과 존재양태」, 충남대학교 박사학위논문, 1996, p. 132.

5) 서문석, 「일제하 대규모 면방직공장의 고급기술자 연구」, 『경영사학』 18호, 한국경영사학회, 2003.

6) 김병관, 앞의 글, p. 132.

7) 堀和生, 『朝鮮工業化の史的分析』, 有斐閣, 1995; 주익종 옮김, 『한국 근대의 공업화: 일본 자본주의와의 관계』, 전통과 현대, 2003, pp. 330-331.

8) 이상의, 「일제하 전시체제기의 임금통제와 조선인노동자」, 『한국민족운동사연구』 57호, 한국민족운동사학회, 2008.

9) 1943년의 상황이기는 하지만 小林英夫, 『大東亞共榮圈の形成と崩壞』, 御茶ノ水書房, 1975, pp. 461-464.

10) 선재원, 「식민지 공업화와 유업률 감소: 1930 · 1940년 국세조사의 검증과 해방 후와의 비교」, 『경제사학』 49호, 경제사학회, 2010.

11) 「朝鮮における勞動力の量的考察」, 殖産銀行調査課, 『調査月報』, 1941년 1월, pp. 61-65.

12) 〈동아일보〉, 1939년 8월 1일, p. 3.

13) 박섭, 「농업성장, 1912-1960」, 안병직 편, 『한국경제성장사: 예비적 고찰』, 서울대학교 출판부, 2001, p. 44.

14) 박섭, 「식민지후기의 지주제」, 『경제사학』 18호, 경제사학회, 1994.

15) 최유리, 「일제말기 '조선증미계획'에 대한 연구」, 『한국사연구』 61 · 62호, 한국사연구회, 1988, p. 385.

16) 〈동아일보〉, 1939년 4월 12일, p. 7; 1939년 5월 16일, p. 5; 1940년 4월 5일, p. 3.

17) 日本窒素肥料株式會社,「朝鮮の肥料工業について」, 1946, p. 4-5.

18) 〈동아일보〉, 1940년 3월 8일, p. 3; 1940년 3월 14일, p. 6; 1940년 3월 28일, p. 7; 1940년 8월 1일, p. 1.

19) 堀和生 · 中村哲 編著,『日本資本主義と朝鮮臺灣』, 京都大學學術出版會, 2004; 박섭 · 장지용 옮김,『일본자본주의와 한국 대만: 제국주의하의 경제변동』, 전통과 현대, 2007, p. 367.

20) 최영호 외,『부관연락선과 부산』, 논형, 2007, p. 31.

21) 김낙년 편, 앞의 책, pp. 511-512.

22) 배석만,「일제 말 조선인자본가의 경영활동 분석: 백낙승과 이종회의 군수회사 경영을 중심으로」,『경제사학』 45호, 경제사학회, 2008. 오미일,「관료에서 기업가로 – 20세기 전반 閔泳徽一家의 기업 투자와 자본축적」,『역사와 경계』 68호, 부산경남사학회, 2008. 오진석,「일제하 박흥식의 기업가활동과 경영이념」,『동방학지』 118호, 연세대학교 국학연구원, 2002.

23) 정안기,「전시기 일본제국의 철강증산정책과 '조선형 증산모델': 소형용광로 제철계획을 중심으로」,『경제사학』 47호, 2009.

24) 배석만,「조선중공업주식회사의 설립과 경영」, 박섭 · 장지용 편,『부산의 기업과 기업가단체, 1900-45』, 해남, 2010.

25) 小林英夫,『大東亞共榮圈の形成と崩壞』, 御茶ノ水書房, 1975, pp. 461-464.

26) 조선총독부,「직업소개소, 일반소계」,『조선총독부 통계연보』, 1941년판.

27) 허수열,「조선인 노동력의 강제동원의 실태」, 차기벽 엮음,『일제의 한국 식민통치』, 정음사, 1985, pp. 317-319. 小林英夫,「1930年代日本窒素肥料株式會社の朝鮮への進出について」, 山田秀雄 編,『植民地經濟史の諸問題』, 東京: アジア經濟研究所, 1973, p. 187.

28) 近藤釼一,『太平洋戰下の朝鮮』, 友邦協會, 1962, p. 166.

29) 강정택,『朝鮮農村の人口排出機構』, 日滿農政研究會, 1940, pp. 12-21. 大野保,「朝鮮農村の實態的研究」, 大同學院,『論叢』 第4輯, 1941, pp. 197-199, 330-332. 마쯔모토 다케노리,「전시하 조선의 농민층 분화형태에 관한 분석: 노동동원의 영향에 주목하여」,『경제사학』 45호, 경제사학회, 2008, pp. 85-88.

30) 이상의, 앞의 글.

31) 朴慶植, 『日本帝國主義の朝鮮支配』 하권, 青木書店, 1973, p. 193. 전강수, 「1940년대 한국의 미곡통제정책: 해방 전후간의 비교분석을 중심으로」, 『경제사학』 19호, 경제사학회, 1995.

32) 이송순, 「일제말(1937-1945) 조선의 농촌경제 변화 – 미곡공출을 중심으로」, 『사총』 44호, 역사학연구회, 1995, p. 188.

33) 조선금융조합연합회, 『國民貯蓄造成運動に關する資料』, 조사자료 제28집, 1942, p. 23.

34) 久間健一, 『朝鮮農政の課題』, 1943, 제17장.

35) 이상의, 앞의 글.

36) 조선사료연구회, 『조선근대사료연구집성』 4호, 1961, pp. 29-30.

37) 전강수, 「식민지 조선의 미곡정책에 관한 연구」, 서울대학교 박사학위논문, 1993, pp. 178-179.

38) 朝鮮總督府, 「농업생산책임제 실시요강」, 『朝鮮』 348호, 1944.

39) 김성수, 「유한양행의 성장과 발전」, 『경영사학』 9호, 한국경영사학회, 1994.

40) 朝鮮銀行調査部, 『朝鮮經濟年報』, 1948, p. I-100.

41) 배석만, 「일제 말 조선인자본가의 경영활동 분석」, p. 166. 원저의 상급기술자를 기술자로, 하급기술자를 기능공으로 바꾸어 적었음.

42) 오진석, 「일제하 박흥식의 기업가활동과 경영이념」, 『동방학지』 118호, 연세대학교 국학연구원, 2002.

09

반공주의

09

반공주의

공장관리위원회

조선총독부는, 1945년 8월 9일에 소련이 참전하자 미군이 한반도에 진주하기 전에 소련군이 한반도 전부를 점령할 수도 있다고 염려했고, 재한 일본인의 안전을 지킬 수 있는 사람에게 권력을 나누어 주고자 했다. 그리하여 총독부 정무총감은 8월 15일 아침에 여운형에게 일본의 항복 방침을 설명했고, 이어서 국내 치안을 유지하고 일본인의 생명과 재산을 그들이 퇴거할 때까지 보호할 것을 요청했다. 여운형은, 그 제안에 대해 정치 · 경제범을 즉시 석방하고, 3개월간의 식량을 확보하고, 치안 유지와 건국사업에 대해 간섭하지 않고, 학생훈련과 청년조직에 대해 간섭하지 않고, 노동자와 농민을 건국사업에 동원하는 것에 대해 간섭하지 않아야 한다는 5개 조건을 제시했다. 총독부는 그 조건이 마음에 들지 않았지만 수락하지 않을 수 없었고, 여운형은 그 직후부터 건국준비위원회를 조직하기 시작했다. 국내 대다수의 정치세력이 건국준비위원회로 결집했고, 중도좌파가 주도권을 가졌으며, 8월 말까지 전국 곳곳에 지부가 설치되었다.

전국적인 정치적 움직임과 별개로 도시에서는 노동자들이 일본인 사업체를 인수하기 시작했다. 일본이 항복한 직후에 한국 거주 일본인은 자산을 팔고, 그 현금을 일본은행권으로 바꾸어, 귀국 후에 사용할 자금을 마련하고자 했는데, 일부의 한국인은 그 자산을 사려고 했다. 그러한 한국인 중 대다수의 목적은 자산을 사서 재화와 서비스를 생산하는 것이 아니었고, 가격이 올라가기를 기다려 그 자산을 더 비싸게 파는 것이었다. 이렇게 되면 산업시설이 훼손될 수 있었다.

그리하여 일본인이 소유한 사업체에서는 한국인 노동자, 중간관리인, 기술자, 임원 등이 그것을 접수하고 스스로 관리하려는 움직임이 일어났다. 다수의 사업체에서 노동자가 그 움직임을 주도했는데, 이들은 공장관리위원회를 조직했고,[1] 일본인 소유자에게서 공장 또는 사업체를 접수 또는 인수했으며, 사업체의 자산을 보전했다. 그리하여 조선경합금공업, 조선피혁 영등포공장, 화순탄광, 고려피복, 조선연탄 소사공장, 종연방적 전남공장, 전남도시(道是)제사, 호남직물, 전남여객 등에서 공장관리위원회가 조직되었다. 그런 사업체에서는 일본인 기업가와 기술자가 떠난 후에 인적 · 물적 자원이 부족한 중에도 생산은 계속되었다. 공장관리운동은 한국인 친일파가 소유했던 공장으로 확산되었다. 화신상회, 경성방직, 조선비행기 등에서 공장관리위원회가 조직되었으며 그곳에서는 노동쟁의가 빈발했다.[2]

1945년 9월 6일에 건국준비위원회가 모태가 되어 조선인민공화국이 수립되었고, 인민공화국이 수립되자 건국준비위원회의 지부는 인민위원회로 변신하여 인민공화국의 기초가 되었다. 인민공화국은 9월 8일에 임시접수위원회를 설치했으며, 공장관리위원회와 협조하며 일본인 재산과 기관을 접수하기 시작했다.[3] 인민위원회는 농촌에서는 치안을 유지했고, 또 소작 조건에도 개입했다.[4] 미군이 진주할 무렵에는 인민공화국이 노동자와 농민의 협력을 얻으면서 한국 경제를 장악해 가는 중이었다고 할 수 있다.

점령지 방침

미국 정부는 1945년 8월 11일에 하지(John Reed Hodge) 중장에게 제24군단을 이끌고 한반도의 38도선 이남을 장악하라는 명령을 내렸고, 그 명령과 함께 JANIS 75라는 한국에 대한 보고서를 제공했다. JANIS 75는, 미국 육군부가 미국, 일본, 한국에서 만들어진 각종 문헌과 한국을 이해하고 있는 사람들의 구술 자료를 이용해서 1945년 4월에 만든 종합적인 보고서였는데,[5] 그 보고서는 상세하고 우수했지만, 그 이전의 상황만을 담고 있었다.

하지는 4월 이후에 관한 추가적인 정보가 필요했고, 조선총독부에게 그 정보를 요청했다. 총독부는 평화와 질서를 교란하려는 공산주의자와 독립선동가가 한국인 사이에 존재한다고 하지에게 첩보했고, 그와 동시에 조선인민공화국을 사회주의 국가로 알렸다. 하지와 제24군단은 9월 8일에 한국에 진주했는데, 그 직후인 9월 10일에는 조병옥, 윤보선, 윤(J. Y. Yun)이 하지를 만나 인민공화국은 일본과 협력한 한국인 집단에 의하여 조직되었다고 발언했으며, 같은 날에 하지의 개인 통역관이었던 이묘묵은 미군정 관리들에게 행한 연설에서 여운형을 공산주의적 경향이 있는 사람으로 묘사했다.[6] 하지와 미군정은 조선총독부와 몇 명의 한국인의 첩보와 발언을 수긍했고, 미군정은 인민공화국을 경계하게 되었다.

미군정은 일본이 한국에 세력을 뻗치지 못하게 하고 한국에서 사회주의 혁명이 일어나지 않게 한다는 두 가지 방침을 가지고 있었으며,[7] 그 방침 위에서 미국에 협조하는 부르주아 국가를 세워야 했다. 우선 한국에 대한 일본의 영향력을 줄이기 위해서 일본 정부와 일본인이 소유하던 재산의 매매와 이용을 통제하기 시작했다. 그 재산은 미군정의 조사에 의하면, 농지가 1947년 말에 약 27만ha로서 남한 경지 면적의 약 10%, 공장은 1947년 10월에 1,573개로서 남한 공장 총수의 29%, 피고용자는 9.7만 명으로서 남한 공장 노동자 총수의 55%를 차지했다. 그 밖에도 공장 이외의 사업체, 주택, 점포, 임야, 동산(귀금속, 증권 등)이 있었다.[8] 미군정은 그 통제 방법의 하나로서 1945년 9월 25일에 「패전국 정부 등의 재산권 행사 등의 금지」를 시행하여 1945년 8월 9일자로 일본 정부 및 일본인 재산의 거래를 원칙적으로 무효화했고, 그들이 소유했던 사업체를 경영하려면 미군정에 조업신청서를 내고 허가를 받게 했다. 그것을 위해서 미군정은 1945년 10월에 재산관리처를 설치했고, 80여 명의 재산관리관을 두어 그 사업체를 관리 또는 경영하게 했다.

미군정의 지시에도 불구하고, 많은 공장관리위원회는 조업신청서를 내지 않은 채로 조업했다. 그것은, 그들이 그 공장의 실질적인 소유자라고 믿었기 때문이었다.[9] 일본 정부 또는 일본인이 소유한 재산은 미군정이 원하는 대로 통제되지는 않았다. 그 무렵의 한 보고에 의하면, 다소 과장되었을 수도 있지만, 1945년 11월 4일에 728개의 공장관리위원회가 있었고, 8만여 노동자가 위원회에 참가하고 있었다.[10] 또, 조선인민공화국은 공장관리운동과 관계가 긴밀했고, 11월 20-25일의 인민공화국 전국 인민대표자대회는 공장관리운동과 인민위원회를 통합하려고도 했다. 일본 정부 및 일본인이 소유했던 재산이 국부의 큰 비중을 차지했기 때문에, 공장관리위원회가 인민공화국의 지부가 되면, 미군정은 인민공화국을 다루기 어렵게 될 것이었다. 그리하여 미군정은 1945년 12월 6일에 「조선 내 소재 일본인 재산권 취득에 관한 건」을 시행하여, 1945년 8월 9일부터 12월 6일까지 이루어진 모든 일본인 재산의 거래를 무효로 했고, 조선총독부 및 일본인이 가졌던 모든 재산을 9월 25일 날짜로 미군정에 귀속시켰다.

「조선 내 소재 일본인 재산권 취득에 관한 건」은 귀속재산의 재산권 행사에 대한 이중으로 강경한 정책이었다. 하나는 일본에 대한 것인데, 국제법에 따르면, 승전국이 패전국의 사유재산을 몰수할 수는 없었다. 그럼에도 불구하고 미국 정부와 미군정이 그런 정책을 채택한 것은 일본인이 재산을 계속해서 소유하면 한반도에 대한 일본의 특권이 계속 유지될 것이고, 미국이 한국을 장악하기 어려울 것으로 판단했기 때문이었다. 미국 정부와 미군정이 몰수된 사유재산에 대해 보상할 계획을 제시하지 않았지만, 미국이 일본을 점령하고 있었던 탓에 일본 정부는 이의를 제기하지 못했다.[11)]

다른 하나는 한국 내의 사회주의 세력에 대한 것인데, 미군정은 재산을 8월 9일로 소급해서 몰수했다. 소급해서 몰수하는 것이 이치에 맞지 않았음에도 불구하고 미군정이 그렇게 했던 것은, 소련이 참전한 이후부터 미군이 진주하기 이전에 사회주의 세력에게 일본인 재산이 획득될 것을 우려했기 때문이었다. 여기에서 미군정이 염두에 두었던 세력은 공장관리위원회와 조선인민공화국이었다.

그런데 공장관리위원회 참가자의 구성과 활동을 살펴보면, 공장관리운동의 반(反)자본주의적 색채는 강하지 않았다. 또, 조선경합금공업, 경성방직, 조선피혁 영등포공장, 화순탄광, 고려피복, 조선연탄 소사공장, 종연방적 전남공장 등에서는 공장관리위원회의 관리 하에서 해방 직전보다 생산성이 높아졌다.[12] 그런 공장에서는 노동자가 밀린 임금을 받았으며, 그 공장의 이윤이 늘어날수록 노동자의 임금도 증가하여, 노동 의욕이 높아졌기 때문이었다. 미군정은 노동자의 공장 접수와 공장 관리 덕택에 생산력이 어느 정도라도 유지되고 있음을 이해했으며, 하지는 노동국 소속의 장교들에게 모든 공장관리위원회가 공산당원에 의해 지도된다고 속단하지 않도록 지시하기도 했다.[13] 그럼에도 불구하고 미군정이 공장관리위원회를 경계했던 것은 그 위원회가 조선인민공화국과 연계했기 때문이다.

인플레이션 대책

미군정은 재산권 처리에만 전념해서는 안 되었다. 해방 직후에 한국의 물가상승률은 매우 높았다. 서울의 소비자 물가는 1944-1945년에 6.6배나 상승했다.[14] 미국 정부는, 인플레이션이 초래한 경제적 혼란 때문에 중국 인민이 중국국민당 대신에 중국공산당을 지지하게 되었고, 그로 인해 중국국민당이 내전에서 패배했다고 이해했기 때문에, 한국의 인플레이션을 매우 우려했다. 미군정은, 점령지를 자신이 원하는 방향으로 이끌기 위해서는 물가 상승을 억제하여 민심을 얻어야 한다고 판단했다.

해방 직후의 초인플레이션은 물자 부족에 기인했고, 수입무역이 거의 완전히 정지한 것이 물자 부족의 가장 큰 원인이었다. 한국은 1940년에 무역의존도가 52%에 달했고, 일본과의 무역이 수출입의 82%를 차지했다. 그런 중에서도 많은 원료, 기계, 부품을 일본에 의존했기 때문에 일본과의 무역이 정지하자 공장을 가동하기 어려웠다.

수입무역이 급감한 것에는 여러 가지 이유가 있었지만, 가장 중요한 것은 도쿄와 서울의 미군정이 한국에 대한 일본의 영향력을 줄이기 위해서 한일간의 무역을 통제한 것이었다. 1946년 1월에 서울의 미군정이 낸 「대외무역규칙」에 이 점이 잘 표현되었는데, 그것에 의하면, 미군정장관 또는 그가 지정한 대리기관의 허가 없이는 무역할 수 없었다. 또, 한국에는 수입품을 구매할 국제 결제 수단이 부족했다. 식민지기에 한국은 수입액의 약 95%를 엔으로 지불했고, 조선은행권의 지불준비금도 엔 또는 일본 정부의 국채였기 때문에 그 밖의 외화는 거의 없었다. 수출을 늘려서 달러를 벌어들여야 수입도 할 수 있었으나, 한국의 산업은 일본과의 국제 분업에 조응했기 때문에 일본 이외에 팔 수 있는 수출품이 단기간에 출현하지는 않았다.

조선은행의 1941년 물가 계산에서는 쌀의 가중치가 100 중의 22였다. 소비생활에서의 쌀의 비중이 큰 만큼 미군정은 쌀값을 안정시켜야 했고, 그 목적으로 1945년 10월 5일에 미곡 공출제도를 폐지했다. 쌀값이 시장에서 결정되면 처음에는 상승하겠지만, 쌀값이 높아지면 농민이 쌀을 더 많이 내놓을 것이고 쌀 공급량이 증가하여 결국은 쌀값이 안정될 것으로 기대했던 것이다. 미군정은 공출제도를 폐지하면서 1945년의 추곡이 풍년이라는 것을 고려했지만, 실은 1944년의 추곡과 1945년의 하곡이 모두 흉년이어서 농촌에 곡물이 그다지 풍부하지 않았고, 1940년 겨울부터 쌀을 공출한 이후로 농민도 쌀을 제대로 써보지 못했기 때문에, 농민이 쌀을 많이 출하하려 하지도 않았다. 또, 미군정은 미군정에 대한 소작농의 지지와 생산 의욕을 높이기 위해서 10월 5일에 「최고소작료 결정의 건」을 공포하여 소작료의 상한을 수확량의 1/3로 했다. 이 정책은 의도는 좋았으나 지주의 소작료 수입이 감소하자 지주의 쌀 출하량은 오히려 줄었고, 쌀의 시장 공급량을 늘린다는 점에서는 효과가 없었다.

미국 정부는 한국을 점령한 직후인 1945년 9월부터 한국에 식료품, 의류, 의료품 등의 소비재와 농업용 생산재를 원조했지만, 그때부터 1945년 말까지 490만 달러에 지나지 않았다. 달러의 인플레이션은 무시하고 1940년의 환율 1달러=4엔으로 환산하면 약 2,000만 엔이었는데, 그것은 1941년 수입무역의 1.4%에 지나지 않았다. 남한의 수입액이 전국 수입액의 약 절반이었다고 가정하면 약 3%였다. 원조는 적었고, 미군정이 쌀의 자유 판매를 허용했지만 쌀의 출하량은 증가하지 않았고, 물가는 계속해서 급등했다. 미군정은 12월 19일에는 쌀의 최고가격을 다시 지정했으며, 「미곡수집령」을 시행하여 1946년 2월부터 농가가 스스로 소비하는 쌀을 제외한 나머지 모두를 강제로 매수했고, 쌀값을 안정시킬 목적으로 보리와 밀도 수집하기 시작했다. 1946년에 보리와 밀은 62만 석, 쌀은 248만 석, 1947년에 보리와 밀은 696만 석, 쌀은 467만 석이 수집되었다.[15)]

물자의 공급이 급감한 또 하나의 이유는 이 사태를 효과적으로 처리할 수 있는 능력을 가진 사람이 부족한 것이었다. 미군정은 요원이 부족했고, 한국인 중에는 고급 인력이 부족했다. 조선총독부가 1920년대에 자치주의의 가능성을 검토했을 때는 한국인 정치인이 있을 수 있었지만, 총독부가 1930년대에 철저한 동화주의로 회귀하자, 한국인이 국내에서 정치를 할 수 있는 가능성은 극히 낮아졌다.[16] 해방 직후에 국내에는 정책을 개발하고 집행해 본 경험을 가진 정치인은 거의 없었다. 또, 해방 직전에 한국인 고등관은 전국 모두 합해도 500명에 미달했고, 1939년에 발행된 『조선기술가명부』에 실린 한국인은 1,084명이었다. 1939년에 종업원 200명 이상의 공장을 소유한 한국인은 19명, 1942년에 자본금 50만 엔 이상의 회사 중에서 한국인이 소유한 회사는 55개에 지나지 않았다.[17]

귀속재산 관리

미군정은, 치안은 자신이 담당하고, 경제는 한국인이 감당할 수 있을 때까지는 일본인이 관리하기를 기대했으나, 한국인은 일본인 관리와 기술자가 한국에 체류하며 그들의 상급자로서 일하는 것을 용납할 수 없었다. 해방된 이후에도 그들의 지시를 받고 싶지는 않았던 것이다. 한국의 일부 대기업은 일본인의 귀국에 반대했지만,[18] 미군정은 한국인 다수의 의사를 무시할 수 없었고, 모든 일본인에게 귀국하도록 지시했다. 예외적인 일도 있어서 종연방직 전남공장에서는 공장관리위원회가 일본인 기술자 7명을 억류했고, 한국인 노동자에게 공장 운영에 필요한 기술을 가르치게 했으며, 1945년 말에 만주에서 귀국한 한국인 기술자가 입사하자 비로소 일본인 기술자를 돌려보냈다.[19] 하지만 전국적인 상황을 보면, 11월 말까지 거의 모든 일본인이 일본으로 돌아갔고, 이 일은 한국 경제의 생산력을 유지하는 데에는 부정적인 영향을 미쳤다.

미군정은 일본인 기술자를 귀국시키기로 결정하자, 귀속사업체에서 생산량을 늘릴 효율적인 방법을 발견해야 했는데, 그런 중에 미군정이 1945년 12월에 「조선 내 소재 일본인 재산권 취득에 관한 건」을 시행하여, 모든 귀속재산을 미군정의 소유로 하자, 귀속사업체 운용에 대한 미군정의 역할이 훨씬 커졌다. 미군정은 그 이전에는 공장을 경영하려는 사람의 조업 신청을 받고 그것을 심사했지만, 이제는 스스로 공장을 경영해야 했다. 미군정은 그때부터 귀속사업체에 관리인을 파견했고,[20] 관리인으로 하여금 공장관리위원회를 대체하거나 공장관리위원회를 지휘하게 했다. 미군정의 재산관리처는 1946년 3월부터 사업체의 운영은 관리인에게 이양했고, 관리인을 감독하는 데 머물렀다.

공장관리위원회는 무너져 가는 공장을 자신의 힘으로 재건했기 때문에 그 공장을 자신의 재산처럼 인식했다. 그 때문에 마산 조면공장, 아사히견직, 삼화고무 등을 제외한 거의 모든 귀속사업체에서 관리인과의 사이에 경영권을 둘러싼 분쟁이 발생했다.[21] 공장관리위원회는, 미군정이 임명하고 경찰이 보호하는 관리인을 그들이 완전히 배척하는 것이 불가능함을 알았기 때문에, 대개의 경우에 관리인과 교섭하여 경영에 참여하는 권리를 얻으려 했다. 공장관리위원회가 요구한 참여의 범위는 생산물 품목, 직원 인사, 산출물 판매 등 구체적이기도 했지만, 공동경영과 같이 포괄적이기도 했는데,[22] 미군정은 공장관리위원회의 경영 참여를 인정하지 않았다. 그것은 미군정이 경영권을 기업가의 배타적인 권리로 보았기 때문이기도 했고, 노동운동을 경계했기 때문이기도 했다.

미군정이 공장관리위원회의 경영 참여를 불허하자, 다수의 공장관리위원회는 관리인을 배척했고, 미군정은 경찰력을 사용해서 공장관리위원회를 탄압했다. 공장관리위원회가 미군정 경찰을 이기지는 못했으며, 공장관리운동은 점차 쇠퇴했고, 관리인제도가 정착했다.

노동운동

조선인민공화국은 1946년 2월에 해산했지만 노동운동은 점차 성장하고 있었다. 미군정은 1945년 10월 30일의 「노동의 보호, 언론출판 등의 등기」에서 개인이나 개인집단이 타인의 성실하게 노동할 권리를 방해하는 것은 불법이고, 공업 생산을 계속하기 위해서 필요한 약속과 조건을 둘러싸고 생기는 쟁의는 군정청에 설치된 조정위원회에서 해결할 것이며, 그 사건이 해결될 때까지 생산은 계속되어야 한다고 정했다. 노동조건과 관련한 분쟁이 있을 수 있지만, 그럼에도 불구하고 태업이나 파업을 해서는 안 되었으므로, 단체행동권은 불법으로 취급된 것이었는데, 미군정은 한국의 노동운동이 정치지향적으로 될 것을 경계했던 것이다.[23)]

조선노동조합 전국평의회(전평)는 위의 군정법령이 나온 직후인 1945년 11월 5일에 설립되었다. 전평 결성대회 회의록에 따르면 12개 산업에서 노동조합 연맹이 조직되었고, 단위노조가 1,194개였으며, 조합원 수가 약 22만 명이었다.[24)] 그 대회에서 채택된 선언에 따르면, 전평의 목표는 노동자 계급의 생활 조건을 개선하고, 조선인민공화국 수립에 기여하는 것이었고, 행동 방침은 해산하는 기업에 대한 수당 또는 퇴직금

지급 요구, 해고 반대, 노동자 공장관리, 산업 건설에 대한 협력 등이었다.[25)]

미군정은, 산업 건설에 협력한다는 전평의 행동 방침을 조선인민공화국을 수립하기 위한 방법의 하나로 보았고, 또 전평이 노동자 공장관리를 행동 방침으로 했기 때문에, 전평과 우호적인 관계를 맺으려 하지는 않았다. 미군정은 1945년 12월 8일에 「노동조정위원회 설립에 관한 건」을 시행하여 노동조정위원회의 관제를 제정했고, 노사분규를 강제조정할 수 있게 했는데, 그것은 「노동의 보호, 언론출판 등의 등기」를 보강하는 것이었다. 한편, 1945년 12월 16일에 미국, 소련, 영국이 회의하여 한국에 임시정부를 수립하고, 임시정부가 안착할 수 있도록 미국, 소련, 영국, 중국이 최대 5년간 신탁통치할 것을 결의했는데, 전평이 1945년 12월 31일에는 신탁통치에 반대했다가 그 직후인 1946년 1월 3일에 조선공산당에 동조할 목적으로 찬성으로 변경하자, 미군정은 전평을 더 불신하게 되었다.

한편, 관리인의 경영 성과는 좋지 않았다. 김기원의 조사에 의하면 1948년 12월에 가동중인 귀속사업체가 2,447개였다.[26)] 귀속사업체가 계속해서 유실되었던 것을 감안하면 1946년 봄에는 귀속사업체가 더 많았을 것인데, 당시의 한국의 인적 자원으로는 그만한 수의 귀속사업체를 경영할 수는 없었다. 자질이 부족한 사람도 관리인에 다수 임명되게 되자, 미군정은 관리인에게 자율성을 주지 않았고, 관리인으로 하여금 부동산 처분, 임금 인상, 종업원 고용, 일정 액수 이상의 지출 등에 대해서 일일이 미군정의 허가를 받게 했다.[27)] 미군정이 관리인을 지나치게 규제하자, 상당수의 관리인은, 생산성을 높이거나 판매량을 늘려서 상여금을 받기보다 원료나 산출물을 방매하고 그 자금을 횡령하여 자신의 수입을 늘리려 했다. 그런데 그들을 모두 감독하기에는 미군정 재산관리처의 역량이 부족했으며, 공장관리위원회가 해산되자 노동자도 관리인을 감시하기 어려워졌다.

미군정 감찰부는 1945년 12월부터 1946년 3월 말까지 약 40명의 감찰관을 동원하여 경인지역의 귀속사업체 중 100개 대기업을 조사했고, 그들의 부정을 '묵과할 정도의 부정'과 '악질적인 부정'으로 구별했는데, 신문 보도에 따르면 70개의 기업이 '악질적인 부정'을 저질렀고 나머지가 '묵과할 정도'의 부정을 저질렀다. '악질적인 부정'의 대표적인 내용은 군정청에 보고해야 할 재산을 숨기고, 그 재산을 시장에서 처분하여 수입을 얻는 것이었다.[28)]

관리인제도의 성과는 낮았지만, 어쨌든 관리인이 공장관리위원회를 대체하고 공장관리위원회가 소멸하자, 미군정은 그때부터 노동조합을 상대해야 했다. 미군정은 1946년 봄에는 연합군 최고사령부에 노동법 제정을 위해 자문했고, 사령부는 한국소위원회를 조직했으며 두 명의 요원을 파견하여 한국의 실정을 조사하게 했다. 한국소위원회는 조사 보고서에서 한국에서도 일본과 마찬가지로, 노동, 산업, 농업에서 민주적 조직이 발전해야 한다고 권고했고, 미군정이 정책을 수정하면 전평과 협력하여 그 목적을 이룰 수 있을 것으로 평가했다.[29)]

이 일은 미군정에 효과를 미쳤고, 미군정은 1946년 5월에 정판사 위조지폐 사건을 수사하면서 그 사건의 주모자로 조선공산당을 지목하고 조선공산당을 탄압하면서도 전평과는 관계를 개선했다. 또, 미군정은 1946년 6월 8일부터 시작한 인천 동양방직 공장에서의 파업에서는 전평에게 단체교섭권을 인정했고, 12일에는 미군정, 전평, 동양방직 이사, 노동자 사이에서 협상이 타결되었으며, 16일에는 노동자들이 파업을 멈추고 공장으로 복귀했다.[30)]

전평은 미군정의 새로운 정책에 호응했고, 6월 13일의 전평 지령 제24호 「일상 노동운동과 군정협력에 관한 지시의 건」과 6월 17일의 전평 특별지령 제24호 「조합활동 특히 직장 내 활동태도에 관하여」에서 우리는 경제 부흥과 노동 조건 개선을 병진하는 투쟁을 해야 하며, 태업과 파업을 구실로 노동조합을 파괴하려는 여러 가지 음모가 있으므로 그러한 전술은 될 수 있는 대로 취하지 말아야 한다고 지시했다.[31)] 전평은 7월 12일에 조선출판노동조합, 한성일보사, 동아일보사, 경성일보사와 함께 경성일보사의 노사분규를 해결했고,[32)] 7월 14일에는 「지령 제24호 중 파업전술에 대한 부분의 추가해설」을 내었으며, 7월 15-21일의 1주일을 산업건설 특별추진주간으로 정하여, 생산 능력 증대, 공장 주위 청소, 노동시간과 노동규율 엄수, 비애국적 기업가의 모리행위 적발을 구호로 내걸었다.[33)]

미군정은 1946년 7월 23일에 시행된 「노동문제에 관한 공공정책 공포 노동부 설치」에서 민주주의적 노동조합의 발전과 평화적 노사합의를 장려하고, 그것을 위해서 노동부를 설치할 것이라고 했는데, 그 법령에서 전평을 배제하지 않았다.

반공주의

당시에 우파는, 노동조합은 기업 경영을 방해할 뿐이라고 믿었고,

노동조합을 설립해서 자신의 지지 기반으로 만들려고 하지는 않았다. 그런데 1946년 1월에 전평의 단위노조가 대규모로 신탁통치 찬성 시위를 하자, 우파는 자신들이 동원할 수 있는 노동조합을 육성해야 함을 알았다. 우파는 3월에 대한독립촉성노동총연맹[34](대한노총)을 결성했고, 이어서 단위노조를 만들기 시작했다. 대한노총의 목표는 전평의 단위노조를 분쇄하고 그 자리에 대한노총의 단위노조를 설립하는 것이었다.

대한노총이 그 목적을 이루기 위해서는 사업체의 노동자 중에서 노동조합 조직책을 발굴해야 했는데, 전평의 단위노조가 이미 있는 사업체에서 조직책을 발굴하기는 어려웠기 때문에, 조직책을 입사시켜야 했다. 기업주가 노동조합에 대해 호의적이지는 않았지만, 대한노총의 다섯 가지 강령 중에는 '우리는 혈한불석(血汗不惜)으로 노자간 친선을 기함'이 있었고,[35] 그런 만큼 기업주의 협력은 얻을 수 있었다. 기업주는, 대한노총이 추천하면 노동자로서 적절하지 않은 자도 수위, 창고지기, 노무관리자 등으로 채용했고, 그들이 대한노총 단위노조의 조직책이 되었다.[36] 대한노총이 단위노조를 만들자 미군정은 전평 이외에도 노동계와 협상할 수 있는 경로가 생겼다.

미군정 관리가 대한노총의 단위조합은 노동자 대중이 아니라 조직적 테러리스트의 도움에 의존하고 있다고 발언하기도 하는 등,[37] 미군정이 대한노총을 신뢰했다고 할 수는 없지만, 사회주의와 민족주의에 기반을 두고 조선공산당과 협조하는 전평보다는 반공주의에 기반을 둔 대한노총을 미군정은 선호했다. 이런 중에 조선공산당은, 박헌영이 평양을 방문하고 7월 말에 돌아오자, 반미운동, 북한에서와 같은 개혁 실시, 군정에서 인민위원회로의 정권 이양, 과도입법의원에 대한 반대 등

미군정이 수용할 수 없는 과제를 제기했다.[38] 그와 함께 전평의 행동 방침은 산업건설을 중시하던 것에서 파업투쟁을 중시하는 것으로 바뀌었다. 전평은 8월부터 총파업을 준비했고, 9월에 총파업을 단행했으며, 미군정은 전평을 대대적으로 탄압했고, 전평은 힘을 잃었다. 그 이후 대한노총 단위노조가 공장을 장악하게 되었다. 대한노총 단위노조의 지도자는 그들에게 따르지 않는 노동자에게 폭력도 썼지만, 기업주가 대한노총의 단위노조를 옹호했기 때문에 노동자는 그 지도자들에게 저항하기 어려웠다. 반공주의가 점점 공장을 장악했고, 반공주의는 정부가 노동계를 동원하는 바탕이 되었다.

1) 이하에서는 공장관리로 적지만 여기에서의 공장은 다른 종류의 사업체를 포괄함.

2) 김기원, 『미군정기의 경제구조』, 푸른산, 1990, pp. 307-326. 김무용, 「해방 직후 노동자 공장관리위원회의 조직과 성격」, 『역사연구』 3호, 역사학연구소, 1994.

3) 김무용, 앞의 글, 1994.

4) 김창진, 「8 · 15직후 광주지방에서의 정치투쟁: 1945-46년 인민위원회운동과 미군정의 성격」, 『역사비평』 1호, 역사비평사, 1987. 안종철, 『광주 · 전남 지방현대사 연구: 건준 및 인민위원회를 중심으로』, 한울아카데미, 1991. 허은, 「경상북도 지역 지방인민위원회의 역사적 배경과 활동」, 『역사연구』 3호, 역사학연구소, 1994.

5) 정용욱, 『해방 전후 미국의 대한정책: 과도정부 구성과 중간파 정책을 중심으로』, 서울대학교 출판부, 2003, pp. 66-68, 129.

6) Bruce Cumings, *The Origins of the Korean War,* Volume I: *Liberation and the Emergence of Separate Regimes, 1945-1947*, 김자동 옮김, 『한국전쟁의 기원』, 일월서각, 1986, pp. 177, 194. 정용욱, 같은 책, p. 130.

7) 미군정법령 제19호.

8) 김기원, 앞의 책, p. 32.

9) 오연호, 「미군의 화순 탄광노동자 학살」, 『말』 31호, 1989년 1월. 정근식, 「해방 직후 전남 지역의 노동운동」, 『사회와 역사』 23호, 1990.

10) 「해방선언」 8호; 김기원, 「미군정기 귀속재산에 관한 연구: 기업체의 처리를 중심으로」, 서울대학교 박사학위논문, 1989, p. 76에서 재인용.

11) 이혜숙, 『미군정기 지배구조와 한국사회: 해방 이후 국가-시민사회 관계의 역사적 구조화』, 선인, 2008, pp. 190-191.

12) 정근식, 앞의 글, 1990. 조순경 · 이숙진, 『냉전체제와 생산의 정치』, 이화여자대학교 출판부, 1995, pp. 214-215.

13) 조순경 · 이숙진, 같은 책, pp. 102, 215.

14) 김낙년 · 박기주, 「해방 전후(1936-56년) 서울의 물가와 임금」, 『경제사학』 42호,

경제사학회, 2007.

15) 조선은행조사부, 앞의 책, pp. I-302-304.

16) 박섭, 『식민지의 경제변동: 한국과 인도』, 문학과 지성사, 2001, pp. 119-138.

17) 東洋經濟新報社, 『朝鮮銀行會社組合要錄』, 1943. 조기준, 『한국자본주의 성립사론』 제2판, 대왕사, 1983, pp. 453-457. 김병관, 「일제하 조선인기술자의 형성과정과 존재형태」, 충남대학교 박사학위논문, 1996, p. 132.

18) 대한방직협회, 『방협20년사』, 대한방직협회, p. 458.

19) 오연호, 「미군 통역관의 일산방직 강탈사」, 『월간 말』 34호, p. 56. 정근식, 앞의 글, pp. 217-218. 김무용, 앞의 글, p. 121.

20) 〈동아일보〉, 1946년 1월 5일, p. 2.

21) 김기원, 앞의 책, pp. 95, 326-359. 조순경 · 이숙진, 앞의 책, pp. 216-224.

22) 조순경 · 이숙진, 같은 책, pp. 221-223.

23) 박지향, 「한국의 노동운동과 미국, 1945-1950」, 박지향 · 김철 · 김일영 · 이영훈 엮음, 『해방 전후사의 재인식』, 책세상, 2006, pp. 106-113.

24) 전현수, 「해방직후 전평의 조직과 활동(1945.8-1947.8)」, 『한국사연구』 81호, 1993, p. 109.

25) 中尾美知子 지음, 춘추사 편집부 옮김, 『해방후 전평 노동운동』, 춘추사, 1984, pp. 49-63. 정해구, 「미군정과 좌파의 노동운동: 정치적 상황과 전평의 운동노선을 중심으로」, 『경제와 사회』 2호, 비판사회학회, 1989, p. 123.

26) 김기원, 앞의 책, p. 30.

27) 같은 책, pp. 133-144.

28) 〈동아일보〉, 1946년 3월 20일, p. 2.

29) 박지향, 앞의 글, pp. 113-126.

30) 〈자유신문〉, 1946년 6월 14일, p. 2; 6월 17일, p. 2.

31) 김양재, 『노동조합교정』(영인본), 돌베개, 1987, pp. 97-98. 원본은 前進社, 1947년 출판.

32) 〈동아일보〉, 1946년 7월 12일, p. 2.

33) 〈동아일보〉, 1946년 7월 11일, p. 2.

34) 1948년 8월에 대한노동총연맹으로, 1954년 4월에 대한노동조합 총연합회로 개칭함.

35) 김석준, 『미군정 시대의 국가와 행정: 분단 국가의 형성과 행정 체제의 정비』, 이화여자대학교 출판부, 1996, p. 183.

36) 조돈문, 「1950년대 대한노총 노동조합과 계급지배 재생산」, 『산업노동연구』 6-2, 2000, pp. 154-157.

37) 같은 글, p. 152.

38) 정해구, 앞의 글, p. 134.

10

민간기업의 성장

10

민간기업의 성장

귀속재산 매각

대한노총이 전평을 대체했고, 관리인이 공장관리위원회를 대체했지만, 대한노총과 관리인의 조합이 전평과 공장관리위원회의 조합보다 우월하지 않았다. 또, 미군정은 점령 초기에 시장경제를 회복시킨다고 주장했던 것과는 달리 「대외무역규칙」, 「미곡수집령」 등을 공포하여, 농민과 민간기업의 생산 의욕을 저해했다. 미군정은 1947년에 들어와 정부부문의 비중을 낮추고 민간에 대한 규제를 줄이기 시작했다.

미군정은 귀속사업체의 경영 성과를 높이기 위해서는 그것을 민간에 매각해야 한다고 판단했지만, 미국 정부는 귀속사업체를 포함해서 귀속재산을 연합국에 대한 배상금의 일부로 사용하려 했고, 한국인은 귀속사업체를 정부가 소유해야 한다고 믿었다.[1] 미군정이 1947년 상반기에 조사한 바에 따르면, 조사 대상이었던 약 50개의 단체 중에서 한민당을 제외한 나머지 모두가 귀속사업체를 민간에 매각하는 일에 반대했다.[2] 그리하여 매각 대상 기업은, 미군정 장관이 특별히 지정하지 않는 한 장부가격 10만 원 이하의 중소사업체에 한정되었다. 김기원의 추정

에 따르면 1,812개 기업체의 평균 장부가격이 12만 원이었다.[3)]

미군정은 1947년 3월에 「소규모 사업체 처분에 관한 건」을, 1947년 7월에는 「불하세칙」을 내었다. 미군정은 귀속사업체의 관리인 또는 임차인에게 적정가격으로 매입할 우선권을 부여했고, 관리인 또는 임차인이 매입하지 않으면 최고가격 입찰자에게 매각했다. 구매자는 매입대금의 최소 20%를 계약과 동시에 납부해야 했으며, 잔액은 연 7%의 이자로 10년 이내에 분할납부해야 했다.[4)] 매각건수는, 재무부가 발행한 「법인대장」에 따르면, 1947년 7-12월에는 29건에 지나지 않았지만, 1948년 1-8월에는 106건으로 증가했다.[5)]

미군정은 농업 부문에서는 귀속농지의 매각과 사유 농경지의 소유권 개혁을 계획했다. 농민의 생산 의욕을 높여 생산량을 늘리는 것과 미군정에 대한 그들의 지지를 높여 사회주의 세력을 억압하는 것이 그 목표였다. 미군정은 남조선 과도입법의원의 몇 의원과 협의하여 남한 토지개혁법의 초안을 완성했고, 1947년 12월 22일에 과도입법의원 본회의에 그 초안을 상정했지만, 다수의 입법의원이 법안 심의에 참가하지 않아 보류되었다.[6)] 입법의원의 대부분이 지주였기 때문인데, 그들은 농지개혁은 매우 중요한 일이므로 한국 정부가 수립된 이후에 해야 한다고 주장했다.

미군정은 1948년 3월에 중앙 토지행정처를 설치하여 귀속농지만이라도 농민에게 매각할 계획을 세웠다. 귀속농지는 미군정이 소유했고 국영기업인 신한공사가 관리하고 있었기 때문에 입법의원이 협조하지 않아도 그것을 매각할 수 있었다. 그리하여 1948년 8월 15일까지 귀속농지의 85%를 매각했다. 한 농가가 구매할 수 있는 최대 면적은 3정보였으나, 농지를 구매한 이후에 그 농가의 소유 경지 총면적이 3정보를 넘어서는 안 되었고, 농지를 구매한 농가는 연평균 생산량의 300%를 15년간 나누어 현물로 납부해야 했다. 실질이자율을 3%로 가정하고 15년 분할 납부를 고려하면 농민의 구입가격은 1년 생산량의 약 2배였다. 장상환의 조사에 의하면, 당시에 지주의 농지 판매가격은 연평균 생산량의 1배 이하가 약 1/3이었고, 1-2배가 1/3을 조금 넘었고, 2-3배가 1/3 이하였으므로,[7] 시세에 준하여 매각되었다고 할 수 있다. 귀속사업체와 귀속농지의 매각을 계기로 해서 한국 경제는 서서히 민영화되기 시작했다.

규제 완화

미군정은 1947년 6월에는 조선환금은행이라는 외환거래 전문 은행을 세웠고, 이어서 8월에는 「대외무역규칙」을 폐지했으며, 그 대신에 상무부 명령을 내어 무역업자를 규제하던 것에서 수출입 물자를 규제하는 것으로 방법을 바꾸었다. 이 정책은 무역업 참가자를 늘렸고 수출입이 증가하는 효과를 낳았다. 미군정은 1948년 2월에는 외환예치제를 두어 수출업자를 지원했다. 그리하여 수출업자가 무역거래에서 수취한 외국환을 조선환금은행에 예치하면 그 은행이 예치증명서를 발급했고, 수출업자는 그 외환으로 상품을 수입하거나 공정환율보다 높은 자유시장 환율로 다른 수입업자에게 판매할 수 있었다. 무역 정책의 이러한 변화는 한국 상품에 대한 국외 수요와 국외에서 한국으로의 생산재 공급을 늘렸고, 민간기업의 가동률이 높아지는 계기가 되었다.

1947년에는 미국의 원조도 한국 경제에 영향을 줄 수 있을 만큼 늘었다. 미국이 1946년에 0.5억 달러를 원조했는데, 1940년의 환율 1달러=4엔으로 환산하면 약 2억 엔이었고, 달러의 인플레이션은 무시해도 1941년 수입무역의 13%였다. 남한의 수입액이 전국 수입액의 약 절반이었다고 가정하면 약 26%였다. 1945년보다는 비율이 높아졌지만, 여전히 한국 경제에 충분한 영향을 주지는 못했다. 그에 비하면 1947년에는 원조자금이 1941년 수입무역의 46%까지 높아졌다. 또 원조자금으로 구입된 물자의 구성을 살펴보면, 식료품, 피복, 의약품이 60%로 많기는 했지만, 그 밖에는 농업용, 공업용, 사회간접자본 보수용 생산재였다.[8]

「미곡수집령」은 1947년에도 해제되지 않았고 그것은 농민의 생산의욕을 저해했지만, 비료는 많이 수입되었다. 1947년의 비료소비량은 그 이전에 판매비료를 가장 많이 소비했던 1938년의 소비량에 근접할 정도로 많았다. 그 덕택에 1946-1947년에 재배업 생산량은 8% 증가했다.[9] 공업 부문에서는 면방직업이 가장 중요했는데, 1946-1947년에 방적 부문에서는 방추 수가 8%, 방추 가동률이 16%, 면사 생산량이 40% 증가했고, 직조 부문에서는 직기가 5%, 직기 가동률이 9%, 면직물 생산량이 39% 증가했다.[10] 원료와 부품의 공급량이 늘었기 때문이었다.

1947년에는 사업자단체도 증가하기 시작했다. 1946년 5월에 조선상공회의소가 설립되었고, 이어서 전국에 조선상공회의소의 지부가 설립되었지만, 그것은 1946년 초부터 전평이 세력을 넓히고 또 미군정과 접촉하기 시작하자, 사업자들이 노동운동에 대응하고 또 미군정에 영향을 미치기 위해서였다. 1947년에 들어와 변화가 일어났는데, 조선방직협회, 조선선박공업협회, 피복공업조합, 전구공업조합, 주물공업조합, 화학공업약품조합, 견직물공업조합, 의료공업조합 등의 동업자단체가 설립되었고, 서울시공업협회 같은 지역 단위의 산업단체도 설립되었으며, 그들은 원료 구매, 정보 및 기술교류, 판로 개척을 시도했다. 1947년에 한국 경제는 태평양전쟁 발발 이후의 붕괴에서 조금씩 회복되고 있었다.

미군정은 1947년 겨울부터 남한의 단독정부 수립을 준비했는데, 이 무렵의 경제 회복은 미군정이 한국인에게 정권을 이양하는 데 좋은 환경이 되었다. 1948년 5월에 제헌의원을 뽑는 총선거가 치러졌고, 그 제헌의원에 의해 7월에 헌법이 제정되었으며, 이어서 그 헌법에 따라 정부가 구성되었고, 8월에 정부가 수립되었다. 미군정은 같은 달에 해산했다.

농지 개혁

미군정의 귀속사업체와 귀속농지 매각사업은 이승만 정부(1948-1960년)에게 커다란 영향을 미쳤다. 우선 미군정이 귀속농지를 매각하자 농지 개혁은 누구도 거스를 수 없는 시대의 흐름이 되었다. 1948년 5월에 제헌의회 의원을 선출할 때, 많은 후보자가 농지 개혁을 공약으로 내걸었으며, 농민은 그 공약을 지지했고, 지주는 그것에 반대하지 못했다. 1948년 7월에 제정된 대한민국 헌법 제1호 제86조에 "농지는 농민에게 분배하며 그 분배의 방법, 소유의 한도, 소유권의 내용과 한계는 법률로서 정한다"고 규정되었다.

농림부는 정부 수립 직후부터 농지 개혁을 준비했고, 1948년 11월에 농지 소유 면적의 상한을 2정보로, 농민에 대한 매각금액을 연평균 생산량의 120%로, 지주에 대한 보상금액을 연평균 생산량의 150%로 하는 법안을 만들었고, 1949년 1월에 국무회의에 상정했다. 여기에 대해 이승만은 150%와 120%의 차이를 정부가 부담하는 것은 불가능하다는 이유로 그 안에 반대했고, 기획처는 농림부 법안을 수정하여 농지 소유 상한을 3정보로, 매각금액과 보상금액을 모두 연평균 생산량의 200%로 하는 법안을 만들었다. 농림부 장관 조봉암은 기획처 법안에 반대했지만 이승만과의 갈등 끝에 1949년 2월에 사직했고, 기획처 법안은 정부안이 되어 국회 본회의에 상정되었다. 기획처 법안은 농림부 법안보다는 지주에게 유리했지만, 미군정의 귀속농지 매각가격이 연평균 생산량의 300%였던 것을 생각하면, 지주에게 호의적인 것은 아니었다. 한편, 국회산업위원회는 매각금액과 보상금액을 모두 연평균 생산량의 300%로 하는 법안을 제출했는데, 지주 출신 의원의 이익을 반영한 법안이었다.

기획처 법안은 국회에서 심의되던 중에 농림부 법안에 더 가깝게 수정되었다. 그리하여 농지 소유 상한을 3정보로 하고, 농지 소유자가 자신의 농지를 타인에게 대여할 수 없고, 농민에게서 연평균 생산량의 125%를 현물로 징수하고, 지주에게 연평균 생산량의 150%에 해당하는 현금을 지급하며, 징수 및 지급의 기간을 5년으로 하는 「농지개혁법」이 1949년 6월에 제정되었다. 법률은 1950년 봄에 농민에게서 연평균 생산량의 50%를 징수하는 것으로 수정되었고, 1950년 3월에 시행되게 되었다. 정부는 농지가 매수된 지주에게 지가증권을 발급하게 되었는데, 지가증권에는 소유지의 연평균 생산량의 1.5배에 해당하는 양과 그 양의 1/5에 상응하는 현금을 5년간 받을 수 있는 권리가 기재되게 되었다. 1948년에 귀속농지를 배분받았던 농민도 150%를 납부하는 것으로 바뀌었다.[11)]

농지 개혁이 시대의 흐름이었기 때문에 지주는, 국회가 「농지개혁법」을 논의하는 중에 그것에 반대할 수 없었다. 그들은 농지가 값싸게 매입될 것을 우려했고, 스스로 매각하기 시작했는데, 해방 직전과 농지 개혁 직후의 소작지 면적의 차이에서 미군정의 매각 면적과 한국 정부의 매수 면적을 제외하면, 지주가 해방 직후부터 농지 개혁이 시작되기 직전까지 71.3만 정보를 매각했음을 알 수 있다.[12] 그 가격은 앞에서 소개한 것처럼 연평균 생산량의 1배 이하가 약 1/3이었고, 1-2배가 1/3을 조금 넘었고, 2-3배가 1/3 이하였다.

이 기간에 지주는, 농업 재산이 감소했을 뿐 아니라, 다른 종류의 자산가로 변신하지도 못했다. 공제욱, 최봉대, 오유석은 1945-1950년의 여러 자료를 이용해서 그 무렵의 서울에 있는 회사 대표 또는 관리인 2,445명의 출신 배경을 조사했는데, 대지주 또는 대지주 출신자는 72명으로 전체의 3%에 지나지 않았다.[13] 이것과 전국적인 상황이 크게 다르지 않다고 가정하면, 농지 소유권이 개혁된 이후에는 지주 출신자의 사회경제적 지위가 더 이상 유지되지 못했을 것으로 추측할 수 있다.

민간기업의 증가

한국 정부는 1948년 9월에 미국 정부와 「한미 정부간 재정 및 재산에 관한 최초협정」을 맺었고, 미군정이 행한 귀속재산 매각이 적법하다고 인정했으며, 남은 귀속재산을 인계받았다. 그리고 미군정이 1947년에 제정한 「소규모 사업체 처분에 관한 건」과 「불하세칙」에 따라 1948년 8-12월에 52건, 1949년에 65건을 더 매각했다. 정부는, 국회가 1949년 12월에 「귀속재산 처리법」을 제정하자, 1950년 3월부터 그 법률을 시행했지만,

1950년 6월에 한국전쟁이 일어났기 때문에 귀속재산 매각에 관한 법률이 갖추어졌음에도 불구하고, 그 해에는 37사업체가 매각되는 데 그쳤다.

1951년에는 귀속사업체 매각건수가 412건으로 급증했는데, 정부가 전쟁비용을 마련하기 위해서 귀속사업체 매각을 서둘렀기 때문이었다. 귀속사업체 매각건수가 급증하자, 국무회의는 1951년 3월과 4월에 국무원 고시 제12호와 제13호를 내었고, 운수, 통신, 금융, 보험, 전기, 수리(水利), 수도, 가스, 광산, 제철소, 기계제조 등 공공성을 가진 기업체 50개를 국유 기업체로 지정했다. 그것은 매각을 저지하기 위한 것은 아니었고, 국방 또는 국민생활에 반드시 필요한 기업은 국유로 하게 했던 헌법 제87조와 제88조에 위배되지 않기 위해서였다. 1952년과 1953년에도 귀속사업체 매각건수는 각각 325건과 360건에 달했다. 1951-1953년에 총 1,207건이 매각되었는데, 1948년 말에 한국의 회사가 모두 5,428개였고, 1952년 말에 종업원 10인 이상의 공업기업이 모두 3,208개였음을 고려하면 3년에 귀속사업체 1,207개를 매각하는 것은 거대한 사업이었다.[14)]

정부가 짧은 기간에 많은 귀속사업체를 매각해야 하자 사업체의 매각 조건은 구매자에게 유리하게 되었다. 귀속사업체에는 정부의 사정가격이 매겨졌는데, 정부 사정가격은 시가에 준해서 결정되게 되어 있었지만, 당시에 물가상승률이 매우 높았음에도 불구하고 정부는 사정가격을 그다지 바꾸지 않았다. 그 때문에 정부 사정가격은 시가의 1/4-1/3 정도였다. 또, 구매자가 매입대금을 계약할 때 20% 이상, 2년 이내에 50% 이상, 4년 이내에 70% 이상 납부하는 조건만 지키면 분할지불할 수도 있었다. 매각건수 전체 중의 비중은, 일시지불이 23%, 5년 분할지불이 25%, 7년 분할지불이 12%, 10년 분할지불이 21%였다. 규모가 큰 경우에는 15

년 분할지불까지 가능했는데 그것이 약 19%에 달했다.[15)]

「귀속재산 처리법 시행령」에 의하면 귀속사업체 매수에서의 우선 순위는, 첫째가 임차인 또는 관리인, 둘째가 1945년 8월 9일에 해당 사업체의 주주, 사원, 조합원이었거나 그때까지 2년 이상 근속한 종업원, 셋째가 「농지개혁법」에 의해서 농지를 매수당한 자였다. 우선권을 가진 사람은 자신이 최고가격을 제시하지 않았더라도 그 입찰에서의 최고가격으로 낙찰받을 수 있는 권리가 있었다. 노동조합은 자신들에게도 우선권을 줄 것을 요청했지만 정부는 그 요청을 받아들이지 않았다.

매각건수가 총 2,061건이었는데, 재무부의 기록에 의하면 위의 세 우선권자가 1,501건을 차지했고,[16)] 김윤수의 조사에 의하면 농지 개혁에서 20정보 이상의 농지를 매수당한 자가 69건을 차지했다.[17)] 또, 부산에 대한 사례연구에 의하면 상황을 정확하게 알 수 있는 55건 가운데 28건을 관리인이 차지했다.[18)] 이 관계들을 이용해서, 귀속사업체 매수인을 분류하면, 관리인 또는 임차인이 51%, 해당 사업체 주주, 사원, 조합원, 2년 이상 근속한 종업원을 합해서 19%, 농지를 매수당한 자가 3%, 우선권자 이외의 매수자가 27%였다고 추측할 수 있다.

정부는, 귀속재산의 구매자가 그 대금을 지가증권으로 지불할 수 있게 함으로써, 농지를 매수당한 자, 즉 지주에게 그들이 산업자본가로 변신할 수 있는 기회를 제공했지만, 그들은 전체 사업체의 3%밖에 매수하지 못했다. 그것은 지가증권이 융통성 유가증권이어서, 정부 정책이 허용하는 범위 내에서는 자유롭게 유통될 수 있었고, 지주가 아니라도 지가증권으로 매입한 귀속재산의 대금을 지불할 수 있었기 때문이었다.

농지 개혁 이전의 소규모 지주 또는 한국전쟁이 발발한 후에 부산으로 피난하여 수입원이 없어진 지주들은 지가증권을 헐값에라도 팔아야 했다. 그리하여 지가증권이 발급된 직후에는 시장가격이 명목가격의 23-25%에 지나지 않았고, 1951년 말에는 가격이 꽤 상승했지만 그래도 50%를 넘지 못했다.[19] 사업 기회에 밝은 사람들이 그 지가증권을 매수했고, 그들은 그것으로 귀속사업체를 매수했다. 발행된 지가증권의 명목 가액이 17.8억 원이었고, 그 중 9.6억 원이 귀속재산 매수에 사용되었는데, 그 중에서 귀속사업체 매수에 얼마나 사용되었는지는 알 수 없으나, 귀속사업체 매각대금 총액이 22.5억 원이었고 그것이 귀속재산 매각 총액의 절반이었으므로 9.6억 원의 절반인 4.8억 원이 귀속재산 매수에 사용되었다고 가정하면, 지가증권이 귀속사업체 매각대금의 21%를 차지한 것이 된다.[20]

노동 통제

한국전쟁 중에 민간기업가가 증가했을 뿐 아니라, 공장에서의 권력관계가 그들에게 유리하게 굳어졌다. 당시의 유일한 노동조합 연합회였던 대한노동총연맹(대한노총. 대한독립촉성노동총연맹의 후신)에는 노동조합주의 그룹과 회사조합주의 그룹이 있었는데,[21] 조선노동조합 전국평의회(전평)가 소멸하여 좌파와 다툴 일이 없어지자 대한노총 중의 노동조합주의 그룹이 점차 세력을 넓혔다. 노동조합주의 그룹은 대한노총이 정치 권력에게 동원되지 않아야 하며, 노동자의 이익을 옹호해야 한다고 주장했고, 1948년 10월에는 대한노총을 산업별 혹은 직업별 조직으로 재편성하며 견실한 단위노조를 기초로 하는 민주적 중앙집권제를 이룰 것을 주장했다. 이어서 1949년 3월의 위원장 선거에서는 그 그룹이 회사조합주의 그룹을 누르고 위원장을 배출했다.[22)]

한국전쟁이 이 사태를 반전시켰다. 전쟁이 발발한 직후에 노동조합주의 그룹의 지도자였던 유기태와 김구가 북한군에 납치되었고 행방불명되었다. 또, 경찰은 한국전쟁 중에 파업만이 아니라 노동 조건을 개선하려는 요구도 공산주의자를 이롭게 한다는 이유로 모두 단속했다. 이러한 일들로 인해 노동조합주의 세력은 극히 위축되었고, 회사조합주의 그룹이 대한노총을 다시 장악했다.[23)]

한편, 노동 조건과 노동 3권에 관한 법률이 1950년 2월에 국무회의에 상정되었지만 한국전쟁 때문에 입법되지 못했고,[24)] 전쟁이 소강 상태에 접어든 후, 1953년 1월에 「노동조합법」과 「노동위원회법」과 「노동쟁의조정법」이, 그 해 4월에 「근로기준법」이 제정되었다. 그런데 법률은 시행되었지만, 대한노총은 노동자의 권익을 옹호하지 않았다. 그것은 회사조합주의가 대한노총을 장악했고, 집권당의 유력자였던 이기붕의 측근 정대천이 1958년까지 대한노총을 지배했기 때문이었다.[25)] 1958년의 조사에 의하면 전국의 사업장 4,015개 가운데 80% 이상의 작업장이 「근로기준법」을 위반했고, 같은 해에 400개 노동조합 가운데 단체협약을 체결한 조합은 68개뿐이었으며, 1953-1960년에 분규건수는 242건, 파업건수는 15건에 지나지 않았다.[26)]

기업가 주도권

한국전쟁 중에 노동조합은 위축되었으나, 기업가의 세력은 더 커졌다. 귀속사업체가 대거 매각되어 민간기업가의 수가 늘어났고, 기업가적 능력을 가진 사람들이 북한에서 남한으로 꽤 이주했다. 반공주의가 강화된 것도 그들에게 유리했다.[27] 이러한 변화 위에서 기업가들은 한국 경제를 자유화해야 한다고 주장했다.

유진오가 헌법 제1호, 즉 제헌헌법의 초안을 만들었을 때, 그는 국민의, 공동체 구성원으로서의 경제적 권리를 강조했고, 경제적 자유를 제한하는 조항을 헌법 초안에 다수 넣었다. 우파 의원은 그 조항에 찬성하지 않았지만, 좌파와 중도파의 의원이 그들을 견제했고 헌법 초안의 뜻을 살렸다. 그리하여 헌법 제1호에는 자본가 또는 민간기업가의 자유를 규제하는 조항이 다수 포함되었다. 표 10-1의 1948년 열에 소개된 제85조, 제87조, 제88조가 그 점을 나타내는데, 그로 인해 기업가의 사업 기회는 꽤 제한되었다. 그들은 한국전쟁을 거치면서 세력이 강해지자 이 제한이 해제되기를 원했다.

한국전쟁을 치르면서 한국 정부도 경제적 자유를 높여야 한다고 판단했다. 정부는 전쟁 중에 북한에 대한 남한 국민의 적대 감정을 유지시켜야 했고, 또 북한에 대한 남한의 우월성을 주장해야 했다. 남한은 자본주의 경제였고 북한은 사회주의 경제였지만, 남한에서도 주요 기업을 정부가 소유했기 때문에 경제 체제의 외관에는 큰 차이가 없었다. 한국 정부는 북한에 대해 남한의 우월성을 주장하는 한 방법으로 북한에는 개인의 자유가 없다고 비판했다.[28]

전쟁이 끝난 후 1954년 1월에 정부는 "현행 헌법이 일면 자유주의 경제의 장점인 자유와 창의를 존중하면서 타면 사회주의적 균등의 원리를 실현하기 위한 국가의 통제 간섭을 규정하고 있으나, 중요 자원과 중요

표 10-1 헌법 제1호와 제3호의 경제관계 조항 비교

조항	1948년	1954년
제85조	광물 기타 중요한 지하자원, 수산자원, 수력과 경제상 이용할 수 있는 자연력은 국유로 한다. 공공의 필요에 의하여 일정한 기간 그 개발 또는 이용을 특허하거나 또는 특허를 취소함은 법률이 정하는 바에 의하여 행한다.	광물 기타 중요한 지하자원, 수산자원, 수력과 경제상 이용할 수 있는 자연력은 법률이 정하는 바에 의하여 일정한 기간 그 채취, 개발 또는 이용을 특허할 수 있다.
제87조	중요한 운수, 통신, 금융, 보험, 전기, 수리, 수도, 가스 및 공공성을 가진 기업은 국영 또는 공영으로 한다. 공공의 필요에 의하여 사영을 특허하거나 또는 그 특허를 취소함은 법률의 정하는 바에 의하여 행한다. 대외무역은 국가의 통제 하에 둔다.	대외무역은 법률이 정하는 바에 의하여 국가의 통제 하에 둔다.
제88조	국방상 또는 국민생활상 긴절한 필요에 의하여 사영기업을 국유 또는 공유로 이전하거나 또는 그 경영을 통제, 관리함은 법률이 정하는 바에 의하여 행한다.	국방상 또는 국민생활상 긴절한 필요로 인하여 법률로서 특히 규정한 경우를 제외하고는 사영기업을 국유 또는 공유로 이전하거나 그 경영을 통제 또는 관리할 수 없다.

기업은 국유 국영제도가 원칙으로 되어 있어서 헌정 5년 동안 본래의 목적을 달성하기보다 폐해를 노정하고 있다"고 비판하면서 개헌할 것을 제안했다. 그러나 부산, 대구, 서울의 공청회에서 반대가 많았고, 이승만은 3월에 그 제안을 철회했다.[29] 그 직후, 1954년 5월의 제3대 국회의원 선거에서 여당인 자유당이 의원 정수의 56%를 차지하자, 정부는 9월에 개헌을 다시 제안했고, 1954년 11월에 표 10-1의 1954년 열과 같이 헌법이 개정되었다.

한편, 미국과 일본은 1951년 9월에 태평양전쟁을 종결하는, 샌프란시스코 강화조약을 맺었고, 그 조약에서 일본은 한국의 일본인 재산에 대한 권리를 공식적으로 포기했다. 1952년 4월에 그 조약이 발효하자, 미국 정부는 한국의 「귀속재산처리법」에 있는 제한 규정에 반대했으며, 귀속사업체의 더 빠른 매각을 촉구했다. 한국전쟁을 치르면서 군사적 · 경제적으로 한국에 대한 미국의 영향력은 더 커졌고, 그 권고는 한국 정부에 효과를 미쳤다.

정부는 국회에서 개헌이 논의되던 중인 1954년 10월에 「은행귀속주 불하요강」을 제정했고,[30] 그때부터 1957년 2월 사이에 한국흥업은행, 한국저축은행, 한국상업은행을 매각했다. 1954년 5월에는 국무원 고시 제15호를 시행하여 일본인 소유 광산의 광업권과 시설을 국유화했던 국무원 고시 제12호와 제13호를 폐지했고,[31] 1956년 3월에는 「국유광업권처분령 시행세칙」을 발표하여 국유 광산을 매각할 수 있게 했으며, 그 법률에 의거해서 1956-1958년에는 일본무연탄, 삼척세멘트, 삼국석탄공업을 매각했다.[32] 이에 이르러 민간기업가가 기간산업도 장악하기 시작했다.

1) 대한상공회의소 편, 『상공회의소 구십년사』, 대한상공회의소, 1976, p. 527.

2) 김기원, 『미군정기의 경제구조』, 푸른산, 1990, p. 168. 대한상공회의소 편, 같은 책, pp. 526-527. 이혜숙, 『미군정기 지배구조와 한국사회: 해방 이후 국가-시민사회 관계의 역사적 구조화』, 선인, 2008, pp. 231-234.

3) 미군정이 대한민국 정부에 귀속재산을 이관할 때 만든 자료에서 물가상승률을 이용해서 추정함. 김기원, 같은 책, p. 37.

4) 〈한성일보〉, 1947년 7월 14일. 이혜숙, 앞의 책, p. 241에서 재인용.

5) 공제욱, 『1950년대 한국의 자본가 연구』, 백산서당, 1993, p. 89. 재무부가 발행한 『재정금융의 회고』에도 불하건수가 실려 있지만, 『재정금융의 회고』에는 내역이 상세하지 않아 「법인대장」에 따름.

6) 김영미, 「미 군정기 남조선과도입법의원의 성립과 활동」, 『한국사론』 32호, 서울대학교 국사학과, 1994, p. 300.

7) 장상환, 「농지 개혁과정에 관한 실증적 연구(상)」, 『경제사학』 8호, 경제사학회, 1984.

8) 홍성유, 『한국경제의 자본축적 과정』, 고려대학교 아세아문제연구소, 1965, p. 280.

9) 박섭, 「농업성장, 1912-1960」, 안병직 편, 『한국경제성장사: 예비적 고찰』, 서울대학교 출판부, 2001.

10) 대한방직협회, 『대한방직협회 십주년 기념지』, 1957.

11) 이대근, 『해방후 1950년대의 경제』, 삼성경제연구소, 2005, p. 183.

12) 김성호 · 전경식 · 장상환 · 박석두, 『農地改革史硏究』, 한국농촌경제연구원, 1989, pp. 1029-1030.

13) 공제욱 · 최봉대 · 오유석, 『1950년대 서울의 자본가』, 서울시립대학교 서울학연구소, 1998, p. 53.

14) 조선은행조사부, 『경제연감』, 1949, pp. IV-136-152. 한국은행조사부, 『경제연감』, 한국은행, 1955, p. I-118.

15) 김기원, 앞의 책, p. 173. 공제욱, 앞의 책, pp. 96-99.

16) 공제욱, 같은 책, p. 76.

17) 김윤수, 「'8.15' 이후 귀속기업체의 불하에 관한 일연구」, 한국사회경제학회 발표 논문집, 88-5, 1988, p. 19.

18) 김대래, 『부산 귀속사업체 연구』, 효민, 2006, p. 123.

19) 대한증권업협회, 『증권협회 10년지』, 1963, p. 18. 「지가증권의 산업자금화 문제」, 『조사월보』, 한국은행, 1952년 1월.

20) 전용덕 · 김영용 · 정기화, 『한국경제의 성장과 제도변화』, 한국경제연구원 자유기업센터, 1997, p. 139.

21) 이 두 용어는 金三洙, 『韓國資本主義國家の成立過程 1945-53年-政治体制 · 勞動運動 · 勞動政策』, 東京大學出版會, 1993에서 차용함.

22) 같은 책, pp. 169-170.

23) 같은 책, pp. 204-205.

24) 임송자, 「1953년 노동조합법 제정과 대한노총의 조직변화」, 『사림』 21호, 수선사학회, 2004, pp. 94-98.

25) 같은 글, p. 111.

26) 조돈문, 「1950년대 대한노총 노동조합과 계급지배 재생산」, 『산업노동연구』 6-2, 2000, pp. 145, 165.

27) 강진호, 「반공주의의 규율과 "국어" 교과서: 1946-1954년의 "국어" 교과서를 중심으로」, 『민족문학사연구』 28호, 민족문학사학회 · 민족문학사연구소, 2005, 차상철, 「이승만과 1950년대의 한미동맹」, 박지향 · 김철 · 김일영 · 이영훈 엮음, 『해방 전후사의 재인식』, 책세상, 2006, p. 291.

28) 후지이 다케시, 「제1공화국의 지배 이데올로기」, 『역사비평』 통권 83호, 역사비평사, 2008, pp. 139-142.

29) 〈경향신문〉, 1954년 11월 29일, p. 2.

30) 오두환, 「통화금융제도의 발전」, 『한국경제 성장사』, 서울대학교 출판부, 2001, p. 275.

31) 林采成, 「1945-60年代前半石炭市場と大韓石炭公社: 競爭構造の形成と經營安定化」, 原朗 · 宣在源 共編, 『韓國經濟發展への經路: 解放 · 戰爭 · 復興』, 日本經濟評論社, 2013, p. 223.

32) 공제욱, 앞의 책, pp. 202-206.

11

경제 부흥

11

경제 부흥

원조 협정

일본 정부와 조선총독부는 한국과 일본의 분업을 심화시켰고, 한국은 일본에서 생산재를 수입하고, 일본으로 농산물을 수출하게 되었다. 한국은 해방된 이후에도 생산재를 수입해야 했고, 그에 합당하게 농산물을 수출해야 했지만, 일본 정부는 농산물 수입을 규제했고 한국이 과거에 일본의 식민지였음에도 불구하고 한국산 농산물에 대해서 아무런 혜택을 주지 않았다. 한편, 한국이 미국을 중심으로 하는 국제 분업에 포함되었지만, 미국은 일본과 달리 농산물에 비교우위가 있었고 또 한국에서 재배되는 자포니카 쌀을 거의 소비하지 않았기 때문에, 한국은 미국에 농산물을 수출할 수도 없었다. 수출은 급감했고, 한국은 생산재 수입에 필요한 외화를 스스로 벌 수 없었다. 1952년부터 수입무역 총액 중의 원조자금의 비중을 알 수 있는데, 그 해에 수입의 75%가 원조자금으로 결제되었다.[1] 한국이 전쟁의 피해를 이겨 내고 부흥하려면 원조가 증가해야 했다.

한편, 한국 정부는 원조자금을 자기 판단으로 지출하고 싶었지만,

미국 정부는 원조자금의 지출에 대해서 자율권을 주지는 않았다. 미국 정부는 한국의 인플레이션을 매우 우려했고, 원조자금 지출 방법을 통제해야 원조자금이 상품의 공급을 늘리는 방향으로 사용될 것이고, 인플레이션이 진정될 것이라고 믿었다. 미국 정부와 한국 정부가 맺은 여러 차례의 협정에 따르면, 한국 정부는 미국 정부와의 협의 및 동의 하에서만 원조자금을 지출할 수 있었고, 1952년 5월에 맺은 「대한민국과 통일사령부 간의 경제조정에 관한 협정」에서는 한국이 수출하여 입수한 외화도 그 협정에 의하여 성립될 한미합동경제위원회의 승인 하에서만 지출할 수 있게 되었다.[2)] 이러한 이유로 한국 정부는 원조를 더 많이 받는 것과 아울러 자금 지출의 자율성을 높여야 했다.

한국전쟁의 휴전협정이 임박한 1953년 1월에 한국 정부는 원조자금의 양과 지출 방법을 교섭할 목적으로 경제외교사절단을 미국과 유엔에 파견할 계획을 세웠다. 그러자 미국 정부는 한국의 사절단과 효과적으로 협상하기 위해서는 그 사절단이 미국을 방문하기에 앞서서 미국이 한국의 실정을 파악해야 한다고 판단했다. 그리하여 미국 정부는 1953년 4월에 한국의 전쟁 피해를 조사하고, 한국과 맺을 새로운 원조협정에 관한 자료를 조사하기 위한 사절단을 파견했다. 사절단 대표자였던 타스카(Henry J. Tasca)는 방한 결과를 정리하여 6월에 미국 정부에 보고서를 제출했는데, 그는 미국이 3년간 약 10억 달러를 원조하고, 그것을 적절한 투자 프로그램에 입각해서 집행하면, 한국이 20개 사단을 유지할 정도의 경제력을 갖출 수 있고, 그리하여 미군을 대체할 수 있다고 주장했으며, 한미합동경제위원회가 한국에 대한 모든 경제 원조 프로그램을 감독하고 조정할 것을 제안했다. 미국의 행정부와 군부는 3년이라는 기간과 10억 달러라는 금액을 예정하는 것에 대해서는 반대했지만, 한국의 경제를 부흥하여 한국의 국방력을 높일 수 있다는 타스카 보고서의 제안에는 동의했다.[3)]

1953년 8월부터 한국 정부와 미국 정부가 원조자금의 지출과 관련한 협정을 개정하기 위해서 협의했으며, 12월에 「경제재건 및 재정안정계획에 관한 합동경제위원회 협약」이 맺어졌다. 여기에서는 이전의 협정에서 더 나아가서 한국 정부는 총수요를 억제하여 인플레이션을 진정시키는 것, 합동경제위원회의 승인 하에서만 대충자금 특별회계[4)]의 자금을 지출하는 것 등이 합의되었다. 한국 정부는 1951년 1월부터 수입업자에게 원조달러를 매각한 후에 그 금액에 공정환율[5)]을 곱한 만큼의 한국 화폐를 대충자금 특별회계에 예입했는데, 1952년 5월에 「대한민국과 통일사령부 간의 경제조정에 관한 협정」이 맺어진 이후 유엔군에게 대여한 한국전쟁 비용을 달러로 상환받게 되자 그 달러를 판매한 수입도 그 특별회계에 예입해야 했고, 또 한국에 주둔하고 있는 유엔군이 환전한 달러를 판매한 수입도 그 특별회계에 예입해야 했다. 즉, 한국 정부의 의도와는 달리 한국 정부는 원조자금 지출의 자율성은 가지지 못했다. 유엔군에게서 얻는 달러 수입은 꽤 컸다. 유엔군 사령부는 1952년 8월 말에는 대여금의 일부 3,500만 달러를 상환했고, 1955-1956년에는 유엔군이 한국 정부에 지불하거나 한국에서 환전한 금액이 7,500만 달러였다.[6)]

원조의 용도

1954년부터 한국에 대한 경제 부흥 원조가 본격화했다. 1954년은 1.5

억 달러로 아직 적었지만, 1955, 1956, 1957년은 각각 2.4억 달러, 2.9억 달러, 3.4억 달러로 계속 증가했다. 농산물 현물원조를 포함하면 1957년에는 3.8억 달러를 조금 넘었다. 그 기간의 원조물자의 종류와 양이 정해지는 방법을 보면, 한국 정부의 기획처가 원조 수입으로 구매할 물자의 종류와 양을 기록한 구매요청서를 만들어 한미합동경제위원회 유엔군 사령부측 경제조정관에게 보내고, 그가 그 요청서를 미국 정부 대외활동본부(Foreign Operation Administration)에 보내면, 대외활동본부가 그 요청서를 검토한 후 구매승인서를 발급했다.[7] 즉, 원조물자의 종류와 양에는 미국 정부의 의향이 크게 영향을 미쳤다.

한국 정부는 원조자금으로 미국의 기계와 설비를 수입하여 공장을 짓고, 완제품을 수입대체하여 일본에서 자립하려 했지만 미국 정부의 구상은 그와 달랐다. 미국 정부는 중국공산당이 대륙을 지배하자, 일본 경제를 부흥시켜 일본이 동아시아의 자본주의 체제를 방어할 수 있게 해야 한다고 판단했다. 미국 정부는 1949년 말에는 아시아의 피원조국으로 하여금 원조자금으로 일본에서 물품을 수입하게 하여 미국의 아시아쪽 원조가 일본 경제를 부흥시키는 데 기여하게 한다는 계획도 마련했다. 번스(Arthus C. Bunce) 한국 주재 경제협조처장은 1951 회계연도(1950년 7월 1일부터 1951년 6월 30일까지)에 미국의 한국쪽 원조의 36%가 일본에 지출될 것이라고 미국 의회에서 매우 구체적으로 진술하기도 했다.[8]

그 직후에 한국전쟁이 일어났고 전쟁 중에 일본의 군수품 수출이 급증했기 때문에 그 기간에는 미국 정부가 일본 경제의 부흥을 위한 정책을 집행할 필요는 없었지만, 한국전쟁이 발발한 이후에도 일본 경제를 빨리 회복시켜 동아시아의 제3세계 국가들이 사회주의 세계와 관련을 맺지 않고도 경제를 재생산할 수 있게 해야 한다는 미국 정부의 그 방침은 변하지 않았다. 그런 중에 1951년 가을부터 전쟁이 소강 상태에 들고, 일본의 수출이 1951-1952년에 13.6억 달러에서 12.9억 달러로 감소하자, 일본 정부는 한국이 원조자금으로 일본 상품을 더 많이 사도록 미국 정부에 진정했고, 미국 정부는 한국 정부가 1954 회계연도에 원조자금 중에서 1억 달러를 일본 상품 구매에 사용하게 하겠다고 약속하기도 했다.[9)]

그리하여 미국 정부는 한국 정부가 공장을 많이 짓겠다고 주장하면, 한국 정부는 제대로 된 투자계획을 세우고 또 집행할 역량이 없고, 한국에는 공장을 효율적으로 경영할 기업가가 아직 부족하므로, 공장을 많이 지으면 인플레이션이 심해질 뿐이라고 반박했다. 미국 정부는 사회간접자본을 건설하는 것, 제1차 산업을 육성하는 것, 공장 가동률을 높이는 것에 중점을 두었고, 한국 정부에는 원조자금을 사회간접자본 건설과 소비재 및 공업 원료 수입에 사용하고, 그 나머지를 기계와 설비의 수입에 사용해야 한다고 제안했다. 한국 정부가 요소비료공장 건설을 강력히 요구하자, 미국 정부는 한국에 요소비료공장의 건설과 운영에 참가할 수 있는 기술자와 전문가가 몇 명이나 있느냐고 반문했고, 비료공장을 건설하는 것보다 한국이 일본에서 비료를 수입하는 편이 더 낫다고 권고했다. 미국 정부는 1954년 초에 한국 정부에게 원조물자를 일본에서 구매하는 것으로 합의하자고 제안했는데, 한국 정부가 이에 반대하여 유엔군에 대한 한국 화폐 환전을 중지하자, 미국 정부는 한국에 대한 석유류 공급을 중지했다. 한국 정부는 어쩔 수 없이 1954년 11월에 한국 화폐 환전을 재개했고, 미국 정부의 주장은 관철되었다.[10)]

1954-1956년에 국제협조처(International Cooperation Administration)가 원조 총액의 80%를 제공했으므로 그 자금으로 구매한 물자를 살펴보면 원조자금 용도의 전체적인 모습을 추측할 수 있는데, 원조자금의 10% 이상이 지출된 물자만 고르고 그 비중이 큰 것부터 나열하면, 교통 수단, 원료 및 반제품, 비료, 연료, 농업용 생산재, 원면이었다.[11] 한국 정부의 의도와는 달리 원조자금으로 기계를 많이 구매하지는 못했지만, 국제협조처의 원조는 주로 시설재와 원자재로 구성되었고, 소비재는 적었기 때문에, 원조자금을 이용한 물자 수입이 당시의 한국 제조업체의 사업 기회를 줄인 것은 아니었다. 특히, 원면이 많이 도입되자 면방직공업의 가동률이 높아졌고, 기업은 그 이윤으로 생산설비를 늘릴 수 있었다. 면방직업계는 1954년 중에 약 40만 달러의 정부 보유 외화를 사용해서 일본에서 여섯 종류의 기자재를 수입했는데, 원조로 원자재를 구매할 수 있는 만큼 수출로 벌어들인 외화로 기자재를 수입할 수 있었던 것이다.[12] 면방직업계의 생산설비는 전쟁 직후인 1953년에는 17만 7,432방추, 3,822직기였으나, 1956년에는 44만 552방추, 8,442직기로 증가했다.[13]

원조자금을 이용한 또 다른 성과는 해외 파견에 의한 기술 습득이었다. 재계의 기술을 개선하려는 욕구는 높았다. 면방직업에서 예를 들면, 금성, 삼호, 조선, 전남, 경성, 동양방직 등 당시의 주요 기업들은 1953년부터 면방직기술연구발표회를 열어 기업이 최근에 발견한 결과를 보고했고, 발표자와 참석자는 발표회 이후에 방직공장을 견학하여 이론과 실제를 접목시켰다.[14] 또, 대한방직협회는 1954년 1월부터 『방협월보』를 발행하여, 매 호마다 새로운 기계, 면화에 대한 지식, 완제품의 품질관리법, 파사(破絲, 낭비되는 면사와 면포)를 줄이는 방법을 소개했다. 한국에서 기술에 대한 수요가 많은 중에 국제협조처가 기술을 교육 · 훈련하자, 이 사업의 금액은 크지 않았지만 신문의 보도를 참조하면 한국 사회에는 꽤 큰 효과를 미쳤다. 1955-1957년에 761명, 1958-1960년에 886명이 해외에 파견되었고, 그 중에서 광공업 부문의 파견자가 약 1/3이었다.[15)]

대충자금

원조자금을 팔아서 획득한 한국 화폐는 대충자금 특별회계에 예입되었는데, 1954년 4월부터 1956년 12월에 대충자금은 국세 수입의 87-138%에 달했다.[16)] 그 용도는 1954-1960 회계연도에 국방비가 35%, 경제부흥사업이 62%, 한국에 주재하는 원조기구의 운영비와 미국 정부가 선발한 한국인 유학생의 장학금이 3%였다. 또, 경제부흥사업 지출액의 70%는 관영사업에 지출되었고, 나머지 30%는 한국산업은행을 통해 민간기업이나 농협에 대부되었는데, 산업은행이 운용한 자금의 거의 절반이 대충자금이었다.[17)]

대충자금은 당시의 재정금융에서 자금의 주된 원천이었던 만큼, 그것은 공정하게 지출되어야 했다. 1953년 12월에 맺어진 「경제재건 및 재정안정계획에 관한 합동 경제위원회 협약」에는 대충자금의 대부 원칙이 마련되었는데, 가장 중요한 것은 예정된 투자 중 가능한 한 많은 액수를 기업의 내부 자금으로 조달하는 기업에 대부한다는 것이었다.[18)] 1955년에 만들어진 「합동경제위원회의 투자사업에 대한 융자 원칙 및 수속」은 더 구체적이었다. 대충자금을 대부받은 기업이 국내 원료를 사용해서 상품을 제조하는 경우에는 그 상품이 국내에서 생산된 같은 종류의 상품과 경쟁하여 이길 수 있을 것, 수입 원료를 사용하여 생산하는 경우에는 유사한 수입품과 경쟁하여 이길 수 있을 것, 대충자금을 대부받는 기업은 총투자자금의 20% 이상을 내부 자금으로 조달할 수 있을 것 등이 대부의 조건이었다.

김현철 부흥부(경제기획원의 전신) 장관이 1956년 9월에 원조자금을 이용한 물자 구매에서 부정한 거래가 이루어지고 있고, 또 외화 도피가 일어나고 있다고 지적한 후에 1954 회계연도 이후의 원조자금과 대충자금의 사용 실태를 조사할 것을 지시한 것으로 보아,[19] 원조자금과 대충자금의 일부는 부정하게 사용되었을 것이다. 그럼에도 불구하고 대충자금으로 인해서 기업에 공급되는 자금이 증가했기 때문에, 한국전쟁 휴전 이후의 부흥기에 민간기업가의 자금 부족은 완화되었고, 민간기업은 성장의 기회를 가졌다.

이 기간에 면방직업의 성장이 두드러졌다. 면방직기업은 원조자금으로 면화를 수입하고, 정부 보유 외화로 기자재를 수입하고, 대한방직협회를 중심으로 기술을 개선한 끝에 면사와 면포의 생산량은 1953-1956년에 각각 2.3배와 1.7배 증가했다. 대한방직협회는 1954년 4월에 「면제품 수입 방지 및 기계설비 도입에 관한 건의서」를 정부에 제출했고, 정부는 그 건의를 받아들여 1954년 12월부터 40수 이상의 외국산 면사를 수입 금지했다. 대한방직협회는 1956년에는 40수 이하의 면사와 모든 면직물에 대해서도 수입을 금지해 줄 것을 정부에 요청했고, 정부는 1956년 6월에 그 요청을 받아들였다.[20] 이 무렵에 면방직업의 생산량은 국내 수요에 상당했던 것이다.

이승만의 변화

1956년 5월의 대통령 선거 유세에서 자유당 후보 이승만과 민주당 후보 신익희가 대결했고, 민주당은 현재의 한국 경제는 특권층에게만 외국 원조의 혜택이 돌아가는 특권경제라고 주장했으며, '못살겠다 갈아보자'를 선거구호로 내걸었다. 이승만은 민주당을 용공친일이라고 비난했고, 자유당의 부통령 후보 이기붕은 현재의 우리 생활이 구한국 시대나 일제 시대보다는 훨씬 나으므로 '못살겠다'는 어불성설이라고 반박했지만,[21] 국민은 신익희 후보를 지지했다. 하지만 신익희 후보는 선거 직전에 심장마비로 사망했고, 민주당은 집권할 기회를 놓쳤다. 그리하여 야권 후보는 진보당 창당을 준비하고 있던 조봉암만이 남았는데, 조봉암은 계획경제, 민족자본 육성, 산업 부흥, 사회보장, 교육의 국가보장을 제시했다.[22] 민주당은 진보당의 강령과 조봉암의 공약에 찬동하지 않았고, 남은 선거운동 기간에 조봉암에 반대했다. 그럼에도 불구하고 대통령 선거에서 조봉암이 30%를 득표했으며, 게다가 부통령에는 자유당의 이기붕이 아니라 민주당의 장면이 당선되었다. 대통령 선거가 끝난 이후, 이승만과 자유당은 '잘 살아보자'는 국민의 욕구를 신중하게 받아들여야 했다.

상공부는 그때까지 상공부 고시로 국내 가격이 국제 가격보다 높은 물자를 수출한 자에게 결손액의 일부 또는 전부를 보조했으나, 1956년 12월에는 「수출장려보조금 교부규칙」이라는 대통령 명령을 내었고, 결손액 보조에 덧붙여 해외 시장을 조사 개척하거나, 국제박람회에 출품하는 자에게 경비의 일부 또는 전부를 보조하기 시작했다. 수출이 1956-

1958년에 2,460만 달러에서 1,645만 달러로 감소한 것으로 보아, 이 제도가 수출을 증가시키지는 않았지만 정부의 변화는 엿볼 수 있다.

또한 이승만은, 경제개발계획은 사회주의 국가의 정책이라는 이유로 그 수립에 줄곧 반대했지만,[23] 그때에 이르러 자신의 태도를 바꾸었다. 그는 1957년 6월에 당시의 대표적인 경제 관료였던 송인상을 부흥부 장관에 임명했으며, 부흥부가 경제 개발에 적극적으로 나서게 했다. 미국 정부도 송인상에 대해서 호의적이었다. 그는 그 해 7월에 경제개발계획과 관련한 관민좌담회를 개최하며 여론을 수렴하기 시작했다.[24]

김일환 상공부 장관은 1957년의 대한상공회의소 의원총회에서 정부가 물가 안정과 수출 증대를 목표로 하고 있으니 기업도 정부의 기대를 참작하여 증산과 수출 증가에 노력해 줄 것, 상공자료 수집에 협력해 줄 것, 정부의 자문에 진지하게 답신해 줄 것을 요청했고, 같은 해에 부산상공회의소 신축 건물 준공식에서는 산업 부흥과 경제 자립에 상공업자가 협조하고 있다고 치하하며,[25] 기업에 그때까지보다 더 큰 역할을 요청했다. 1956년의 대통령 선거를 계기로 이승만 정부는 경제 성장에 관심을 기울이기 시작한 것이었다.

미국의 정책 변화

미국 정부는 해방 이후 줄곧 한국 정부의 경제개발계획에 반대했다. 우선 미국 정부는, 경제개발계획이 한국과 일본의 분업을 저해할 것을 우려했다. 한국 정부가 공업을 발달시키면 일본과 한국의 산업구조가 경쟁적으로 바뀌기 때문이었다. 또, 미국 정부는 한국 정부가 경제개발계획을 이유로 미국 정부에게 더 많은 원조를 요청할 것을 염려했다. 그런데 이때에 이르러 위의 두 문제가 그다지 중요하지 않게 되었다.

우선, 일본 경제의 부흥에서 차지하는 한국의 중요성이 하락하자, 한국의 공업화에 반대할 필요가 줄었다. 일본의 수출이 1951-1953년에 13.6억 달러, 12.9억 달러, 12.6억 달러로 감소했고, 그로 인해 미국은 한국이 원조자금으로 일본 상품을 더 많이 구매해야 한다고 생각했지만, 1954-1955년에 일본의 수출이 16.1억 달러, 20.1억 달러로 증가하고, 또 일본이 1956년 1월에 관세무역일반협정(가트)에도 가입하자, 한국이 일본의 공업 제품을 반드시 많이 구매할 필요는 없게 되었다. 1956년 7월에 부임한 경제조정관 원(William E. Warne)은 11월 5일에 열린 서울경제구락부 주최의 간담회에서 한국에 장기적인 관점에서의 경제부흥계획이 필요하며, 인플레이션의 두려움만 없어진다면 생산자들은 좀더 좋은 입장에서 공장 능력의 향상과 새로운 산업의 창설에 필요한 융자를 받을 수 있을 것이라고 발언했는데, 인플레이션 억제라는 조건이 있기는 했지만, 장기부흥계획은 전에 없던 의견이었다.[26)]

또 하나는 제3세계에 대한 미국 정부의 정책이 바뀌기 시작한 것이었다. 제2차 세계대전 종전 이후 사회주의 국가가 증가하자 제3세계 국가로의 사회주의의 확산을 막는 것이 미국 정부의 중요한 과제로 되었다. 미국은 자본주의 세계와 사회주의 세계의 경계에 있는 지역을 점령하면 사회주의의 팽창을 막을 수 있었겠지만, 윌슨이 민족자결주의를 제창한 이후로 그런 정책을 펼 수는 없었다. 사회주의의 팽창을 막기 위한 미국 정부의 수단은 국방을 지원하고, 원조를 제공하고, 무역을 늘리는 것이었다. 그런 중에 미국 연방정부의 부채는 점차 증가했다. 제2차 세계대전이 끝난 1945년에 2,601억 달러였고 1952년까지는 거의 변동하지 않았지만 1953년부터 증가하여 1955년에는 2,744억 달러에 이르렀다.[27] 미국 정부는 원조자금으로 미국 제품을 사고(Buy-American Policy), 미국 선박으로 원조물자를 수송하도록(Ship-American Policy) 하는 정책을 세워서 원조가 미국의 경제 성장에 기여하도록 했지만, 그 방법으로 부채를 줄일 수 있는 것은 아니었다.[28]

한편, 한국이 독립한 직후에는 미국 정부가 군사원조보다 경제원조를 더 중시했고, 1949년 1월에는 한국에 대한 미국의 원조 책임기관이 육군성에서 경제협조처로 바뀌었지만, 한국전쟁 발발 이후에는 다시 군사원조를 늘렸다. 한국에 대한 미국의 직접 군사원조는 독립 이후 1959년 말까지 약 13억 달러였다.[29] 그런데 시간이 흐르면서 미국 정부는 군사원조를 늘린다고 해서 사회주의를 억제할 수 있는 것이 아님을 알았다.

미국 정부는 위의 두 사태를 종합하여 군사원조보다 경제원조를 중시하며, 경제원조에서는 무상원조를 줄이고 공공차관과 민간의 사업투자를 중시하는 것으로 정책을 수정했다. 미국 정부의 정책이 차관을 상환할 가능성이 있는 국가 및 사업투자를 받아들일 조건을 갖춘 국가와 유대를 맺고, 그 나라의 경제 개발을 지원하여 사회주의에 대해서 방어하겠다는 것으로 바뀐 것이었다.

미국 정부는 1957년에 「상호안전보장법(Mutual Security Act)」을 개정했고, 개발차관기금(Development Loan Fund)을 설치했으며, 남아메리카에 차관을 제공하기 시작했다.[30] 그와 함께 국제협조처가 제공하고 있던 원조는 줄이기 시작했다. 미국 정부는 1957년 11월에 한국에 대한 미국의 원조를 줄인다고 발표했고,[31] 1957-1958년에 한국에 대한 현금원조는 3.4억 달러에서 2.7억 달러로 약 7,000만 달러 감소했다. 미국이 한국 쪽 원조를 줄이기로 결정하자 한국의 경제개발계획 때문에 미국이 원조를 늘릴 이유는 없어졌다. 한국 정부와 미국 정부가 한국의 장기적 경제 개발을 중시하도록 정책이 바뀌자, 1957년 무렵에는 한미 합동경제위원회가 기술원조와 장기적인 경제 개발을 논하게 되었다.[32]

성과

1955년부터 미국에서 제공을 받는 원조자금이 2억 달러를 넘었는데, 1956년 대통령 선거 이후는 경제 성장에 대한 정부의 관심도 높아지자, 기업의 사업 환경은 더욱 개선되었다. 면방직업계는 1956년 무렵에 내수를 충족시킬 만큼 생산할 수 있게 되자, 대한방직협회는 그 해에 수출대책위원회를 두었고, 한국 정부는 그에 맞추어 면포수출 5개년계획(1957-1961)을 세워서 대한방직협회를 지원했다. 협회의 회원기업은 1957년 중에 홍콩으로 3.4만 달러의 면포를 수출했으며, 1958년에는 협회 내에 시험실을 설치하여 면방직 원료와 수출 완제품을 검사하여 수출품의 품질을 높였다.[33] 동양방직은 1958년에 영국에서 면포방축 가공 기술을 도입했고 1957-1961년에 11건의 신기술을 자체 개발했으며, 경성방직, 제일모직, 한국견방 등은 고급품을 생산하기 위해서 각각 외국 기술을 도입했다. 면방직업에서는 1954-1962년에 노동생산성이 2배 이상 상승했다.[34] 면제품의 수출은 1957-1959년에 121만 달러에서 157만 달러로 증가했다.[35]

기업의 경영 방법도 개선되었다. 삼성은 1957년 1월에 삼성 계열사의 신입사원을 공동으로 공개 채용했고, 이어서 그들을 합동으로 교육 · 훈련했다. 공동으로 공개 채용하자 더 우수한 인력을 선발할 수 있었고, 합동으로 교육 · 훈련하자 개별 계열사가 할 수 있는 것보다 더 높은 수준의 것들을 제공할 수 있었다. 이것은 신입사원의 수준을 높였다. 삼성은 1959년에 회장 비서실을 만들었다. 그리하여 회장은 계열사에 권한을 이양하면서도 계열사를 통제할 수 있게 되었다.[36]

1950년대 중반 이후에 경제는 꽤 부흥했고, 그런 중에 한국 경제에서의 민간기업의 지위는 점점 더 상승했다. 금융은, 귀속은행이 민간에 매각되었음에도 불구하고 미국의 원조 때문에 여전히 정부의 비중이 컸지만, 적어도 산업은 민간기업이 지배하게 되었다.

1945년에는 기술교육을 받은 사람이 약 2,000명, 고등교육기관에 재학중인 학생이 약 8,000명, 1952년에도 양자가 각각 약 6,000명과 3만 1,000명에 지나지 않았지만, 1959년에는 양자가 각각 약 1만 3,000명과 8만 1,000명에 달하여,[37] 기술자나 경영자가 될 수 있는 인적 자원이 꽤 증가했다. 경제개발계획을 세우고 집행할 수 있는 인적 자원이 꽤 풍부해진 것이었다.

1) 「수출입 총괄」, 경제기획원, 『한국통계연감』, 1961.

2) 한국은행조사부, 『경제연감』, 한국은행, 1955, p. I-558.

3) 이현진, 『미국의 대한경제원조정책』, 혜안, 2009, pp. 145-169.

4) 제2차 세계대전 후 미국에서 원조 받은 나라의 정부가 그 원조물자를 국내에서 팔아서 얻은 대금을 적립한 계정을 가리키며, 한국의 공식 명칭은 한국은행 원조물자 징수계정임.

5) 정확하게 하면 대충자금 환율이지만 1951년 11월부터 그 이후에는 공정환율과 대충자금 환율이 일치했기 때문에 이 책에서는 구별하지 않음.

6) 「對國聯軍 외화수입」, 내무부 통계국, 『대한민국 통계연감』, 1959, p. 180. 이현진, 앞의 책, p. 143.

7) 「FOA자금 원조물자 구매절차」, 『산업은행월보』, 1954년 7월, pp. 31-35.

8) 이현진, 앞의 책, pp. 86-88.

9) 우정은, 「비합리성 이면의 합리성을 찾아서」, 박지향 외 엮음, 『해방 전후사의 재인식』, 책세상, 2006, pp. 509-510.

10) 송인상, 『부흥과 성장』, 21세기북스, 1994, p. 186. 이현진, 앞의 책, pp. 195-198.

11) 홍성유, 『한국경제의 자본축적 과정』, 고려대학교 아세아문제연구소, 1965, pp. 302-304. 대외활동본부 원조를 포함함.

12) 대한방직협회, 『방협 20년사』, 1968, p. 465. 김양화, 「1950년대 제조업 대자본의 자본 축적에 대한 일고찰」, 『경제와 사회』 9호, 비판사회학회 · 한울, 1991, p. 161.

13) 서문석, 「해방이후 귀속재산의 변동에 관한 연구: 면방직공업부문을 중심으로」, 『경영사학』 17호, 한국경영사학회, 1998.

14) 대한민국 학술원, 『한국의 학술연구-섬유공업』, 2002, pp. 34-38.

15) 홍성유, 『한국경제와 미국원조』, 박영사, 1962, p. 78.

16) 김대래, 「자원배분과 중앙집중」, 『한국전쟁과 부산경제: 경부성장축의 강화』, 해남, 2010, p. 291.

17) 신용옥, 「국방비 분석으로 본 대충자금 및 미국 대한원조의 성격(1954-1960)」,

『한국사학보』, 고려사학회 3-4합호, 1998. 김대환, 「1950년대 한국경제의 연구: 공업을 중심으로」, 진덕규 외, 『1950년대의 인식』, 한길사, 1990, pp. 194-198.

18) 한국은행조사부, 앞의 책, p. I-573.

19) 〈경향신문〉, 1956년 9월 28일, p. 1.

20) 박섭, 「한국경제에서의 정부와 동업자단체: 면방적업의 경우」, 中村哲 · 박섭 편저, 『동아시아 근대경제의 형성과 발전』, 신서원, 2005.

21) 〈경향신문〉, 1956년 4월 16일, p. 1; 1956년 4월 18일, p. 1.

22) 서중석, 『조봉암과 1950년대(상)』, 역사비평사, 1999, p. 175.

23) 박태균, 『원형과 변용: 한국경제개발계획의 기원』, 서울대학교 출판부, 2007, p. 42.

24) 박태균, 「1950년대 말 미국의 대한경제정책의 변화와 로스토우의 근대화론」, 『한국사론』 37호, 서울대학교 국사학과, 1997, p. 301. 〈동아일보〉, 1957년 7월 8일, p. 1.

25) 대한상공회의소 편, 『상공회의소 구십년사』, 대한상공회의소, 1976, p. 679. 부산상공회의소, 『부산상의사』, 1982, p. 663.

26) 〈경향신문〉, 1956년 11월 7일, p. 2. 박태균, 앞의 책, p. 41.

27) U.S. Department of Commerce, *Historical Statistics of the United States, Colonial Times to 1970*, Part 2, Washington D.C. U.S. Government Printing Office, 1975, p. 1105.

28) 이대근, 「해방후 경제발전과 국제적 계기」, 『새로운 한국경제발전사』, 나남, p. 182.

29) 박정희, 『국가와 혁명과 나』, 지구촌, 1997, p. 52. 초판은 향문사가 1963년에 출판.

30) 박태균, 앞의 책, p. 160.

31) McDonald, Donald Stone, *U.S.-Korean Relations form Liberation to Self-reliance*, 한미역사연구회 1950년대반 옮김, 『한미관계 20년사(1945-1965년): 해방에서 자립까지』, 한울아카데미, 2001, p. 425.

32) 이현진, 앞의 책, p. 239.

33) Sub Park, "Cooperation between Business Associations and the Government in the Korean Cotton Industry, 1950-70," *Business History*, 51-6, Routledge, Taylor & Francis Group, 2009.

34) 김양화, 앞의 글, pp. 174-177.

35) 대한방직협회, 앞의 책, p. 682.

36) 이종재, 『재벌 이력서』, 한국일보, 1993, p. 118. 전용욱 · 한정화, 『초일류 기업으로 가는 길』, 김영사, 1994, pp. 65, 109-114.

37) 「전문대학현황」, 「대학(교)현황(대학원은 제외)」, 통계청, 『통계로 본 한국의 발자취』, 1995, pp. 433-435. 경제기획원, 『한국기술계인적자원조사보고서』, 경제기획원, 1961. Jae-Won Sun, "Building of Human Resources and the Introduction of Technology," *The Review of Korean Studies*, 10-4, Seongnam: Academy of Korean Studies, 2007, pp. 56-57.

12

정부에 대한 기업의 협력

12

정부에 대한 기업의 협력

경제개발계획

부흥부가 경제개발계획에 대한 여론을 수렴하기 시작한 1957년에는 한국에 경제개발계획을 짜고 그것을 시행하는 데 필요한 역량이 꽤 축적되어 있었다. 한국 정부는 1954-1956년에 4차례에 걸쳐 경제개발계획을 마련했는데, 비록 그 계획들이 실제의 집행보다는 원조를 더 많이 또 장기적으로 얻기 위한 설명자료에 그치기는 했지만,[1] 그런 중에 경제계획을 위한 자료가 한국 정부에 축적되었다. 또, 관료들은 조선업에서의 제1차, 제2차 계획과 노후선 대체 5개년계획, 석탄광업에서의 재해복구 3개년계획, 석탄개발 5개년계획, 면방직업에서의 면포수출 5개년계획 등을 수립하고 시행하면서 경제계획의 경험도 쌓았다.[2] 아울러 외국에서 공부하고 돌아온 젊은 경제학자들은 경제계획에 대해 많이 이해하고 있었다. 1958년 4월에는 부흥부에 산업개발위원회가 설치되었고, 한국인 16명과 미국인 6명이 참가했으며, 경제개발계획을 세우기 시작했다.[3]

한국에 대한 미국의 원조는 1958년에 이어 1959년에도 감소했고, 그 해에는 2.1억 달러에 지나지 않았다. 1957년과 비교하면 1.3억 달러나 감소한 것이었다. 1959년에 개발차관기금에서 동양시멘트의 시설확장용으로 214만 달러, 동양화학의 소다회공장 건설용으로 560만 달러, 체신부의 통신시설 도입용으로 150만 달러를 제공받았으나[4] 그것으로는 현금원조의 감소를 상쇄할 수 없었다.

한국은 해방 이후 줄곧 미국의 원조를 이용해서 필요한 외화를 조달했으며, 그 외화를 사용해서 수입품을 국내 생산으로 대체하면 외화에 대한 의존을 낮추면서 경제 자립을 이룰 것으로 믿어 왔다. 그런데 한국이 수입대체에 거의 성공하지 못한 상태에서 원조가 감소하자 한국 정부는 해방 후 처음으로 수출을 늘리는 일을 심각하게 고려해야 했다. 정부는 1959년 10월에는 수출용 원자재와 부품의 수입관세를 면제했다.[5] 수출은 1958-1960년에 1,645만 달러, 1,916만 달러, 3,182만 달러로 증가했지만, 외화 수입(收入)이 1,500만 달러 정도 증가하는 것으로는 외화 수요를 충족할 수 없었다.

1956년의 대통령 선거 이후에 이승만이 경제 개발의 중요성을 이해했지만, 그는 여전히 반공을 더 중시했고, 경제개발계획에는 소극적이었다. 대통령은 경제개발계획이 사회주의 정책이라는 이유로 여전히 적극적이지 않았지만, 자유당과 정부 관료는 다급해졌다. 수출이 빠른 시일 내에 증가하지 않을 것이므로 필요한 외화를 입수하기 위해서는 사업투자를 유치하거나 차관을 얻어야 했고, 차관을 얻기 위해서는 장기적인 자금운용계획을 세워야 했기 때문이었다. 그리하여 산업개발위원회가 설치되고 1년 뒤인 1959년 12월에는 경제개발 7개년계획의 전반 3개년계획(1960-1962년)이 완성되었다. 목표는 연평균 5.2% 성장, 농업과 공업의 균형 성장, 중공업과 경공업의 균형 성장, 국제수지 균형, 자립적 균형 성장이었다. 목표 달성을 위한 수단은 식량 생산 극대화, 중소기업 육성을 통한 고용 기회 증대, 수입대체산업 및 수출산업 육성, 소비절약과 민간자본 축적, 사회기반시설 확충, 산업구조 근대화였다.[6)]

한국 정부는 사업투자를 유치하기 위해서 1960년 1월에 「외자도입 촉진법」을 제정했고, 「한미투자보장협정」을 맺어 외국 자본의 소유권에 대한 법적 보호, 과실 송금 및 재투자의 조건 등을 규정했다. 1956년에 일본의 굿리치(Goodrich) 회사가 타이어 공장을 건설하려 했지만, 한국에 투자원리금의 송금에 관한 제도가 없어 포기하기도 했는데,[7)] 그런 일은 방지해야 했다.

사월혁명

1950년대 후반에 경제가 서서히 회복되었고, 경제 부흥을 위한 계획도 수립되었지만, 실업률은 여전히 높았고, 빈곤은 극심했다. 김낙년과 매디슨의 추계를 참조하면, 남한의 1인당 국내총생산(GDP)은 1959년에도 식민지기의 최고 수준에 미달했다.[8)] 또, 『합동연감』이 소개한 내무부 조사에 의하면, 1957년 12월 말에 취업자가 783만 명이었는데, 총인구에 대한 취업자의 비중이 37%에 지나지 않았다.[9)] 2010년에 그 비중이 49%였으므로 실업률은 매우 높았을 것이다. 『월간노동』에 의하면 1958년 말에 부흥부는 실업자를 215만 명으로, 보건사회부는 208만 명으로 추정했다.[10)] 총인구에 대한 실업자의 비중이 9.9%였던 것인데, 2010년에는 그 비중이 1.9%였다. 또, 김병태는 머슴의 수가 1950-1956년에 27만 명에서

30만 명으로 증가했으며, 그것은 농촌의 빈곤 때문이었다고 추정했다.[11] 하지만 그들에게 자신들의 불만을 표현할 능력은 매우 부족했다.

대부분의 근로자가 저임금 노동자였지만 그들도 자신의 의사를 표현할 능력은 낮았다. 노동조합이 법률에 의해 인정되었음에도 불구하고 대한노총의 노선에 반대하는 노동조합은 사용자와 경찰의 탄압을 이겨낼 수 없었기 때문에, 대통령 선거가 있던 1956년에 노동조합은 578개, 조합원 수는 23만 명에 지나지 않았다. 23만 명이라는 조합원 수는 5.16 군사정변 직후에 노동조합이 해산되었다가 다시 설립된 그 무렵과 같았으므로 매우 적었다고 할 수 있을 것이다. 대통령 선거가 있던 그 해부터 노동조합 설립 신고가 많아져 1955년에는 36건에 지나지 않았던 것이, 1957년에는 98건, 1958년에는 83건으로 증가했는데, 야당의 선거운동, 조봉암의 30% 득표, 장면의 부통령 당선이 정치적 자유에 대한 국민의 의식을 높였던 것이다. 한편, 노동운동이 성장하자 한국 정부의 탄압은 그와 병행해서 강해졌다. 노동조합 취소건수는 1956년에는 1건이었으나 1957년에는 82건, 1958년에는 89건으로 증가했다.[12]

정부의 탄압이 계속되는 중에도 노동조합은 성장하여 1958년에는 조합 수는 634개, 조합원 수는 25만 명으로 증가했고, 1959년 8월에는 37개 노동조합 연맹 중에 24개가 참가하여 전국노동조합협의회(전국노협) 준비위원회를 결성했다. 전국노협은 대한노총 지도부의 부패 및 자유당과 자본가에 대한 대한노총의 예속, 기업주에 대한 대한노총 단위노조의 순응을 비판했고, 노동조합의 연맹이 정당과 연계하지 않아야 하며 단위노조가 민주적으로 운영되어야 한다고 주장했다. 1959년 10월에 전국노협이 창립되었으나 정부는 그 해에 157개의 노동조합을 취소시키는 등 맹렬히 탄압했기 때문에 그 세력은 성장하지 못했다. 한편, 정부는 1960년 1월에는 「공무원연금법」을 시행하여 공무원의 사기를 높였고, 공무원이 정부와 노동자 · 빈민의 사이에서 완충 계층이 되기를 기대했다.

1960년 3월에 대통령 선거가 치러졌는데, 자유당과 정부는 이승만을 당선시키기 위해서 대대적으로 부정을 범했고, 이 사건이 계기가 되어 그 이후 이승만 정부를 규탄하는 시위가 전국적으로 일어났다. 그런 중에 4월 11일에는 마산에서 시위 도중에 실종되었던 김주열이 마산 앞바다에 죽은 모습으로 떠올랐다. 4월 19일에는 고교생, 대학생, 서울 시민들이 총궐기하였고, 시위대는 경무대로 향했다. 낡은 지배세력의 일소, 국민경제의 개편과 새로운 경제 질서의 확립, 정치기구의 개편이 중요한 구호였다. 곧이어 미국 정부도 이승만을 지지하지 않게 되었으며, 이승만은 4월 27일에 사임했고, 29일에 하와이로 망명했다.

지지부진한 개혁

이승만이 망명한 후 제헌의원이었으며 1957-1959년에 서울시장을 지냈던 허정이 선거를 관리하기 위한 과도내각을 세웠고, 국회는 대통령에게 권한이 집중되어 나타나는 폐해를 막기 위해서 1960년 6월에 내각책임제로 개헌했으며, 7월의 국회의원 선거에서는 민주당이 승리했다.

1950년대 말에 한국 경제는 꽤 성장했지만 그것은 부정축재와 동행했다. 앞에서 소개한, 원조자금과 대충자금의 사용에 대한 김현철 부흥부 장관의 말은 그 기간의 부정축재를 짐작하게 하지만, 그 밖에도 예를 들어 연계자금 사건은 1958년 여름 내내 국회에서 논의된 큰 일이었다.

연계자금은 산업은행이 재무부의 승인을 얻어 융자순위를 결정하고, 이어서 한국은행에 대해 산업은행 이름으로 융자순위에 따라 지불을 보증하고, 산업은행의 지급보증을 근거로 시중은행이 한국은행에서 보유어음을 재할인받아 산업은행 관리계정에 입금하고, 산업은행이 융자순위에 따라 대출한 자금을 일컬었는데, 그 자금의 전부 또는 일부가 정치자금으로 제공되었다.[13] 이 밖에도 이승만 정부 기간에 여러 부정 사건이 일어났고 세간에 알려졌다. 그리하여 장면 정부(1960-1961년)는 부정축재된 재산을 환수해야 했으며, 부정축재가 일어나지 않도록 재정금융제도를 개혁해야 했다. 민주당의 과제는 경제 운영에서의 공정성을 제고하고, 경제성장률을 높이고, 국민 다수가 성장의 이익을 누리게 하는 것이었다.

장면 정부는 1960년 11월에 경제관계 이익단체와 중립적인 인사들로 종합경제회의를 구성했는데, 그 회의에서 조세제도를 개혁하여 탈세를 줄이는 것, 금리를 현실화하는 것, 경제계획원을 설치하고 예산국을 계획원에 이관하는 것, 농가를 재건하고 중소기업을 육성하는 것, 무역진흥기구를 설치하는 것, 외국에서 기술과 자본을 도입하는 것 등의 과제가 발굴되었다.[14]

그것들은 중요하고 또 시급한 과제였음에도 불구하고 장면 정부는 그 과제를 처리하는 데 필요한 정책을 고안하지 못했다. 장면 정부는 부패한 관료를 해고하지 않았고, 부정축재자로 지목된 사람들도 1960년 중에는 태창방직의 백남일, 중앙산업의 이용범 등 이승만과 밀접한 관련을 가졌던 사람을 제외하면 무사했다. 1961년 4월에 「부정축재 특별처리법」이 시행되었는데 그 법률에 의하면, 부정축재자의 범위는 3.15선거를 위하여 집권당에 자진하여 3,000만 환 이상을 제공하거나 조달한 자, 5,000만 환 이상의 국세를 포탈한 자, 공무원 또는 정당인으로서 부정한 방법으로 1,500만 환 이상의 축재를 한 자 등으로 좁았다.

「부정축재 특별처리법」이 국민의 기대를 충족시키지 못했던 하나의 이유는, 장면 정부의 지도자들이 부정축재 처리가 매우 엄중한 과제임을 인식하지 못했던 것이다. 민주당 정치인은 부정축재자로 지목된 사람에게서 정치자금을 받기도 했다. 또 하나의 이유는 미국의 영향력이 강했던 것이다. 장면 정부는 1961년 2월에 미국 정부와 한국 정부가 과거에 맺은 여러 협정을 통합하여 「한미경제협정」을 맺었는데, 그 협정은 원조자금과 한국 자체 자원의 활용에 대한 미국 정부의 감독권을 강화하는 등, 예전보다 더 미국 정부에게 유리했다. 그런 중에 미국 정부는 한국 정부가 부정축재 처리를 이유로 민간의 재산권을 약화시켜서는 안 된다고 판단했고 그 정책에 반대하자, 정부는 부정축재자를 어느 정도로 처벌해야 할지 망설였다.[15)]

경제성장률을 높이기 위해서는 경제개발계획을 세워 투자를 늘리는 것이 시급했지만, 정부는 사월혁명으로부터 거의 1년이 지난 1961년 3월에야 경제개발계획을 세우기 시작했다.[16)] 또, 이승만 정부가 소홀히 했던 중소기업과 농가를 배려해야 했지만, 장면 정부는 그들을 지원할 제도, 그들에 대한 금융지원의 규모 등을 결정하지 못했다. 장면 정부의 개혁정치는 느리고 또 미온적이었으며, 국민은 정부에게 실망하기 시작했다.

군사정변

한국 군대는 휴전 이후 매년 1,000명 정도의 장교와 200-300명의 사병이 미국의 군사교육기관에서 공부했고, 그곳에서 군사 기술, 조직이론, 행정관리 방법, 경제학 등을 배웠다.[17] 정부는 1950년대 중반에 대한석탄공사, 대한중공업 등 주요 국영기업의 경영 성과를 개선하기 위해서 그 기업들에 군 장교를 파견했다.[18] 석탄공사에서는 1954년 12월에 육군중장 김일환 이외의 3명이 고문으로 임명되었고, 그들은 그때부터 1957년 8월까지 불필요한 인원을 정리하고, 종업원 복지와 자재조달 방법을 개선했다. 즉, 당시의 군부는 국방을 제공할 뿐 아니라 산업 생산에도 개입할 역량이 있었던 것이다. 한국군 연합참모본부는 "경제력은 국력의 근저이며, 군사력의 뒷받침인 동시에, 사상전에 있어서의 무력이기도 하다"는 관점에서 종합적인 경제발전계획의 수립을 목표로 연구했고, 1958년에는 『국방상(上)으로 본 한국 경제』라는 책을 발행하기도 했다.[19] 그런데 군부의 역량에 비하면, 군부에 대한 문민통제는 확립되지 않았다.

장면 정부가 효과적인 정책을 내지 못하여 국민의 지지가 하락하자, 박정희 그룹(박정희와 그 협력자)은 1961년 5월 16일에 다음과 같은 6개 조항의 혁명공약을 내걸고 정변을 일으켰다. ① 반공을 국시로 삼는다. ② 유엔 헌장을 준수하고, 미국과의 유대를 더욱 공고히 한다. ③ 부패와 구악을 일소하고, 맑은 첫새벽 같은 기풍을 진작시킨다. ④ 민생고를 시급히 해결하고, 국가 자주경제를 재건한다. ⑤ 국토통일을 위해 공산주의와 대결할 실력을 배양한다. ⑥ 과업이 성취되면 군대에 복귀한다. 혁명공약의 여섯 조항 중에 제4조가 경제에 관한 것이었는데, 그것만 더 자세히 보면 군사정변의 경제적 목표는 '절망과 기아선상에서 허덕이는 민생고를 시급히 해결하고 국가 자주경제 재건에 총력을 경주'하는 것이었다.

맥그루더(Carter Magruder) 유엔군 사령관은 정변 중심 세력이 미국에 반대할 가능성을 염려했고, 정변 당일에 군사정변에 반대하는 성명을 발표했으나, 대통령 윤보선은 한국 군대 상호간의 전투는 피해야 한다는 이유로 정변을 묵인했다. 미국 정부는 한국의 정황을 살필 뿐, 자신의 태도를 분명히 하지 않았다. 5월 18일에는 장면이 군사혁명위원회에 정권을 이양한다고 선언했고, 윤보선이 그 선언을 재가했으며, 박정희는 같은 날에 국가재건최고회의를 설치했다. 5월 25일에는 미국 정부도 군사정변을 승인했다.[20] 박태균에 의하면, 미국 정부는 군사원조보다 경제원조를 중시하고 무상원조 대신에 차관을 제공하는 것으로 정책을 바꾼 후, 피원조국에서 경제를 개발할 수 있는 집단이 국가 권력을 차지하기를 바랐고, 피원조국의 군부가 피원조국의 경제를 성공적으로 개발할 수 있는 집단이 될 수 있다고 생각하고 있었다.[21] 그러므로 미국 정부가 박정희를 신뢰했는가 아닌가와 별개로 군사정변 그 자체를 무용한 일로 보지는 않았을 것이다. 어쨌든 박정희 그룹의 군사정변은 국내외에서 승인되었고 그들은 개혁에 착수했다.

박정희는 잘 살고 싶다는 국민의 욕망을 이승만, 장면보다 더 잘 알았고, 경제 개발에 성공하여 국민의 그 욕망을 채우면 계속해서 집권할 수 있을 것으로 판단했다. 박정희는 『국가와 혁명과 나』에서 자신을 경제학도로 묘사했는데, 1950년대 말의 군부의 활동을 보면, 그러한 묘사는 자연스럽게 보이며, 박정희 그룹에는 유원식과 같은 경제 전문가도 있었다. 박정희는 자신 있었는데, 그들이 정부를 장악하면 정부가 효율적으로 움직일 것이며, 국영기업을 건설해서 경제를 개발하면 성공할 수 있다고 믿었기 때문이었다.[22)]

박정희는 경제개발계획을 대단히 중시하여, 군사정변에 성공한 직후부터 장면 정부가 작성한 경제개발 5개년계획을 수정했고, 연말에는 그 계획을 확정했으며, 1962년 초부터 집행했다. 제1차 경제개발계획의 경제성장률 목표는 연평균 7.1%였으며, 세부 목표는 에너지 공급을 늘리는 것, 농업 생산력을 높여 농가소득을 늘리고 또 국민경제의 구조적 불균형을 시정하는 것, 기간산업과 사회간접자본을 확충하는 것, 유휴의 인적 · 물적 자원을 활용하고 국토를 보전 및 개발하는 것, 수출을 늘려 국제수지를 개선하는 것, 기술을 진흥하는 것이었다.

계획을 효과적으로 집행하기 위해서 공무원도 많이 늘렸는데, 부흥부, 외자청, 경제기획원, 재무부, 상공부의 공무원을 합하면, 1955-1960년에는 연평균 1,000명이 근무했지만, 1961-1965년에는 연평균 1,482명이 근무했다. 경제부처 공무원의 업무는 전문화되었다. 예를 들어, 금융은 1958년에는 2과가 담당했지만, 1967년에는 1국 4과가 담당했고, 공업 행정은 1958년과 1967년에 각각 1국 7과와 2국 12과가 담당했다. 나아가서 1960년대에는 공무원을 공개 채용했기 때문에 예전보다 우수한 사람들이 채용되었다.[23)]

기업 동원

목표성장률은 10년에 국내총생산이 2배가 되는 성장률을 계산하여 마련된 것이었는데, 그런 고도성장은 한국에는 전례 없는 것이었고, 그런 만큼 7.1%는 한국이 달성할 수 있을 것으로 보이지 않았다. 한국 정부가 이 계획에 성공하려면 생산 능력이 빨리 증가해야 했고, 그렇게 되려면 투자율이 많이 높아져야 했다. 박정희는 1961년 5월에는 그 해 1월에 창립한 대기업의 단체였던 한국경제협의회를 해산하여 민간기업가의 발언권을 낮추었다. 이어서 6월에는 「부정축재처리법」을 시행하여, 부정축재자의 모든 재산을 국유화할 계획을 세웠는데, 국영기업을 늘리면 투자를 늘릴 수 있다고 믿었던 것이다.

이 계획은 박정희의 뜻대로는 진행되지 않았다. 한국 정부가 부정축재자로 지목된 자들을 구속하자, 이병철 등은 조사받는 중에 그들이 법률을 어기지 않을 수 없었던 이유를 변명했고, 이어서 경제 개발에서의 그들의 역량을 박정희에게 역설했는데, 그 과정에서 박정희는 그들의 주장을 용인했다. 이미 1950년대 말에는 한국 경제가 민간기업가의 힘에 의해 성장하고 있었던 것을 고려하면, 박정희의 그 용인은 자연스러운 일이었다. 그리하여 정부는 부정축재자의 재산을 국유화하는 대신에 그들 소유의 은행 주식만 8월에 국고로 환수했고, 벌금 중의 나머지 금액은 그들이 시멘트, 제철, 비료, 제분, 인견사, 합성수지, 전기기기, 케이블, 나일론 제조 등 정부가 원하는 기업을 1964년 12월 말까지 건설하고, 벌금만큼 그 기업의 주식을 납부하는 것으로 대신하게 했다.

정부는 국영기업을 늘릴 수 없게 되자 민간기업을 동원해야 했다. 이병철을 포함하는 13인의 기업가는, 정부와 협의하여 1961년 8월에 한국경제인협회[24)]를 조직했고, 정부의 경제개발계획에 협력하기로 선언했으며,[25)] 정부는 그들에게 적절한 유인을 제공하여 그들의 협력을 촉진했다. 한국경제인협회는 1961년 9월에 「외자도입 추진 방안에 대한 건의」와 「외자도입 촉진책」을 국가재건 최고회의에 제출했고, 그 두 문서에서 미국, 유럽, 일본에 재계가 차관교섭단을 파견하여 재계의 공동신용을 기반으로 외자를 도입하는 것을 허용할 것, 민간차관이 성립할 때 한국의 은행이 지급보증할 것, 민간기업이 외국인 투자자와 기술자를 자유로이 초청할 수 있게 허용할 것, 차관 금액에 상당하는 만큼의 자금을 후취담보로 대부할 것, 「외자도입 촉진법」, 「외환관리법」, 이중과세 방지조약 등을 합리적으로 조정할 것 등을 요청했는데, 정부는 기간산업 건설을 전제로 했지만, 위의 제안을 받아들여 재계가 정부에 협력할 수 있는 조건을 만들어 주었다.[26]

재계는 1961년 말에 차관교섭단을 꾸렸고 미국, 일본, 독일을 방문했으며, 정부는 1962년 7월에 상업차관을 도입하기 쉽도록 「장기결제방식에 의한 자본재 도입에 따른 특별조치법」과 「차관에 대한 지급보증에 관한 법률」을 시행하여 민간의 상업차관에 대해 정부가 지급보증했다. 또, 은행은 민간기업에게 후취담보로 저리자금을 대출했다. 이어서 정부는 1962년 1월에 가성소다 및 볏짚펄프, 비스코스 인견사, 아세테이트 인견사, 시멘트, 전기기기, 방직 및 가공기, 관광산업의 7개 업종에 대해 19개 민간기업에게 외자도입을 허가했다.[27] 이 밖에도 한국 정부는 1961년 10월에 한일회담을 재개했는데, 일본에서 배상금을 받고 또 수출을 늘리기 위해서였다.[28]

화폐 개혁

한국 정부가 민간기업의 협력을 얻는 것을 중시했다고 해서 국영기업을 건설하고 국영기업이 한국의 산업을 장악하게 하려는 구상을 포기한 것은 아니었다. 정부는 1962년 6월에 「긴급통화조치법」을 시행했으며, 원을 기본 단위로 하는 신화폐를 발행했고, 구화폐 10환의 가치를 신화폐 1원으로 정했다. 이어서 구화폐는 모두 예금하게 했고, 일정 한도 이상의 예금은 인출하지 못하게 했으며, 그 대신에 만기 1년 이상 정기예금에 상당하는 15%의 이자를 지급했다. 정부는 예금의 인출을 봉쇄한 다음, 그 해 12월 말까지 그 예금액으로 산업개발공사를 설립하고 그 주식으로 그 예금액을 지급할 예정이었다. 산업개발공사는 정유, 비료, 종합제철, 시멘트, 공작기계, 조선업 및 광업에 투자하기로 계획되었다.[29)]

재계는 유동자본이 부족하게 된다는 이유로 개혁에 반대했는데, 화폐 개혁 직후에 어음부도율은 높아지고 산업 생산은 정체하여, 재계의 우려가 실제로 나타났다.[30)] 미국 정부는 산업개발공사가 민간기업의 성장을 억제한다는 이유로 반대했고, 화폐 개혁을 철회하지 않으면 원조를 중단하겠다고 경고했다.[31)] 한국 정부는 화폐 개혁 1개월 뒤인 1962년 7월에 「긴급금융조치법에 의한 봉쇄예금에 대한 특별조치법」을 시행하여, 봉쇄예금의 1/3은 자유예금으로 바꾸었고, 나머지는 기한 1년의 특별정기예금으로 전환했으며, 특별정기예금도 15%의 이자만 포기하면 중도에 해약할 수 있게 했다.

한국 정부는 화폐 개혁에서 기대했던 성과를 얻지 못하자 통화발행량을 늘렸다. 통화발행량이 1958년에는 그 전년도보다 4% 감소했고,

1959-1960년에는 4%, 8% 증가했지만, 1961-1962년에는 23%, 15% 증가했다. 정부는 통화량을 늘려 제1차 경제개발계획에 필요한 자금을 공급했으며, 1963년까지 15개의 국영기업을 보강했고, 6개의 국영기업을 새로 설립했다.[32] 박정희 정부는 정부가 경제에 적절한 방법으로 개입해야 경제가 성장한다고 믿었으나, 미국 정부는 한국 정부의 개입이 경제적 효율성을 낮출 뿐 아니라 부패의 원천이라고 믿었고, 한국 경제에서 정부의 비중이 커지는 것에 반대했다. 또, 1961-1962년에 물가가 각각 15%와 10% 상승하자 인플레이션으로 경제가 혼란스러워질 것을 우려했으며, 주한미국경제원조처(United States Operations Mission to Korea)는 1963년에 재정적자를 구실로 원조자금의 집행을 9개월간 중지하기도 했다.[33]

미국 정부는 제1차 경제개발계획의 연평균 성장률을 낮추고, 또 민간기업의 역할을 높이는 방안을 제시했다.[34] 한국은 미국이 지원하지 않으면 식량과 외자를 조달할 수 없었고, 외자를 조달하지 못하면 경제개발계획을 집행할 수 없었다. 덧붙여 박정희는 정변 직후에 미국 정부에게 2년 이내에 민정으로 이양할 것이라고 했기 때문에 1963년 중에 대통령 선거를 치러야 했는데, 미국 정부의 지원이 감소하고 성장률이 하락하면 그가 직접 출마한다고 해도 박정희 그룹은 대통령 선거에서 패배할 것이었다. 한국 정부는 미국 정부의 요구를 무시할 수 없었다. 정부는 1963년부터 긴축하기로 했고, 1964년 3월에는 제1차 경제개발계획 기간의 연평균 목표성장률을 7.1%에서 5.0%로 낮추었다.[35]

산업개발공사는 설립되지 못했고, 부정축재자는 공장을 완공한 이후에 그 기업의 주식 대신에 현금을 납부했기 때문에, 국영기업을 육성하려던 박정희의 구상은 애초의 계획대로 실현되지는 못했다. 하지만 정부가 은행을 국유화했고 그것을 이용해서 금융을 지배했기 때문에, 정부는 그 이후로 민간기업을 동원하고 그들이 협력하게 할 수 있었다. 정부는 투자율을 높이는 하나의 방법은 가질 수 있었던 것이다.

노사협의회

투자가 늘어난다고 해서 임금이 상승해서는 안 되었고, 또 임금이 억제될 때 노동쟁의가 빈발해서도 안 되었다. 우선, 박정희는 군사정변 직후에 모든 사회단체를 해산했다. 이승만 정부 하에서 탄압받았던 전국노동조합협의회는 사월혁명 이후에 전국적인 조직으로 성장했고, 1960년 6월에는 단위노조가 170개, 노동조합원이 16만 명에 달했으며,[36] 1960년 11월에는 대한노총과 통합하여 한국노동조합총연맹(한국노총)으로 재출발했으나, 이때 해산되었다.

한국 정부는 3개월 후인 8월에야 「근로자의 단체활동에 관한 임시조치법」을 제정하여 노동조합을 신고주의에 입각하여 설립할 수 있게 했는데, 제1조에 의하면 그 법률의 목적은 "근로자의 단체활동을 보장하여, 근로자로 하여금 국가 재건과업 완수에 적극 기여하도록 지도 보장"하는 것이었다. 이에 따르면 노동조합은 노동 조건을 개선하기보다 정부의 정책 목표에 동원되는 단체가 될 것이었다. 보건사회부 장관은 그 직후에 「근로자의 단체활동에 관한 임시조치법 공포에 대해」라는 담화문을 내었고, 전국 단일 산업별 노조가 바람직하다는 의견을 제시했다. 정부가 기업별 노조제도를 채택하면, 기업주를 지원해서 노동조합을 억압할 수는 있었지만, 노동조합이 분산되기 때문에 정책 목표에 노동조합을 동원하기는 어려웠던 것이다.

정부의 노동 정책에 대한 협력자들은 한국노동단체재건조직위원회를 결성했고, 8월 중에 11개 산업별 노조를 조직했으며, 8월 말에 한국노총을 다시 발족시켰다.[37] 이 과정에서 한국노총은 반공과 경제 개발을 노동 조건보다 우위에 두는 단체로 변신했다. 또, 한국 정부가 1962년 12월에 개헌했을 때 공무원의 노동 3권이 삭제되었기 때문에, 한국노총이 포괄하는 범위는 1961년 초보다 더 작아졌다. 1963년 3월의 노동절 기념 행사에서 박정희는 경제개발계획에 대한 협력을 적극 요청했으며, 한국노총은 그 행사에서 총 16개조의 결의문을 채택했다. 셋째부터 열여섯째는 노동 3권, 노동 조건 개선, 노동자 국제 연대에 관한 것이었으나, 가장 중요하다고 할 수 있는 첫째는 "우리는 반공태세를 강화하여 승공통일에 전력을 경주한다" 였으며, 그것에 이은 둘째는 "우리는 혁명과업과 경제개발 5개년계획의 완수를 강력히 뒷받침한다" 였다.[38]

한국 정부가 한국노총에게 반공과 경제개발계획에 대한 협력을 요구하고, 한국노총이 그것을 받아들이자, 한국노총은 단위노조의 파업을 지원하지 않게 되었으며, 정부는 그런 만큼 파업을 덜 염려하게 되었다. 그렇다고 해서 한국노총이 단위노조의 단체교섭에 무심하게 되는 것은 아니었다. 과거에도 그러했는데 이승만 정부 기간에 대한노총은 반공주의를 기치로 내걸었고 정부에 협력적이었지만, 반공주의와 노동 조건의 개선이 모순하는 것은 아니었기 때문에, 노동자의 권익을 옹호하는 노동조합주의 세력이 그 내부에서 성장했었고, 자유당은 정치력을 사용해서 그 세력을 저지했었다.

한국 정부는 1963년 4월에 「노동조합법」과 「노동쟁의조정법」을 개정했는데, 그에 따르면 한 사업장에 둘 이상의 노동조합을 설립하려면 반드시 정부의 허가를 받아야 했고, 사업장에 노사협의회를 설치해야 했고, 노동조합이 정치 활동을 할 수 없었다. 또, 공익사업에서는 정부가 쟁의를 제한할 수도 있었고, 긴급조정할 수도 있었다. 이 중에서 노사협의회와 관련된 것을 더 살펴보면, 「노동조합법」 제6조에는 "사용자와 노동조합은 노사 협조를 기하고 산업 평화를 유지하기 위하여 노사협의회를 설치하여야 한다"고 규정되었고, 「노동쟁의조정법」 제5조에는 "노동관계 당사자는 단체협약에 노사협의회의 설치 기타 노동관계의 적정화를 위하여 필요한 사항을 규정하여야 하며 노동쟁의가 발생한 때에는 자주적으로 해결하도록 노력하여야 한다"고 규정되었다. 노사협의회는 1967년까지 설치 대상 사업장의 63%에 설립되었고,[39] 정부가 노사협의회를 단체교섭의 장소로 권장하자, 노동조합은 더 허약하게 되었다. 정부는 임금인상률이 노동생산성 상승률을 넘지 않도록 가이드라인을 설정했고, 그것으로 노사 양측을 지도했는데, 파업이 억제된 위에 노사협의회제도가 도입되자 정부의 가이드라인이 효과를 거두게 되었다. 박정희 정부는 투자를 늘리고 노동쟁의를 저지하고 임금을 억제하는 제도를 갖추었던 것이다.

민중 동원

박정희는 정부를 장악하자마자 경제 개발을 위한 체제를 만들었지만, 미래에 대한 기대만으로는 국민의 지지를 충분히 얻을 수는 없었다. 정부는 1962년 1월에 「생활보호법」을 시행했는데, 그에 따르면 노령이나 질병 등 근로 능력의 상실로 인하여 생활을 유지할 능력이 없는 자가 다른 사람에게서 부양받을 수 없을 때, 정부가 생계, 의료, 출산, 장례를 지원하게 되었다. 법률의 명칭은 구호에서 생활보호로 바뀌었지만, 생활보호 대상이 노동 능력이 없는 자였기 때문에 과거의 구호 대상과 거의 다르지 않았으나, 아동의 범위는 18세 미만으로 되어, 1944년에 제정되었고 해방 이후에도 참조되었던 「조선구호령」의 13세 이하보다는 넓어졌다. 또, 정부는 같은 달에 「직업안정법」을, 3월에는 「재해구호법」을 시행했고, 보건사회부 산하에 사회보장제도 심의위원회를 만들었다.

경제개발계획은 시작한 직후에 순조롭지 않았다. 기업은 한국 정부의 계획에 협력했지만, 외자가 부족하여 생산재를 충분히 수입하지 못했기 때문에 계획대로 투자할 수 없었다. 또, 기후가 불순했던 탓에 1962년은 벼농사의 작황이 매우 나빴다. 그리하여 1962년에 경제성장률은 2.1%였고, 1인당 국내총생산은 감소했다. 1963년에는 성장률이 높아졌지만 그것은 1962년의 침체에서 회복된 것에 지나지 않았다. 대통령 선거는 1963년 10월에 치러지도록 예정되어 있었는데, 박정희는 선거에서의 승리를 장담할 수 없었다. 박정희는 1962년 7월에 복지국가라는 개념을 사용했으며, 정부는 1963년 1월에 「군인연금법」을 시행했고, 1963년 초에는 산업재해보상보험과 의료보험제도를 한국에서 시행하기로 결정하고 입법을 시작했다.[40] 또, 사회보장에 관한 한국 정부의 자세를 밝힐 목적으로 「사회보장에 관한 법률」을 준비했다. 이 법률은 대통령 선거 직후인 1963년 11월에 시행되었다.

한국 정부는 박정희가 대통령에 당선되기 위해서는, 또 노동자와 농민을 경제개발계획에 동원하기 위해서는 최소한의 사회보장을 제공해야 했지만, 그와 동시에 사회보장제도가 투자율과 근로 의욕을 낮추어서는 안 된다고 믿었기 때문에 정부는 그 두 가지가 낮아지지 않도록 사회보장제도를 조절했다. 「사회보장에 관한 법률」의 제2조에 따르면, 사회보장은 사회보험에 의한 여러 급여와 무상으로 행하는 공공부조를 가리켰지만, 그 법률의 제3조 제2항은 "정부는 사회보장사업을 행함에 있어서 국민의 자립정신을 저해하지 아니하도록 하여야 한다"고 하여, 공공부조제도를 발달시키지 않을 것임은 미리 내보였다. 이것은 투자율과 근로 의욕을 떨어뜨리지 않는 방법이었다. 그 때문에 박정희 정부 초기의 여러 사회보장제도 중에서 「생활보호법」만이 공공부조에 관한 것이었고, 그나마 근로 능력이 없는 사람만 지원받았으며, 나머지 사회보장제도는 모두 사회보험에 관한 것이었다. 「사회보장에 관한 법률」은 공공부조와 사회보험 이외의 사회 서비스는 언급하지도 않았는데, 사회 서비스는 가족이 제공하거나, 가족이 제공할 수 없을 때는 민간의 사회복지시설이 제공했고, 정부는 그 시설들에 약간의 보조금을 주었다.

한국 정부가 1964년 6월부터 「의료보험법」을 시행했지만, 문화사회위원회의 최초의 구상과는 달리 완전한 임의가입 방식이 채택되었기 때문에 어떤 사업주도 의료보험조합을 설치할 의무가 없었다. 또 의료보험법 제43조에는, 국가는 매연도 예산의 범위 안에서 대통령령이 정하는 바에 의하여 의료보험사업의 사무 집행에 소요되는 비용의 전액을 보조하고 그 보험급여에 소요되는 비용은 그 일부를 보조할 수 있다고 하여, 보험급여에 대한 보조를 명확하게 하지 않았으며 실제로도 조금밖에 보조하지 않았기 때문에 사업주에게는 의료보험조합을 설치할 유인이 없었다.

「산업재해보상보험법」은 실제 효력을 가졌는데, 그 시행령에 따르면 500인 이상을 고용하는 광공업 사업장은 반드시 보험에 가입해야 했기 때문이다. 그 사업장들이 기업 부담금을 기꺼이 납부하려 했던 것이 아니었음에도 불구하고, 500인 이상의 사업장이 반드시 가입해야 했던 것은, 한국 상품의 가격과 품질이 선진국 시장에서 유효하기 위해서는 규모의 경제와 적절한 기술을 갖춘 대규모 공장이 중요했고, 대규모 공장의 노동자가 그 품질의 제품을 납기에 맞추어 생산하게 하기 위해서는 그들을 보호해야 했기 때문이다. 정부는, 산재보험 급여를 지원하지 않았기 때문에 의무가입 사업장의 범위를 500인 미만의 사업장에까지 넓히지는 못했다.

공공부조에 자금을 지출하지 않고 사회보험에 재정 지원을 하지 않으면 재정 수입을 사회간접자본 건설이나 기업에 대한 보조금에 지출할 수 있었기 때문에 사회보장제도가 투자율을 하락시키지는 않았다. 또, 정부가 근로 능력이 있는 사람에게는 공공부조를 제공하지 않았기 때문에, 영세민은 하천 정리사업, 치수 및 사방사업, 간척지 개간, 도로 및 농로 정리사업 등에서 일해야 했고, 그 대가로 당시의 평균 노임보다 적은 임금을 현물로 받았다. 사회보장제도를 늘린다고 해서 근로 의욕이 하락하거나 임금이 상승하는 일은 없었다.

한국 정부는 농촌에서는 빈곤에 대한 대책으로 1961년 6월에 「농어촌고리채정리법」을 제정했고, 8월 5일부터 9월 24일까지 고리채를 신고받았다. 법률에 따르면, 연리 20% 이상의 금전 또는 현물부채가 고리채였는데, 농협은 채권자에게 연리 20%의 농업금융채권을 교부했고, 2년 거치 5년 분할상환으로 그 원리금을 채권자에게 상환하게 되었으며, 채무자는 부채금액만큼의 차용증서를 농업 은행에 제출했고, 연 12%의 이자를 포함하는 원리금을 7년 이내에 분할상환하게 되었다. 농업 은행에 발생하는 8%의 이자 손실은 정부가 지불하게 되었다. 그 기간에 전국에서 89만 건의 부채가 고리채로 판정되었으며, 이명휘의 추정에 의하면, 1960-1962년에는 농가부채 중 사채 비중이 58%, 42%, 39%로 하락했다.[41] 하지만 1963년부터 사채 비중은 다시 증가하여 1965년에는 78%에 달했는데, 정부는 농민을 보호하는 것보다 공업투자와 사회간접자본 건설을 늘리는 것이 더 중요했기 때문에 농업 금융을 계속해서 증가시키지는 않았던 것이다.

혁명공약 제4조에서 언급된, 절망과 기아선상에서 허덕이는 민생고를 시급히 해결하는 것과는 달리 박정희 정부는 경제 개발 체제를 지탱하는 핵심 계층을 지지했을 뿐 다수의 노동자, 농민을 도외시했던 것이지만, 그럼에도 불구하고 소외된 민중이 정부 정책에 협력했던 것은 1940-1950년대의 뼈저린 경험 때문이었다. 태평양전쟁 중에 한국인은 그 이전보다 더 가난하게 살았고, 징용과 징병 때문에 많은 가족이 흩어져 살았다. 한국이 1945년 8월에 해방되었지만, 한국인의 정부는 세워지지 않았고, 장기간 신탁통치를 받을 수도 있었다. 1950년 6월에는 한국전쟁이 발발하여, 남한에서만 약 100만 명이 피해를 입었다.[42] 태평양전쟁부터 한국전쟁까지의 긴 혼란을 거치면서, 한국인은 개인의 행복보다 국력을 중시하게 되었고, 국력을 키워서 외세의 침략을 이겨내면 행복해질 수 있다고 믿게 되었는데, 그 국력의 중심에는 정부가 있었다. 이러한 심성은 정부의 대가 없는 동원에도 민중이 협력하게 된 바탕이었다.

1) 박태균, 『원형과 변용: 한국경제개발계획의 기원』, 서울대학교 출판부 2007, pp. 298-300.

2) 이현진, 『미국의 대한경제원조정책』, 혜안, 2009, pp. 246-247. 裵錫滿, 「計劃造船と大韓造船公社」, 林采成, 「1945-60年代前半石炭市場と大韓石炭公社」, 原朗・宣在源 共編, 『韓國經濟發展への經路: 解放・戰爭・復興』, 日本經濟評論社, 2013.

3) 이현진, 같은 책, pp. 256-257. 송인상, 『부흥과 성장』, 21세기북스, 1994, p. 195.

4) 합동통신사, 『합동연감』, 1971년판, p. 95. 이대근, 『한국전쟁과 1950년대의 자본축적』, 까치, 1981, pp. 147-148.

5) 〈동아일보〉, 1959년 10월 21일, p. 2; 10월 24일, p. 2.

6) 이현진, 앞의 책, pp. 256-257.

7) 박태균, 앞의 책, p. 230.

8) 김낙년, 「한국 GDP의 장기추이와 국제비교」, 『경제발전연구』 15-2호, 2009. Angus Maddison, "Levels of GDP per Capita in 10 Asian Countries, 1820-1992," *Monitoring the World Economy, 1820-1992*, Paris: OECD, 1995.

9) 합동통신사, 『합동연감』, 1958.

10) 대한노총경전조합, 『월간노동』 7-1, 1959; 남찬섭, 「1950년대의 사회복지」, 『월간복지동향』 80호, 참여연대사회복지위원회, 2005, p. 59에서 재인용.

11) 김병태, 「머슴에 관한 연구(2)」, 『경제학연구』 5호, 한국경제학회, 1957, p. 117.

12) 보건사회부, 『보건사회통계연보』, 1960년판, pp. 478-479.

13) 〈동아일보〉, 1958년 7월 12일, p. 1. 이종재, 『재벌 이력서』, 한국일보, 1993, p. 110.

14) 〈경향신문〉, 1960년 12월 20일, p. 2. 小林謙一・川上忠雄, 『韓國の經濟開發と勞使關係: 計劃と政策』, 比較經濟研究所研究シリーズ, 法政大學出版局, 1991, p. 180.

15) 공제욱, 「부정축재자 처리와 재벌」, 이완범 외, 『1960년대의 정치사회변동』, 백산서당, 1999, pp. 223-224.

16) 박태균, 앞의 책, p. 308.

17) 전용덕 · 김영용 · 김기화, 『한국 경제의 성장과 제도 변화』, 한국경제연구원, 1997, p. 58.

18) 민병윤, 「국영기업체 운영의 전망」, 『부흥월보』 4호, 1956년 11월, p. 49. 임채성, 「군파견단의, 대한석탄공사 지원과 석탄산업의 부흥(1954.12-57.8)」, 『동방학지』, 139호, 연세대학교 국학연구원, 2007.

19) 대한민국 연합참모본부, 『국방상으로 본 한국경제』, 대한민국 연합참모본부, 1958, pp. 494-495. 후지이 다케시, 「제1공화국의 지배 이데올로기」, 『역사비평』 통권 83호, 역사비평사, 2008, p. 144.

20) 기미야 다다시, 『박정희 정부의 선택』, 후마니타스, 2008, pp. 76-84.

21) 박태균, 앞의 책, pp. 167-169.

22) 박정희, 『국가와 혁명과 나』, 지구촌, 1997, 제1장.

23) 황인정, 『행정과 경제개발』 증보판, 서울대학교 출판부, 1985, p. 50.

24) 1961년 7월에 경제재건촉진회라는 명칭으로 출발했으며, 1968년 3월에 전국경제인연합회로 개칭함.

25) 전국경제인연합회, 『기적의 50년을 넘어 희망의 100년으로』, 전국경제인연합회, 2011, p. 67.

26) 공제욱, 「박정희 정권 초기 외부의존형 성장모델의 형성과정과 재벌」, 공제욱 · 조석곤 공편, 『1950-1960년대 한국형 발전모델의 원형과 그 변용과정』, 한울, 2005, pp. 76-87

27) 〈경향신문〉, 1962년 1월 24일, p. 1.

28) 기미야 다다시, 앞의 책, p. 275.

29) 〈동아일보〉, 1962년 7월 9일, p. 1.

30) D.C. 콜 · 박영철, 『한국의 금융발전: 1945-80』, 한국개발연구원, 1994, p. 71. 이병철, 『호암자전』, 중앙일보사, 1986, pp. 129-130. 배영목, 「우리나라 통화개혁의 비교 연구」, 『경제학연구』 58-1, 한국경제학회, 2010.

31) 김정렴, 『한국경제정책 30년사』, 중앙일보 · 중앙경제신문, 1990, p. 95.

32) 박동철, 「1960년대 기업집단의 형성과 구조」, 김낙년 외, 『1960년대 한국의 공업화와 경제구조』, 백산서당, 1999, pp. 160-161.

33) 기미야 다다시, 앞의 책, p. 124.

34) 박태균, 앞의 책, pp. 336-339. 기미야 다다시, 같은 책, pp. 111-112.

35) 강광하, 『경제개발 5개년 계획』, 서울대학교 출판부, 2000, pp. 32-34.

36) 〈동아일보〉, 1960년 6월 9일, p. 3. 조돈문, 「50년대 노동계급의 계급해체: 노총의 호응성 전략과 노동자들의 저동원」, 『경제와 사회』 제29권, 비판사회학회, 1996, pp. 187-189.

37) 이상희, 「1960년대 성장전략의 전환과 노동통제기제의 변용과정」, 공제욱 · 조석곤 공편, 앞의 책, p. 303.

38) 한국노동조합총연맹, 『1963년 사업보고』, 1964, pp. 822-824, 835-836.

39) 전국경제인연합회, 『한국경제연감』, 전국경제인연합회, 1972, p. 147.

40) 〈동아일보〉, 1963년 5월 16일, p. 3.

41) 이명휘, 「농어촌 고리채정리사업 연구」, 『경제사학』 48호, 2010, pp. 88-93, 116.

42) 내무부 통계국, 「6 · 25동란피해」, 『대한민국 통계연감』, 1953.

13

국제 분업에의 적응

13

국제 분업에의 적응

수입대체

한국은 20세기 초부터 주요 생산재를 외국에서 수입했고 그 점은 1960년대에도 바뀌지 않았다. 그 때문에 외화가 없이는 경제가 재생산되지 않았다. 미국이 한국에 대한 원조를 줄이기 시작하자, 한국은 외화를 벌어야 했고, 이승만, 장면, 박정희 정부의 경제개발계획은 모두 수출산업 육성이 주요 과제의 하나였다. 박정희 정부는 1956년에 제정된「수출장려보조금 교부규칙」을 1961년 9월에 개정했고, 1956년의 지원 대상에 상공부 장관이 지정하는 수출장려상품을 수출한 자, 위탁판매수출업자, 보세가공무역업자, 재외무역관을 설치 · 운영하는 자를 추가했고, 그 해에 45억 환의 예산을 마련했으며, 수출업자에 대한 보조금을 1달러당 100-250환으로 책정했다.[1] 1961년 하반기에 환율은 1,300환이었다.

1962년 2월에는 대한무역진흥공사를 설립하여 국외의 수출상품과 수출처를 탐색하게 했고, 그 해 3월에는「수출진흥법」을 제정하여 수출품 제조용 원료의 수입에 필요한 외화는 외국환 수급계획과 어긋나더라도 우선적으로 배정하게 했다.「수출진흥법」은 면제품과 합판의 수출을 늘리기 위한 것이었기 때문에 언뜻 보면 그 법률이 제정된 이후에는 정부가 공업 제품의 수출을 중시한 듯하지만, 아직은 정부의 전략이 명확하지 않았다. 국제 시장에서 가격경쟁력을 가지기에는 환율이 지나치게 낮았고, 1961-1962년에 한국의 수출은 1,400만 달러밖에 증가하지 않았다.

한국 정부가 공업 제품의 수출을 중시하지 않았던 하나의 이유는 자립경제를 추구했던 것인데, 한국 경제가 자립하기 위해서는 수출용 소비재보다 기계, 설비, 소재의 국내 생산을 늘려야 했다. 또 하나는 정부가 당시의 국제 분업을 제대로 이해하지 못하여 제1차 산품의 수출을 늘릴 수 있을 것으로 기대했던 것이었다. 한국 정부는 제1차 산품의 수출을 늘려서 외화를 벌고, 그것으로 기계, 설비, 소재의 생산을 늘리려 했지만, 한국의 제1차 산품은 가격경쟁력이 낮았고, 정부의 그 정책은 성공하지 못했다.

당시의 수출품을 국제표준무역분류(SITC)에 따라 나누면, 한국은 제1차 산품 중에서는 SITC 0류 · 2류를, 공업 제품 중에서는 SITC 6류 · 8류를 수출했는데, 1962년에 그 네 분류 수출액은 각각 1961년 수출액의 2.4배, 0.9배, 1.5배, 2.5배였다. 1961년에는 SITC 0류와 2류의 합계액이 SITC 6류와 8류의 합계액의 6.2배였지만, 1962년에는 5배로 하락했다. 제1차 산품의 수출증가율이 공업 제품보다 더 낮았던 것이며, 한국 정부는 실현 가능성이 낮은 정책을 폈던 것이다. 한국 정부는 부족한 외화를 차관으로 보충하기 위해서 1962년 7월에는 민간이 도입하는 상업차관에 대해 지급보증도 했으나, 1962년에 한국의 외자 도입액은 원조와 차관을 합해서 1.7억 달러에 머물렀다.[2)]

한국 정부는 일본에서 자본을 도입할 목적으로 한일회담을 서둘러

표 13-1 주요 상품의 수출액(천 달러)과 그 배율

	SITC 0	SITC 2	SITC 6	SITC 8	수출액 합계
1961	8,948	20,958	4,004	791	40,878
1962	21,847	19,372	6,177	1,954	54,813
1963	17,841	26,405	28,115	6,401	86,802
1964	26,350	31,442	42,310	13,197	119,058
1962/1961	2.4	0.9	1.5	2.5	1.3
1963/1962	0.8	1.4	4.6	3.3	1.6
1964/1963	1.2	1.6	6.8	6.8	1.4

주: SITC 0: 식품 및 산 동물. SITC 2: 비식용 원재료(연료 제외). SITC 6: 재료별 제조 제품: 가죽, 고무, 목재, 종이, 직물, 금속 등. SITC 8: 기타 제조 제품.

마무리했고, 1962년 11월에 두 정부는 배상금, 재일 한국인의 법적 지위 등을 타결했다. 그에 따르면, 일본의 한국 지배에 대한 논의를 종결하고 한일간의 경제 협력을 촉진하기 위해서 일본 정부가 3억 달러의 무상원조와 2억 달러의 공공차관을 한국에 제공하게 되었다. 또, 이 합의의 부속문서에서 무상원조와 공공차관은 국교정상화 이후에 제공하지만, 국교정상화 이전에도 1억 달러 이상의 상업차관을 제공하는 것으로 되었다. 그런데 한국 정부의 대표단이 배상금이 아니라 경제협력자금을 받는 것으로 했고, 이승만 라인(평화선)을 양보했으며, 또 일본에서 받을 자금의 크기가 국민의 기대에 크게 못 미쳤기 때문에 야당과 학생이 중심이 되어 한일회담 반대 시위가 일어났다. 시위는 격렬했고 협정은 체결되지 않았으며, 일본은 한국의 국내 정세를 빌미로 1963년에는 상업차관을 제공하지 않았다. 1963년에도 외자도입액은 1.9억 달러에 지나지 않았다.[3)]

수출공업 육성

한국 정부는 경제개발계획의 목표성장률을 달성할 정도의 외자를 획득하기 위해서는 한국을 둘러싸고 있는 국제 분업과 그것에 대한 적응 방법을 재검토해야 했다. 이런 중에 한국경제인협회가 1963년 1월에 박정희와 신년 간담회를 개최했을 때, 이원만(코오롱의 창업자)은 여러 공업 제품의 견본을 보이면서 한국 기업이 여러 종류의 수출용 공업 제품을 생산할 수 있다고 말했다.[4] 이원만의 이 발언에 대해 회의실의 기업가들 중 다수가 호응한 것은 아니었지만, 이원만은 시종 설득력 있게 말했으며, 박정희는 그 제안에 반색했다. 한국 정부가 1963년 3월에 수출산업촉진위원회를 설치했을 때, 위원회의 12개 지침 중의 제1번이 제품수출을 위한 산업 개발 및 이와 관련된 조사 연구와 계획 수립이었다.[5] 그 위원회가 공업 제품 수출을 늘리기 위한 것임이 명시된 것이었다. 정부는 1964년 5월에는 1달러당 환율을 130원에서 255원으로 인상했고, 9월에는 「수출산업 공업단지 개발조성법」을 시행했으며, 11월에는 수출의 날을 제정했고, 12월에는 가트 면직물 장기 협정에 가입하여 한국산 면직물에 대한 미국 정부의 수출배정액이 늘어날 수 있도록 노력했다.[6]

한국 정부는 1965년 2월부터 무역회의를 개최했고,[7] 대통령이 그 회의를 주관했으며, 이와 별개로 무역진흥위원회 확대회의를 열었고, 그 회의에서는 대통령이 무역계 대표의 의견을 직접 들었다.[8] 또, 주한미국경제원조처와 협의하여 한미경제협력위원회 산하에 수출 진흥을 위한 위원회를 설치했고, 수출 촉진에 대한 미국 정부의 지지를 얻었다.[9] 정부는 무역계 대표들의 의견을 정책에 반영하여, 수출 신용장의 약 8할에 해당하는 금액을 낮은 이자율로 대부했고(수출금융), 수출용 원자재 구입에 필요한 자금을 대부받을 때 적용되는 이자율을 낮추었고, 수출보조금을 늘렸다. 이에 맞추어 기업은 수출전담 부서, 해외 출장소, 해외 지사 등을 두어 수출상품의 종류와 기업이 갖추어야 하는 조건을 조사했다.

수출금융에 대한 이자율은 1965-1966년에 6.5%였고, 1967-1973년에 6.0%였는데, 1965-1968년에 수출품의 가격상승률이 3.8%, 9.1%, 4.6%, 3.1%였으므로 수출금융의 실질이자율은 −2.6%와 +2.9%의 사이였다. 수출기업은 실질적인 혜택을 입었던 것이다. 수출기업에 대한 재정금융 지원을 합하면, 1965-1968년에 수출액에 대한 보조금의 비율이 13%, 17%, 22%, 29%로 점차 높아졌고, 1973년까지 1968년의 수준을 유지했다.[10] 이러한 여러 정책 덕택에 수출실효환율(수출기업이 1달러를 수출해서 실제로 얻을 수 있는 한국 화폐 수입)이 1963-1968년에 189원, 281원, 305원, 323원, 333원, 354원으로 상승했다.

여기에 한국의 물가상승률을 감안해서 수출실효환율의 실질값을 구하면, 그 기간에 276원, 305원, 305원, 305원, 299원, 299원이었다.[11] 1965-1968년에 생산자물가는 연평균 8% 상승했음에도 불구하고 환율은 그 4년간에 8% 상승했을 뿐이었고, 그로 인해 실질 수출실효환율이 다시 하락했던 것인데, 한국 정부가 환율을 더 이상 높이지 못했던 것은 수입 생산재의 가격 상승을 억제하기 위해서였다.

탄력관세제도가 실질 수출실효환율 하락에 기인한 수출 감소 효과를 상쇄했다. 한국 정부는 1967년 4월에 가트에 가입하여, 미국, 영국, 유럽경제공동체, 일본 등의 최혜국대우를 받게 되었고, 그로 인해 한국에 대한 외국의 관세율이 낮아져 수출에 유리하게 되었다. 하지만 한국도 관세를 낮추어야 했기 때문에 가트 가입은 한국의 외화 수급에 반드시 유리하지만은 않았다. 정부는 11월에 가트의 탄력관세제도를 채택하여 국제경쟁력이 있는 상품과 수입대체할 수 없는 상품에 대해서는 저율의 관세를, 국제경쟁력이 낮지만 수입대체할 수 있는 상품에 대해서는 고율의 관세를 징수하는 정책을 폈다. 이로 인해 수출품 제조기업이 국내 시장에서는 이윤을 많이 낼 수 있었기 때문에 실질 수출실효환율이 하락하는 중에도 정부의 수출 증가 정책에 협력할 수 있었다.

외자 도입

1960년대 후반에는 수출이 증가했을 뿐 아니라 외자가 도입되는 경로도 다양하게 되었다. 한국 정부는 1964년 6월에 계엄령을 선포하여 한일 국교정상화에 대한 반대 시위를 억압했으며, 1965년 6월에 일본 정부와 「한일기본조약」을 맺었다. 무상원조와 연리 3.5%의 공공차관이 그 다음 해부터 10년에 걸쳐 도입되게 되었다. 도입금액을 연평균 하면 1년에 약 5,000만 달러였지만, 1966-1969년에는 모두 합해서 1.1억 달러밖에 도입되지 않았다. 일본이 제공할 상업차관은 3억 달러 이상으로 증액되었는데, 그것은 1965년부터 1969년 11월 말 사이에만으로도 3.2억 달러가 도입되어, 공공차관의 부족을 메웠다.[12]

한국 정부는 베트남전쟁에 참가하여 외화 수입을 늘리고 싶었고, 그런 중에 미국 정부가 1964년 5월에 한국 정부에게 1개 이동외과 병원을 베트남에 파병해 줄 것을 요청하자, 그 요청에 적극적으로 대응하여 이동외과 병원만이 아니라 10명의 태권도 교관도 파견하겠다고 답했다.

이어서 미국 정부는 12월에 후방 지원을 담당할 부대의 파병을 요청했으며, 한국 정부는 1965년 3월에 비둘기부대를 파견했다. 그 직후에 주미 한국 대사는 미국 정부에 전투부대를 파견할 수 있다고 표명했고, 그 해 4월 중에 한국 외무부 장관과 주한 미국 대사는 파병 상한선을 5만 명 이내로 하고, 베트남 참전이 한국 내의 국방력을 낮추지 않도록 미국 정부가 한국군의 현대화를 지원하고, 북한이 남침하면 미국이 즉각 출병하도록 한미상호방위조약을 개정하고, 한국이 베트남에서 사용할 군수품을 공급하는 등 한국의 베트남 시장 진출을 보장한다는 파병 조건에 합의했다. 이 마지막 조건의 경제적 효과는 컸다. 1965-1972년에 한국 정부가 베트남에서 얻은 외화 수입은, 수출, 군납, 군인과 민간인의 송금, 전쟁 피해자에게 지불된 보상액과 보험금을 합해서 10.3억 달러였다.[13)]

한국이 베트남에 군대를 파견했지만 미국에 대한 수출은 우대받지 못했다. 1965년 1월에 한국 정부와 미국 정부 사이에 맺어진 협정에 따르면, 한국에 배정된 면직물 수출 쿼터는 2,600만 평방야드였고, 타이완은 5,570만 평방야드(1963년), 싱가포르는 3,000만 평방야드(1966년), 홍콩은 3.2억 평방야드(1963년)였다. 그 협정은 1967년 9월 말에 만료하게 되어 있었기 때문에 한국 정부는 1966년에 재교섭했다. 그때는 한국이 가트 면직물 장기 협정에 가입해 있었고, 또 베트남에 전투부대를 파견한 후였지만, 그 결과도 만족스럽지 않았다.[14)] 한국이 미국 정부에게서 쿼터를 많이 받을 수 없었던 것은 수출시장에 늦게 참가하여 그때까지의 실적이 적었기 때문이었다.

저임금

1960년대 후반에 한국은 공업 제품을 수출하는 국가 중에서 후발국이었고, 한국은 미국과의 면직물협정에도 나타났듯이 불리한 조건 중에서 타국과 경쟁해야 했다. 당시에 한국이 내세울 수 있었던 최대의 경쟁 우위 요소는 경쟁국보다 임금이 낮고 또 노사분규가 적은 것이었다. 우선 노동쟁의는 1960년대에 연평균 100건 이상 발생했지만 7할 이상의 쟁의가 행정기관에 의해 조정되었고, 단체행동으로 발전한 쟁의는 연평균 18건을 넘지 않았다.[15] 임금이 낮고 노사분규가 적어도 노동생산성이 그 이상으로 낮으면 생산물 한 단위에 포함되는 인건비는 경쟁국보다 오히려 높아졌기 때문에 1960년대 초에 노동생산성을 고려하면, 메리야스 제조업은 한국이 일본보다 저임금이지만 면방직업은 한국이 일본보다 고임금이라고 주장되기도 했고, 1960년대 말에는 제조업은 일본보다 저임금이지만, 광업과 전기공업은 고임금이라고 주장되기도 했다.[16]

메리야스 제조업에서 노동생산성을 고려해도 한국이 일본보다 저임금이라는 것은 당시의 한국의 주력 수출업종이었던 직물과 의류에서 한국이 일본보다 저임금일 것을 나타낸다. 그런데 한국은 일본보다도 타이완, 싱가포르, 홍콩 등과 더 경쟁해야 했다. 이와 관련해서 1965-1969년의 보세가공 수출을 살펴보면, 금액은 1,800만 달러, 2,500만 달러, 3,200만 달러, 4,600만 달러, 5,700만 달러로 증가했고, 총수출에서 차지하는 보세가공 수출의 비중은 9%, 11%, 16%, 19%, 20%로 상승했다. 또, 일본의 재계는 한국에서의 보세가공에 대해 만족했다.[17] 무환 방식의 수탁가공이었기 때문에 경쟁력의 거의 모든 원천은 임금이었는데, 보세가공 수출액이 많이 증가하고, 그것에 대해 수탁자가 만족했고, 한국에 의뢰하는 보세가공이 점차 증가했던 것을 참조하면, 한국은 일본 이외의 동아시아 경쟁국과 비교해도 고임금이 아니었다고 또는 저임금이었다고 판단할 수 있다.

한국 정부는 임금을 억압하지만은 않았으며, 1965년 이후에는 제조업 노동자 임금과 1인당 국내총생산의 증가율은 거의 유사했는데, 저임금을 계속 유지하면 노사분규가 증가할 것이기 때문이었다. 당시에 한국 기업이 참가하는 수출시장은 매우 경쟁적이어서 납기를 준수하는 것은 대단히 중요했고 그런 만큼 주요 사업장에서는 노사분규가 결코 일어나서는 안 되었다. 이런 중에 기업이 상품 한 단위의 인건비를 줄이려면 노동생산성을 높여야 했다. 면방직업계는 새로운 기계를 꾸준히 도입했고, 1961년에는 대한방직협회 내에 설치되어 있던 원면과 완제품의 분석 시험실을 방직시험검사소로 발전시켰으며, 1963년부터는 그 검사소에서 품질 연구를 병행했다. 또, 1953년에 시작된 면방직 기술 연구 발표회와 1957년에 시작한 원면 품질 선별 강습은 1960년대에도 계속되었다.[18] 설비 규모가 커지자 규모의 경제도 개선되었다. 한국산 면제품의 가격경쟁력은 이런 바탕 위에서 유지되었다.

수출 지상주의

가격경쟁력이 높아지고는 있었지만, 그럼에도 불구하고 한국산 면제품의 생산비는 국제 시장에서의 시장가격보다 높았고, 한국 정부의 여러 가지 지원 정책에도 불구하고, 수출은 손실을 초래하는 일이 많았다. 정부는 수출을 늘릴 목적으로 매우 강압적인 방법을 썼는데, 1965년에는 면방직업계의 대표 단체인 대한방직협회에게 그 해에 1,520만 달러의 면직물을 수출하며 그것을 달성할 수 있는 적절한 방법을 세워 상공부에 제출하도록 요구했다.[19] 면방직업계는 수출 부문의 수익률은 음이거나 양이더라도 내수 부문의 수익률보다 많이 낮았지만, 원면을 거의 모두 외국에서 수입했고 정부가 한국외환은행을 이용해서 외환 공급을 통제했기 때문에, 정부에 협력하지 않고는, 즉 정부가 제시한 수출 목표를 무시해서는 발전할 수 없었다. 정부는 합판 수출에서는 협회가 아니라 기업에 수출 목표를 직접 제시했다.

면방직업계가 수출을 늘리기 위해서는 좋은 기계를 가지고 있는 기업일수록 수출을 많이 해야 했고, 그로 인해 정부의 수출실적을 달성하면 좋은 기계를 가진 면방직기업의 이윤율이 그렇지 않은 기업의 이윤율보다 낮아지게 되는 곤란한 일이 일어날 수 있었다. 그리하여 대한방직협회는 수출로 인한 손실을 보상받을 수 있는 합리적인 제도를 만들어야 했다. 협회는 그로부터 1년 이상 회의를 거듭했고, 면제품 수출액에 비례해서 보조금을 지급하는 제도를 만들었으며, 그와 동시에 그 보조금을 조달하기 위한 기금을 만들었다.[20]

면방직업계가 정부의 수출 목표를 달성하자 정부는 수출 목표액을 점차 늘렸고, 1969년에는 2,870만 달러에 달했지만, 대한방직협회 회원기업은 1965-1969년에 수출 목표의 98%에 달하는 면제품을 수출했다. 1966-1968년에 미국에 대한 면제품 수출액은 416만 달러, 375만 달러, 425만 달러로 정체했으므로,[21] 위의 수출 증가는 미국의 수입 규제 속에서 이루어진 것이었고 한국 경제의 중요한 성과였다. 공업 제품 전체로 넓혀 보면, 정부의 최초 계획에는 제1차 경제개발계획이 끝나는 1966년에 수출에서 차지하는 공산품의 비중이 33.2%로 높아지게 되어 있었으나, 1965년에 이미 61.1%에 이르렀다.[22)]

군사정변 이후에도 1961-1964년까지는 수출이 4,088만 달러, 5,481만 달러, 8,680만 달러, 1.2억 달러로 완만히 증가했으나, 1964년 이후의 정책 변화와 재계의 협력 및 노동계의 순응에 힘입어 1965-1968년에는 1.8억 달러, 2.5억 달러, 3.2억 달러, 4.6억 달러로 대폭 증가했다. 이 무렵에는 일본으로부터의 차관과 베트남에서의 군납 용역 수입도 많았기 때문에 외화 공급이 순조로웠고 그 덕택에 생산재를 자유로이 수입하게 되자, 투자율이 높아졌다. 1960년대 전반에는 연평균 총투자율(국내총생산에 대한 총고정자본형성액의 비율)이 12.3%였는데, 그 후반에는 21.7%로 상승했다. 또, 정부가 수출공업을 육성하자, 국외 시장에서 경쟁력이 있는 기업이 정부의 지원을 더 많이 받게 되었고, 그리하여 투자가 증가하는 중에도 투자효율은 유지되었다. 그리하여 제1차 경제개발계획의 집행 초기에는 그 계획이 성공할 것이라고 기대할 수 없었으나, 1966년에 끝났을 때는 5개년의 연평균 경제성장률이 7.8%였고, 최초의 계획 성장률보다도 0.7% 더 높았다. 경제개발계획과 수출공업 육성을 결합한 것은 한국의 중요한 혁신이었다. 제2차 경제개발계획이 시작한 이후에도 1967-1969년에는 연평균 경제성장률이 10%를 넘었다.

소재산업 육성

공업 제품의 수출이 늘어나자 철강, 비철금속, 일반 기계와 그 부품,

화학섬유용 원료 등 수출용 공업 제품의 제조에 필요한 생산재의 수요가 증가했다. 그 생산재가 국내에서 전혀 생산되지 않은 것은 아니었지만 국내에서 제조된 생산재로는 수입국이 원하는 품질을 갖출 수 없었다. 한편, 1960년대 전반에는 기업이 원자재를 수입하여 수출품 제조에 사용하면 관세를 환급받았기 때문에 수출품 제조기업이 원자재를 수입해서 사용해도 생산비가 높아지지 않았다. 바꾸어 말하면 수출품 제조기업이 국내산 원자재를 사용한다고 해도 생산비가 낮아지는 것은 아니었다. 오히려, 수출품 제조기업은 국내산 원자재를 사용하여 수출품의 품질이 나빠지거나, 수출품의 납기를 지키지 못하거나, 생산비가 비싸질 것을 우려했다.

1962-1966년에 대해 수출품의 평균 외화가득률과 공산품 수출의 외화가득률을 비교하면 각각 82.2%와 34.0%, 65.1%와 31.5%, 64.7%와 33.5%, 63.2%와 43.4%, 67.5%와 45.2%였다.[23] 공산품의 외화가득률이 조금씩 상승하기는 했지만, 공산품의 외화가득률이 수출품보다 많이 낮았기 때문에 공산품의 수출이 증가할수록 수출품의 평균 외화가득률은 하락했다. 그 때문에 수입액이 수출액보다 더 빨리 증가하여, 국내총생산에 대한 무역수지 적자의 비중은, 수출 촉진 정책을 편 첫 해인 1964년에는 13%, 그 다음 해에는 16%로 상승했다.[24] 소득이 증가하면서 라디오 등 새로운 소비재의 수입이 늘기도 했지만, 생산재 수입이 미친 영향이 훨씬 더 컸다.

한국 정부는 생산재 수입을 줄여야 했고, 정부는 수출을 장려하는 정책에 병행하여 생산재를 수입대체하는 정책을 고안했다. 우선 1965년 3월부터 원자재를 생산하는 국내 기업이 그 제품을 수출용으로 판매할 때 수출금융을 받을 수 있게 했다. 정부가 이 제도를 처음 시행했을 때는 수출실적을 수출품 제조기업과 원자재 제조기업이 분할해야 했기 때문에 제도의 효과는 작았다. 그런데 1966-1967년에 무역수지 적자가 1965년의 2.9억 달러에서 4.7억 달러, 6.8억 달러로 급증하고 국내총생산에 대한 비율도 그 이전보다 하락하지 않자, 정부는 1968년에 수출품 제조기업과 원자재 제조기업 양자 모두에게 수출금융을 제공하는 것으로 정책을 바꾸었다. 정부는 그 해 12월에는 섬유 제품의 원자재를 1969년부터 국산으로 대체하여 연간 5,000만 달러의 외화를 절약할 것이라고 공표했는데, 이 정책에 기업을 동원하기 위해서였다.[25)]

석유화학, 제철, 전자, 기계 등의 업종은 한국의 기업에게는 익숙하지 않았지만, 그럼에도 불구하고 한국의 기업은 정부 정책에 협력했는데, 하나는 1960년대 중반에 외국 시장에 상품을 수출하게 되어 기업에 자신감이 생긴 것이었으며, 또 하나는 기업이 차관을 사용해서 이득을 얻을 수 있었기 때문이었다. 1960년대 말에 일반 은행의 적금담보대출은 20%, 일반 은행의 기계공업 육성자금과 산업은행의 대출금리는 12%였다. 적금담보대출은 원래 만기 3개월의 단기 자금이었지만 은행은 만기를 연장하여 장기 대출했고, 기업 투자자금의 중요한 원천이었다.[26)] 그에 비하면 상업차관의 이자율은 5.5-6.5%로 낮았다. 환율은 1964-1969년에 1달러당 255원에서 288원으로 상승했지만 연평균 상승률은 3%에 미달했으며, 기업이 차관으로 공장을 건설하면 은행에서 후취담보로 정책금융을 대출받을 수도 있었다. 그리하여 기업이 차관을 들여오고 정책금융을 대출받으면 금융비용을 많이 줄일 수 있었다. 또, 한국 정부는 1966년 8월에 외자 도입과 관련한 기존의 세 법률을 통합하여 「외자도입법」을 제정했는데, 그것에 의하면 기업은 기계, 설비, 기술 등을 수입하지 않아도 외자, 즉 현금차관을 도입할 수 있게 되었고, 국회의 동의를 얻지 않고 시중은행의 지급보증만으로 외자를 도입할 수 있는 업종도 많아졌다.[27] 이런 유리한 조건들이 갖추어지자 기업은 기계와 설비, 그 구매자금, 그것을 사용하는 기술 등을 제공하는 외국 기업을 확보하기만 하면 익숙하지 않은 부문에서도 성공할 수 있다는 자신감을 가졌다.

한국은 북한과 휴전 중이었으며 때로 무장간첩도 출현했기 때문에 외국인 투자자의 입장에서 한국에 대한 투자는 위험도가 높았다. 그리하여 미국과의 관계가 한국에 대한 국제적 신뢰도에 영향을 많이 미쳤는데, 한국이 1964년부터 베트남에 파병하여 미국과의 관계가 개선되자 그 신뢰도가 그 이전보다 크게 높아졌다. 1966년 12월에 대한국제경제협의체(International Economic Consultative Organization for Korea)가 설립되었는데, 미국, 일본, 프랑스, 캐나다, 호주, 서독, 벨기에, 이탈리아, 타이완이 회원국이었고, 세계은행, IMF, 유엔개발계획이 옵저버였으며, 사무국은 세계은행에 설치되었다.[28] 1년에 한 번씩 개최된 정례회의에서 한국 정부가 한국의 경제 정책, 전망, 자본자유화 등을 설명하자, 외국인 투자자는 한국 경제의 장래를 그 이전보다 낙관적으로 전망했다.

외국인 투자자가 비록 한국 경제의 장래를 그 이전보다 낙관했다고 해도 그들은 한국의 개별 기업의 경영 역량을 신뢰하지 않았다. 한국 기업이 외국 기업과 계약하기 위해서는 은행의 지급보증서를 받아야 했는데, 은행의 지급보증서를 받기 위해서는 정부로부터 사업허가를 먼저 받아야 했다. 어떤 기업이 다른 기업들보다 앞서서 사업을 허가받으면 시장을 지배할 수 있었기 때문에, 여러 기업이 앞다투어 사업허가를 신청했다.

정부와 은행은 수출업종에 종사하는 기업에 대해서는 과거의 수출 실적이나 향후의 수출계획을 심사할 수 있었고, 그것에 바탕을 두고 차관 도입을 허가할 수 있었다. 그런데 수입대체 업종에서는 알기 쉬운 지표가 없었다. 정부는 그 기술과 완제품 시장의 현황을 이해하지 못했으며, 그로 인해 차관 도입에 대한 허가 여부를 적절히 판단하기 어려웠다. 또, 관료와 기업가 사이에 이미 관계가 쌓여 있었기 때문에 어떤 기업은 허가하고 어떤 기업은 불허하는 것도 쉽지는 않았다. 한국포리에스텔(코오롱)은 1968년에 일산 20톤 규모의 폴리에스터 제조공장을 건설할 사업계획서를 정부에 제출했는데, 내자를 15억 2,300만 원 투자하며, 내자는 자본금 5억 원, 현금차관 5억 3,600만 원(200만 달러), 한국산업은행 차입금 5억 원으로 조달한다고 되어 있었다.[29] 이 사업에 필요한 외자의 규모는 알 수 없지만, 당시의 규정에는 어떤 사업계획에 필요한 총투자자금의 적어도 30%가 자기자본 중에서 공급되어야 했으므로,[30] 위의 사업계획서는 외자가 조금이라도 사용되는 한, 규정을 위반한 것이었다. 그럼에도 불구하고 한국포리에스텔의 사업계획서는 약간의 수정 끝에 허가되었다. 이런 일은 다수 발생했고, 차관 도입액은 1965-1969년에 1.2억 달러에서 5.5억 달러로 급증했다.[31]

석유화학 업종의 화학섬유 원료 부문에서는 삼양사, 한일합섬, 한국포리에스텔, 선경합섬 등이 일본, 독일 등에서 상업차관을 도입했고, 그것으로 생산설비를 도입했다. 설비를 판매한 기업은 기술자를 파견하여 설비를 설치했으며, 한국인 기술자가 운영할 수 있을 때까지 그 설비를 가동했고, 한국인 기술자는 한국에 파견된 외국인 기술자에게서 또는 외국의 생산설비 판매기업에 파견되어 기술을 배웠다. 화학섬유 원료 생산 능력은 1965-1970년에 하루 5.1톤에서 175톤으로 증가했고, 그 덕택에 그 기간 동안 국내 기업의 연중 소비량이 1.7만 톤에서 10.4만 톤으로 꽤 증가했으나, 한국산 비중은 11%에서 51%로 크게 높아졌다. 품질도 개선되어 1969년부터는 한국산 나일론 실이 국내 기업의 수출품 제조용 원자재로 사용되기 시작했다.[32)]

그런데 사태가 순조로운 것만은 아니었다. 섬유 제품 수출업계는 1969년 1월에 정부에게 국산품 가격이 수입품 가격보다 높아지지 않게 규제하고, 저급품이 생산되지 않도록 검사를 철저히 하고, 원료섬유가 적기에 공급될 수 있도록 조처해 달라도 요청했고, 정부는 마지막의 요청에 대해 과거 1년간 수출실적의 25% 내에서 원료섬유를 비축할 수 있게 허용했다.[33)] 한국의 원자재 제조기업이 품질을 유지하고 납기를 지키는 것은 벅찬 과제였던 것이다.

한국 정부는 1970년 1월에 「석유화학공업 육성법」을 제정했고, 6월에 「화학섬유공업의 시설확장대책」을 마련했는데, 그 대책에서는 나일론, 아크릴, 폴리에스테르 제조업을 수출품 제조용 원료를 더 많이 공급하고 또 국외 시장에 직접 수출하는 산업으로 발달시키려 했다. 한국화섬협회는 정부가 제시한 수출 목표를 달성하기 위해 품목별로 연간 수출 목표량을 정했고 제조회사별로 월별 수출 책임량을 배정했다. 또, 수출품 제조용 원료로 판매하거나 직접 수출하면 내수품 제조용 원료로 판매할 때보다 수입이 적었기 때문에 그로 말미암은 손실을 한국화섬협회가 조성하는 기금에서 보상받는 방안을 마련했다. 이것은 대한방직협회의 방법을 모방한 것이었다. 정부의 정책과 협회의 제도에 힘입어 화학섬유업계는 1973년부터 나일론, 아크릴, 폴리에스테르, 비스코스, 아세테이트 등을 국외 시장에 수출하기 시작했다.[34)]

화학섬유 원료에 비하면 염화비닐수지(PVC)는 수입대체가 순조롭게 이루어지지 못했다. 1966년 6월에 대한프라스틱이, 1967년 7월에 공영화학이, 1968년 7월에 한국화성이, 1968년 10월에 동양화학이, 1969년 5월에 우풍화학이 각각 PVC를 생산하기 시작했다. 이 중에서 후발주자였던 동양화학은 정부가 반대할 것을 염려해서 연산 6,000톤 규모의 공장을 생산 방법과 규모를 명확하게 알리지도 않은 채 지었고, 마찬가지로 후발주자였던 우풍화학은 전량 수출한다는 조건을 걸고 1만 톤 규모의 공장을 건설했다. 여러 기업이 참여한 끝에 국내 시장에 대한 공급량은 예상보다 더 많이 증가했고, 국내 시장에서의 PVC 1톤당 가격은 1966-1969년에 23만 원, 18만 원, 14만 원, 12만 원으로 급락했다. 다섯 생산자 중에 대한프라스틱, 공영화학, 동양화학은 카바이드 공법으로 PVC를 생산했고, 한국화성과 우풍화학은 석유화학 공법으로 PVC를 생산했는데, 카바이드 공법의 생산비가 높았기 때문에 대한프라스틱, 공영화학, 동양화학은 손실을 많이 입었고, 1969년에 부실기업으로 정리되었다.[35)]

한국이 시급히 수입대체해야 했던 또 하나의 생산재는 철강이었다. 1963년에 한국의 철강 생산량은 선철이 5,000톤, 강괴가 16만 톤, 강봉이 5.3만 톤, 철선이 5,000톤으로서 선철, 강철, 철강재의 생산량이 매우 불균형했다. 한국의 제철기업은 선철을 제조하기보다 고철을 수입하여 강괴를 제조했으며, 그 강괴는 그것으로 철강재를 만들기보다 그대로 수출했다. 필요한 철강재는 수입되었는데, 1963년에 철강재의 순수입량이 12만 톤이었다.[36)] 한국 정부는 철강재 소비량이 1963-1967년에는 약 7만 톤, 1967-1970년에는 약 10만 톤 증가할 것으로 예측했고, 1964년 12월에 철강공업 육성 종합계획을 세웠다. 그 계획은, 동해안과 서해안에 각각 하나씩 두 개의 종합제철소를 건설하여 선철부터 철강재까지 일관 생산하는 것이었다. 정부는, 서해안에는 인천중공업의 시설을 모체로 10만-20만 톤 규모의 중형강 중심의 제철공장을 건설하고, 동해안에는 울산에 30만-40만 톤 규모의 판재 및 대형강 중심의 제철공장을 건설하기로 했다.[37)]

그 계획 중에서 선철부터 철강재까지 일관 생산하는 일은 성공하지 못했다. 원형묵과 이동준이 1964년 9월에 인천제철을 설립했는데, 인천제철은 정부가 1964년 12월에 철강공업 육성 종합계획을 발표하자, 1965년 1월에 제철기술의 도입과 관련한 여러 계약을 독일의 기업과 체결했고 정부의 승인을 얻었다. 이어서 철광석 처리, 선철 · 강철 제조설비와 압연설비를 도입했다. 여기에 대해 대한금속학회는 인천제철이 도입하려는 무연탄을 사용하는 선철 제조 기술은 생산단가가 높아서 경제성이 없다고 그 도입에 반대했지만, 인천제철은 자신의 일정에 따라 설비를 도입했고, 1969년 1월에 시험 생산했다. 하지만 고장이 잦았고, 생산성은 낮았으며, 결국 성공하지 못했다.[38)] 인천제철은 그 해 8월에 부실기업으로 정리되었다.

울산의 종합제철소는 미국 민간기업들과의 협조 속에서 계획되었고, 필요한 외자의 75%를 미국 정부 차관으로 조달할 방침이었지만, 주한미국경제원조처가 한국 경제의 실력으로 보나 규모의 경제로 보나 현실성이 없다는 이유로 반대했다. 그런 중에 연산 30만 톤 정도의 제철소에 규모의 경제가 없다는 것은 한국 정부도 잘 이해하게 되었고, 결국 무산되었다.[39] 한국 정부는 1970년 4월에야 일본에서 받는 배상금으로 연산 103만 톤의 제철소를 포항에 착공할 수 있었다.

한편, 철강재의 공급을 늘리는 정책은 상당한 성과를 올렸다. 정부는 1965-1969년에 압연, 강판, 합금, 주물 등의 부문에 대해 7,656만 달러의 차관 도입을 승인했고, 그 조치에 힘입어 1965-1970년에 철강재의 국내 생산량이 27만 톤에서 128만 톤으로 늘어났다. 또, 차관이 도입되어 기술이 개선된 결과로 철강재의 품질이 개선되어 국내산 철강재에 대한 수요도 증가했다. 1965-1970년에 철강재 내수가 34만 톤에서 142만 톤으로 증가했는데, 내수 중 국산품의 비중은 60%에서 85%로 높아졌다.[40] 정부는 이러한 변화에 자신감을 얻었고 1970년 4월에는 「철강공업육성법」을 제정하여 제철업에 대한 지원을 강화했다.

기계공업 육성

한국 정부는 철강, 화학섬유 원료와 같은 소재산업을 육성함과 동시에 기계기구, 기계구조물, 전자기기 제조업도 장려하기 시작했고, 그것을 위해서 1967년 7월에 「기계공업진흥법」을 제정했다. 수송기계 분야에서는 승용차의 수입대체가 시도되었는데, 현대자동차는 1968년 2월에 포드의 영국 법인과 기술, 조립, 판매 관련 계약을 체결했고, 11월부터 코티나를 생산했다. 이때 현대자동차의 기술자들은 역엔지니어링하여 자동차의 부품에 대해 이해했다. 1971년에는 영국에서 T.C. 코티나를 도입하여 뉴코티나라는 이름으로 생산하기 시작했다. 과거에 역엔지니어링한 경험이 있었기 때문에 이때는 제품설계 담당자와 개발 담당자를 영국에 보내, 한국 실정에 맞도록 사양을 보완하기도 했다. 승용차 생산대수는 1971년에도 1.2만 대에 지나지 않았지만,[41] 어느 정도의 승용차 개발 능력이 현대에 축적되었다.

한국 정부는 원자재와 기계의 수입대체를 지원함과 동시에 기업의 새로운 수출품 개발도 지원하기 시작했고, 금성사는 텔레비전을 제조할 계획을 세웠다. 금성사는 1959년 11월에 역엔지니어링 방법으로 라디오를 생산했고, 다소의 기술을 축적했기 때문에 어느 정도의 자신감을 가졌지만, 그 방법으로는 텔레비전을 생산할 수는 없었다. 1965년에 일본의 히다치와 흑백 텔레비전 제조 기술의 이전에 관한 계약을 맺었고, 1966년 8월부터 생산을 시작했다.[42]

한국 정부는 금성사가 텔레비전 제조에 성공하자, 한국의 전자제품 제조기업이 저임금 노동자를 활용하면 전기기기 및 그 관련 부품을 수출할 수 있을 것으로 기대했다. 1967년 초부터 정부, 업계, 관련 연구소, 학계가 공동으로 전자공업 진흥계획을 세우기 시작했으며,[43] 1969년 2월에 「전자공업진흥법」이 시행되었다. 그 법률에서의 전자공업은 전자기기 제조업이었는데, 정부는 그 법률에 입각하여 개발 대상 품목을 지정하고, 기술 도입을 지원하고, 기술을 개발 · 훈련 · 지도하는 기관에 보조금을 주고, 전자공업단지를 조성하고, 전자공업 육성자금을 재정수입을 이용해서 조성할 수 있게 되었다. 정부는 1969년 4월에 「전자공업진흥법 시행령」을 내면서 국립공업연구소, 한국과학기술연구소(한국과학기술연구원의 전신), 한국정밀기기센터를 진흥기관으로 지정했다.[44] 그와 아울러 전자공업 진흥 8개년계획(1969-1976년)을 세웠고, 첫 해에 800만 달러, 마지막 해에는 1.6억 달러의 수출을 계획했다. 이때부터 삼성전자도 전자기기산업에 진출했다. 전자기기 제조업은 자동차와 마찬가지로 서서히 진행했고, 시간이 꽤 흐른 1973년 5월에 금성사가 카세트 녹음기를 생산했다.

부실기업 정리

1960년대 전반과 후반을 비교하면 연평균 총투자율이 약 10% 상승했고, 투자 부문도 다양하게 되었다. 투자율이 높아지고 산업이 다양하게 될수록, 경제 관료도 기업가도 과학 기술 인력도 부족하게 되었다. 경제기획원, 재무부, 상공부, 과학기술처의 공무원을 합하면, 1961-1965년에서 1966-1970년에 연평균 1,482명에서 2,096명으로 증가했으며 그들의 수준도 높아졌지만, 그것으로는 부족했다.[45)] 「과학기술요원 수급대책 보고서」에 따르면 1967-1971년 중에 건축, 토목, 전기, 채광, 농림, 해양수산, 식품 등에서는 공급이 수요를 충당하지만, 기계, 화학, 금속, 요업, 섬유에서는 새로이 필요한 과학기술자의 76%, 기능공의 35%만 공급될 것으로 예측되었다.[46)]

많은 차관기업이 효율적으로 경영되지 못한다는 사실이 점차 알려졌고, 1967년 초부터는 차관 원리금을 상환하지 못하는 기업이 출현할 것이라는 소문이 돌았다. 더구나 1966년 9월부터 시행된 당시의 「외자도입법」에 따르면, 정부 지급보증에 의해 발생한 차관의 각 연도 원리금 상환액이 그 해 외환 수입 총액의 9%를 초과할 수 없었기 때문에 정부가 지급보증한 과거의 차관이 정해진 기간 내에 상환되지 않으면, 정부가 신규로 지불을 보증할 수 없게 되며 그만큼 새로운 사업에 착수할 수 없게 될 것이었다.

정부는 1969년 1월부터 정부 지급보증 차관업체 54개와 은행 관리업체 29개를 조사했고, 조사 도중의 3월에 대통령이 부실기업 정리를 지시하자, 1969년 6월에 부실기업 정리반을 설치했다. 부실기업 정리반은, 차관업체 중 은행에 의한 대리지불이 발생했거나 그 발생이 예상되는 기업체, 금융기관의 관리기업체 중 1억 원 이상의 원금이 연체되어 그 상환이 곤란한 금융기관 융자업체, 금융기관 관리 대상 기업체 중 금융기관이 전면 관리하지 않았다면 대리지불 또는 1억 원 이상의 연체가 발생했을 기업을 정리하기로 결정했다.

이에 대해 전국경제인연합회는 6월 말일에 「부실기업체 운영에 관한 의견」을 정부에 제출하여 현재의 정치경제 풍토, 금융 규제 등의 여건 속에서는 기업 경영이 비효율적으로 되지 않을 수 없으므로 부실기업의 발생에 대해 정부가 상당한 책임을 져야 한다고 주장했으나,[47] 효과는 없었다. 정부(장덕진)와 관변의 학자(이승윤)는 한국 기업인은 자본과 인적 자원의 역량 면에서 현재의 사업을 감당할 수 없고, 그로 인해 기업을 효율적으로 경영하지 못하므로, 부실기업 정리가 고통을 초래하겠지만 희생은 어쩔 수 없다고 말했다.[48]

그 해 8월 15일까지 대한프라스틱, 공영화학, 인천제철, 한국전기야금, 삼화제철, 대성목재, 천우사, 신진완구, 삼익선박, 한국축산, 조선피혁, 아세아자동차, 한국철강, 한국제강, 삼양수산, 삼양관광, 삼양개발, 삼양항해, 천양수산, 천양상사, 대영수산, 삼해수산, 흥한화섬, 내외방적, 대한조선공사, 동립산업, 동양화학, 신흥개발, 신흥수산, 신흥냉동 등 30개 업체가 정리되었는데,[49] 다수의 기업은 1960년대 후반의 새로운 산업 정책, 즉 수입대체공업과 새로운 수출공업 육성 정책 속에서 성장한 기업이었다. 새로운 산업 정책은 절반의 성공을 거두는 데 그쳤다.

대기업 및 재벌

당시의 수출업종이었던 면방직업, 목재업, 가발 및 신발 제조업과 비교하면 제철, 석유화학, 전자, 기계 등 새로이 등장한 업종의 기업은 자본장비율이 높았다. 후자의 산업이 발달하는 중에 대기업이 증가했고, 국민경제에서 차지하는 대기업의 비중도 커졌다. 1963-1968년에 500명 이상 고용하는 공장의 수가 72개에서 189개로 증가했고, 그 공장 생산액이 공장 생산 총액에서 차지하는 비중은 28%에서 47%로 커졌다. 1973년에는 공장 수가 404개로, 생산액 중의 비중은 54%로 더 늘었으므로,[50] 대기업에 경제력이 집중되기 시작한 경향은 그 이후 멈추지 않았음을 알 수 있다.

또, 박정희 정부는 집권 초기에는 국영기업을 늘리고 정부가 원하는 산업에 국영기업이 투자하도록 하고 싶었으나, 점차 민간기업이 투자하게 하는 것으로 정책을 바꾸었고, 1960년대 후반에는 국영기업을 매각하기 시작했다. 정부는 국영기업 주식의 일부만을 매각했는데, 국영기업의 모든 주식을 살 만큼 현금을 가진 자산가 또는 민간기업이 적었기 때문에 이 점은 매수자에게 나쁘지만은 않았다. 그런데 정부가 민간에 매각하지 않는 나머지 주식의 의결권을 포기하지 않자, 정부가 원하는 가격에 매입하려는 매수 희망자는 거의 없었다. 1968년 무렵부터 정부는 매각 방법을 바꾸었고, 민간에 매각하지 않는 나머지 주식은 은행에 출자했다. 그리하여 민간의 매수자가 경영권을 가지게 되자 비로소 매수 희망자가 증가했고, 대한통운, 인천중공업, 한국기계공업, 대한철광개발, 대한해운공사, 대한조선공사, 대한항공공사 등이 이 기간에 민영화되었다. 이것은 민간 대기업이 증가하는 중요한 사건이었다.[51)]

1960년대 후반에 한국 경제는 그 이전보다 더 민간 대기업이 지배하게 되었는데, 박정희 정부도 이승만 정부와 마찬가지로 소수의 기업가에게 사업 기회를 모아 주었기 때문에, 이 대기업들은 그 이전과 마찬가지로 서로 독립적이지 않았고 재벌을 이루었다. 그런데 이승만 정부는 대통령이나 집권당에 협력할 때 사업 기회를 주었지만, 박정희 정부는 국가 목표에 협력할 때 사업 기회를 주었기 때문에 그 점에서는 두 정부가 달랐다. 재벌이 진출한 주요 업종은, 1960년에는 대부분 경공업이었으나 1960년대 후반에 제철, 석유화학, 기계, 전자공업이 성장한 끝에 1971년에는 중공업이 더 중요해졌다.[52)]

소득격차

그림 13-1에 의하면 1960년대 전반에는 제조업 임금상승률이 1인당 국내총생산 증가율을 크게 하회했지만, 1960년대 후반에는 그 두 값이 유사하게 움직였는데, 1960년대 후반에 투자율이 상승하면서 고용 기회가 증가했기 때문일 것이다. 또, 한국 정부는 노동쟁의는 억압했지만 임금을 낮추는 것을 능사로 삼지는 않았는데, 그것은 정부 정책에 대한 노동자의 협력을 얻기 위해서였다. 임금과 국내총생산의 증가율로 보아, 1960년대 후반에는 영세업체 종사자 이외의 노동자는 그들의 소득이 증

그림 13-1 1인당 국내총생산 증가율과 제조업 임금상승률 (단위: %, 명목값)

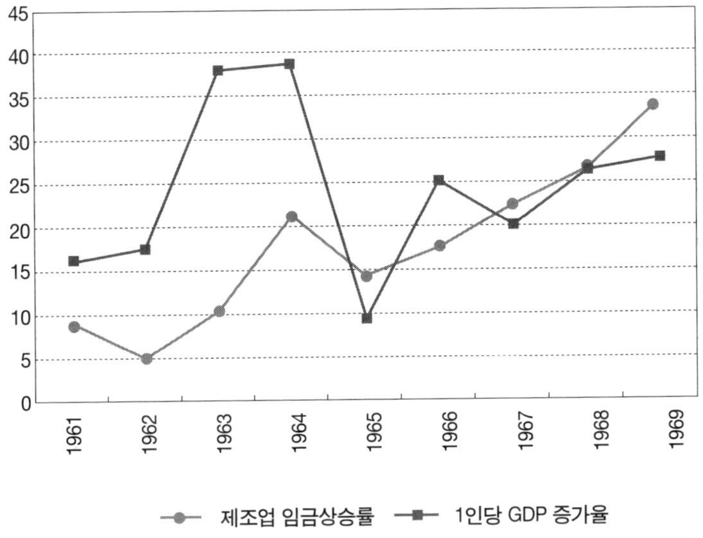

자료: 「국민계정」, 한국은행 경제통계시스템. 「광업 제조업 생산종업원의 월당급여액 및 출근일수」, 『한국통계연감』, 경제기획원, 1970.

가한다는 것을 감지했을 것이다.[53)]

주학중과 윤주현은 1965, 1970, 1976, 1982년의 지니계수를 추계했으며, 그에 의하면 1965-1970년에는 계수가 0.344에서 0.332로 하락했고, 1970-1976년에는 0.391로 상승했다.[54)] 한편, 김낙년은 상위 1% 계층의 근로소득 집중도를 추계했으며, 그에 의하면 1964-1975년에 등락하는 중에 상승했다.[55)] 두 추계와 그림 13-1을 함께 살피면 1960년대 후반에 영세기업의 노동자, 영세 자영업자, 농민의 경제적 지위는 하락했을 것이다. 1960년대 말에는 도시 빈민운동이 잦았고, 시기가 조금 뒤이지만 1971년

8월 10일의 광주대단지 폭동은 도시 빈민의 고통을 잘 표현하는 사건이었다.[56] 이러한 일도 영세기업의 노동자나 영세 자영업자의 경제적 지위가 하락했음을 나타낸다.

당시의 도시 빈민은 대부분이 이농한 사람이었는데 이농자가 많았던 것은 1960년대에 농업과 농촌이 홀대받았기 때문이었다. 농지 개혁이 시행되어 지주가 소멸하자 농업 개발을 주장하고 관철시킬 수 있는 계층이 없어졌고, 미국 정부가 1956년부터 대량의 잉여농산물을 거의 무료로 제공하자 정부의 농업 개발 의지가 미약하게 되었다. 1965년까지의 잉여농산물 도입량을 금액으로 환산하면 약 4.9억 달러에 달했다. 그 때문에 한국 정부는, 도시로의 농산물 공급과 농촌에서의 공업 제품 수요를 염두에 두기는 했지만, 농업에 적극적으로 투자하지는 않았다. 1965년에 금융기관의 산업별 대출금 잔액은, 총액이 1,073억 원 중에 제조업이 475억 원, 농림어업이 219억 원이었는데, 그 해에 농림어업의 비중은 40%, 제조업은 17%였다.[57] 또, 1960년대 전반에 정부의 쌀 매입가는 쌀 시장가격의 90% 이하였고, 1960년대 후반에도 쌀 매입가격은 방출가격보다 항상 낮았다.[58] 그림 13-2에 의하면 1963년을 제외하면 1인당 농가소득 증가율은 1인당 국내총생산 증가율을 항상 하회했다. 게다가 농촌의 사회간접자본은 도시보다 열악했다.

국세조사에 의하면 1955-1960년의 5년 사이에 농촌 인구가 1,624만 명에서 1,800만 명으로 176만 명 늘었지만, 1960-1970년의 10년 사이에는 21만 명밖에 늘지 않았다. 그 기간에 각각 58만 명, 348만 명이 이농했는데, 자녀 교육을 위해서 도시로 가는 부유한 농가도 일부 있었지만, 빈곤한 영세농가가 조금이라도 더 많은 수입을 얻기 위해서 이농하는 것이

그림 13-2 1인당 농가소득과 1인당 국내총생산의 증가율(1963-1969) (단위: %, 명목값)

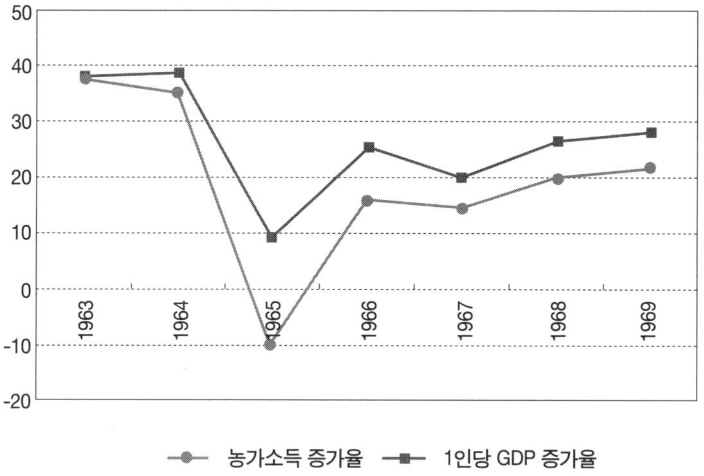

자료: 「국민계정」, 한국은행 경제통계시스템. 「농가경제조사」, 국가통계포털.

보통이었다.[59] 이들은 도시 빈민을 이루었다.

노동운동

군사정변 직후에 노동조합이 모두 해산되었고, 곧이어 다시 설립되었지만 노동운동을 재기할 때까지는 상당한 시간이 걸렸다. 1963-1968년에 단위노조는 313개에서 385개로, 조합원 수는 22만 명에서 41만 명으로 꾸준히 늘었지만,[60] 노동쟁의는 눈에 뜨이지 않았다. 『한국노동통계연감』에서 1966년 이후의 노동쟁의를 알 수 있는데, 1966-1968년에 노동쟁의가 12건, 18건, 16건이었고, 노동손실일수는 4.1만 일, 1만 일, 6.5만 일에 지나지 않았다.[61] 1960년대 말에 이르러 노사분규가 세간의 주목을 끌기 시작했다. 우선, 1968년 9-11월에 외국인 투자기업 중 오크전자와 시그네틱전자에서 주목할 만한 쟁의가 발생했다. 한국 정부는 두 기업의 쟁의를 처리하면서 12월에 노동조합을 해산했고, 쟁의를 중지하지 않으면 주모자를 업무방해와 배임 혐의로 입건하겠다고 경고했다.[62]

1969년에는 쟁의건수는 6으로 그 이전보다 적었으나, 참가인원은 그 직전 해의 1.8만 명에서 3만 명으로 증가했고, 노동손실일수는 16.3만 일로 급증했다. 1969년에 대규모 쟁의가 증가했고, 각각의 쟁의가 더욱 치열하게 되었던 것인데, 7월부터 9월에 걸친 면방 쟁의, 7월부터 10월에 걸친 조선공사 쟁의, 8월의 풍농비료 장항공장 쟁의는 대표적인 대규모 쟁의였다.[63] 1960년대 말에 들어와 노동계를 국가 목표에 동원하는 정부의 정책이 계획과 어긋나기 시작했던 것이다. 한편, 노동쟁의가 수습되지 않자, 전국경제인연합회와 한국경영자협의회는 산별 노조가 전국적인 쟁의를 일으키면서도 산하조직의 단체교섭과 단체행동을 규제하지도 못한다고 비난했고,[64] 노동청은 1969년 12월에 「노동쟁의 등 당사자 한계에 관한 통첩」을 내어, 기업별 조합체제로 유도하기 시작했다.[65]

1960년대 후반에 노동자의 소득은 증가했지만 근로자의 노동 조건은 개선되지 않았다. 노동 강도는 그 이전보다 더 높아졌다. 노동자 문화는 아직 생기지 않았으며, 경영자도 대중도 육체노동을 경시했기 때문에, 노동자는 그 이전과 마찬가지로 공장에서 인격적으로 무시당했다. 많은 노동자가 수입이 증가하는 것을 중시했고 고통이 증가하는 것을 피하지 않았기 때문에, 임금 상승은 정부의 고도성장 정책에 협력하는 계층이 증가하는 효과를 가져왔지만, 일부의 노동자에게는 소득의 증가는 삶의 질의 일부에 지나지 않았다. 그들은 노동계급의 자긍심을 추구했고 노동쟁의는 증가하기 시작했다. 한국 정부는 1960년대 말에 이르러 노동계에 대한 정책을 조정해야 했다.

이 무렵에 국제 정세는 한국에 우호적이지 않게 바뀌어 갔는데, 그 변화는 베트남전쟁에서 연유하는 바 컸다. 북한은 베트남전쟁에서 북베트남을 지지했고, 그런 중에 한국이 남베트남에 군대를 파견하자, 북한은 한국이 남베트남을 많이 지원할 수 없도록 자주 도발했다. 그 횟수가 1965년과 1966년에는 88건과 80건이었으나 1967년과 1968년에는 784건과 985건으로 증가했다.[66] 1968년 1월에는 북한의 해군 초계정이 원산 앞바다에서 미국 선박 푸에블로를 납치했고, 같은 달에 북한 군인 31명이 대통령과 정부 요인을 암살할 목적으로 서울에 잠입했으며, 그들은 청와대에서 약 3km 떨어진 곳에서 경찰과 총격전을 벌였다. 박정희는 그 사건 직후에 올해 안에 재향군인 250만 명을 무장시키는 데 필요한 무기공장을 착공하겠다고 선언했고, 4월에는 향토예비군을 창설했으며, 5월에는 M16 자동소총을 한국에서 생산하는 데 대해 미국 정부의 협조를 끌어내었다.

한편, 미국 정부는 미국 내에서 베트남전쟁에 대한 반대 여론이 커지자, 동아시아 방위 정책을 수정했다. 1969년 7월에 미국 대통령 리처드 닉슨은, 미국 정부가 미국의 동맹국과 미국의 안보에 절대 필요한 국가에게 핵우산을 제공하지만, 핵을 사용하지 않는 공격에 대해서는 미국 정부는 군사 및 경제원조만 제공하고, 당사국이 그 1차적 방위책임을 져야 한다고 선언했다(닉슨 독트린). 이 선언은 미국이 베트남전쟁에서의 미국의 역할에 한계를 긋고, 그곳에서 철수하는 데 필요했다. 한국은 당시에 2개 사단, 1개 여단, 1개 지원부대를 베트남에 파견하고 있었기 때문에, 한국 정부는 미국이 주한미군을 철수할 것이라고는 예상하지 않았으며, 미국 정부도 같은 해 8월에 주한미군은 계속 주둔한다고 확인했지만, 한국 정부가 상황을 낙관할 수는 없었다.

당시의 집권당이던 민주공화당은 부실기업, 노동쟁의, 농촌의 빈곤, 도시 빈민, 남북관계, 미국의 동맹국 방어전략 변화 등에서 위기를 느꼈고, 그러한 위기 속에서 민주공화당이 계속해서 집권하기 위해서는 박정희가 대통령을 연임해야 한다고 믿었다. 그리하여 민주공화당은 1969년 6월에 헌법을 개정하여 대통령의 연임횟수를 세 번으로 늘리려 했다. 야당 등의 반대 세력은 7월에 삼선개헌 반대투쟁위원회를 결성했고 반대 운동을 했지만, 세 번 연임은 10월에 국민투표에서 가결되었고, 대한민국 헌법 제7호는 대통령이 3회까지 연임할 수 있게 바뀌었다.

개헌에 성공한 민주공화당은 자신감을 얻었고, 노동쟁의를 더 억압하기 시작했다. 행정기관이 노사분규에 적극적으로 개입하여 1970년에는 쟁의행위가 수반된 쟁의는 4건, 그 참가인원은 541명, 그것에 의한 손실일수는 9,000일로 감소했고, 1971년에는 10건, 832명, 1.1만 일에 머물렀다. 외국인 투자기업에 대한 정책은 더 노동억압적이었다. 정부는 1960년대 말에 이르러 차관을 도입하여 산업을 개발하는 정책에 위험도 크다는 것을 이해했고, 전국경제인연합회의 건의를 받아들여[67] 1970년 1월에 「수출자유지역 설치법」을 시행했다. 그 목적은 외국인 사업투자를 더 많이 유치하는 것이었는데, 그 법률과 동시에 1960년대 말에 고양된 노동운동이 외국인의 사업투자를 방해하지 않도록 「외국인 투자기업의 노동조합 및 노동쟁의 조정에 관한 임시특례법」을 제정했다. 그리하여 외국인 투자기업에서의 노동운동은 모두 불법으로 되었다. 나아가서 정부가 1971년 12월에 「국가보위에 관한 특별조치법」을 시행하자, 한국인 기업에서의 노동쟁의도 불법이 되었다.

농민 포섭

1960년대에 농업과 농촌을 소외시킨 일은 농촌의 빈곤과 도시 빈민을 늘렸고, 1960년대 후반에는 경상수지의 적자도 늘렸다. 미국 정부가 1966년부터 한국 정부에 달러를 장기 대출하고 한국 정부가 그 달러로 미국의 잉여농산물을 수입하는 것으로 제도를 바꾸자, 농산물 수입에 외화를 지출해야 했던 것이다. 1967-1970년에 쌀만으로도 2,490만 달러, 4,331만 달러, 1.2억 달러, 1.5억 달러가 수입되었다.

쌀 생산량이 늘어나면 농촌의 빈곤과 경상수지 적자가 동시에 감소할 수 있었다. 그러려면 논 면적 또는 단위면적당 벼 수확량이 증가해야 했는데, 논 면적은 1961-1965년에 121만ha에서 129만ha로 증가한 이후 정체했고, 1968년부터 감소했으며, 공장부지와 사회간접자본 용지가 많이 필요했기 때문에 늘어날 여지는 적었다. 한국 정부는 농지를 개량함과 함께 이삭이 많이 패고 홍수, 가뭄, 병충해 등의 재해에 강한 품종을 개발해야 했다. 정부는 처음에는 일본에서 품종을 도입하려 했으나, 일본은 한국과 달리 수확량보다 품질을 중시했기 때문에 한국의 실정에 맞지 않았다. 중앙정보부가 1964년에 이집트에서 다수확 품종을 밀수입했고, 그것에 박정희의 이름을 따서 희농(熙農) 1호라고 이름 지었으며, 농촌진흥청이 시험재배했지만, 그 사업은 1967년에 실패로 끝났다.

농촌진흥청은, 1968년부터 허문회가 인디카 쌀과 자포니카 쌀을 교잡해서 육종한 다수확 품종 IR667에 대해 그 실용화 가능성을 연구했으며, 농가에서 재배할 수 있도록 개량했다. 농가 보급 품종은 '통일'로 명명되었고, 1971년부터 재배되기 시작했다.[68] 해방 이후 통일벼가 보급되기 전까지 10아르당 생산량은 1969년에 339kg이 최고였지만, 통일벼가 본격적으로 보급된 1973년에는 358kg으로 증가했다.

한국 정부는 1969년부터 이중곡가제를 시작했고, 1970년 8월에 「양곡관리기금법」을 제정하여 그 효과를 높였다. 이중곡가제는 정부의 곡물판매원가(매입가격과 조작비의 합)보다 방출가격을 더 낮추는 정책인데, 1971년부터는 정부 매입가격만으로도 정부 방출가격보다 더 높아졌다.[69] 그림 13-3에 의하면 1966-1969년에는 농가의 판매가격지수와 구입가격지수가 비슷하게 상승했지만, 1969-1974년에는 판매가격지수가 구입가격지수보다 빨리 상승했다. 이것은 농민에게 다수확 품종을 재배하는 이득을 크게 했고, 통일벼가 널리 보급되는 계기가 되었다. 쌀 수입량은 통일벼가 본격적으로 보급되기 이전의 1970-1972년에는 연평균 80만 톤이었으나, 보급된 이후의 1973-1975년에는 쌀 소비량이 증가하는 중에도 연평균 39만 톤으로 감소했다.

한국 정부는 통일벼 보급과 같은 시기에 새마을운동이라는 이름 하에 농촌 개발을 계획했다. 정부의 개발사업이면서도 그 명칭이 운동이었던 것은 농촌 주민의 협력을 전제로 했기 때문이었다. 정부는 1970년 겨울에 전국의 마을에 일률적으로 시멘트를 335포대씩 나누어 주었으며 마을개발위원들이 상의하여 평소에 원했던 일을 하게 했다. 이 정책에 대한 농촌의 반응은 예상 외로 높아서 정부가 나누어 준 시멘트는 41억

그림 13-3 농가의 판매가격지수와 구입가격지수(2000년=100)

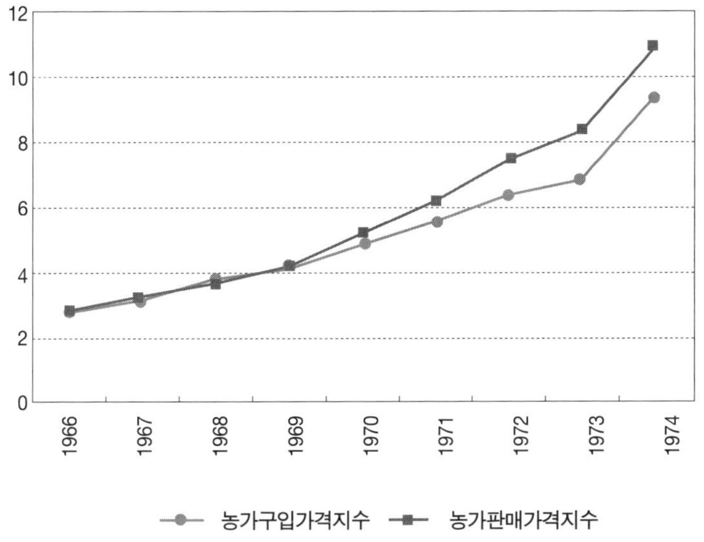

자료: 「농가판매가격지수(2000=100, 월간)」, 「농가구입가격지수(2000=100, 월간)」, 국가통계포털.

원에 불과했지만, 그들이 이룩한 성과는 122억 원에 달했다. 정부는 이 결과에 고무되어 1971년 겨울부터 새마을운동에 대한 정부의 지원을 늘렸고, 마을개발위원과 새마을 지도자가 마을 개발사업을 스스로 계획할 수 있게 했다.[70] 정부의 물질적 지원은 그다지 많지 않았지만, 마을의 지도자들이 스스로 계획할 수 있게 한 방법은 농민의 성장 욕구를 자극했고, 근로 의욕을 높였으며, 적어도 마을 중류 이상의 농가는 정부 정책에 협력하게 되었다.

한국 정부는 새마을사업의 기본 단위인 마을을 그 발전 단계에 따라 3등급으로 분류했고, 가장 낮은 마을은 기초마을, 그 다음은 자조마을,

그림 13-4 1인당 농가소득과 1인당 국내총생산의 증가율(1970-1979) (단위: %, 명목값)

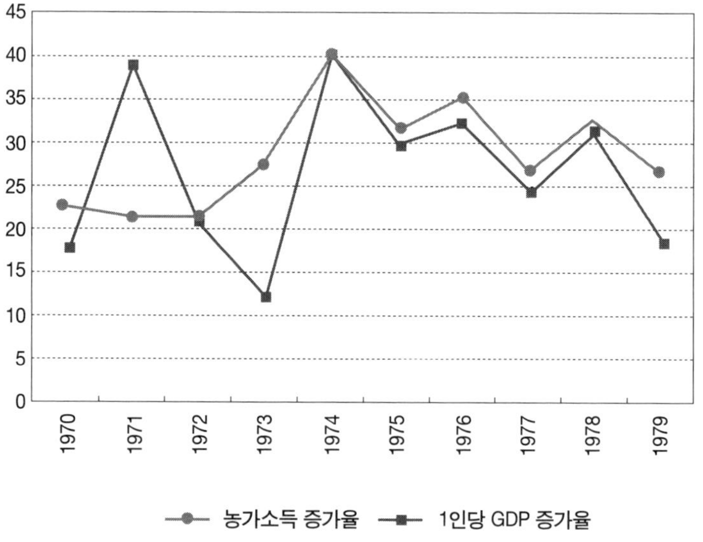

자료: 「농가경제조사」, 국가통계포털. 「국민계정」, 한국은행 경제통계시스템.

가장 높은 마을은 자립마을이라고 불렀다. 자립마을이 갖추어야 하는 요건은 간선도로의 완성, 20m 미만 교량 가설 완성, 지붕 개량과 담장 개량의 80% 이상 달성, 관개 농경지 85% 이상 달성, 마을 주변의 작은 하천 정비 마을, 회관 · 창고 · 작업장 중 둘 이상 구비, 마을 기금 100만 원 이상 확보, 농외소득사업 개발 추진, 호당 소득 110만 원 이상 달성이라는 10가지였는데, 내무부의 조사에 의하면 전체 마을 중의 자립마을의 비중이 1971년에 7%였던 것이 1979년에는 97%로 높아졌다.[71] 내무부가 성과를 과장했을 수도 있지만 변화가 매우 크므로, 새마을운동이 기대 이상의 성과를 거두었다고 할 수 있을 것이다.

통일벼 보급, 이중곡가제, 새마을운동의 결과로 농가소득이 증가했다. 그림 13-2에 의하면 1960년대에는 1인당 농가소득 증가율이 1인당 국내총생산 증가율보다 항상 낮았고, 그 차이가 꽤 컸으나, 그림 13-4에 의하면 정부가 이중곡가제를 시행한 이후 변화가 생겼다. 1970년대에 들어와 정부는 정책에 농민을 동원해야 했는데, 농가소득의 증가는 농민의 협력을 얻는 바탕이 되었다.

1) 〈경향신문〉, 1961년 9월 22일, p. 1. 「수출장려보조금교부규칙 공포의 건」, 국가기록원, 나라기록.

2) 한기춘, 「미국원조와 한국의 국제수지분석」, 『아세아연구』 10-2(26호), 고려대학교 아세아문제연구소, 1967, pp. 205-208. PL480에 따른 농산물 원조는 제외함.

3) 같은 글. PL480에 따른 농산물 원조는 제외함.

4) 이종재, 『재벌 이력서』, 한국일보, 1993, pp. 151-154. 김입삼, 『초근목피에서 선진국으로의 증언: 김입삼 자전』, 한국경제신문, 2003, pp. 147-148.

5) 〈경향신문〉, 1963년 3월 7일, p. 4.

6) 이병천, 「한국경제발전의 세계시장적 조건: 미국의 자유보호주의와 한미 섬유류 교역의 정치경제(1961-66)」, 『경제발전연구』 3호, 한국경제발전학회, 1997.

7) 〈동아일보〉, 1965년 2월 6일, p. 2.

8) 〈경향신문〉, 1965년 2월 6일, p. 1.

9) 〈동아일보〉, 1964년 10월 21일, p. 2. 기미야 다다시, 『박정희 정부의 선택』, 후마니타스, 2008, pp. 236-237.

10) 김창남 · 渡邊利夫 공저, 『현대한국경제발전론』, 유풍출판사, 1997, p. 135.

11) 김광석 · 웨스트팔, 『한국의 외환무역정책』, 한국개발연구원, 1976, 표 5-7, 표 5-8, 표 5-9.

12) 경제기획원, 「수출입총괄」, 『한국통계연감』, 1980. 서울대학교 상과대학 한국경제연구소. 『수출진흥을 위한 일본경제연구』, 서울대학교 상과대학 한국경제연구소, 1969, p. 336.

13) 아산사회복지사업재단, 『한국의 해외취업』, 아산사회복지사업재단, 1988, p. 217. 기미야 다다시, 앞의 책, p. 313.

14) 이병천, 앞의 글, pp. 328-340.

15) 김삼수, 「1960년대 한국의 노동정책과 노사관계」, 김낙년 외, 『1960년대 한국의 공업화와 경제구조』, 백산서당, 1999.

16) 〈동아일보〉, 1961년 11월 24일, p. 1; 1969년 3월 4일, p. 3.

17) 한국은행 국제경제과, 「우리나라 보세가공과 그 현황」, 『주간내외경제』 69-12, 1969. 1969년 수출액은 1-9월 수출액에 4/3를 곱하여 추정했음. 〈매일경제신문〉, 1967년 4월 13일, p. 3.

18) 대한방직협회, 『방협 20년사』, 대한방직협회, 1967, pp. 490-492, 512-514.

19) 김양화, 「경제제도와 기업: 1960년대 한국 면방기업들의 사례」, 『사대논문집』 40호, 부산대학교, 2001, p. 5.

20) 박섭, 「한국경제에서의 정부와 동업자단체: 면방적업의 경우」, 中村哲 · 박섭 편저, 『동아시아 근대경제의 형성과 발전』, 신서원, 2005.

21) 한국은행, 「미국의 섬유류 수입규제동향과 우리나라에 미칠 영향」, 『주간해외경제』 70-05, 한국은행, 1970, p. 21.

22) Won Tak Hong, *Trade, Distortions and Employment Growth in Korea*, Korea Development Institute, 1979, 표 3-4, 표 3-5.

23) 국무총리 기획조정실, 『경제개발 5개년계획, 제1차, 1962-66 평가보고서』, 1967, p. 750. 1966년은 1-10월의 값임.

24) 「국민계정」 중의 1969년 이전 연간지표, 한국은행 경제통계시스템.

25) 이상철, 「한국에 있어서 화학섬유의 수입대체와 정부의 역할(1965-1972)」, 『경제사학』 25호, 경제사학회, 1998.

26) 김상조, 「금융부문의 구조와 변화」, 양우진 · 홍장표, 『한국 자본주의 분석』, 일빛, 1991, pp. 249-250.

27) 이상철, 「한국 화학섬유산업의 전개과정」, 이병천 엮음, 『개발독재와 박정희 시대』, 창비, 2007, pp. 113-114.

28) "International Economic Consultative Organization for Korea" from Wikipedia, the free encyclopedia.

29) 이상철, 「박정희 시대의 산업정책」, 이병천 엮음, 앞의 책, p. 114.

30) Alice Amsden, *Asia's Next Giant: South Korea and Late Industrialization*, Oxford University Press, 1989, 이근달 옮김, 『아시아의 다음 거인: 한국의 후발 공업화』, 시사영어사, 1990, p. 96. 암스덴의 주장에 따르면 1963-1973년에 기업의 자기자본금은 20%만을 차지했다.

31) 1965년은 한기춘, 앞의 글, pp. 205-208. PL480에 따른 농산물 원조는 제외함. 1969년

은 통계청, 「차관도입 및 잔액」, 『통계로 본 한국의 발자취』, 1995, p. 365.

32) 이상철, 「한국 화학섬유산업의 전개과정, 1961-1979」, 서울대학교 박사학위논문, 1997, pp. 70-81, 101.

33) 이상철, 「한국에 있어서 화학섬유의 수입대체와 정부의 역할(1965-1972)」.

34) 이상철, 「한국 화학섬유산업의 전개과정, 1961-1979」, pp. 84, 128, 238.

35) 〈매일경제신문〉, 1969년 8월 15일, p. 1. 오원철, 『한국형 경제건설: 엔지니어링 어프로치』 제2권, 기아경제연구소, 1996, 제11장.

36) 경제기획원, 「주요 제조업제품 생산량」, 『한국통계연감』, 1964. 김윤형, 『한국철강공업의 성장』, 한국개발연구원, 1976, p. 82.

37) 이상철, 「한국산업정책의 형성: 1960년대 철강산업의 사례」, 『경제발전연구』 10-1, 2004.

38) 이상철, 「한국의 산업정책과 규율 -1969년 1단계 부실기업 정비를 중심으로-」, 『경영사학』 25-2(통권 54호), 한국경영사학회, 2010, pp. 188-190. 오원철, 앞의 책, 제12장.

39) 오원철, 『한국형 경제건설: 엔지니어링 어프로치』 제2권, 기아경제연구소, 1996, 제12장. 기미야 다다시, 앞의 책, pp. 146-151.

40) 김윤형, 앞의 책, pp. 83-86.

41) 통계청, 「자동차 생사, 내수 및 수출」, 『통계로 본 한국의 발자취』, 1995, p. 181.

42) Linsu Kim, *Imitation to Innovation*, 1997, 김인수, 『모방에서 혁신으로』, Sigma Insight, 2000, pp. 174-175. LG Electronics 『PRIDE LG』2012 03+04, p. 5. (http://www.docuhut.com/mydocuhut/fileroot//media/127/127882/media/default1.html?startpage=5).

43) 한국전자공업협동조합, 『전자조합 삼십년사』, 1997, p. 90. 오원철, 앞의 책, 제1권, 기아경제연구소, 1995, 제14장.

44) 한국전자공업협동조합, 같은 책, p. 90.

45) 황인정, 『행정과 경제개발』 증보판, 서울대학교 출판부, 1985, p. 50.

46) 김윤기, 『제2차경제개발 5개년계획에 따른 과학기술요원 수급대책 보고서』, 1966.

47) 전국경제인연합회, 『전경련삼십년사』, 전국경제인연합회, 1991, pp. 112-114.

48) 이종재, 앞의 책, p. 227. 〈매일경제신문〉, 1969년 7월 17일, p. 1.

49) 〈매일경제신문〉, 1969년 8월 15일, p. 1.

50) 김형기, 『한국의 독점자본과 임노동』, 까치, 1988, p. 189.

51) 박동철, 「1960년대 기업집단의 형성과 구조」, 김낙년 외, 앞의 책, pp. 163-165.

52) 조동성, 『한국재벌연구』, 매일경제신문사, 1990, pp. 166-179.

53) 조사 대상 사업체를 알 수 없으나, 한국 정부가 1973년 이후에는 종업원 10인 이상 사업체의 상용직 근로자의 임금을 『한국통계연감』에 실었던 것으로 보아 1960년대에도 영세업체의 노동자의 임금은 포함되지 않았을 것임.

54) 주학중 · 윤주현, 「1982년 계층별 소득분배의 추계와 변동요인」, 『한국개발연구』 6-1, 한국개발연구원, 1984.

55) 김낙년, 「한국의 소득불평등, 1963-2010: 근로소득을 중심으로」, 낙성대경제연구소 Working Paper 2012-07, 2012.

56) 김동춘, 「1971년 8 · 10 광주대단지 주민항거의 배경과 성격」, 『공간과 사회』 38호, 한국공간환경학회, 2011. 하동근, 「8 · 10 사건의 재조명은 무엇을 뜻하는가」, 『공간과 사회』 38호, 한국공간환경학회, 2011.

57) 「금융기관 산업별대출금 잔액」, 경제기획원, 『한국통계연감』, 1967. 김낙년 편, 『한국의 장기통계, 국민계정 1911-2010』, 서울대학교 출판문화원, 2012, p. 418.

58) 김홍상, 「8.15 이후 한국농업의 전개과정과 소작제: 한국 자본주의의 발전과 관련해서」, 『한국자본주의와 농업문제』, 아침, 1986, p. 174. 농수산부, 『농정수첩』 1981, p. 192.

59) 倉持和雄, 「韓國における農村 · 農家人口の流出: 60 · 70年代におけるその特徵と結果」, 『アジア經濟』 24-5, 日本貿易振興機構アジア經濟硏究所硏究支援部, 1983, p. 9.

60) 「연도별 노동조합 조직현황」, 국가통계포털.

61) 노동청, 「노동조합과 노동쟁의」, 『한국노동통계연감』, 1971년판.

62) 김삼수, 앞의 글, pp. 226-227, 김낙년 외, 앞의 책.

63) 같은 글, p. 226.

64) 노중기, 「군부독재시기 노동체제 형성에 관한 연구: 1961-1987」, 공제욱 · 조석곤 공편, 『1950-1960년대 한국형 발전모델의 원형과 그 변용과정』, 한울, 2005, pp.

346-347.

65) 이상희, 「1960년대 성장전략의 전환과 노동통제기제의 변용과정」, 공제욱 · 조석곤 공편, 같은 책, pp. 304-305.

66) 한홍구, 「베트남 파병과 병영국가의 길」, 이병천 엮음, 『개발독재와 박정희 시대』, 창비, 2007, p. 308.

67) 〈경향신문〉, 1969년 7월 3일, p. 3.

68) 김태호, 「"통일벼"와 1970년대 쌀 증산체제의 형성」, 서울대학교 박사학위논문, 2009, 제3장.

69) 농수산부, 앞의 책, p. 192.

70) 박섭 · 이행, 「근현대 한국의 국가와 농민: 새마을운동의 정치사회적 조건」, 『한국정치학보』 31-3, 한국정치학회, 1997.

71) 내무부, 『새마을운동 10년사』, 1981, pp. 22-24.

14

국제 분업에서의 새로운 지위

14

국제 분업에서의 새로운 지위

방위산업

한국 정부는 1960년대 후반부터 생산재 제조업을 육성했으나, 앞에서 설명했듯이 그 정책은 절반의 성공을 거두었을 뿐이었고, 1969년 여름부터 많은 부실기업을 정리해야 했다. 1969년 8월까지 30개의 부실기업을 정리한 후에 대통령은 경제비서실 내에 제3 수석비서관을 새로이 임명했고, 잠재적 부실기업을 관찰하게 했지만,[1] 그 이후에도 부실기업은 감소하지 않았다. 이런 중에 1969년 7월에 미국에서 닉슨 독트린이 발표되자, 박정희는 부실기업 정리사업을 집행 중이었음에도 불구하고, 방위산업을 육성하려고 마음먹었다.[2]

방위산업을 발달시키기 위해서는 제철공업, 비철금속공업, 기계공업이 갖추어져야 했는데, 박정희는 경제기획원 장관이던 김학렬에게 그 사업을 일임했다. 김학렬은 먼저 1969년 8월에 도쿄에서 열린 제3차 한일정기각료회의에 종합제철소 건설계획을 제시했고, 북한에는 연산 150만 톤의 제철소가 있지만 한국에는 없으며 북한과 경제적으로 경쟁하기 위해서는 제철소가 반드시 필요하다고 그 계획의 당위성을 주장했다.

일본은 그 제안에 호의적으로 대응했으며, 9월에 일본의 조사단이 한국에 왔고, 11월에는 연산 103만 톤의 조강을 생산하는 제철소를 짓기로 합의했다.[3)]

김학렬은 이어서 중기계 종합공장, 주물용 선철공장, 특수강공장, 조선소의 건설계획을 세웠다(4대 핵공장사업). 종합제철소가 특수강공장에 원자재를 공급하게 되며, 주물용 선철공장과 특수강공장은 중기계 종합공장에 원자재를 공급하게 되므로 조선소를 제외한 나머지 공장들은 긴밀하게 연관되는 것이었다. 최해리가 그 계획의 연구책임자였는데, 1970년 6월에 대통령에게 보고하는 자리에서 본 사업들이 모두 성공적으로 이루어지면, 우리나라는 방위산업의 기반을 구축하게 된다고 말했다.[4)]

한국 정부가 1970년 7월에 열린 한일정기각료회의에 4대 핵공장사업의 설립사업을 공식 의제로 상정했지만, 일본은 종합제철소 건설계획 때와는 달리, 위의 네 공장의 건설계획에는 소극적으로 대응했다. 주물선공장과 조선소는 전혀 거론하지 않았고, 중기계 종합공장과 특수강공장에 대해서도 적극적으로는 의사를 표명하지 않았다. 한국 정부는 8월에 국방과학연구소를 설치했고, 방위산업 개발을 계속 진행했다.

한편, 1970년 8월에 미국 정부는 한국 정부의 예상과 달리, 주한미군 2개 사단 중에 1개 사단을 철수하겠다고 한국 정부에게 통고했다. 한국 정부는 주한미군 감축을 구실로 4대 핵공장사업에 대한 미국의 협조를 이끌어 내려 했으나, 미국 정부는 M16 자동소총 공장의 건설에 대한 지원을 다시 한 번 언급했을 뿐, 그 이상의 협조는 약속하지 않았다. 결국 김학렬은 1971년 11월에 박정희에게 4대 핵공장사업에 대해 외국의 지

원을 받을 수 없게 되었음을 정식으로 보고했다.[5)]

중화학공업 육성

4대 핵공장사업은 실패했지만 방위산업을 육성하려는 박정희의 욕망은 가라앉지 않았다. 비서실장이던 김정렴은 경제기획원이 그 실패를 보고한 직후에 상공부 차관보이던 오원철과 그 문제를 협의했으며, 두 사람은 무기 생산을 최종목표로 하되, 당면 목표는 규모의 경제를 이룰 정도의 수요가 있는 중화학공업을 육성하는 것으로 의견을 모았다. 김정렴과 오원철이 박정희에게 그들의 방위산업 육성계획을 설명하자, 박정희는 그 계획이 자신의 구상과 다르다는 것을 알았고, 그다지 탐탁하게 생각하지 않았다. 박정희는 주한미군의 감축을 고려하여 2-3년 내에 무기공장이 완공되어야 한다고 믿었지만, 그 두 사람의 계획에 따르면 적어도 4-5년은 지나야 무기가 생산될 수 있었다.[6)] 하지만 4대 핵공장사업은 실패했고, 은행은 많은 부실기업을 관리하고 있었으며, 정부의 기업합리화 계획에도 불구하고 기업의 경영 성과는 여전히 나빴다. 박정희는 집권 초기에 생산재를 수입대체하여 외국에 대한 의존도를 낮추려 했으나, 그 방법으로는 경제성장률이 낮아질 수밖에 없었을 때, 자립보다 경제 성장을 선택했었다. 이번에는 방위산업과 경제 성장 사이에서 선택해야 했는데, 박정희는 이번에도 경제 성장을 선택해야 했다.

무기 생산계획이 규모의 경제를 이룰 정도의 수요가 있는 중화학공업을 육성하는 계획으로 다듬어졌지만, 그럼에도 불구하고 이 계획의 집행에는 많은 난관이 따를 것이었다. 한국의 기업이 1960년대 말에 생산재의 수입대체를 시작했지만 화학섬유나 철강과 같은 소재산업에서 약간의 성과를 거두었을 뿐이었다. 석유화학은 거대한 설비를 사용했지만 소수의 기술자가 중앙에서 설비를 관리했고, 그 때문에 기술자가 부족해도 공장을 세울 엄두를 낼 수 있었다. 그것과 비교하면 기계기구나 기계구조물 제조업에서는 기계와 설비가 분산되어 있었고, 그 때문에 생산 과정에서 발생하는 곤란도 훨씬 많았다. 그것을 관리하기 위해서는 다수의 기술자와 기능공이 있어야 했는데, 한국에는 과학 기술 인력이 부족하여 기계공업은 매우 부진했다. 그렇기 때문에 박정희에게는 김정렴과 오원철의 계획이 소극적인 것이었지만 당시의 공업 수준에서는 매우 거대한 계획이었다. 당시의 정계 · 관계 · 재계는 대대적인 중화학공업 육성에 반대했다.

야당의 교섭력은 1971년 봄에 대통령 선거와 국회의원 선거를 거치면서 그 이전보다 커졌다. 4월에는 제7대 대통령 선거가 실시되었고, 박정희는 민주공화당 후보로 출마했으며, 신민당의 김대중이 유력한 상대 후보였다. 선거 결과는 박정희 후보가 634만 표를 얻어 540만 표를 얻은 김대중 후보를 물리치고 당선되었고, 그의 득표율은 제6대 선거보다 1.8% 더 높았지만 2위와의 격차는 오히려 2.4% 감소했다. 5월에는 제8대 국회의원 총선거가 실시되었는데, 국회의원 선거에서는 민주공화당에서 113명이 당선되었고, 신민당에서 89명이 당선되었다. 민주공화당은 의원 정수의 과반수를 차지했지만 제7대 국회의원 선거와 비교하면 16석이 줄었고, 득표율이 도시만 아니라 강원도와 제주도를 제외한 모든 농촌에서 새마을운동에도 불구하고, 일제히 하락했다. 그에 비하면 신민당은 44석이 증가했다.[7] 비록 박정희와 민주공화당이 두 선거에서 모두 이겼지만, 국회에서의 민주공화당의 지위는 하락했고, 박정희와 민주공화당은 의회에서 신민당과 그 이전보다 더 자주 협상해야 했다.

박정희와 민주공화당은 1971년의 대통령과 국회의원 선거가 만족스럽지 못하게 끝나자, 대통령의 권한을 강화할 방안을 적극적으로 모색했는데, 북한의 위협은 좋은 구실이 되었다. 박정희는 1971년 12월 6일에 국가 비상사태를 선포했고, 그 달 27일에는 「국가보위에 관한 특별조치법」을 제정하여 물가, 임금, 임대료 등의 통제, 인적 · 물적 자원의 동원 또는 통제, 일정한 지역에 대한 입주와 소개(疏開), 집회시위 및 언론출판의 규제, 노동자 단체교섭권과 단체행동권의 규제, 예산 변경 등에 대한 권리를 가졌다. 그리하여 대통령이 국무회의의 심의를 거치는 것만으로 특별조치를 낼 수 있게 되었다. 이 특별조치에 의해 박정희는 의회와 적게 협상하고도 중화학공업을 육성할 수 있게 되었다.

그런데 행정부도 중화학공업화에 대한 지지는 소극적이었다. 정부의 경제부서를 통괄하는 경제기획원은, 정부가 주도하여 투자율을 지나치게 높이면 경상수지의 적자와 인플레이션이 심각해질 수 있다고 주장하며, 중화학공업에 대한 투자를 전폭적으로 지지하지는 않았다. 박정희는 1971년 11월에 청와대에 경제 제2비서실을 신설했고, 오원철을 수석비서관으로 임명했으며, 중화학공업 추진위원회를 설치하여 정부가 아니라 청와대가 방위산업과 중화학공업 육성계획을 관장하게 했다.

박정희는 1971년 12월에 김정렴, 오원철과 함께 방위산업을 육성할 새로운 방안을 마련했으며, 1972년 신년사에서 "우리의 손으로 총을 만들고 국군의 장비를 현대화하며 전기전술(戰技戰術)을 부단히 연마해야겠다. (생략) 종합제철을 비롯하여 기계, 조선, 석유화학 등 중화학공업을 크게 일으켜 우리 산업구조를 근대적인 공업구조로 전환시켜야 하겠으며" 라고 발언하여 방위산업 및 그 배경이 되는 중화학공업의 육성에 대해 언급했고,[8] 이어서 4월과 5월에는 「방위산업 건설에 대한 계획」과 「중화학공업 건설계획」을 작성하도록 지시했다.

재계 유인

이러한 움직임에 대해 재계를 대표하는 단체인 전국경제인연합회는 중화학공업을 육성할 조건이 갖추어져 있지 않다고 주장했는데,[9] 이 무렵에 재계는 금속 및 기계공업에서 석유화학공업에 이르는 여러 분야에 동시에 투자할 역량은 없었다. 기업가와 기술자 등 인적 자원도 부족했지만, 그것에 투자하기에는 기업의 재무 상태가 나빴다.

1969년 8월의 부실기업 정리 이후에 부실기업은 계속해서 증가했고, 1971년 6월에 산업은행, 외환은행, 신탁은행, 농협, 기타의 5개 시중은행이 관리하는 기업이 75개에 이르렀다. 포항종합제철처럼 전망이 좋은 기업도 포함되어 있었기 때문에 그 모두가 부실기업은 아니었지만 법정관리, 전면관리 또는 부분관리되는 기업만으로도 66개에 달했다. 정부는 1971년 6월에 기업합리화위원회를 설치했고, 회생할 가능성이 없는 기업은 성업공사에 이관하여 처리하고, 투자 또는 관리를 계속할 필요가 없는 기업은 주식을 공매하거나 관리를 해제하는 방법을 채택하여 부실기업을 가능한 한 줄이려고 했다.[10]

학계의 일부와 전국경제인연합회는 부실기업이 발생한 것은 기업의 경영 능력이 부족하기 때문이기도 하지만, 정부가 외자 도입을 지나치게 쉽게 허가했고, 기업이 정부의 고도성장 정책에 보조를 맞추기 위해서는 사채를 써야 했던 것이 그 원인이라고 주장했다.[11] 재계에서 이미 기반을 다진 제일모직도 1970년에 차입금 총액의 31%, 단기 차입금의 49%를 사채로 충당했으므로 그 주장이 완전히 그릇된 것은 아니었다.[12] 전경련은 1971년 봄에 기업이 사용하고 있는 사채 총액을 1,800억 원으로 추산했고, 기업 경영을 개선하려면 은행이 기업의 사채를 인수하고 그것을 은행 대출로 전환하여 기업의 이자 부담을 줄여야 한다고, 1971년 6월과 7월에 두 차례에 걸쳐 정부에 요청했다.[13] 정부는 전경련의 요청을 받아들였고, 11월부터 기업의 금융비용 부담을 줄일 방안을 찾기 시작했다.

이런 중에 한국 정부는 1971년 12월에 「국가보위에 관한 특별조치법」을 제정했고, 박정희는 위의 특별조치법에 의해 주어진 권한을 활용하여 1972년 8월에 「경제의 안정과 성장에 관한 긴급명령」(8.3조치)을 발표했다. 8.3조치의 내용은, 첫째 모든 기업은 1972년 8월 2일 현재 보유하는 사채를 정부에 신고해야 하고, 모든 사채는 1972년 8월 3일자로 월 이자율 1.35%, 3년 거치 5년 분할상환으로 변경되거나 출자로 전환되어야 한다. 둘째, 시중은행은 2,000억 원의 특별금융채권을 발행하고, 한국은행은 그것을 인수하며, 시중은행은 그 자금으로 기업이 금융기관에서 대출받은 단기 고리자금의 일부를 연리 8%, 3년 거치 5년 분할상환으로 바꿀 수 있게 한다. 셋째, 금융기관의 대출금리를 인하하고, 물가와 환율을 안정시킨다는 것이었다.

한국 정부는 사채를 채권자와 채무자 양쪽에서 신고를 받았는데, 채무자인 기업의 신고에 따르면 4만 677건을 대부받았고, 총액이 3,456억 원이었다. 그 중에 56%가 제조업체의 사채였고, 제조업에 대한 예금은행 대출금의 누적액이 5,900억 원이었으므로 제조업체의 사채 사용액이 예금은행 대출금의 33%에 달했다. 정부는 이 조치를 발표하기 직전에 사채를 2,200억 원으로 추정했고, 기업이 1,372억 원 정도의 혜택을 입을 것으로 추산했으나, 실제의 사채는 3,456억 원이었으므로 기업의 혜택은 더 컸을 것이다. 한국은행 『기업경영분석』에 의하면 기업의 자기자본 이익률 평균값이 1966-1971년에 16.9%, 17.0%, 16.1%, 14.6%, 10.7%, 4.5%로 계속해서 하락했으나, 1972년에는 16.7%, 1973년에는 30.0%로 높아졌다. 8.3조치는 기대했던 효과를 거두었으며, 이것은 정부가 재계에 중화학공업 육성계획에의 참가를 촉구하는 하나의 계기가 되었다.

중화학공업화 선언

대한민국 헌법 제7호에 "대통령의 계속 재임은 3기에 한한다"고 규정되었기 때문에 제8대 대통령 선거에는 박정희가 출마할 수 없었고, 이것은 중화학공업 육성계획에 대한 지지가 높아지지 않는 정치적인 측면의 이유였다. 박정희는 1972년 10월 17일에 국회를 해산하고 모든 정치 활동을 중지시켰으며(시월유신), 비상국무회의가 국회의 기능을 대신하게 했다. 비상국무회의는 헌법을 개정했는데, 그 개정에 따르면 대통령의 연임 제한이 없어졌고, 대통령은 영도적 국가원수가 되었으며, 국무총리가 행정부의 중심이 되었다. 통일주체국민회의가 대통령을 선출하게 되었고, 국회의 회기가 짧아지고 권한이 줄었으며, 공무원과 국영기업체와 공익사업체 또는 국민경제에 중대한 영향을 미치는 사업체 등에 종사하는 근로자는 단체행동권이 제한되거나 없어졌다.

헌법 제8호(유신헌법)가 1972년 12월에 국민투표를 통과하자, 대통령은 의회와 더 적게 협상하고도 통치할 수 있었고, 정부는 대통령에게 더 순응해야 했다. 그 이후 박정희는 의회만이 아니라 여당과의 협의도 대폭 줄여, 정부와 여당의 당정협의회는 1968년 한 해에 모두 29회 개최되었으나, 1973-1979년의 7년 동안에는 모두 합해서 15회만 개최되었다.[14] 즉, 박정희는 그가 소속한 민주공화당의 의견도 무시할 수 있었던 것이다. 김정렴은 1972년 1년간의 노력과 시행착오 끝에 여러 관계자가 중화학공업화의 필요성을 인식하게 되었다고 회고했는데,[15] 1971년 12월의 「국가보위에 관한 특별조치법」, 1972년 8월의 「경제의 안정과 성장에 관한 긴급명령」, 10월의 시월유신은 그 필요성을 인식하게 하는 조건이 되었을 것이다.

박정희는 1973년 1월의 연두기자회견에서 중화학공업화를 선언했다. 구체적으로는 전 국민의 과학화 운동을 펴고, 1980년까지 제철 능력, 조선 능력, 정유시설, 에틸렌 생산량, 전력 생산량을 각각 1,000만 톤, 500만 톤, 94만 배럴(하루 생산량), 80만 톤, 1만Mw로 늘리고, 대단위 기계공업단지, 종합화학공업단지, 전자부속품 생산단지를 건설하겠다고 제시했고, 이 정책이 실행되면 100억 달러를 수출하게 될 것이라고 말했다.[16]

중화학공업 추진위원회는 규모의 경제를 이룰 정도의 수요가 있는 중화학공업을 선정해야 했다. 그리하여 전후방 연관효과, 성장기여도, 부가가치 유발, 외화 가득 및 절약, 현재 및 장래의 국내 자원 활용, 외자유치 가능성을 선정지표로 제시했고, 1973년 가을에는 철강공업, 비철금속공업(구리, 아연, 납, 알루미늄 제련), 수송기계(조선, 자동차), 기계(공작기계,

발전기, 변압기, 터빈, 전동기, 발전용 보일러, 전자교환 시스템, 디젤엔진), 전자, 석유화학공업을 육성산업으로 선정했다.[17] 위의 업종 중에서 철강공업, 비철금속공업, 석유화학공업은 전후방 연관효과가 모두 높은 산업이었고, 기계공업과 조선공업은 전방연관효과는 낮지만 후방연관효과가 높은 산업에 속했다.[18] 여섯 부문으로 한정했다고는 하지만 하나하나의 부문이 거대했기 때문에 실제로는 이 여섯 부문만으로도 중화학공업의 거의 모든 업종을 포괄할 수 있었다.

지원 정책

한국 정부는 이 무렵에는 이미 국영기업을 세워서 산업을 육성하려고는 하지 않았다. 그 때문에 위의 업종에 민간기업이 투자해야 했는데 당시의 대기업은 8.3조치의 덕택에 경영 성과는 개선되었지만 중화학공업에 투자하기에는 기업가, 과학 기술 인력, 자본 등에서 제대로 갖추어진 것이 없었다. 박영구의 정리에 따르면, 정부는 중화학공업이 궤도에 오르기 위해서는 총고용인원 중의 과학 기술 인력의 비중이 6할을 넘어야 한다고 판단했지만, 실제로는 1972년에 한국 중화학공업의 과학 기술 인력은 14만-15만 명으로 총고용인원의 약 1/3에 지나지 않았다.[19]

은행은 많은 부실기업을 관리하고 있었고, 8.3조치로 인해 저리의 자금을 이미 많이 공급했기 때문에, 중화학공업에 필요한 자금을 저리로 공급할 여유가 없었다. 일반 은행의 기계공업 육성자금, 한국산업은행의 중요 산업(전력, 석탄, 조선, 철강 등) 시설자금 등이 중화학공업 투자기업에게 제공될 수 있었지만, 8.3조치 이후 그 이자율은 하락하지 않았다.

물가상승률이 1971-1973년에 8.0%, 14.7%, 6.4%였기 때문에 실질이자율이 하락한 것도 아니었다. 1972-1973년에 은행의 시설자금 대출에서 차지하는 중화학공업의 비중은 1972-1973년 말에 52%에서 47%로 오히려 하락했다.[20)]

정부는 1973년 12월부터 중화학공업을 지원하는 여러 정책을 내기 시작했다. 1973년 12월에 「산업기지개발촉진법」을 제정했는데, 그 법률의 제1조에 의하면 중화학공업을 비슷한 산업별로 동일 지역에 배치하고, 집적의 경제 효과를 이용해서 중화학공업화의 성과를 높이는 것이 그 목적이었다. 1974년 3월에는 산업기지 개발구역을 지정했고, 그에 따르면 기계공업은 창원, 석유정제 및 비철금속공업은 온산, 종합화학공업은 여천, 조선공업은 옥포 · 죽도 · 안정(거제도 일대)에 배치되게 되었다.[21)] 그 밖에도 구미, 울산, 포항의 공업단지를 확장하게 되었다. 이 중에서 구미만이 내륙도시였는데, 전자산업은 생산비에서 차지하는 수송비의 비중이 낮기 때문이었다. 이 이후에, 산업단지를 건설하는 것은 한국 중화학공업화의 주요 특징이 되었다.

정부는 1970년 1월에 「조세감면규제법」을 개정하여 석유화학공업과 철강공업의 법인세를 감면했고, 그 해 1월과 4월에는 석유화학공업과 철강공업의 육성법을 각각 제정했다. 그런데 1967-1969년에 조선공업, 기계공업, 전자공업의 진흥법이 이미 제정되어 있었지만 그 업종은 조세감면 대상 업종에 포함되지 않았으며, 그 이후 1973년 3월까지 「조세감면규제법」이 여섯 차례 개정되었고 그 기간에 중화학공업에 대한 관심은 점차 높아졌지만, 그럼에도 불구하고 중화학공업의 다른 업종이 조세감면 업종에 추가되지는 않았다. 그것은 정부가 조세감면을 신중히 결정했기 때문일 것이다. 그런데 1973년 12월에 이르러 철강공업과 석유화학공업 이외에 조선공업과 기계공업이 조세감면 업종에 포함되었다. 그리하여 정부가 육성하는 6개 업종 중에서 비철금속공업과 전자공업을 제외한 나머지 4개 업종은 모두 조세를 감면받게 되었다.

정부는 8.3조치 이후 기업의 주거래은행을 이용해서 기업의 재무 상태를 감시했는데, 중화학공업을 육성하면서 주거래은행과 기업의 관계를 이용해서 기업이 중화학공업에 투자하도록 유도했다. 이어서 1974년 1월에는 「국민투자기금법」을 시행했다. 중요 산업에 대한 투융자 자금을 확보하고 이를 원활히 공급하는 것이 법률의 목적이었으며, 철강·비철금속·조선·기계·화학·전자공업과 식량증산 사업과 기타 대통령령이 정하는 산업이 중요산업으로 지정되었다. 국민투자기금은 국민투자채권의 판매 수입과 정부예산의 각 회계로부터의 전입금 또는 예탁금으로 마련되게 되었는데, 국민투자채권을 발행할 때는 국회의 의결을 얻어야 했지만, 국민투자기금의 운용은 국무회의의 심의를 거쳐 대통령의 승인을 얻어서 행할 수 있었기 때문에 그 자금을 중화학공업에 많이 투자할 수 있었다. 1980년까지 중화학공업에 61%, 전기사업에 25%가 투자되었고, 수출금융과 식량증산 사업에 각각 7% 투자되었다.[22)]

박정희가 1973년 1월의 연두기자회견에서 전 국민의 과학화 운동을 펴겠다고 말했는데, 그것은 중화학공업을 발달시키기 위해서는 과학 기술을 개발해야 했기 때문이었다. 섬유 제품, 합판, 가발, 피혁 제품 등의 경공업에서는 기계를 수입하고 저임금 노동자를 고용하여 생산하면 가격경쟁력이 있었지만, 한국 정부가 새로이 육성하고자 한 여섯 부문의 중화학공업에서는 기술자와 기능공이 없이는 기계를 조작할 수 없었다.

정부는 인문학과 사회과학보다 공학 교육을 받을 기회를 더 늘렸다. 그리하여 1971, 1973, 1975, 1977년에 실업계 고등학교의 재학생은 31만 명, 43만 명, 47만 명, 56만 명으로, 전문대학의 재학생은 2만 명, 3.2만 명, 3.7만 명, 6.2만 명으로, 4년제 대학교의 재학생은 3.7만 명, 4.1만 명, 4.4만 명, 6만 명으로 증가했다.[23] 정부는 1973년에 「직업훈련법」을 전부 개정하여 직업훈련과 기능검정에 관한 제도를 개선했으며, 그 이후 전국 각지에 직업훈련소를 증설했는데, 1972-1973년에 직업훈련소의 수는 142-175개로, 기능공 훈련생의 수는 2.8만 명에서 4만 명으로 증가했다.[24]

중화학공업은 경공업과 달리 외국에서 도입한 제조 공정을 이해하는 데에도 상당한 기술력이 필요했다. 정부는 1973년 12월에 「특정연구기관 육성법」을 제정했고, 주요 연구기관에 정부 출연금을 지급하고, 국유재산을 무상으로 양여 또는 대부할 수 있게 했다. 그리하여 1976년 중에 자원 개발, 화학, 선박, 전자 기술, 표준, 기계금속, 전기기기, 핵연료에 관한 연구소가 설립되었다.

정부의 여러 지원 정책은 중화학공업 육성계획에 대한 재계의 태도를 바꾸었다. 1973-1974년에는 국내총지출에서 차지하는 설비투자의 비중도 10.0%에서 11.5%로 상승했고, 은행의 시설자금 대출액 중 중화학공업의 비중도 47%에서 49%로 증가했다.

국제적 조건

한국의 재계가 중화학공업에 본격적으로 투자한 바로 그 해에 원유가격이 급등했다. 1973년에 원유 도입 평균 가격이 1배럴당 3.0달러였는데 1974, 1975년에는 9.8달러, 11.3달러로 상승했다.[25] 1973년에 원유 수입액이 3.1억 달러였는데, 1974년과 1975년에는 11억 달러와 13.3억 달러로 증가했다. 국제 시장에서의 원유가격은 1973년부터 상승했지만, 한국은 현물시장에서 구입하기보다 장기 계약하여 도입했기 때문에 원유가격 상승의 효과가 늦게 나타난 것이었다. 1973년에는 경상수지 적자가 3억 달러였지만, 원유가격 상승과 투자 증가 때문에 1974, 1975년에는 20억 달러, 19억 달러에 달했다. 생산자물가 상승률은 1973년에는 6%였지만, 1974년과 1975년에는 42%와 27%에 달했다. 그 영향으로 1975-1976년에는 설비투자가 정체했다.

이 충격은 오래 지속하지 않았다. 1973-1975년의 원유가격 상승은 한국의 중화학공업에 대한 외국 기업의 투자가 증가하는 계기가 되었다. 정부는 1970년대 초에 중화학공업의 개발을 계획하면서 미국, 일본, 유럽경제공동체에서 기술을 이전받을 수 있을 것으로 기대했고, 그 지역에서 임금이 크게 높아져서 노동집약적 중공업의 이윤율이 낮아진 것과 자연환경을 개선하려는 시민운동이 활발해져서 에너지 집약적 산업을 그곳에 두기 어렵게 된 것을 기술이전의 조건으로 들었다.[26]

1973년에 원유가격이 급등하고 이후에 그 수준을 유지하자 미국, 일본, 유럽경제공동체에서 산업의 이윤율이 하락했고, 그 지역의 정부와 기업은 노동집약적 중공업과 에너지 집약적 산업의 기술수출을 점차 완화했다. 그 덕택에 한국에서 제조업 상위 99대 기업의 기술 도입건수가 1973-1975년에는 합계 83건이었는데, 1976-1978년에는 합계 222건으로 증가했다.[27] 기계공업에서의 기술 도입은, 1973년에 8건, 1974년에 14건이었던 것이 1975년에는 36건으로 증가했고, 1976년에는 29건으로 조금 감소했지만 1977년에는 39건으로 다시 증가했다. 또 1962-1979년에 도입된 기계공업 기술 482건을 18개 분야로 나누어 살펴보면, 인건비 비중이 높은 설계와 조립이 각각 13%와 10%를 차지했다.[28] 그 자료에서 1975년 이후만의 사정을 분리할 수는 없으나, 1962-1974년의 도입건수가 전체의 18%로 낮았기 때문에 위의 비율이 1975년 이후의 상황을 나타낸다고 할 수 있을 것이다. 이 자료는 기계공업에 한정되지만, 1970년대 후반에 선진국 기업이 노동집약적 부문의 기술을 그 이전보다 많이 수출했다고 추리할 수 있다.

한편, 원유가격이 상승하자 중동 국가의 외화 수입이 늘었고, 그 국가들이 늘어난 달러 수입으로 사회간접자본을 건설하기 시작하자, 그것도 한국에 새로운 기회를 제공했다. 다수의 한국 건설기업이 중동에 진출하려 했고, 한국 정부는 1975년 12월에 「해외건설촉진법」을 시행하여 그 움직임을 지원했다. 그 덕택에 1974, 1975년에는 무역외수지가 3.1억 달러, 4.4억 달러의 적자였지만, 1976년에는 그 적자가 7,180만 달러로 줄었다. 정부는 이러한 여러 변화에서 자신감을 회복했고, 중화학공업 육성계획을 더 적극적으로 추진했다.

한국 정부는 상업차관을 도입하기 쉽도록 제도를 개선했다. 1975년 12월 「종합금융회사에 관한 법률」을 시행하여 내 · 외자, 단기 · 중기 · 장기 자금을 모두 취급하는 종합적인 금융 서비스 제공 기관을 설립할 수 있게 했다. 1976년 4월에 한국종합금융이 최초였고, 1979년까지 5개 종합금융회사가 더 설립되었다. 이들은 대금 결제, 보험, 가계대출 등을 제외한 대부분의 기업금융 업무를 할 수 있었다.

부실기업 정리가 시작한 1969년부터 상업차관 도입액이 감소하여 1969-1972년에는 4.1억 달러에서 3.3억 달러로 감소했고, 중화학공업 육성계획이 집행된 후의 1973-1976년에는 4.6억 달러, 6억 달러, 8억 달러, 8.4억 달러로 완만하게 늘었으나, 한국에 대한 외국인 투자자의 투자 의욕이 높아지고, 정부가 상업차관을 도입할 수 있는 제도를 보완하자, 1977년과 1978년에는, 12.4억 달러와 19.1억 달러로 급증했다.[29] 은행 시설자금 대출에서 차지하는 중화학공업의 비중도 1977년과 1978년에 65%와 70%로 계속해서 상승했다.[30]

수출경쟁력

한국의 정부와 기업이 외채를 상환하려면 수출이 증가해야 했지만, 한국에는 한국만의 독특한 제품도 기술도 없었다. 한국의 기업은 세계시장에서 이미 표준화된 상품을 그것도 수입기계를 사용해서 생산했으나, 기술자와 기능공의 양과 질이 모두 부족했기 때문에 제품의 품질은 낮았다. 예를 들어, 한국산 저항기의 가격 이외의 경쟁력에 대한 한국산업경제기술연구원의 보고에 의하면 한국은 품질, 이미지, 적합성, 판매력 모두에서 선발국인 일본과 네덜란드만이 아니라 같은 후발국인 타이완보다도 5-10% 낮았다.[31] 한국의 정부와 기업이 국제경쟁력을 높이는 하나의 방법은 규모의 경제를 개선하는 것이었다. 대규모 공장을 지으면 부족한 기술자와 기능공을 효율적으로 사용하여 품질을 개선할 수 있었고, 또 생산물의 단가를 낮출 수 있었다. 한국의 수출품 제조기업은 점점 더 대규모 공장을 건설하게 되었다.

나아가 한국 정부는 수출품의 가격경쟁력을 높이기 위해서, 관세와 보조금을 이용하여 수출품 제조용 생산재를 값싸게 수입할 수 있게 했고, 국내 시장에서는 그 제품을 값비싸게 판매할 수 있게 했다. 제1차 중간재(생산재를 만드는 중간재), 제2차 중간재(소비재를 만드는 중간재), 내구소비재, 기계류, 수송장비의 실효보호율을 국내 판매에 대해 코르덴(Corden) 방법으로 계산한 결과에 따르면, 1975년에는 각각 −16.9%, 10.9%, 22.1%, −2.6%, 27.2%였고, 1978년에는 각각 2.1%, 35.7%, 14.8%, 6.2%, 76.8%였다.[32] 정부가 생산재를 만드는 중간재나 기계류보다 소비재를 만드는 중간재, 내구소비재, 수송장비의 국내 시장을 더 많이 보호했던 것은, 화학섬유용 원료, 전기 · 전자기기, 자동차, 선박 제조업의 수출기업으로 하여금 국내 매출액에 대한 마진을 늘려서 그 제품들의 수출가격을 인하할 수 있게 하기 위해서였다. 1975년 3월에서 1978년 10월 사이에 나일론의 주원료인 카프로락탐을 내수용 제품의 원료로 판매할 때의 가격은 국외 시장 가격의 1.6배를 오르내렸고, 나일론과 폴리에스테르를 내수용 제품의 원료로 판매할 때의 가격은 수출품 제조용 원료로 판매하는 가격의 1.3배를 오르내렸다.[33]

한국 정부는 중화학공업을 육성하기 시작하면서, 선진국이 중화학공업 제품의 수출에 주력하고 있고, 과거의 제국주의와 식민지 관계를 이용해서 후진국의 중화학공업 수입시장을 장악하고 있고, 후진국에 중화학공업 제품 수입자금을 대부하고 있는 것을 이유로, 한국 기업이 중화학공업 제품을 수출하기는 매우 어려울 것으로 예상했으며, 한국도 연불수출과 해외투자를 적극적으로 행하여 수출시장을 개척해야 한다고 믿었다. 정부는 1975년부터 어떤 회사가 상장회사이고 또 그 회사의 수출액이 한국 수출 총액의 2% 이상이면, 종합상사로 지정했고, 세금과 금융의 면에서 혜택을 주었다. 그리하여 거대 기업집단의 계열사 중에서 삼성물산, 현대종합상사, 주식회사 대우 등의 종합상사가 출현했다. 한국의 종합상사는 자본이 풍부하지 않았기 때문에 연불수출이나 해외투자와 같은 방법은 거의 사용하지 못했지만, 새로운 수출시장은 꾸준히 개척했다.

한국 정부는 중화학 기업이 수출품 가격을 인하할 조건을 만들었고, 종합상사는 수출시장을 늘린 끝에, 그림 14-1에 의하면, 원유가격이 상승한 직후인 1975년에는 중화학공업 제품의 수출이 부진했지만 그 이후에 회복했고, 1973-1979년에 중화학공업 제품의 수출액은 8억 달러에서 38억 달러로, 수출 총액 중의 비중은 24%에서 39%로 높아졌다.[34)]

정부의 중화학공업 개발 의지가 흔들리지 않고, 외국의 투자자가 그 정책에 호의적으로 대응하자, 재계는 중화학공업 투자를 서둘렀다. 국내총지출 중 설비투자의 비중은 1977년과 1978년에 13.3%와 15.8%로 상승했고, 은행의 시설자금 대출 중 중화학공업의 비중은 1978년에 70%로 높아졌다. 1972-1979년에 공업에서 차지하는 중화학공업의 비중은 40.5%에서 56.2%로 높아졌다.

기술 흡수

재계는 중화학공업에 진입하며 기술을 익히기 위해서 여러 가지 전략을 썼는데, 전자산업에서는 외국 기업과의 합작이 유행했다. 1970-1975년에 한국의 전자산업 생산액 중에서 한국인 기업의 생산량 점유율

그림 14-1 중화학공업 제품 수출액과 수출 총액 중의 비중 (단위: 억 달러, %)

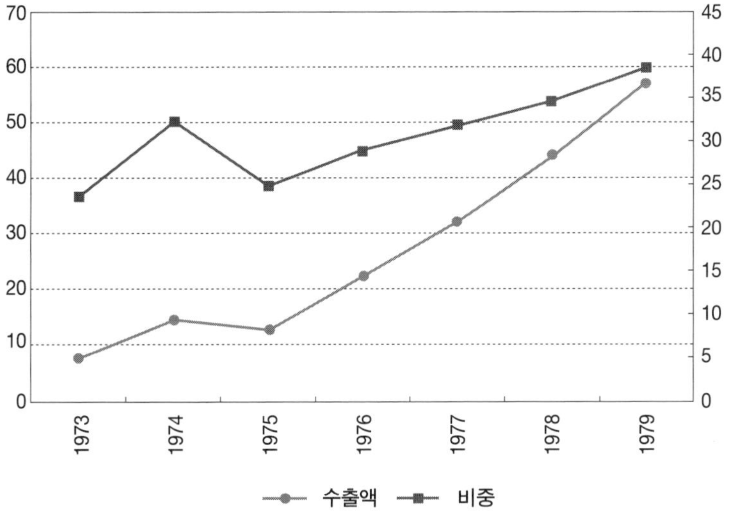

자료: 한국무역협회, 『한국경제의 주요지표』, 1992.

이 67%에서 36%로 하락했고, 외국인 기업과 합작기업의 점유율이 각각 30%와 3%에서 37%와 27%로 상승했는데,[35] 그것은 외국인 기업과 합작하는 것이 기술을 도입하고 생산 기반을 마련하는 중요한 방법이었기 때문이었다. 이 점은 삼성에서 두드러지는데, 삼성은 텔레비전을 조립하기 위해서 1969년 12월에 일본 산요전기와 합작하여 삼성산요전기를, 브라운관을 생산하기 위해서 1970년 1월에 일본의 NEC와 합작하여 삼성NEC를, 텔레비전 조립용 각종 부품을 생산하기 위해서 1973년 8월에 산요전기와 합작하여 삼성산요파츠를, 텔레비전 브라운관용 유리를 생산하기 위해서 1973년 12월에 미국의 코닝과 합작하여 삼성코닝을 설립했다.

한국의 전자기업은, 자사의 기술자가 기술을 흡수하면, 외국인 투자자의 지분을 줄이거나 독립했다. 1975-1980년에 한국인 기업의 생산량 점유율은 49%로 상승했고, 합작기업의 점유율은 27%로 변함이 없었고, 외국인 기업의 점유율은 24%로 하락했는데, 이 변화에는 한국의 전자기업이 전자공업에 점차 적응했음을 잘 나타낸다. 1970년대 후반에는 가정용 전자기기만이 아니라 그 부품에서도 한국인 기업의 생산 비중이 증가했다. 라디오, 흑백 텔레비전, 칼라 텔레비전의 순서로 가격경쟁력이 갖추어졌고, 전자기기 수출액이 1973년에 3.7억 달러, 1977년에 11억 달러로 증가했다. 수출액이 많지 않았음에도 불구하고 라디오는 1973년, 흑백 텔레비전은 1977년, 칼라 텔레비전은 1978년부터 선진국의 수출 규제를 받았는데, 그것은 수출액이 급증했기 때문이었다.[36] 이 점은 한국의 전자기업의 적응 속도가 빨랐음을 나타낸다.

정부가 1974년 1월에 발표한 「장기 자동차공업 진흥계획」은 고유 모델의 자동차를 대량 생산하는 것을 목표로 했다. 현대자동차는, 그 정책에 협력하여 포니라는 고유 모델 승용차를 개발했는데, 삼성의 텔레비전 제조업 진입과는 달리 외국 기업과 합작하지 않았고, 차체 설계는 디자인 전문회사 이탈디자인에서, 엔진블록 설계 기술, 변속기와 후미 차축의 제조 기술, 플랫폼 설계 도면은 미쓰비시자동차공업에서, 공장 건설 및 공장 배치 기술과 내연기관은 포드의 영국 법인에서 도입했다.[37] 현대자동차는 자체의 기술로 원천이 다른 여러 요소를 조합해야 했는데, 뉴코티나를 개발하면서 약간의 승용차 개발 능력을 축적했던 것은 그렇게 할 수 있는 하나의 바탕이 되었다.

현대자동차는 미쓰비시자동차공업이 플랫폼 설계 기술을 제공하지 않았지만, 이탈디자인과는 설계 작업을 함께 했기 때문에 현대자동차의 기술자가 차체의 변형을 설계할 수 있게 되었다. 포니가 출시된 1975년에는 현대자동차 내에 제품기술실이 설치되었고, 외국인 기술자를 고용하여 기술실 각 부서의 책임자로 두었으며, 한국인 기술자의 기술 능력을 더 높였다.[38] 현대는 이렇게 하여 축적된 역량을 바탕으로 1979년부터 수출을 목표로 전륜 구동 승용차를 개발하기 시작했고, 그 승용차는 1985년에 포니 엑셀이라는 이름으로 시판되었다. 현대는 선박 제조에서도 승용차 제조와 유사한 방법을 썼다. 현대의 또 다른 계열사인 현대중공업은 영국의 스코트 리스고 조선소, 덴마크의 오덴세 조선소, 일본의 가와사키중공업의 기술을 도입하여 '현대중공업형 유조선'을 건조했다.[39]

민중 동원

1960년대 말에 노동쟁의가 증가했고 한국 정부는 노동계를 국가 목표에 동원하기 어렵게 되었다. 정부가 1971년 12월에 「국가보위에 관한 특별조치법」을 시행했고, 다음 해 10월에는 시월유신이라는 비상조치를 행하여 단체행동권을 통제했기 때문에 노동계는 쟁의를 일으킬 수 없었다. 외견상으로 노동계를 계속해서 동원할 수 있었지만, 노동자의 정치적 자유를 빼앗는 일은 그들의 근로 의욕을 낮추기 마련이었다. 박정희는 1970년대에 공장 노동자를 조국 근대화의 기수, 수출역군, 산업역군, 산업전사로 불렀다. 그것은 그들에게 사명감을 주어 근로 의욕을 높이기 위해서였다. 하지만 바로 같은 시기에 대중은 공장 노동자를 공돌이와 공순이로 부르기 시작했는데,[40] 기수와 역군과 같은 실체에 걸맞지 않는 호칭에 대한 반발이었을 것이다. 정부는 근로 의욕을 높이는 정책과 함께 1973년에는 공장새마을운동을 시작하여, 단체행동을 막고 생산성을 높이려 했다. 정부의 이러한 정책에 노동자가 협력하게 하려면 임금이 상승해야 했지만, 기업은 정부가 단체행동을 통제하는 상황을 이용해서 인건비를 줄이려 했기 때문에, 정부는 재계와 노동계를 적절히 조정해야 했다.

정부는 1973년의 제1차 석유위기 이후 경기가 침체하고 사용자의 부당노동행위가 증가하자, 1974년 1월에 「국민생활의 안정을 위한 대통령 긴급조치」를 시행하여 임금채권의 우선 변제를 규정했고, 근로기준법 위반, 단체협약 불이행, 부당노동행위에 대한 처벌을 강화했다. 또, 박정희는 1974년 봄에 마산수출자유지역을 시찰하던 중에 "우리나라의 실정으로는 외국에서처럼 지나친 노동쟁의를 해서는 안 될 것이지만, (생략) 일부 기업가 중에는 노동쟁의를 규제하고 있는 현행법을 악용하여 저임금 등 근로 조건 개선에 대한 노력을 하지 않고 노임을 올려달라는 근로자측의 요구를 받아들이지 않는 사례가 있는 것으로 아는데, 노동청 등과 협의하여 이를 조정해 주어 노사협조가 잘 되도록 하라"고 지시했다.[41] 이 밖에도 〈경향신문〉, 〈동아일보〉, 〈매일경제신문〉에서 저임금에 대한 정부의 발언이 출현하는 기사를 검색하면, 1962년 1월부터 1966년 12월까지는 40건, 1967년 1월부터 1971년 12월까지는 176건, 1972년 1월부터 1976년 12월까지는 337건이 보도되었다. 그림 14-2에 의하면 1970년대 후반에는 종업원 10인 이상 사업체의 상용직 근로자의 명목임금

그림 14-2 제조업 명목임금과 소비자물가의 상승률 (단위: %)

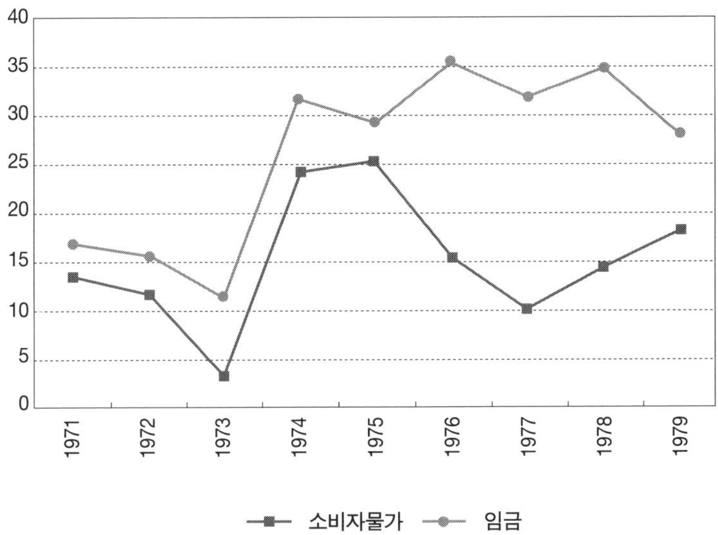

주: 종업원 10인 이상 사업체의 상용직 근로자의 임금상승률임.
자료: 「산업별 상용종업원 월평균 임금 및 근로일수」, 『한국통계연감』, 경제기획원, 1980. 「연도별 소비자물가 등락률(전년비)」, 국가통계포털.

상승률은 소비자물가 상승률보다 꽤 높았다.

또, 그림 14-3에 의하면 1970년대의 임금이 1인당 국내총생산과 거의 유사하게 증가했다. 이 기간에 한국의 경제성장률은 높았으며, 그로 인해 한국의 임금상승률은 외국보다 높았다. 1975년에는 한국의 제조업 노동자의 시간당 임금이 타이완의 75%, 홍콩의 62%에 지나지 않았지만, 1977년에는 타이완과 같아졌고, 1978년에는 홍콩의 94%에 이르렀다.[42] 정부는 노동운동을 억압하는 대신에 임금을 높여서 노동계의 협력을 얻으려 했던 것이다.

그림 14-3 제조업 임금과 1인당 국내총생산의 증가율(1970-1979) (단위: %, 명목값)

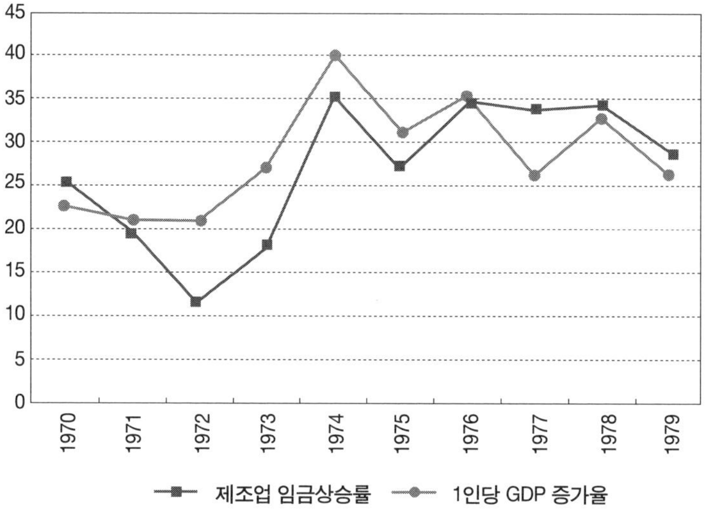

주: 종업원 10인 이상 사업체의 상용직 근로자의 임금상승률임.
자료: 「산업별 상용종업원 월평균 임금 및 근로일수」, 『한국통계연감』, 경제기획원, 1980. 「국민계정」, 한국은행 경제통계 시스템.

한국 정부는 복지제도를 개선하여, 1975년에는 종업원 16인 이상 사업체는 산업재해보상보험에 가입하게 되었고, 1976년에는 화학, 석탄, 석유, 고무, 플라스틱 업종에서는 종업원 5인 이상 사업체는 모두 산재보험에 가입하게 되었다. 의료보험제도도 개정되어 1977년 1월에는 500인 이상 고용하는 사업장, 1979년 7월에는 300인 이상 사업장은 반드시 의료보험에 가입하게 되었다.[43] 산재보험과 의료보험이 대규모 사업장부터 먼저 보급되었던 것은 박정희 정부가 수출공업에 더 많이 기여하는 노동계층을 더 먼저 포섭했음을 나타내는데, 그것은 1960년대 초부터의 일관된 정책이었다.

한국 정부는 1970년대에 새마을운동을 지속했으며, 1978년까지 262만 호의 지붕이 짚에서 기와나 슬레이트로 바뀌었고, 일부의 농가는 부엌도 입식으로 개량하여, 농촌의 도시화가 진전되었다.[44] 이중곡가제는 계속되었고, 통일벼의 10아르당 생산량은 계속 증가하여 1977-1979년에는 연평균 474kg에 이르렀다. 그림 13-4에 의하면, 1974년 이후에는 1인당 국내총생산 증가율과 1인당 농가소득 증가율이 유사하게 움직였다. 그렇다고 해서 농촌의 생활 조건이 도시에 상당하게 바뀐 것은 아니었다. 1980년 당시의 신흥도시였던 춘천시와 이미 개발된 농업지역인 안성군을 비교하면, 춘천시가 인구는 20% 더 많았지만 의료기관의 수는 2.3배였고, 안성군의 도로는 14%만 포장되어 있었지만 춘천시는 47%가 포장되어 있었고, 안성군에는 사회복지시설이 없었지만 춘천시에는 6개 있었고, 시장은 각각 한 곳과 다섯 곳에 있었다. 그럼에도 불구하고 그 무렵의 농촌조사에 의하면, 응답자 중에 도시보다 훨씬 살기 좋아질 것이라고 답한 사람이 17%였고, 도시와 비슷한 수준이 될 것이라고 답한 사람이 34%였다.[45] 평균적으로 말하면 정부 정책에 대한 농민의 협력이 유지되고 있었다고 할 수 있다.

빈민

주학중과 윤주현은 1965, 1970, 1976, 1982년의 지니계수를 추계했는데, 그것에 의하면 1970, 1976, 1982년에 지니계수가 0.332, 0.391, 0.357이었다.[46] 한편, 김낙년은 상위 1% 계층의 근로소득 집중도를 추계했는데, 그것에 의하면 1970-1975년에는 등락하면서 상승했고, 1978년까지는 등락하면서 하락했고, 그때부터 1982년까지는 거의 꾸준히 하락했는데, 1970년대 초와 1970년대 말을 비교하면 약 0.7% 정도 상승했다.[47] 두 추계와 그림 13-2와 그림 13-4를 함께 살펴보면, 박정희 정부가 중화학공업 개발에 물적 · 인적 자원을 동원하기 위해서는 재계부터 노동자, 농민에 이르기까지 폭넓게 협력을 얻어야 했고, 그것을 위해서 노동자, 농민의 경제적 지위를 개선했지만, 영세민은 경제 개발의 이익을 누리지 못했다고 추리할 수 있다.

〈경향신문〉, 〈동아일보〉, 〈매일경제신문〉에 실린 영세민과 관련한 기사는, 1973년까지 150건을 넘은 해가 없었으나, 1974년에는 428건으로 급증했다. 그것은 1974년에 원유 도입가격이 배럴당 3달러에서 10달러로 상승했고, 그 영향으로 소비자물가가 24%나 상승하자, 정부가 영세민의 삶을 의식해야 했기 때문이었다. 그런데 그 이후 영세민 기사는 매년 감소하여 1978년에는 176건으로 감소했고, 제2차 석유위기가 일어났던 1979년에야 다시 356건으로 증가했다.[48] 이것은 영세민이 박정희 정부의 시야에 제대로 들어오지 않았음을 나타낸다.

박정희 정부 기간에 사회보험제도는 느리게나마 증가했지만, 공공부조제도는 거의 갖추어지지 않았다. 영세민은 하천 정리사업, 치수 및 사방사업, 간척지 개간, 도로 및 농로 정리사업 등에서 일해야 했고, 그 대가로 당시의 평균 노임보다 적은 임금을 현물로 받았다. 1970년대에 정치적 자유가 감소하는 중에 다른 계층은 소득이나마 증가했지만 영세민은 그 혜택마저 누리지 못했는데, 1970년대의 경제 성장은 특히 그들의 희생 위에서 이루어진 것이었다.

1) 이상철, 「한국의 산업정책과 규율 -1969년 1단계 부실기업 정비를 중심으로-」, 『경영사학』 25-2(통권 54호), 한국경영사학회, 2010, p. 176.

2) 오원철, 『한국형 경제건설: 엔지니어링 어프로치』 제5권, 기아경제연구소, 1996, 제1장. 김정렴, 『한국경제정책 30년사』, 중앙일보 · 중앙경제신문, 1990, pp. 314-324.

3) 박영구, 「4대핵공장사업의 과정과 성격, 1969.7-1971.1」, 『경제사학』 44호, 2008.

4) 오원철, 『내가 전쟁을 하자는 것도 아니지 않느냐』, 한국형 경제건설 제7권, 기아경제연구소, 1999, 제4장. 박영구, 같은 글, 2008.

5) 김정렴, 앞의 책, pp. 314-324. 박영구, 같은 글.

6) 김정렴, 같은 책, pp. 314-324.

7) 합동통신사, 『합동연감』, 1968, pp. 85-89; 1972, pp. 93-97.

8) 〈경향신문〉, 1972년 1월 1일, p. 1.

9) 전국경제인연합회, 『전경련삼십년사』, 1991, p. 128.

10) 〈경향신문〉, 1971년 6월 7일, p. 5.

11) 〈매일경제신문〉, 1969년 7월 1일, p. 1. 〈경향신문〉, 1969년 7월 2일, p. 3.

12) 김영욱, 「삼성 재벌의 다각화 과정과 지배 구조에 관한 연구」, 서울대학교 박사학위논문, 1993, p. 50.

13) 이종재, 『재벌 이력서』, 한국일보, 1993, pp. 244-246.

14) 김용복, 「한국 자본주의와 국가 · 관료」, 『역사비평』 43호, 역사비평사, 1998.

15) 김정렴, 앞의 책, p. 324.

16) 〈매일경제신문〉, 1973년 1월 12일, p. 1. 한국개발연구원, 『한국경제 반세기 정책자료집』, 1995, pp. 301-302.

17) 중화학공업추진위원회, 「우리나라의 중화학공업화 정책(해설)」, 1973, pp. 40-44. 박영구, 『한국 중화학공업화 연구 총설』, 해남, 2008, p. 15.

18) 중화학공업추진위원회, 같은 글, p. 53.

19) 박영구, 『한국 중화학공업화: 과정과 내용(II)』, 해남, 2012, p. 172.

20) 「일반은행산업별대출금」, 「특수은행산업별대출금」, 「한국산업은행산업별대출금」, 『한국통계연감』, 경제기획원, 1974. 중화학공업은 화학, 비금속, 1차금속, 금속 제품, 기계, 장비 업종을 가리키며, 일반은행, 특수은행, 한국산업은행의 합계액임.

21) 〈경향신문〉, 1974년 3월 27일, p. 1.

22) 한국은행기금운용부, 『국민투자기금총람』, 1989; 박영구, 『한국 중화학공업화: 과정과 내용(I)』, 해남, 2012, pp. 540-541에서 재인용.

23) 「전공분야별 고등교육기관 학생수」, 『통계로 본 한국의 발자취』, 통계청, 1995, pp. 437, 439. 한국교육개발원 교육통계연구센터 시계열통계 중 「전문계고 연도별 시도별 학생수」.

24) 박영구, 『한국 중화학공업화: 과정과 내용(II)』, p. 206.

25) 통계청, 「원유도입」, 『통계로 본 한국의 발자취』, 1995, p. 193.

26) 중화학공업추진위원회, 앞의 글, pp. 12, 44, 49-51.

27) 이재희, 「한국의 독점자본 형성에 관한 연구: 제조업 99대기업을 중심으로」, 서울대학교 박사학위논문, 1990.

28) 한국기계산업진흥회, 「기술도입 현황 실태 조사 보고서: 기계공업부문」, 1980년도 연구보고서 제18호, 1980, pp. 9-13.

29) 통계청, 「차관도입 및 잔액」, 『통계로 본 한국의 발자취』, 1995, p. 365.

30) 「일반은행 산업별 대출금」, 「특수은행 산업별 대출금」, 「한국산업은행 산업별 대출금」, 『한국통계연감』, 경제기획원, 1977.

31) 한국은행 조사제2부 산업분석과, 『우리나라 전자산업의 현황』, 한국은행, 1983, p. 53.

32) 김광석 · 홍성덕, 「명목 및 실효보호율 구조의 장기적 변화」, 한국개발연구원 연구조사보고 82-02, 1982, p. 48.

33) 이상철, 「한국 화학섬유산업의 전개과정, 1961-1979」, 서울대학교 박사학위논문, 1997, pp. 153-160.

34) 한국무역협회, 『한국경제의 주요지표』, 1992.

35) 김용복, 「전자산업의 자본 축적 과정과 외국인 투자」, 양우진 · 홍장표 외, 『한국 자본주의 분석』, 일빛, 1991, p. 148.

36) 한국은행 조사제2부 산업분석과, 앞의 책, pp. 56-60. 김용복, 같은 글, pp. 148-162.

37) Alice Amsden, *Asia's Next Giant: South Korea and Late Industrialization*, Oxford University Press, 1989, 이근달 옮김, 『아시아의 다음 거인: 한국의 후발 공업화』, 시사영어사, 1990, p. 193.

38) 김견, 「1980년대 한국의 기술 능력 발전 과정에 관한 연구」, 서울대학교 박사학위논문, 1994, pp. 191-209.

39) 배석만, 「현대중공업의 초창기 조선기술 도입과 정착과정 연구」, 『경영사학』 26-3, 한국경영사학회, 2011.

40) 〈동아일보〉, 1974년 5월 17일, p. 6.

41) 〈경향신문〉, 1974년 4월 9일, p. 1.

42) 노동조합사전간행위원회, 『노동조합사전 5: 노동자의 상태와 제요구』, 형성사, 1985, p. 1058.

43) 신동면, 「복지 없는 성장」, 유종일 엮음, 『박정희의 맨얼굴』, 시사IN, 2011.

44) 내무부, 『새마을운동 10년사』, 내무부, 1981, p. 485.

45) 문병집, 「한국에 있어서 도농격차의 실제와 그 대책에 관한 연구」, 『지역사회발전학회논문집』 5호, 한국지역사회발전학회, 1980, pp. 15-21.

46) 주학중 · 윤주현, 「1982년 계층별 소득분배의 추계와 변동요인」, 『한국개발연구』 6-1, 한국개발연구원, 1984.

47) 김낙년, 「한국의 소득불평등, 1963-2010: 근로소득을 중심으로」, 낙성대경제연구소 Working Paper 2012-07, 2012.

48) 네이버 뉴스 라이브러리.

15

규제 완화

15

규제 완화

외환 위기

그림 15-1에 의하면 한국 경제의 고도성장에도 불구하고 물가상승률과 경상수지는 1960년대 후반부터 제1차 석유 위기 직전까지 비교적 안정적이었다. 제1차 석유 위기 직후인 1974년과 1975년에 물가는 급등했고, 경상수지의 적자는 급증했지만, 1976년과 1977년에는 다시 안정되었다. 그런데 제1차 석유 위기 직후에 일시적으로 하락했던 총투자율이 1978년에 전례 없던 수준으로 상승하자 물가상승률은 높아지고 경상수지 적자는 증가하여 1974-1975년과 같은 외환 위기가 다시 도래할 수도 있을 것처럼 보였다.

1950-1960년대에 한국의 많은 학자와 관료가 주한미국경제원조처의 자금으로 미국에 유학했으며,[1] 부흥부와 그것을 이은 경제기획원에는 미국에서 교육받은 학자와 관료가 다수 있었다. 1970년대의 중화학공업화 정책 중에도 경제기획원 관료는 시장경쟁을 중시했다. 1972년 4월에는 경제기획원이 한국상업은행의 민영화를 추진했고, 그로 인해 6월에는 무역협회가 한국상업은행의 최대주주가 되기도 했다. 그 해 7월에 한

그림 15-1 물가상승률, 총투자율, 경상수지 (단위: %, 백만 달러)

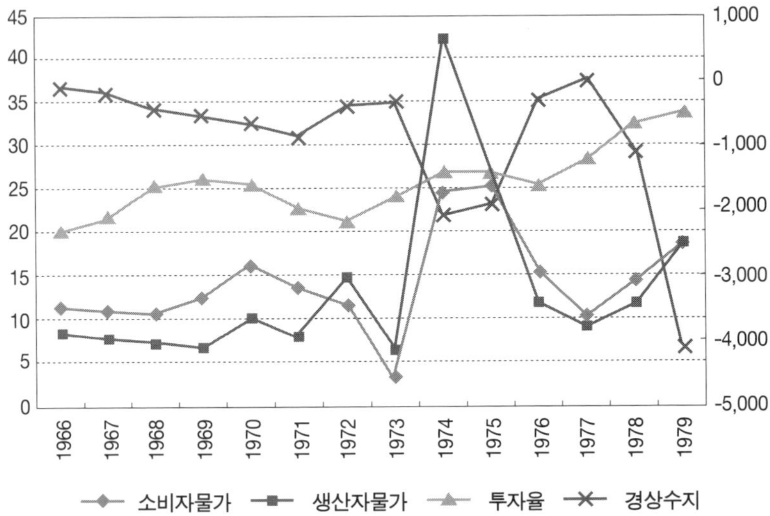

자료: 「연도별 소비자물가 등락률(전년비)」, 「생산자물가지수-총지수(1910-1964)(2005=100)」, 「국내총생산에 대한 지출(명목, 분기 및 연간)」, 국가통계포털.

국 정부가 대주주의 의결권을 10% 이내로 제한하는 조치와 시중은행의 임원을 임면할 때 은행감독원장의 승인을 받아야 하는 조치를 폐기하지 않았기 때문에, 한국상업은행은 최대주주만 민간으로 바뀌었을 뿐 실제로는 국영은행으로 남았지만 경제기획원의 성격은 짐작할 수 있다.[2)]

박정희가 중화학공업 추진위원회를 만들고, 상공부를 통해서 정책을 집행하는 중에 경제기획원은 점점 더 자유시장경제를 옹호하는 부서로 바뀌었다. 경제기획원은 1978년에 물가상승률이 높아지고 경상수지 적자가 증가하자, 한국 경제의 당면 과제와 대책이라는 주제로 연구했고, 사태가 진정되지 않자 1979년 4월에는 경제기획원이 작성한 「경제안정화 종합시책」이 정부 정책으로 공표되었다. 그 내용은, 생필품 생산을 늘리고 수입관세율을 인하하고 수입을 자유화하여 생필품 가격을 안정시키는 것, 재정을 긴축하는 것, 급하지 않은 중화학공업 투자를 연기하는 것, 예금 금리를 높이는 것, 수출금융을 늘리는 것, 영세민 생활을 안정시키는 것이었다.[3)]

위의 종합시책에 입각하여 한국 정부는 5월에 중화학공업 투자조정위원회를 설치했고, 국제경쟁력이 약한 분야, 생산 능력이 국내 수요를 초과하고 정상 조업이 어려운 분야, 추가적인 투자를 은행 대출에 전적으로 의존하는 분야에 대해 사업을 축소 또는 보류하게 했다.[4)] 또, 정부는 영세민 생활 안정을 위해서 647억 원의 예산을 들여 연탄 구입비용과 중학생 수업료를 보조하고, 취로사업을 펴기로 했는데, 취로사업은 그 이전에도 했던 일이지만, 연탄 구입비용과 중학생 수업료 보조는 박정희 정부의 그때까지의 공공부조 정책에 비하면 진일보한 것이었다. 1979년에 정부의 사회보장지출 총액이 6,089억 원이었으므로,[5)] 647억 원은 정부의 입장에서는 꽤 큰 금액이었다.

저항

경제개발계획이 시작된 이후, 고소득층으로부터 상당수의 노동자와 농민에 이르기까지 꽤 넓은 층에서 소득이 증가했기 때문에 1970년대 말의 물가 급등과 그로 인한 빈곤의 심화는 전 사회에 충격을 주는 일은 아니었다. 그런데 정치는 그와 달랐다. 박정희 정부는 1962년에 지방자치

제도를 중지했고, 1969년에 대통령의 연임횟수를 세 번으로 늘려 국민의 대통령을 교체하는 권리를 줄였고, 1972년에 통일주체국민회의가 대통령을 선출하게 하여 국민의 대통령을 선출하는 권리를 없앴고, 그와 동시에 국회의원의 1/3을 대통령이 추천하여 국회가 국민의 뜻을 반영할 수 없게 했다. 즉, 경제개발계획 기간에 국민의 경제적 자유는 분배는 불평등해도 적어도 총량은 증가했으나, 정치적 자유는 총량이 감소했던 것이고, 이것은 어떤 계기가 생기면 전 사회에 충격을 줄 수 있는 일이었다.

경제 규모가 커지고, 대기업이 증가하고, 분업이 더 발달하자, 정부에서도 기업에서도 관리자와 기술자에 대한 수요가 증가했다. 대학은 이 상황에 대응했고, 1970-1979년에 대학 재학생은 16만 명에서 34만 명으로, 교수는 8,500명에서 1만 3,600명으로 증가했다.[6] 그들은 현실에 대한 정보와 그 정보를 가공할 수 있는 지식을 가졌기 때문에 박정희 정부의 독재정치를 비판하는 견해를 만들 수 있었고, 시위를 조직할 수 있었다. 그리하여 다른 계층보다 앞서서 박정희 정부에 반대했다. 이들의 저항은 1971년 12월에 「국가보위에 관한 특별조치법」이 제정된 이후 집회와 시위가 통제되는 중에도 점차 증가했다.

한편, 도시인구가 점차 증가하여 1980년에는 2,143만 명에 달했고, 총인구에 대한 비중도 57%에 이르렀다. 도시에서는 좁은 장소에 많은 주민이 모여 살았으며, 직장에서도 좁은 공간에 많은 근로자가 함께 일했기 때문에, 정치적 자유를 주장하는 지식인의 주장은 도시화된 만큼 빨리 확산되었다. 이런 중에 1970년대 말에 인플레이션과 그에 기인하는 빈곤이 도시와 농촌의 영세민을 괴롭히자, 그들은 처음에는 대학생의 시위에 참가했고, 이어서 시위의 중심이 되었다.[7] 박정희 정부에 반대하는 시위는 점점 증가했고, 또 격렬해졌다.

박정희 정부가 자신에 대한 국민의 협력을 유지하려면, 국민의 정치적 자유를 늘리고, 또 그 동안의 고도성장 중에 소외되었던 계층의 생활수준을 높여야 했다. 그런데 박정희 정부는 고도성장의 성과를 영세민에게 나누어 줄 수는 있었지만, 정치적 자유를 늘릴 수는 없었다. 1972년부터 대통령이 국회의원 정원의 1/3을 추천하게 되었고, 정부는 그 덕택에 정당과 국회의 견제를 받지 않고 중화학공업 육성계획을 집행할 수 있었는데, 정치적 자유를 억압하는 것은 투자율을 높이기 위한 하나의 조건이었다.

정치적 자유와 투자율의 관계는 정부와 여당의 교섭에서도 잘 나타났다. 정부와 여당은 1979년 8월에 YH무역의 노동쟁의를 겪으면서 노동관계 법률을 개정해야 함을 알게 되었다. 그 준비 모임에서 여당은, 기업이 적어도 일부의 체불임금은 조세, 공과금, 질권, 저당권보다 먼저 변제해야 한다고 주장했지만, 정부는 그것이 기업의 자금 동원을 어렵게 하여 투자를 저해할 것이라고 반대했다. 그 반대에 대해서 여당은 체불임금의 적어도 일부를 산재보험기금에서 대신 지불하는 방안을 제시했으나, 정부는 마찬가지 이유로 그 제안에 반대했다. 또, 여당은 노사분규 중재를 근로자 대표가 참여하고 있는 노동위원회에 맡기자고 제안했지만, 정부는 노동위원회가 심사는 할 수 있지만 중재의 권리는 노동청과 지방정부가 가져야 한다고 주장했는데, 정부의 이유는 앞과 마찬가지였다.[8] 즉, 정부는 투자율을 높이기 위해서는 정치적 자유를 억압할 수밖에 없다는 생각을 고수했던 것이다.

박정희 정부에 반대하는 시위는 점점 증가했고, 1979년 10월 26일에 박정희의 측근이었던 김재규가 박정희를 살해했으며, 12월에는 최규하 총리가 대통령직을 승계했다.

구조조정

박정희가 피살된 이후에는 경제기획원이 경제 정책을 주도하게 되었지만, 「경제안정화 종합시책」을 적극적으로 시행하지는 못했는데, 그것은 재계를 동원할 힘이 없었기 때문이다. 정부는 재계를 동원하지 않아도 무방한 거시경제 정책만을 집행했다. 정부는 1980년 1월에 1975년부터 484원에 고정되어 있던 1달러당 환율을 580원으로 인상했고, 정기예금 금리는 5.4%만큼, 각종 대출 금리는 6%만큼 높였으며(1.2조치), 그 해 2월에는 변동환율제도를 채택했다.[9] 정부가 도입한 변동환율제도는 복수통화 바스켓제도였는데, 통화 바스켓을 16개국 통화로 구성했으며, 그 통화들의 중요도에 따라 가중치를 두었고, 국내 물가의 상승률, 국제수지 전망을 감안하여 환율을 결정하게 되었다.

한편, 전두환은 1979년 12월 12일에 군사반란을 일으켜 군부를 장악했으며, 그 이후 권력을 군부에서 정부로 넓혀 갔다. 1980년 5월에는 대통령 최규하를 협박하여 국가보위비상대책위원회를 설치했고, 스스로 상임위원장에 취임했다. 그 직후에 전두환이 경제기획원 경제기획국장이었던 김재익을 국가보위비상대책위원회의 경제과학분과위원회 위원장으로 임명하자, 기획원의 위상은 더 높아졌고, 기획원은 재계의 협력이 필요한 산업합리화 정책도 집행하기 시작했다. 정부는, 1979년 5월에 시작했던 중화학공업 투자조정을 더 진행하여 1980년 7월에 발전설비와 건설중장비 생산은 대우중공업에, 승용차 생산은 현대자동차에, 5톤 이하의 트럭 생산은 기아산업에 배정했다. 10월에는 전자교환기 생산은 제1기종은 한국전자통신(삼성의 계열사)에, 제2기종은 금성반도체에, 농어촌전자교환기는 동양정밀에, 기계식 시설교환기는 대한통신에, 고성능 변압기 생산은 효성중공업에, 154kv급 이하 변압기는 금성계전에, 선박용 디젤엔진은 현대중공업과 쌍용중공업에, 차량용 디젤엔진은 대우중공업에, 구리 제련은 한국광업제련에 배정했다.

경제기획원은 정부의 경제 규제가 줄어야 한다고 믿었고, 정부가 정책을 펴서 투자를 재촉하기보다는 기업이 경영 성과를 개선한 후에 스스로 결정하여 투자해야 한다고 판단했다. 1980년 9월에 「기업체질 강화대책」을 내었는데, 그에 따르면 금융기관 주거래 대상 기업그룹은 그 해 12월 말일까지 기업의 비업무용 부동산을 처분해야 했고, 20대 재벌그룹은 계열기업을 줄여야 했고, 자본금 5억 원 또는 자산 30억 원 이상의 주식회사는 이후로 공인회계사의 외부 감사를 받아야 하게 되었다.[10] 전국경제인연합회가 위의 대책에 대응한 3개의 분과위원회를 1980년 9월부터 1981년 말까지 운영한 것으로 보아 위의 대책은 그때까지는 집행되었을 것이다.[11] 1980년 하반기에 위와 같은 대규모 조치가 시행되자, 1980년부터 1981년 사이에 총투자율은 32.2%에서 28.1%로, 설비투자율은 14.0%에서 12.7%로 하락했고, 1980년 연말 실업률은 1979년보다 1.9% 더 상승하여 7.5%에 달했다.

노동 통제

1980년 1월부터 4월에 노동쟁의가 1,000건을 넘었지만,[12] 1980년 하반기에는 실업자가 증가함에도 불구하고 노동계가 정부의 구조조정에 반대하지 못했는데, 그것은 5월부터 시작된 공포정치 때문이었다. 군부는 1980년 5월에 광주민중항쟁을 잔인하게 진압했고, 국가보위비상대책위원회는 8월 초에 삼청교육대라고 하는 공포스러운 교화시설을 만들었다. 삼청교육대는 1981년 1월까지 4.3만 명을 수용했는데 헌병이 총을 들고 감시하는 중에 교육생을 육체적으로 가혹하게 훈련시켜, 전체 교육생의 1할에 육박하는 수가 사망하거나 장애자가 되었다.

정부는 이런 중의 1980년 12월에 「노동조합법」과 「노동쟁의조정법」을 개정하여, "직접 근로관계를 맺고 있는 근로자나 당해 노동조합 또는 법령에 의하여 정당한 권한을 가진 자를 제외하고는 누구든지 노동조합의 설립과 해산, 노동조합에의 가입 · 탈퇴 및 사용자와의 단체교섭에 관하여 관계 당사자를 조종 · 선동 · 방해하거나, 기타 이에 영향을 미칠 목적으로 개입하는 행위를 하여서는 아니된다"고 하는 제3자 개입 금지 조항을 신설했고, 국가, 지방자치단체, 국공영 기업체 및 방위산업체에 종사하는 근로자는 쟁의행위를 할 수 없게 했으며, 일반사업에서는 냉각기간을 30일, 공익사업에서는 냉각기간을 40일로 각각 열흘씩 연장했다.

박정희 정부는 노동조합이 노동자를 동원하지 못하게 함과 동시에 국가 목표의 실현에 노동계를 동원하는 정책을 폈다. 그리하여 그들을 조국 근대화의 기수 등으로 부르며 사명감을 주었고, 정치적 자유를 억압하는 대신에 1인당 국내총생산 증가율만큼 임금이 증가하게 하여 그

그림 15-2 임금상승률과 1인당 국내총생산 증가율 (단위: %, 명목값)

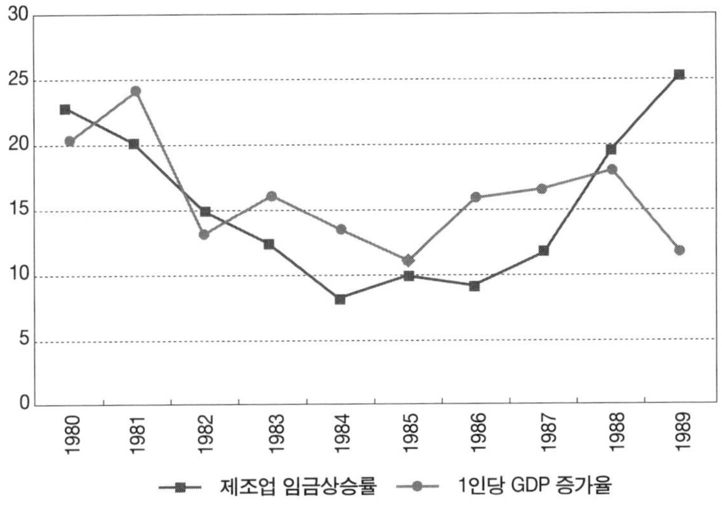

주: 종업원 10인 이상 사업체의 상용직 근로자의 임금임.
자료: 「산업별 상용종업원 월평균 임금 및 근로일수」, 『한국통계연감』, 경제기획원, 1990. 「국민계정」, 국가통계포털.

들이 정부 정책에 협력하게 했다. 전두환 정부는 경제자유화 정책을 폈고 그런 만큼 노동자를 국가 정책에 동원하려 하지 않았기 때문에 노동계와의 관계를 재정립해야 했으나, 노동조합이 노동자를 동원하지 못하게 하는 일에 주력했고 노동운동을 억압하며 사태를 덮어 두었다.

그림 14-3에 의하면 1970년대 후반에는 임금상승률이 1인당 국내총생산 증가율을 상회했지만, 그림 15-2에 의하면 1983-1987년에 임금상승률이 1인당 국내총생산 증가율을 항상 밑돌았다. 정부가 노동운동을 억압한 것이 중요한 원인이었다.

규제 완화

정부의 규제 완화 정책은 계속되었다. 정부는 1986년 7월에는 「기계공업진흥법」, 「조선공업진흥법」, 「전자공업진흥법」, 「철강공업육성법」, 「비철금속제련사업법」, 「석유화학공업육성법」, 「섬유공업 근대화 촉진법」 등 과거의 공업 개발 관련 법률을 폐지했고, 그 대신에 「공업발전법」을 제정했다. 공업 개발과 관련한 과거의 여러 법률들은 새로운 산업을 육성하기 위한 것이었으나, 「공업발전법」은 산업합리화의 절차를 마련한 것이었다. 그 법률의 제2장에 따르면 업계가 상공부 장관에게 합리화 업종의 지정을 신청하면, 공업발전심의회가 그 업종을 합리화 업종으로 지정할 필요가 있는지 없는지 판단하게 했는데, 심의회는 어떤 업종이 경쟁력을 이미 상실하여 그 업종의 기업들이 구조조정되어야 하거나, 또는 정부의 지원을 받아서 경쟁력을 높일 수 있을 때, 그 업종을 합리화 업종으로 지정할 수 있었다. 경제기획원이 경제 정책을 장악한 이후에는 투자는 기업의 판단으로 하며, 정부는 그 부작용을 완화하는 것으로 정부의 역할이 축소되었던 것이다.

정부의 「기업체질 강화대책」과 산업합리화 정책이 정부가 의도하는 효과를 거두려면 산업과 대응하고 있는 금융에 대한 정부 규제가 감소해야 했다. 이와 관련하면 8.3조치 이후에 정부가 사금융을 줄이기 위해서 내었던 몇 가지 대책이 이미 있었다. 박정희 정부는 1972년 8월에 「단기금융업법」, 「상호신용금고법」, 「신용협동조합법」을 제정하여 투자금융회사, 상호신용금고, 신용협동조합이 설립될 수 있게 했고, 1973년 1월에 「기업공개촉진법」을 시행했으며, 1974년 9월에는 증권투자신탁 전업

회사의 설립을 허가했다. 전두환 정부가 금융업에 대한 규제를 낮추자, 1982-1983년에는 12개의 단기 금융회사, 58개의 상호신용금고, 1개의 투자신탁회사가 신설되었다.[13] 전두환 정부는 나아가서 은행업에 대한 규제도 완화하여, 1981-1983년에 제일은행 등 4개의 시중은행을 민영화했고, 1982-1983년에 신한은행 등 2개의 시중은행 설립을 허가했다.[14]

이와 아울러 금융의 증권화라고 하는 세계적인 흐름을 따르게 되었고, 1981년부터 금융기관은 이전보다 증권을 더 많이 취급할 수 있게 되었다. 그 증권에는 기업어음, 상업어음, 국공채, 환매조건부 채권 등 한국인을 위한 증권만이 아니라 외국인 전용 수익증권, 외국인 전용 펀드, 해외 전환사채 등 외국인을 위한 증권도 있었으며, 1984년 6월에는 은행은 1982년부터 폐지되어 있던 양도성예금증서를 다시 발행할 수 있게 되었다. 금융기관이 증권 업무에 익숙해지자 기업공개 건수도 증가했다. 「기업공개촉진법」이 시행된 때부터 1979년 1월까지 6년간 297개의 기업이 공개되었지만 그 이후에 정부의 강제력이 줄자 1979-1983년에는 연평균 2개의 기업으로 감소했는데, 1984-1987년에는 연평균 14건을 넘었다.[15]

금융기관 업무의 증권화와 비은행 금융기관의 발달은 기업의 자금조달 방법에 영향을 미쳤다. 1980년과 1983년 사이에 기업의 내자 조달에서 차지하는 주식의 비중은 14.6%에서 22.9%로, 회사채의 비중은 11.5%에서 15.2%로, 기업어음의 비중은 9.2%에서 10.2%로 증가했다. 기업이 조달한 자금 중에서 증권의 비중이 커지면서도 비은행 금융기관 대출금의 비중은 27.3%에서 25.2%로 그다지 하락하지 않았으나, 은행 대출금의 비중은 36.9%에서 23.5%로 대폭 하락했다.[16] 은행의 비중이 하락하는 것은 정부에 대한 기업의 금융의존도가 하락하는 것을 나타내는데, 정부에 대한 재벌의 금융의존도는 위의 수치보다 더 낮아졌다. 정부가 금융을 자유화하기 시작하자 재벌은 금융기관을 설립하거나 인수하기 시작했고, 1986년에는 30대 재벌이 지방은행, 증권회사, 생명보험회사, 손해보험회사 주식의 50% 이상을 소유했으며, 투자금융회사 주식의 41%를 소유했기 때문이다.[17]

소극적 협력

정부가 산업 정책을 바꾸고 또 금융 규제를 줄이자, 새로운 산업이 출현하는 방식이 바뀌었다. 정부는 1982년에 「전자공업 고도화 장기계획」을 세웠는데, 반도체, 컴퓨터, 전자교환기 등의 제조업이 그 계획에 포함된 주요 업종이었다. 반도체에 한정하면, 그 계획의 목표는 여러 종류의 반도체를 동시에 개발하고, 반도체의 수입의존도를 낮추는 것이었다. 그런데 삼성전자, 금성반도체, 현대전자(금성과 현대는 하이닉스의 전신임)는 이미 메모리 반도체에 전문화했고 메모리 반도체를 수출품목으로 개발하고 있었다. 삼성전자는 1983년 2월에 정부의 우려에도 불구하고 메모리 반도체 생산에 대대적으로 투자할 것을 결정했다. 정부는 과거와 달리 이 상황을 자신의 계획에 어울리게 조정하려 하지 않았고, 반도체 제조기업의 현재의 기술 개발을 지원하고, 기술 인력이 풍부하게 공급되게 하고, 수입 생산재의 관세를 인하하고, 저금리 자금을 제공하고, 수출시장을 개척하는 종합육성대책을 세웠다.[18] 정부는 새로운 산업을 개발하는 일에서 방향은 제시하되, 새로운 산업의 개발에 재계를 동원

그림 15-3 국내총생산에 대한 연구개발비의 비율과 연구개발비 중의 민간의 비중 (단위: %)

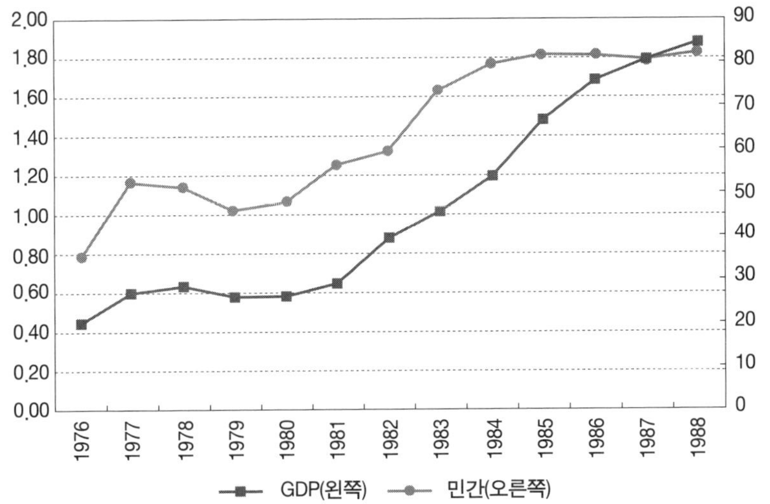

자료: 「연도별 총연구개발비 추이」, 국가통계포털.

하지는 않는 것으로 바뀌었던 것이다.

1980년대 전반의 이러한 변화 속에서 기술 개발에서의 정부와 기업의 관계도 바뀌었다. 한국 정부는 1970년대에는 재정자금을 출연하여 연구기관을 세우고 그 결과를 기업에 제공하는 정책을 폈으나, 1980년대에는 기업의 연구개발투자를 장려했다. 1984년에 「외자도입법」을 전면 개정하여, 기업이 기술을 도입하기 쉽게 했으며,[19] 1986년에 제정된 「공업발전법」에서는 기업이 기업부설연구소 및 산업기술연구조합을 설치하는 것을 지원했다. 그림 15-3에 의하면 1980-1987년에 국내총생산에 대한 연구개발비의 비율은 0.6%에서 1.8%로 상승했고, 연구개발비 중의 민간의 비중은 48%에서 80%로 상승했다. 기업의 연구개발비 지출이 크게 증가한 것이다.

독점기업은 정부 정책에 의해서 성장할 수도 있고, 시장경쟁에 의해서 성장할 수도 있다. 산업과 금융의 규제를 완화할수록 시장경쟁에 의해서 독점기업이 성장하기 때문에, 그 독점기업은 정부의 경쟁자가 될 수 있었다. 한국 정부는 1981년 4월에 「독점 규제 및 공정거래에 관한 법률」을 시행하여 그 이전보다 독점 규제 정책을 강화했다. 그 법률은 시장지배적 지위를 이용하여 부당한 가격 정책을 쓰는 행위, 공급량을 부당하게 조절하는 행위, 다른 사업자의 사업 활동을 부당하게 방해하는 행위, 새로운 경쟁 사업자의 참가를 방해하는 행위를 하지 못하게 했고, 경쟁을 제한하는 주식 소유와 합병을 제한했고, 불공정거래를 금지했다.

1980년대에 들어와 한국 정부는, 정부가 육성하는 어떤 산업에 기업이 집중해서 투자하는 정책을 펴지 않았고, 기업이 자기 판단에 따라 투자해야 한다고 주장했던 것인데, 그렇다고 해서 경쟁력이 낮아진 산업을 합리화하는 것에 정부의 역할을 제한했으나, 경제 성장과 그 방책으로서의 투자 증가를 경시한 것은 아니었다. 경제성장률이 하락하면 국민의 지지가 하락할 것이었고, 그런 만큼 재계의 투자를 늘리는 것은 여전히 중요했다.

정부는 1980년대 초에 설비투자가 계속해서 부진하자, 1982년에 경제활성화 대책(6.28조치)을 내어 대출금리를 14%에서 10%로 낮추었고, 공개 법인에 대한 법인세율을 과세표준금액 중 5,000만 원까지는 22%에서 20%로 인하했고, 5,000만 원을 초과하는 금액에 대해서는 33%에서 30%로 인하했으며, 부동산 양도소득세를 인하하여 대기업의 비업무용 부동산 매각을 도왔다. 또, 1985년 6월에는 일반 은행에 대한 한국은행의 특별융자를 재개하여 부실기업 정리에 인한 은행의 손실을 보전했다. 특별융자의 이자율은 연리 3%였다.[20)]

한국 정부는 환율을 계속 높여 국제 시장에서의 가격경쟁력을 높였다. 1달러에 대한 환율은 1974-1979년에 484원에 고정되어 있었는데, 1980년부터 1985년까지 607원, 681원, 731원, 776원, 806원, 871원으로 매년 높아졌다. 당시에 한국은 복수통화 바스켓제도를 시행하고 있었지만 한국은행이 물가, 경상수지 등을 고려하여 환율을 정할 수 있었기 때문에 정부가 정책적으로 환율을 인상할 여지가 있었다. 그 밖에도 앞에서 언급했듯이 노동운동을 규제했고, 뒤에서 설명하겠지만 외자를 사용하기 쉽게 했다.

1980년대에 한국 정부가 규제를 완화했지만 재계의 투자를 동원할 필요가 소멸한 것은 아니었다. 또, 한국의 기업은 기술력이 낮았기 때문에 정부의 지원이 필요했다. 규제 완화에도 불구하고 정부와 재계의 협력은 유지되고 있었다.

외압

1980년대 전반에는 수입과 금융을 자유화하라는 미국 정부의 압력이 거세졌다. 1979-1981년에는 한국에 대한 미국의 무역수지가 연평균 3억 달러의 흑자였으나, 1982년에는 2억 달러의 적자로 바뀌었고, 1983년에는 적자가 19억 달러로 증가하자, 미국 정부는 한편에서는 한국 상품의 수입을 규제했고, 다른 편에서는 한국 정부에게 수입을 자유화하도록 요구했다. 한국 정부는 미국의 수입자유화 압력을 방어하지 못했는데, 전두환 정부는 국내에서의 지지가 약했기 때문에, 외국 정부 그 중에서도 미국 정부의 지지가 중요했고, 또 1988년의 하계올림픽을 성공적으로 치르기 위해서도 미국의 도움이 필요했다. 한국 정부는 미국 때문에 수입을 자유화한다고는 말할 수 없었는데, 국민의 반미 시위가 결국은 반정부 시위로 발전할 것이기 때문이었다. 정부는 수입을 자유화하여 시장경쟁을 촉진하면 한국 경제의 효율성이 높아지며, 수입을 자유화하여 수입품 가격이 하락하면 물가가 안정된다고 설명했는데, 경제기획원이 과거부터 주장하던 것이었기 때문에 그렇게 주장해서 안 될 것은 없었다. 수입자유화율은 빠른 속도로 높아졌고, 1980년 상반기에 68.6%였으나 1985년 상반기에는 84.8%에 달했다.[21)]

재계는, 수입자유화가 기업에게 피해를 많이 주지 않도록 정부가 배려할 것을 요청했으며, 한국의 경상수지가 1982년과 1983년에 각각 21억 달러와 14억 달러의 적자였기 때문에, 한국 정부도 피해가 적도록 신중하게 배려해야 했다.[22)] 우선, 정부는 미국의 경쟁력은 낮고 일본의 경쟁력은 높은 상품에 대해서는 수입선 다변화, 수량 배정, 특별법에 의한 수입 제한, 관세의 탄력적 운용 등을 이용해서 수입이 급증하지 않게 조치했다.[23)] 또, 정부는 한국 기업의 수출경쟁력을 높이기 위해서 환율을 계속 인상했는데, 그로 인해 수입품의 가격이 상승하여 수입이 억제되었다.

미국에는 1960-1970년대에 연금, 기금, 뮤추얼펀드, 생명보험회사 등의 기관투자가가 급성장했고,[24)] 금융 기술이 개선되었다. 또, 유로달러 시장이 커지자 국제 금융이 이전보다 훨씬 더 중요하게 되었다. 미국 정부의 정책도 바뀌어, 1980년대에 점차 제조업보다 금융업을 중시하게 되었고, 미국 정부는 한국 정부에게 무역만이 아니라 국제 금융거래를 더 자유롭게 하도록 요구했다. 1984년 5월에 대우증권과 미국의 스쿠더(Scudder, Stevens & Clark Inc.)가 미국 매릴랜드 주에 코리아 펀드라고 하는 외국인 전용 투자신탁회사를 설립했고, 그로 인해 한국에 대한 외국인, 특히 미국인의 증권투자 경로가 증가했다. 또, 정부는 1985년에는 국내기업이 외화증권(전환사채, 신주인수권부 사채, 주식예탁증서)을 발행할 수 있게 했다.[25] 1986년 5월에는 코리아 펀드의 자본금을 4,000만 달러 증자하여 1억 달러로 늘렸고, 1987년에는 자본금 3,000만 달러의 코리아 유럽 펀드가 설립되었다. 한국의 재계와 금융계는 이 변화를 환영했는데, 재계는 저리의 자금을 사용하여 생산비를 낮출 수 있었고, 금융계는 사업기회가 증가했기 때문이었다.

정부는 1984년 7월에 「외자도입법」을 개정하여, 외국인이 한국의 안전과 공공질서의 유지에 지장을 초래하지 않고, 한국 경제의 건전한 발전에 나쁜 영향을 미치지 않으며, 한국의 법률을 위반하지 않으면, 신고만으로 사업투자를 할 수 있게 했다. 그리하여 외국인의 사업투자에 대해 허용업종이 아니라 제한업종을 열거하는 방식으로 제도가 바뀌었다. 허용업종 내에서는 투자금액 100만 달러 이상의 사업투자에 대해서는 생산물 중의 수출 비율, 일본 제품 수입을 대체하는 효과, 도입되는 기술이 중복되지 않는가, 대가를 치르고 도입할 만한 기술인가 등을 점검했지만, 투자금액이 100만 달러 이하이며 외국인 투자 비율이 50% 미만인 제조업종으로서 조세감면을 신청하지 않으면 사업투자를 자동인가 했다. 또, 외국인이 취득한 주식 또는 지분으로부터 생기는 이익의 배당금,

그림 15-4 1인당 농가소득과 1인당 국내총생산의 증가율(1979-1987) (단위: %, 명목값)

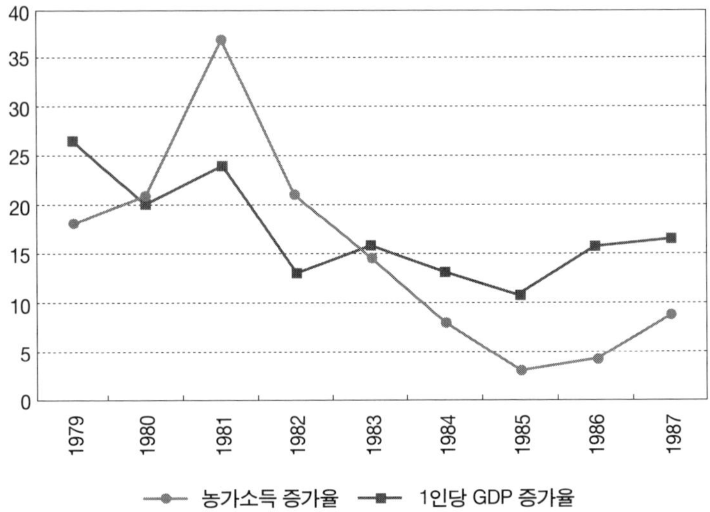

자료: 「국민계정」, 한국은행 경제통계시스템. 「농가경제조사」, 국가통계포털.

차관계약 또는 공공차관협약에 의하여 지급되는 원리금 및 수수료, 기술도입계약에 의하여 지급되는 대가, 주식 또는 지분의 매각대금에 대해 대외송금을 보장했다.[26] 1987년에는 「외자도입법」을 개정하여 외국인 사업투자에 대한 자동인가 허용금액을 100만 달러에서 300만 달러로 인상했다.[27]

미국 정부가 한국 정부에게 수입자유화를 요구했을 때 미국 정부가 원하는 품목에는 과거와 달리 농산물이 많았다. 한국 정부가 그 요구를 받아들여 농산물 수입을 늘리자 국내에서는 한국산 농산물에 대한 수요가 그만큼 감소했다. 또, 이 무렵에 한국 정부는 이중곡가제가 통화량을 늘리고 물가를 높인다는 이유로 그 제도를 포기하기 시작했다. 1980-1981년에는 쌀 매입가격은 높은 수준을 유지했으나 쌀 매입량은 생산량의 15.4%와 17.5%로서 1977-1979년의 23.5%보다 많이 낮았다. 1982년에는 쌀 매입량은 생산량의 21.1%로 높아졌지만 매입가격은 방출가격보다 더 낮아졌다.[28] 게다가 통일벼 재배에 의한 수확량 증가 효과는 1977년이 마지막이었다. 그 이후에는 품종이 서서히 후퇴하여 1977-1979년에는 10아르당 생산량이 연평균 474kg이었으나 1983-1985년에는 454kg으로 감소했다. 그림 15-4에 의하면 1981-1982년에는 1인당 농가소득 증가율이 1인당 국내총생산 증가율을 넘었으나, 그 이후 농가소득 증가율은 급격히 하락하여 1인당 국내총생산 증가율과의 괴리가 커졌다.

경제력 집중

정부가 1980년대에 들어와 기업이 '체질'을 강화하여 자기 판단으로 투자해야 한다고 주장하자, 기업의 투자위험도는 높아졌고, 국내총지출 중의 설비투자의 비중은 점차 작아졌다. 1979년에는 그 비중이 16.5%였지만 1983년에는 11.9%까지 하락했고, 1985년에는 조금 상승했지만 여전히 12.3%에 지나지 않았다. 거대재벌은 이런 상황에서 중소재벌이나 독립기업보다 더 잘 적응했는데, 그것은 위험을 관리하는 기술도 더 좋았고, 계열사에 위험도를 분산시킬 수도 있었기 때문이다. 1980년에 삼성, 현대, LG, SK그룹의 진출 업종이 합계 25업종이었는데, 1985년에는 39업종으로 증가했으며, 앞의 4대 그룹을 포함하는 30대 그룹의 진출 업종은 총 51업종에서 71업종으로 증가했다.[29] 1983년에 국내총생산에 대한 5대

재벌의 부가가치 비중은 4.8%였으나, 1986년에는 8.8%로 높아졌고, 30대 재벌의 비중은 같은 기간에 9.9%에서 15.9%로 커졌다.[30)]

또, 대기업에 대한 중소기업의 의존도가 많이 높아졌다. 그것은 부품공업이 중소기업 중에서 발달했고, 그 중소기업들의 자본이 부족하고 기술력이 낮았기 때문이었다. 정부가 1973년 1월에 「자동차공업 육성계획」을 세웠을 때는 부품마다 전문 부품기업을 육성하고, 완성차 기업이 전문 부품기업에서 부품을 구매하도록 했다. 완성차 기업은 그 정책에 반대했고, 하청 부품기업을 육성해야 한다고 주장했는데, 부품기업이 대기업이 되면 부품기업에 대한 완성차 기업의 교섭력이 낮아지기 때문이었다. 정부는 그 주장을 받아들여 1977년 2월에 「중소기업 계열화 촉진법」을 개정했고, 법의 목적에서 모기업과 위탁받은 기업 간의 계열화를 촉진한다고 명기했다. 대부분의 부품기업은, 그 방법이 생산 기술을 제공받고 또 제품을 안정적으로 판매하는 데 유리했기 때문에 그 정책에 찬성했으며, 1980년대 초에는 완성차 제조기업별로 수급기업체 협의회가 구성되었다.[31)]

이 방법은 자동차공업 이외의 업종에도 파급되었으며, 1974, 1979, 1984년에 하청기업 또는 계열기업으로서 생산물을 공급하는 중소기업의 전체 중소기업 중의 비중이 18.2%, 25.7%, 41.7%로 높아졌고, 조립금속 제품과 기계 · 장비 제조업에서는 하청기업에게 자금이나 기술을 지원하는 모기업의 비율이 같은 연도에 19.0%, 22.7%, 24.9%로 상승했다.[32)] 거대기업은 소재 생산 기업과 완제품 생산 기업을 소유하고, 부품 생산 기업을 지배하여, 소재 · 부품 · 완제품을 조직적으로 공급하는 체제를 갖추게 되었다.

정부는 1986년 12월에 「독점 규제 및 공정거래에 관한 법률」을 개정했고, 다음 해 4월에 시행했는데, 그 법률은 지주회사의 설립과 재벌 계열사의 상호 출자 금지, 출자총액 제한, 사업자단체의 경쟁제한 행위 금지를 규정했고, 재벌 중의 금융계열사는 그가 사업계열사의 주식을 소유하더라도 그 주식으로는 사업계열사에서 의결권을 행사할 수 없게 했다. 이 내용을 종합하면, 정부는 각각의 재벌 계열사의 규모가 지나치게 커지는 것과 거대기업이 재벌 단위로 결합하여 세력을 더 크게 하는 것과 재계가 업종별로 담합하여 집단행위를 하는 것을 규제한 것이었다. 1986년의 법률은, 1981년의 법률이 시장집중을 억제하고 시장경쟁을 촉진했던 것에서 한 걸음 더 나아가서 소유의 집중을 억제했던 것인데, 그것은 앞에서 설명되었듯이 1980년대 전반에 소유의 집중이 더 진전했기 때문이었다.

호전

한편, 1980년대 전반에 한국 경제의 국제적 환경이 서서히 개선되었다. 1973년에 제1차 석유 위기가 발생한 이후, 선진국의 많은 기업들이 에너지 절약적인 기술을 개발했는데, 1979년에 제2차 석유 위기가 발생하자, 그 기업들이 그 기술들을 많이 채용했다. 또, 그 해에 G7의 정부는 1983년까지 그들의 석유 수입량을 1978년 수입량 이하로 억제하기로 결의했고, 미국, 일본, 프랑스 등 선진국 정부들은 석유 수입 및 석유 소비 감축계획을 마련했다. 석유 수요가 감소하자, OPEC은 원유가격을 유지하기 위해서 그 기간에 원유 생산량을 36% 줄였지만, 이 무렵에는 OPEC

에 속하지 않는 산유국이 많이 늘었고 그들은 같은 기간에 원유 생산량을 15% 늘렸기 때문에 원유 생산량은 8%밖에 감소하지 않았다.[33] 초과수요가 줄어들자 원유가격은 하락하기 시작했다. 한국의 원유 도입가격은 1981년이 가장 높았고 그 이후에 지속적으로 하락하여 1981년부터 1985년 사이에 35.5달러에서 27.8달러로 낮아졌다. 그 덕택에 한국의 연간 원유 소비량은 1981년부터 1985년 사이에 전 세계적인 추세와는 달리 1.8억 배럴에서 2억 배럴로 증가했으나, 도입 총액은 65억 달러에서 55억 달러로 감소했다.[34]

이자율도 하락했다. 미국 정부는 1979년에 원유가격이 급등한 이후 그 해에 생산자물가와 소비자물가의 상승률이 각각 14%에 달하자 물가상승률을 낮추려 했고, 연방준비위원회는 1980년 3월에 기준금리를 20%까지 높였다.[35] 미국 정부가 기준금리를 높이자 유럽의 이자율도 높아졌고, 한국은 1980년과 1981년 사이에 차관과 외국인 증권투자에 대한 이자 지급액이 26억 달러에서 36억 달러로 급증했다. 그런데 1981년부터 미국의 물가가 안정되자 미국 연방준비위원회가 기준금리를 조금씩 낮추었고, 1985년 7월에는 8%를 하회했다. 미국의 이자율이 하락하자 유럽의 이자율도 하락했고, 1980년부터 1985년 사이에 한국의 외채가 272억 달러에서 468억 달러로 많이 증가했음에도 불구하고 외국인 투자에 대한 소득 지급액은 27억 달러에서 40억 달러로 조금 증가했을 뿐이었다.

이러한 변화 덕택에 정부가 집행하고 있던, 기업의 생산비를 낮추고 국제 시장에서의 가격경쟁력을 높이는 정책의 효과가 높아졌다. 1979-1980년에는 한국의 수출증가율이 세계 전체의 수출증가율보다 7% 낮았으나, 1981-1982년에는 16%, 1983-1984년에는 14% 높았고, 수입증가율은 세계 전체의 수입증가율보다 1981-1984년에 평균 6% 낮아졌다. 그리하여 상품수지는 1980-1985년에 48억 달러의 적자에서 9억 달러의 적자로, 경상수지의 적자는 같은 기간에 50억 달러에서 15억 달러로 감소했다. 또, 1980년에는 소비자물가와 생산자물가가 각각 29%와 39%였으나 그 이후 꾸준히 하락하여 1982-1985년에는 연평균 상승률이 각각 3.9%와 1.6%에 지나지 않았다. 국제적 환경이 호전된 것에 힘입어 1978-1981년에는 경제의 대내외 불균형이 극심했으나 1982년 이후에는 크게 안정되었다.

1) 정범모, 「교육교환에 의한 미국문화의 영향」, 『아세아연구』 10-2(26호), 1967.

2) 한국마케팅연구원 편집부, 「商銀 · 民營化18朔의 産苦談」, 『마케팅』 6-7, 1972. 〈경향신문〉, 1972년 7월 24일, p. 3.

3) 小林謙一 · 川上忠雄 編, 『韓國の經濟開發と勞使關係: 計劃と政策』, 比較經濟研究所研究シリーズ, 法政大學出版局, 1991, p. 219. 한국개발연구원, 『한국경제 반세기 정책자료집』, 한국개발연구원, 1995, pp. 358-366.

4) 한국개발연구원, 같은 책, pp. 367-368.

5) 신동면, 「복지 없는 성장」, 유종일 엮음, 『박정희의 맨얼굴』, 시사IN, 2011, p. 316의 GDP 대비 사회보장지출 비율에 1979년의 GDP를 곱해서 구함.

6) 통계청, 「대학(교)현황(대학원은 제외)」, 『통계로 본 한국의 발자취』, 1995, p. 435.

7) 부마민주항쟁기념사업회 · 부마민주항쟁 십주년 기념사업회, 『부마민주항쟁 10주년 기념 자료집』, 부마민주항쟁기념사업회, 1989. 김원, 「부마항쟁과 도시하층민: '대중독재론'의 쟁점을 중심으로」, 『정신문화연구』 29-2, 한국학중앙연구원, 2006. 차성환, 「부마항쟁과 지역노동자 대중」, 『기억과 전망』 17호, 민주화운동기념사업회, 2007.

8) 〈동아일보〉, 1979년 10월 16일, p. 1.

9) 한국개발연구원, 앞의 책, pp. 371-372.

10) 〈동아일보〉, 1980년 9월 27일, p. 1.

11) 전국경제인연합회, 『기적의 50년을 넘어 희망의 100년으로: 전경련50년사』, 전국경제인연합회, 2011, p. 246.

12) 같은 책, p. 238.

13) 오두환, 「통화금융제도의 발전」, 안병직 편, 『한국경제성장사』, 서울대학교 출판부, 2001, p. 279.

14 김중웅, 「금융자유화와 업무영역 조정」, 『한국개발연구』 7-3, 한국개발연구원, 1985, p. 9.

15) 정종락, 『기업공개와 기업민주주의』, 대한상공회의소 한국경제연구센터, 1989,

p. 49.

16) 김중웅, 앞의 글, p. 5.

17) 정병휴 · 양영식, 『한국 재벌부문의 경제분석』, 한국개발연구원, 1992, p. 76.

18) 상공부, 「반도체산업의 현황과 종합육성대책(안)」, 박희천 외, 『우리나라 반도체 산업의 현황과 육성전략』, 산업연구원, 1986, p. 344. 박병영, 「정부-기업 관계의 다양성과 그 결정 요인: 1980년대 섬유, 자동차, 반도체산업」, 『한국사회학』 34호, 2000, 제6절.

19) 김견, 「1980년대 한국의 기술 능력 발전 과정에 관한 연구」, 서울대학교 박사학위논문, 1994, pp. 6, 41.

20) 〈매일경제신문〉, 1985년 6월 20일, p. 1.

21) 한국무역협회, 『무역연감』, 1985년판.

22) 〈매일경제신문〉, 1980년 6월 3일, p. 1; 1984년 3월 8일, p. 1; 1985년 11월 1일, p. 3 등.

23) 후카가와 유키코, 『대전환기의 한국경제』, 나남출판, 1998, p. 83.

24) 전창환, 「금융세계화와 외환 · 금융 위기: 멕시코와 한국의 비교」, 이병천 · 김균 편, 『위기 그리고 대전환: 새로운 한국경제 패러다임을 찾아서』, 당대, 1998, p. 302.

25) 한국금융연구원, 『경제자유화와 자본자유화』, 한국금융연구원, 1997, p. 63.

26) 「외자도입법」 및 후카가와 유키코, 앞의 책, pp. 82-83.

27) 한국금융연구원, 앞의 책, p. 61.

28) 농수산부, 『농정수첩』, 1983, pp. 210-212.

29) 이근 외, 『해방 이후 한국기업의 진화 I: 1976-2005년간의 통계의 구축과 기초분석』, 서울대학교 출판부, 2007, p. 193.

30) 정병휴 · 양영식, 앞의 책, p. 34. 비금융 · 보험업 부문의 조부가가치의 국내총생산에 대한 비중임.

31) 홍장표, 「한국에서의 하청계열화에 관한 연구」, 서울대학교 박사학위논문, 1993, pp. 101-104.

32) 김형기, 『한국의 독점자본과 임노동』, 까치, 1988, p. 202. 홍장표, 「1970년대 이후 대자본의 중소자본 지배구조의 변화」, 양우진 · 홍장표, 『한국 자본주의 분석』, 일빛, 1991, p. 113.

33) "Total Petroleum Consumption," U.S. Energy Information Administration. (http://www.eia.gov/cfapps/ipdbproject/IEDIndex3.cfm?tid=5&pid=5&aid=2).

34) 통계청,『통계로 본 한국의 발자취』, 1995, p. 193.

35) "United States Interest Rate," http://www.tradingeconomics.com/united-states/interest-rate.

16

금융자유화

16

금융자유화

호황

1970년대에 일본의 제조업은 품질을 개선하고, 노동생산성을 더 높이고, 재고를 크게 줄여 생산비를 낮추었으며, 용도는 동일하면서도 외관과 기능은 서로 다른 다양한 종류의 제품을 생산하여 수요를 늘렸다. 또, 1970년대부터 선진국에서 컴퓨터 수치제어(CNC) 시스템이 발달했는데, 미국 기업이 이윤율이 높은 항공산업 분야에 집중하는 동안에 일본과 독일의 기업은 그렇지 않은 다른 업종도 CNC 시스템을 사용할 수 있도록 개발했다. 두 나라 중에서는 일본이 앞섰는데, 예를 들어 1971년에 세계 10대 공작기계 기업은 모두 미국 기업이었으나, 1987년에는 일본 기업이 1, 4, 7, 9, 10위를 차지했다. 그것은 일본 기업이 공작기계 제조에 CNC 시스템을 적용한 결과였다.[1)]

일본 제조업체의 국제경쟁력이 높아졌고, 일본의 경상수지 흑자는 1981년에 48억 달러, 1982년에 69억 달러, 1983년에 208억 달러, 1984년에 350억 달러로 급증했다. 미국과 유럽경제공동체는 일본 정부에게 내수를 늘리고 수출을 줄일 것을 요청했으며, 일본 정부도 그 요청을 받아들여 1985년 9월의 G7 재무장관 회의는 일본 엔과 일본만큼은 아니지만 국제경쟁력이 계속해서 높아지고 있던 독일 마르크의 가치를 높이기로 합의했다. 미국 정부는 그 달에 기준금리를 5.9%까지 낮추었으며, 각국 정부는 외환시장에서 달러를 매각하고 엔과 마르크를 매수했다. 엔의 가치가 특히 많이 상승했는데, 1달러에 대한 일본 엔의 환율이 1985년에는 연평균 254엔이었으나 1986년에는 연평균 185엔으로 하락했다.

일본 엔의 가치가 급등하고 또 계속해서 상승할 것으로 예상되자 일본 제품을 수입하던 많은 기업이 일본 상품의 대체재를 찾기 시작했다. 한국은 1960년대 후반부터 석유화학공업을, 1970년대 초부터 제철업을, 1970년대 중반부터 자동차 · 조선 · 전자공업을 육성했는데, 그것들은 일본의 주요 수출업종이기도 했다. 한편, 한국의 중화학공업은 제1차 석유 위기 이후에 선진국 기업이 기피한, 에너지를 많이 사용하는 기술을 도입했기 때문에 생산비가 원유가격에 영향을 많이 받았는데, 한국의 원유 도입가격이 1985-1986년에 1배럴당 27.8달러에서 15.1달러로 급락하자,[2] 한국의 중화학공업 기업의 가격경쟁력이 높아졌다. 또, 달러에 대한 엔의 가치가 상승하는 중에 1달러에 대한 원의 환율은 1985-1986년에 871원에서 881원으로 높아졌기 때문에 일본 제품에 대한 한국 제품의 가격경쟁력은 그만큼 더 상승했다. 한국의 수출입은 1985년에 각각 303억 달러와 311억 달러였고, 상품수지는 8억 달러의 적자였으나, 1986년에는 각각 347억 달러와 316억 달러였고, 상품수지는 31억 달러의 흑자로 바뀌었다.

그 이후에 원유 도입가격은 1989년까지 18달러를 넘지 않았다. 1986-1989년에 1달러에 대한 원의 환율은 881원에서 671원으로 크게 하락했지만, 엔의 환율은 그 기간에 185엔에서 130엔으로 더 크게 하락했기 때문에 일본 제품에 대한 가격경쟁력은 계속해서 유지되었다. 4년간의 상품수지와 경상수지는 각각 192억 달러와 354억 달러의 흑자였고, 수출 증가에 힘입어 1986-1989년에 경제성장률은 연평균 9.8%에 이르렀다.

경제력 집중

원유가격, 국제 금융시장에서의 이자율, 원의 가치가 모두 낮다는 뜻에서 3저호황으로 불렸던 이 기간에 재계의 경제력은 눈에 띄게 높아졌다. 1985년에 4대 재벌(삼성, 현대, LG, SK)의 계열사가 103개였는데, 1990년에는 121개로 증가했고, 4대 재벌을 포함하는 30대 재벌의 계열사는 335개에서 398개로 증가했다.[3] 1983, 1986, 1989년에 국내총생산에 대한 10대 재벌의 부가가치 점유 비율은 7.1%, 11.6%, 14.3%로 높아졌고, 10대 재벌을 포함하는 30대 재벌의 점유 비율은 9.9%, 15.9%, 19.0%로 높아졌다.[4]

대기업과 중소기업 사이에 하청관계는 1980년대 전반보다 더 발달했다. 하청기업의 주거래 모기업이 장기적으로 바뀌지 않게 되었고, 하청기업에게 기술이나 경영을 지도하는 대기업의 비율이 상승했다. 전체 중소기업 중에서 하청 또는 계열 중소기업의 비중은 1984, 1987, 1990년에 40.5%, 43.8%, 66.6%로 높아졌고, 하청기업에게 기술이나 경영을 지도하는 대기업의 비율은 11.7%, 17.4%, 18.0%로 상승했다.[5] 한편, 하청 생산체제가 발달하면서, 둘 이상의 모기업과 거래하는 개방형 하청과 자신의 하청기업을 데리고 있는 재하청이 증가하는 등 내부 구조는 복잡하게 바뀌었다. 그리하여 규모를 키우고 기술을 개선한 하청기업은 개방형 하청과 재하청을 이용해서 모기업에 대한 자율성을 높일 수 있었다.

기업은 1980-1983년에는 필요한 자금의 26.3%만 기업 내부에서 조달했으나, 1986-1989년에는 거의 절반에 해당하는 44.3%를 내부에서 조달했다. 한국 경제의 투자율은 1980-1983년에는 연평균 29.6%, 1986-1989년는 30.3%였으므로, 투자율의 하락 때문에 내부 자금의 비중이 커졌던 것은 아니었고, 호황 중에 기업의 내부 유보자금이 그만큼 늘었기 때문이었다. 외부 자금의 구성도 바뀌었다. 1986-1989년에는 은행 차입금의 비중이 작아졌을 뿐 아니라, 비은행 금융기관 차입금의 비중도 작아졌고, 재벌은 계열 금융기관에서 필요한 자금의 일부를 차입했다. 또, 증권 중에는 주식의 비중이 커졌는데, 1986-1989년에 기업이 조달한 외부 자금의 23.9%를 주식이 차지했고, 그것은 은행 차입금을 초과했다.[6] 이 기간에 주식시장에서 많은 자금을 조달할 수 있었던 것은 주식투자 붐 때문이었다. 코스피 지수의 연말 종가는 1985년에 165, 1986년에 282, 1987년에 525, 1988년에 907, 1989년에 910이었다. 재계는 한편에서는 정부에 여전히 의존했지만, 정부의 경제자유화 정책, 금융의 증권화, 호황 중의 기업 이윤율 상승이 어울려 정부에서 꽤 자립하게 되었다.

유월항쟁

전두환의 대통령 임기가 1988년 2월까지였기 때문에 민정당은 대통령 선거에 대비해야 했다. 대통령이 간접선거로 선출되었기 때문에 민정당이 재집권하지 못할 위험은 거의 없었지만, 민정당에 대한 국민의 지지는 낮았다. 경기는 불황에서 호황으로 전환되었지만 국민의 정치적 자유는 거의 증가하지 않았기 때문이었다. 민정당과 정부는 정치적 자유를 늘리려고는 하지 않았는데, 국민이 직접 선거하면, 민정당 후보가 대통령에 당선되기 어려웠기 때문이었다. 정부는 그 대신에 몇 가지의 복지 정책을 준비했다. 1986년 12월에 「최저임금법」을 시행했고, 그 다음 해의 최저임금을 시급 463-487원으로 정했다. 정부는 그 달에 「국민연금법」도 제정했는데, 그 법률에 따르면 피고용자가 300인을 넘는 사업장의 근로자는 국민연금에 의무 가입해야 했고, 그 고용주는 분담금을 내야 했다. 1987년 12월에는 「의료보험법」이 개정되었고, 그때부터 농어민도 의료보험에 가입할 수 있게 되었다. 「국민연금법」과 개정된 「의료보험법」은 1988년 1월에 시행되었다.

정부가 몇 가지 정책을 내었지만, 그것으로 정치적 자유에 대한 국민의 욕구를 무마할 수는 없었다. 대통령 선거를 눈앞에 둔 1987년 여름에 정치적 자유를 높이도록 요구하는 국민적 저항운동(유월항쟁)이 일어났고, 그 중에서 가장 중요한 주장은 국민이 대통령을 직접 선출하도록 헌법을 개정하는 것이었다. 국민은 유월항쟁에서 정부를 이겼고, 10월에 헌법이 개정되었으며, 제4장에 "대통령은 국민의 보통 · 평등 · 직접 · 비밀선거에 의하여 선출한다"고 규정되었다. 그 해 12월의 선거에서 민정당을 지지하는 표는 민정당의 노태우 후보에게 집중되었으나 민정당을 반대하는 표는 김대중, 김영삼 두 후보에게 흩어졌고, 결국은 노태우 후보가 대통령에 당선되었지만, 그의 득표율은 37%에 지나지 않았고, 또 국민이 대통령을 직접 선출하게 되자, 대통령과 행정부의 권위는 이전보다 낮아졌다.

전두환 정부는 1980년대 전반에 노사정의 관계를 새로이 맺어야 했지만, 그 일을 미루었고, 노동운동을 억압하며 그 과제를 미봉해 두었다. 노동조합의 단결, 협상, 행동 능력은 꾸준히 증가했으나, 정부의 억압 때문에 1986년에도 노동쟁의는 276건에 지나지 않았다. 그런 중에 정부의 권위가 낮아지자, 1987년에는 노동쟁의가 3,749건으로 급증했고, 노동손실일수는 695만 일에 달했다.[7] 정부는 노동자의 요구를 더 이상 억압할 수 없었다. 1987년 11월에는 「근로기준법」이 개정되어 근로시간이 단축되었고, 휴업수당이 인상되었고, 사용자의 임금 지불과 산재보상 의무가 강화되었다. 「노동조합법」도 개정되어 노동조합의 설립과 운영이 전보다 자유롭게 되었으며, 「노동쟁의조정법」도 개정되어 단체교섭과 단체행동이 전보다 자유롭게 되었다. 또, 1988년 4월에는 「남녀고용평등법」이 시행되었다. 재계는, 정부의 개입이 줄어들자 노동조합과 타협해야 했고, 1988-1990년에 제조업 명목임금의 연평균 상승률은 22%로서, 1인당 명목 국내총생산의 연평균 증가율 16%보다 더 높았다.

외압

1986년부터 한국이 경상수지 흑자국으로 바뀌자 외국은 한국 정부에게 경제를 더 자유화하도록 요청했다. 또, 1985년 4월부터 소련 공산당 서기장 고르바초프가 언론의 자유를 허용하고, 시장경제를 도입하고, 기업의 자율성을 높이고, 국제 경제거래를 늘리고, 자본주의 세계와의 평화 공존을 추진하자, 사회주의 국가와 국경을 접하고 있는 것에서 비롯하는 한국의 이점은 감소했다. 또, 이 무렵에 한국 정부의 권위가 그 이전보다 하락한 만큼 한국 정부는 외국 정부와의 관계를 우호적으로 유지하는 것이 그 이전보다 더 중요하게 되었다. 정부는 1985년 상반기에 85.0%였던 수입자유화율을 1988년에 94.7%로 높였고,[8] 평균 관세율은 21%에서 18%로 낮추었다.[9] 가트의 국제수지제한위원회는 1990년 1월부터 한국을 가트 제18조 B항, 즉 국제수지의 적자를 줄일 목적으로 수입수량 배정이나 관세 인상과 같은 사전적인 수입 제한을 할 수 있는 국가에서 제외시켰고, 한국은 그 결정을 수긍했다.

외국의 자유화 요청은 무역보다 금융에서 더 강했다. 미국 정부는 한국의 금융자유화 속도를 높이고 싶었고, 그것을 위해서는 양자 협상을 해야 한다고 판단했으며, 한국 정부가 금융자유화 협상에 착수하도록 하기 위해서 1988년 10월에 한국을 환율조작국으로 지목했다. 달러에 대한 원의 환율을 살펴보면, 1980-1985년의 경상수지 적자기간에 환율이 상승했고, 1986-1989년의 흑자기간에 환율이 하락했으므로, 원의 가치가 경상수지의 변동을 반영했지만, 미국 정부는 1980년대 후반에 경상수지 흑자가 급증한 것에 비하면 환율 하락의 속도가 지나치게 느리다고 주장했고, 한국을 환율조작국으로 지목했던 것이다. 한국 정부는, 금융을 자유화하면 민간기업을 규제 또는 육성하고 수출과 수입을 조절할 수단을 잃어버리게 되었지만, 이번에도 미국의 요구를 존중해야 했다. 한국 정부가 금융자유화 협상을 시작하지 않으면, 미국 정부가 한국 상품의 수입을 제한할 뿐 아니라, 주한미군을 줄일 수도 있었다. 1980년대 초에는 미국 정부의 요구가 변동환율제와 자유로운 국제 금융거래에 머물렀지만, 이제는 금리자유화와 금융업에 대한 진입장벽 철폐에까지 이르렀다.

한국의 재계는 외자의 금리가 낮았기 때문에, 한국의 금융계는 사업 기회를 늘릴 수 있었기 때문에 금융자유화를 원했고, 한국 정부는 수출 기업의 가격경쟁력을 높이려고 그들의 요청에 긍정적으로 대응했는데, 그런 중에 미국 정부가 가세하자 금융자유화의 속도는 급속히 빨라졌다. 한국은 1988년 11월에는 IMF 제8조국이 되었고, 그로 말미암아 한국 정부는 국제수지의 적자를 이유로 외환거래에 개입하거나, 특정국에게 차별적 조치를 할 수 없게 되었다. 한국 정부는 1988년 12월에는 「자본시장 국제화의 단계적 확대 추진계획」을 발표했고, 1989년 8월에 미국 정부와 한미금융정책회의(Financial Policy Talking)를 열기로 합의했으며, 1990년 2월에 제1차 회의를 열었다.[10)]

금융자유화

외국인이 한국에 자본을 투자할 수 있는 기회가 증가했다.[11)] 1989년부터 외국에서 발행된 한국 기업과 금융기관의 증권은, 외국인들이 한국의 증권회사를 거치지 않고 그들 사이에서 직접 거래할 수 있게 되었다. 1991년부터 외국인이 전환사채로 취득한 주식을 국내 주식시장에서 팔아 입수한 자금으로 다른 상장주식을 살 수 있게 되었다. 1992년 1월부터 외국인이 한국 주식시장에서 외국인의 취득이 금지되지 않은 상장주식은 외국인 전체 한도 10% 이내에서 직접 매매할 수 있게 되었다.

1989년부터 외국인이 모든 제조업에 투자할 수 있게 되었고, 서비스업에도 투자할 수 있게 되었다. 1990년 1월에는 어떤 사업에서 외국인의 주식 점유율이 50% 미만이며, 그 사업의 주체가 조세감면을 신청하지 않으면, 외국인 투자에 대한 자동인가 허용금액이 1억 달러로 인상되었고, 첨단 기술 부문에 대한 투자는 외국인의 주식 점유율이 50%를 넘어도 신고만으로 투자할 수 있게 되었다. 국제수지의 개선에 현저히 이바지하거나, 고도 기술 또는 대규모 자본을 수반하는 사업은, 소득세 · 법인세 · 취득세 · 재산세 및 종합토지세를 면제받았다. 1991년 3월에는 외국인에 대해 주식 점유율 50% 미만이라는 제약이 없어졌다.

한국 정부는 1990년 3월에 시장평균 환율제도를 시행하여 화폐가치가 시장에서의 수요 공급을 더 반영하게 했다. 도입 직후에는 하루 변동폭의 상한과 하한이 각각 0.4%였으나 1990년 9월에는 0.6%, 1992년 7월에는 0.8%로 커졌다. 환율이 점점 더 화폐시장에서의 수요 공급에 의해 결정되자, 정부는 환율에 영향을 미치기 더 어렵게 되었고, 외국의 투자자는 화폐를 거래하여 수입을 늘리기 쉽게 되었다. 한국 정부는 1991년 11월에 대출 금리에서는 은행의 당좌대월, 예금 금리에서는 은행의 3년 이상 정기예금을 자유화했고, 3,000만 원 이상의 거액 및 만기 91일 이상의 양도성예금증서, 환매조건부 채권, 상업어음, 무역어음, 기업어음의 금리를 자유화했다.

외국인 사업투자와 증권투자의 합계액이 1988년에는 4억 달러였지만, 1989, 1990, 1991년에 각각 11억 달러, 15억 달러, 41억 달러로 증가했다. 한국에 외화가 많이 도입되자, 그 외화에서 운용 수입을 얻기 위해서도 인플레이션을 막기 위해서도 한국의 금융기관과 기업이 해외 투자를 늘릴 수 있어야 했다. 한국 정부는 1990년에 외화증권에 대한 증권회사, 투자신탁회사, 생명보험회사의 투자금액의 상한을 높였다. 한국의 「외국환관리법」은 1961년 12월에 처음 제정되었고, 1967년까지 세 번 개정된 후, 1991년까지 바뀌지 않았는데, 그 법률에 따르면 내국인은 재무부장관의 허가를 받지 않고는 외국환 거래를 할 수 없었다. 정부는 1991년 12월에 「외국환관리법」을 전면 개정하여, 내국인의 외국환 거래를 허가, 신고, 허가와 신고의 면제라는 셋으로 구분했다. 개정된 「외국환관리법」은 1992년 9월에 시행되었는데, 해외 사업투자 및 부동산투자의 금액이 500만 달러를 초과하면 허가를 받아야 했지만, 500만 달러 이하이면 신고만으로 투자할 수 있게 되었다.

불황

이때의 금융자유화는 그다지 오래 지속하지 않았는데, 불황 때문이었다. 1987년 대통령 선거에서의 노태우의 득표율은 37%에 지나지 않았고, 노태우 정부(1988-1992년)는 국민의 지지를 확대할 필요가 있었다. 대통령은 취임 직후인 1988년 3월에 1992년까지 200만 호의 주택을 건설하여 국민의 주거환경을 개선하겠다고 발표했고, 1989년 10월에는 건설기업이 이 정책에 협조하기 쉽도록 아파트 분양가격을 원가에 연동시켰다.[12] 즉, 분양가격을 인상할 수 있게 했던 것이다. 이 정책은 효과가 커서, 1989년에는 국내총지출 중의 건설업 투자의 비중이 전년도보다 2% 증가하여 17.5%로 되었고, 1990년에는 4.2%가 더 증가했다. 그리하여 1988년까지는 총투자율이 30%를 넘지 않았으나 1989년에는 32.2%, 1990년에는 37.1%에 달했다. 건설업은 노동집약적이어서 건설업 투자가 증가하자 모든 부문에서 구인배율이 높아졌고, 정부가 노동쟁의를 억제할 수 없었던 것이 상승작용하여, 제조업 실질임금은 1988, 1989, 1990년에 각각 12.5%, 19.4%, 11.6% 증가했다.

이런 중에 1988년에는 미국이 한국을 환율조작국으로 지목하며 원의 가치를 절상하도록 한국 정부를 압박했고, 1989년에 1달러에 대한 원의 환율이 731원에서 671원으로 하락했는데, 바로 그 해에 1달러에 대한 엔의 환율이 126엔에서 143엔으로 상승하자, 100엔에 대한 원의 환율은 571원에서 488원으로 급락했다. 임금 상승과 환율 하락이 겹치자 한국 제품의 가격경쟁력은 많이 낮아졌고, 1986-1988년에는 한국의 연평균 수출증가율이 전 세계 평균보다 13% 더 높았지만, 1989-1991년에는 1% 더 낮아졌다. 반면에 수입증가율은 각각 7%와 18% 더 높았다. 1990년에는 국제수지가 흑자에서 적자로 반전하여, 상품수지는 23억 달러, 경상수지는 14억 달러의 적자였고, 1991년에는 각각 64억 달러와 75억 달러의 적자였다.

과거에 한국 정부는 경상수지의 적자가 누적되면, 임금 상승을 억제하고 환율을 높여서, 기업의 가격경쟁력을 높였다. 1963-1964, 1971-1972, 1980-1981년의 실질임금 하락 또는 정체, 1964, 1970-1972, 1980-1983년의 환율 상승은 그 정책을 잘 나타낸다. 그런데 유월항쟁 이후에는 정부가 노동 조건에 개입하기 어렵게 되었고, 1988년에 미국 정부가 한국을 환율조작국으로 지목하고, 1990년 3월에 시장평균 환율제도를 채택한 이후에는 환율에 개입하기도 어렵게 되었다. 정부가 1988년 12월에는 법인세제를 개정하여 법인세를 줄였고, 외자를 사용하는 조건도 완화했지만, 임금 상승과 환율 하락이 미치는 효과를 상쇄하지는 못했다.

정부가 기업의 경영환경을 호전시키는 데 제약이 커지자, 기업의 역량이 이전보다 더 중요하게 되었다. 기업은 노동을 자본으로 대체하여 인건비를 줄이고, 신제품을 개발하고 수출시장을 개척하여 판로를 넓히려고 했다. 1986-1988년에는 신제품 생산을 위한 투자와 자동화를 위한 투자가 제조업 투자 총액의 18.1%와 4.1%였으나 1989-1991년에는 각각 28.1%와 6.8%를 차지했다.[13] 또, 수출시장을 개척한 끝에 1986-1988년에는 수출액 중 미국의 비중이 38.0%였으나, 1989-1991년에는 29.6%, 1992-1994년에는 22.4%로 하락했다. 그럼에도 불구하고 1990-1992년에 상품수지는 연평균 31억 달러의 적자, 경상수지는 연평균 37억 달러의 적자였다.

재벌 비판

이 사태와 관련해서 재벌의 문어발 경영이 한국의 국가경쟁력을 낮추는 원인이라고 지적되었다. 문어발 경영이란, 재벌이 현재 사업하고 있는 업종들과 기술적으로 연관이 없는 업종에도 재벌 전체의 자본력을 이용해서 계열사를 설립하여, 재벌의 사업범위를 넓히는 것을 가리켰다. 거대기업 또는 기업집단이 반드시 기술적으로 연관이 있는 업종에만 투자해야 하는 것은 아니었지만, 새로운 업종에 진출하고, 총회장이 계열사를 통치하고, 각 계열사가 그 경영 성과를 유지하는 중에 소비자와 다른 기업이 피해를 입는 일이 많았다.

당시에 재벌은, 재벌의 어떤 계열사로 하여금 새로운 계열사의 설립자금을 출자하게 했고, 그 이후에도 계열사들이 상호 또는 순환 출자하게 하여 자본금을 늘렸다. 총회장은 중핵 계열사를 소유한 다음 그 계열사에 의한 다른 계열사 지배를 이용해서 자기자본을 적게 들이고도 재벌을 지배했는데, 자기자본을 적게 투자한 만큼 위험은 적게 부담하면서 권한은 많이 행사했다. 또, 경영 성과가 낮은 계열사도 다른 계열사의 지급보증을 이용해서 은행에서 대부를 받았고, 다른 계열사와의 내부거래를 이용해서 이윤율을 높였기 때문에 경쟁력이 낮은 계열사도 파산하지 않았다.

한국에서 반도체, 자동차, 선박, 석유화학 등의 제조업이 위의 방법으로 설립 및 운영되었고, 나중에는 국민경제의 선도산업으로 성장한 것을 살펴보면, 위의 방법이 반드시 잘못되었다고 할 수는 없었고, 또 논리적으로도 생산재를 시장에서 안정적으로 공급받을 수 없다면, 재벌 전체의 이윤율이 낮아지더라도 생산재 제조기업을 스스로 설립할 필요가 있었다. 하지만 위와 같은 방법으로는 우수한 계열사가 열등한 계열사를 지원해야 했기 때문에 어떤 계열사도 국외 시장에서 탁월한 성과를 거둘 수는 없었다. 1990년에 내구소비재, 기계류, 수송장비의 실효보호율을 국내 판매에 대해 코르덴(Corden) 방법으로 계산한 결과에 따르면, 그 값이 각각 25.1%, 24.2%, 49.3%였으므로,[14] 한국의 대기업은 수출보다는 국내 시장에서 판매하여 얻은 이윤으로 기업을 성장시켰다고 판단할 수 있다. 소비자는 그만큼 희생되었다. 재벌은 정부 정책에 순응했을 뿐이라고 말할 수도 있겠지만, 재벌이 국내 시장 보호를 원했으므로 위의 상황은 재벌이 원해서 만들어진 것이었다. 또, 재벌이 이 방법으로 성장하는 한은 재벌에 속하지 않는 기업과 기업가는 은행에서 대출받기 어려웠고, 또 상품을 유리하게 판매하는 기회를 잡기 어려웠다.

문어발 경영은 국민경제에 긍정적임과 동시에 부정적이었기 때문에, 경제가 호황이고 경상수지가 흑자일 때는 그 단점이 지적되지 않았지만 경제가 불황이고 경상수지가 적자이면 비판을 받았다. 문어발 경영에 대한 비판은 1980년대 전반에 경상수지가 계속해서 적자였을 때도 제기되었지만, 1990년대 초에 특히 강했다. 1980-1993년까지 〈경향신문〉, 〈동아일보〉, 〈매일경제신문〉에서 문어발 경영을 검색하여 출현횟수가 많은 해를 열거하면, 1993년 61회, 1992년 36회, 1991년에 34회, 1980년 24회, 1984년에 22회였다.[15)]

한편, 유월항쟁 이후에 언론과 출판의 자유가 늘어나자, 재벌의 부당한 행위가 과거만큼 쉽게 감추어지지 않았다. 당시의 한국의 재벌은 투자해서 일자리를 만들고, 수출해서 외화를 벌면, 그것으로 자신의 과업을 다했다고 믿었다. 공정하게 거래하여 타인의 경제적 기회를 빼앗지 않는 것, 사회에 공헌하는 것 등은 자신의 과업으로 생각하지 않았다. 재벌의 사회적 책임 의식이 낮았기 때문에, 재벌 총회장은 농경지나 그린벨트에 별장을 지었고,[16)] 재벌 가족은 증여세나 상속세를 탈세했으며,[17)] 재벌의 계열사는 외국 경쟁사의 생산물을 수입하거나, 사치품을 수입했는데,[18)] 언론의 자유가 신장되자 이런 일들을 국민이 알기 시작했다.

1987년부터 국민이 대통령을 직접 선출하게 되었기 때문에, 재벌 대기업의 부당행위가 드러난 이후에는 정부가 그 사건을 방치하기 어렵게 되었다. 1989년 11월에는 삼양식품공업, 오뚜기식품, 삼립유지, 서울하인즈, 부산유지화학공업이 공업용 쇠기름을 라면 등의 식품에 사용한 일이 적발되었고, 1991년 2월에는 수도권의 수서와 대치 지역의 택지를 분양하는 과정에서 한보그룹이 엄청난 특혜를 입었음이 드러났으며, 1991년 4월에는 두산전자가 낙동강에 페놀을 방류한 일이 드러났다. 공업용 쇠기름 사용 사건과 택지 특혜분양 사건에서 검찰은 그 달 중에 위의 5개 회사와 한보그룹 대표를 구속했다.[19] 그들은 정부가 가볍게 처벌하도록 유인하려면 정부가 나서기 전에 책임을 져야 했는데, 페놀 방류 사건에서는 박용곤 두산그룹 회장이 사건이 발생한 바로 그 달에 사임했다.[20]

재벌에 대한 사회적 비판이 강해지는 중에 정부도 여론에 동조하자, 구자경은 전국경제인연합회 회장 재임(1987-1989년) 중에 기업의 자유를 지지하고 보호하는 정치인에게만 기부금을 주겠다고 발언하기도 했다. 전경련은 1989년에는 정치인을 위한 기부금을 조성하지 않았으며, 1990년에는 회원에게 정치인에게 기부금을 제공하지 말도록 촉구했다.[21]

재벌 규제

한국 정부는 재벌의 문어발 경영에 대한 사회의 비판이 커지자, 1991년 가을에 30대 재벌에게 주력기업을 3개씩 선택하고 그곳에 전문화할 것을 요청했으며, 참가 재벌에게는 은행 대출을 늘리겠다고 제안했다. 넓게 보면 1980년대에 꾸준히 집행되어 왔던 산업합리화 정책의 일환이었다. 정부는 주력기업에 대한 투자가 증가하면 기술과 규모의 경제가 개선될 것이라고 주장했으나, 전경련은 주력기업제도는 결국 진입장벽이 되고, 산업이 융합하는 현실과 어울리지 않으며, 주력기업제도에 의해 재벌이 약해지면 국제경쟁력이 낮아져 국익에도 위배된다고 주장하며 반대했다.[22]

재계는, 정부와 재계의 협력이 그 이전보다 불안정하게 되자 정부가 한국 경제에 대한 재계의 기여도를 더 높게 평가해야 하며, 그렇게 되기 위해서는 재계에서 대통령이 나와야 한다고 믿었다. 대우 총회장 김우중과 현대 총회장 정주영은 모두 1992년 11월의 제14대 대통령 선거에서 후보로 출마하려 했으며, 정주영은 실제로 출마하여 민자당의 김영삼 후보와 경쟁했다.

김영삼 정부(1993-1997년)가 출발했을 때, 정부와 재계의 관계는 노태우 정부 후반기만큼이나 나빴다. 나아가서 정부는 국민의 더 높아진 권리의식에도 대응해야 했다. 김영삼 정부는 재벌 규제 정책을 지속했는데, 재벌이 주력기업을 선택하게 한 노태우 정부의 정책은 폐지하고, 주력기업 대신에 주력업종을 선택하게 했다. 1993년 6월에 30대 재벌에게 1-3개의 주력업종을 선택하고, 업종마다 2-4개의 주력기업을 선정하도록 요청했으며, 주력기업에게는 대출을 늘리고, 기술 개발자금을 공급하고, 좋은 공장부지를 값싸게 제공하겠다는 유인을 제안했다.[23] 한편, 8월에는 금융실명제를 실시했고, 모든 금융기관이 거래자의 실명으로 거래하게 했다.

한국 정부는 이러한 정책으로 재벌을 견제했고 국민에게는 경제 운영을 공정함을 보이고자 했지만, 이 정책들은 재계의 투자 의욕을 낮추었다. 정부는 설비투자를 늘려서 고용과 생산 능력을 증가시키고 수출을 늘려 경제성장률을 높이는 방법을 여전히 중시했기 때문에 기업의 투자 사보타주를 버려 둘 수는 없었다. 1993년 7월에는 대통령이 30대 그룹 경제총수와 만찬하고, 9월에는 전국경제인연합회 회장과 오찬을 함께 하는 등 재계를 다독거리기도 했으나, 재계는 정부의 요청에 소극적으로 대응했다. 노태우 정부의 마지막 해였던 1992년의 설비투자율은

13.3%였고, 그것도 직전 5년의 평균보다 1%쯤 낮았지만 1993년에는 1% 더 하락했다. 전경련은 국가경쟁력민간위원회를 설치하여, 한국은 이자율, 인건비, 지가가 높고, 사회간접자본이 부족하며, 규제가 많아서 투자하기 어렵다고 주장했는데, 정부의 요구에 재계가 협력할 수 있도록 조건을 갖추어 달라는 요청이었다.[24] 정부는 재계에 우호적인 정책을 도입해야 했다.

세계화

한국 정부는, 앞에서 설명했듯이 1990년 2월부터 1992년 3월까지 한미금융정책회의를 열었고, 한국 정부는 그 회의를 바탕으로 1992년 3월과 6월, 1993년 6월의 세 번에 걸쳐 미국 정부에게 단기 · 중기 · 장기의 금융자유화 계획을 제시했다. 또, 한국 정부는 당시에 진행 중이던 가트의 우루과이 라운드 협상이 타결되면, 농산물과 서비스업 무역을 개방해야 했기 때문에 1993년에는 연중 내내 그 대책이 논의되었다. 한국은 무역과 금융이 더 개방되는 속에서 그에 합당한 전략을 세워야 했고, 그 전략을 실천하기 위해서는 재계의 투자 의욕을 높여야 했다. 정부는 외국 정부와 국제 기구의 요구에 따르기보다 자율적으로 자유화하는 것이 부작용이 적을 것이라는 이유로 경제를 적극적으로 자유화할 계획을 세웠는데, 그 정책 속에서 재계를 지원할 수 있었다.

김영삼은 1993년 11월에 아시아 태평양 경제협력체(APEC) 정상회의를 마치고 귀국하며, 그 환영행사에서 세계화는 이 시대의 큰 흐름이며, 제도와 규범, 정보와 지식, 기술과 생산성을 세계화 시대에 맞게 끌어올

려야 한다고 발언했다. 이후로 세계화는 한국 경제 개혁의 핵심 이념이 되었는데, 한국 정부는 1995년 3월에 경제개발협력기구(OECD)에 가입신청서를 제출하여, 세계화에 대한 의지를 적극적으로 내보였다. 세계화 전략 및 OECD 가입은 냉전 이후의 세계 질서에 대응하는 방편이기도 했다. 1991년에 소련이 15개 국가로 해체되어 미국과 소련의 대립이 종식되자 미국에 대한 한국의 중요성은 하락했고, 한국은 국제 교류의 폭을 넓혀야 했다.

한국 정부가 세계화 정책을 집행하는 중에 무역과 외환거래는 더 자유롭게 되었고, 금융과 산업에 대한 정부의 지원은 더 감소했고, 금융 및 서비스업에 대한 외국인 투자는 더 자유화되었으며, 노동시장은 유연화되었다. 금융자유화는 한미금융정책회의에서 합의된 계획보다 더 빨리 진행되었는데, 그 이후의 한국 경제에 지대한 충격을 주었다.

한국 정부는 1993년 10월에 원 환율의 하루 변동폭의 상한과 하한을 1%로 넓혔고, 1995년 12월에는 2.25%로 더 넓혀 화폐가치가 시장에서의 수요 공급을 더 반영하게 했다. 1994년 10월에는 달러, 엔, 마르크를 국내에서 사용할 수 있게 되었다. 대출 금리는 단기 대출에서 장기 대출, 비정책자금에서 정책자금의 순서로, 정책자금 중에서는 한국은행 총액한도 자금에서 재정지원 자금의 순서로 자유화했고, 예금 금리는 장기에서 단기, 저축성예금에서 요구불예금의 순서로 자유화했다. 순서를 이렇게 한 것은 이자율이 상승하여 투자를 저해하는 것을 줄이기 위해서였다. 1993년 11월에는 은행 대출 금리의 64%, 제2금융권 대출 금리의 100%, 은행 수신 금리의 37%, 제2금융권 수신 금리의 60%가 자유화되었고, 1994년 11월에는 은행과 제2금융권을 합해서, 대출 금리 자유화율이

95.0%, 수신 금리 자유화율이 79.8%였고, 1995년 11월에는 수신 금리 자유화율이 83.2%로 상승했다. 1995년 11월에는 요구불예금을 제외하면 수신 금리가 완전히 자유화되었다.[25)]

1993년에 과거 3년간의 누적 순이익이 일정 조건을 채우는 기업에 대해서는 외화증권 발행을 허가제에서 신고제로 전환했고, 그 자금을 자본재 도입, 해외 투자, 연불수출용 부품 도입, 최신 기술 용역, 외채 조기상환, 기술 도입에 사용할 수 있게 했다.[26)] 또, 단기 자본을 도입하는 절차를 간소하게 하여, 장기 자본을 도입할 때는 재정경제원에 상세한 정보를 제공하고 허가를 받아야 했지만 단기 자본을 도입할 때는 그럴 필요가 없어졌다.

1994년에는 외국인이 원칙적으로 신고만으로도 사업투자를 할 수 있게 되었다. 한국 정부가 신고서의 수리를 거부할 때는 그 사유가 OECD의 규약에 부합해야 했다. 사업의 내용상 인가받아야 하는 경우에는 한국 정부의 처리기간을 15일 이내로 제한했다. 1994년에 한국의 증권거래법의, 경영권 확보를 목적으로 하여 의도적으로 다른 기업의 주식을 매수하는 것을 금지하는 조항을 폐지했고, 1997년 4월에는 공개매수 또는 합의를 이용한 기업의 인수합병이 가능하게 되었다. 외국인의 국내 기업에 대한 투자 한도를 지속적으로 늘려 1995년에는 외국인이 상장회사 시가의 15%까지, 금융 · 항공 · 통신 등 공익사업 및 산업정책상 보호가 필요한 업종에 대해서는 8%까지 소유할 수 있게 되었다. 한국 정부는 1996년 11월에 단기 자본의 수입만이 아니라 그 수출도 자유화했다.

이 무렵의 금융자유화는 외국인의 사업투자보다는 증권투자에 더 큰 영향을 미쳤다. 1993-1997년에 외국인의 사업투자는 83억 달러였으나, 증권투자는 692억 달러에 달했다. 한국의 증권에 단기간 투자하기 쉬워졌으며 환율과 이자율이 자유화되자 매매수익률을 더 높일 수 있게 되었기 때문이었다.

한국에 대한 외국인의 투자가 증가하자 한국 정부는 원화가치 상승에 의한 국제경쟁력 하락 및 통화량 증가에 의한 물가 상승을 막기 위해서 금융기관과 기업의 해외 투자를 장려했다. 1993년에 증권회사, 투자신탁회사, 생명보험회사만이 아니라, 투자금융회사, 연금과 기금, 종합무역상사, 수출입 실적 1억 달러 이상의 기업은 해외 증권투자를 할 수 있게 했다. 1994년 2월에 증권회사, 투자신탁회사, 생명보험회사의 해외증권투자 한도를 폐지했고, 투자금융회사와 연금 · 기금은 최고 1억 달러까지 투자할 수 있게 했다. 1994년 7월에 일반 투자자의 해외 증권투자를 허용했고, 그 한도를 개인은 1억 원, 법인은 3억 원으로 했다.

1993년에 한국은행과 한국수출입은행만이 아니라 산업은행과 중소기업은행도 해외 사업투자를 허가할 수 있게 했다. 1994년에는 30만 달러 이하의 해외 사업투자는 인증만으로 할 수 있게 되었고, 1,000만 달러까지는 신고만으로 할 수 있게 되었다. 그 이전에는 500만 달러 이하의 모든 해외 투자를 신고해야 했다. 1994년에 정부는 투자신탁회사, 종합무역상사 등 기관투자가에 대해 자산 운용 목적의 외국 부동산 취득을 허용했다. 1995년 5월에 정부 가이드라인을 위배하지 않는 외국에 대한 상업차관 제공은 정부 승인 없이 허용했다.

한국의 기업은, 외자를 도입하기 쉽게 되자 차입금의 이자율이 낮아져 생산비를 낮출 수 있었고, 해외 투자가 자유롭게 되자 새로운 사업 기회를 발견했다. 그 무렵에 동남아시아, 동유럽, 중국 등이 외국인 투자를 많이 유치했는데, 한국의 재벌은, 정부는 시장을 규제하며 국민은 시장경제에 대한 경험이 부족한 사회에서 사업을 경영하는 데 대한 지식이 있었고, 투자자본도 조달할 수 있었고, 인적 자원도 갖추고 있었다. 그 지역의 정부는 한국의 재벌을 환영했고, 한국의 재벌은 그 지역에 투자를 늘렸다. 1993-1997년에 한국인의 해외 사업투자는 165억 달러에 달하여 한국에 대한 외국인의 사업투자의 거의 두 배였다. 한편, 한국인의 해외 증권투자는 117억 달러였고, 한국에 대한 외국인 증권투자의 23%에 지나지 않았다. 한국의 금융기관과 기업은 증권을 매매하여 자본이득을 얻는 기술이 부족했던 것인데, 금융의 증권화라는 세계적인 흐름에 뒤처져 있었던 것이다.

정보통신산업

한국 정부는 앞에서 설명했듯이 1992-1993년에 세 번에 걸쳐 미국 정부에게 금융자유화 계획을 제시했고, 그것에 따르면 1997년까지 금융에 대한 규제를 미국 수준으로 낮추게 되었다. 한편, 우루과이 라운드의 협상 도중에 소련이 해체되었는데, 그로 인해 자본주의 세계의 선진국들이 개발도상국과 저개발국에 대한 사회주의 세계의 공세를 두려워하지 않게 되자, 개발도상국에 대한 가트의 혜택은 크게 줄었다.[27] 한국 정부는 1993년 1월부터 일반 공산품의 기본 관세율은 11%에서 9%로, 사치성 소비재는 13%에서 10%로 인하했고, 우루과이 라운드 협상이 끝난 이후인 1995년부터는 쌀을 제외한 농산물 수입을 자유화해야 했다. 한국은 국제 분업에 새로이 적응해야 했으며, 그것을 위해서는 경쟁력을 잃은 산업을 합리화해야 했고, 성장산업을 새로이 발굴해야 했다.

한국 정부가 새로이 착안한 성장산업은 정보통신산업[28]이었다. 한국 정부는 1982년에 「전자공업 고도화 장기계획」을 세웠고, 새로운 성장산업으로 반도체, 컴퓨터, 전자교환기 등의 제조업을 육성하려 했다. 이 업종들은 1973년의 중화학공업화 선언 이후에 정부와 재계가 새로이 관심을 쏟은 부문이었다. 1986년 6월에는 정보통신산업 종합 육성 정책을 구상했는데, 그 정책은 1987-1991년에 컴퓨터 기술, 통신 기술, 뉴미디어 서비스 기술, 반도체, 소프트웨어 기술 개발에 1조 원을 투입하고, 2000년까지 정보산업이 총수출의 28.4%를 차지하게 하는 것이었다.[29] 1986년의 이 정책은 1982년부터 한국 경제가 성장해 온 궤적을 따른 것이었다.

1988년부터 정보통신산업 제품 수출액을 알 수 있는데, 그림 16-1에 의하면 1988-1995년에 한국의 수출 총액 중에서 정보통신 제품의 비중이 12%에서 22%로 상승했다. 주요 수출품은 반도체, 음극선관(CRT), 컴퓨터와 주변기기, 텔레비전 등이었다. 이런 경과 위에서 정보통신산업 육성 방안은 정부 산하의 정보통신연구진흥원을 중심으로 계속해서 연구되었다. 김영삼 정부는 정보통신산업에 대한 진입장벽을 낮추는 등 제도를 개정했으며, 1996년 10월에는 다음 해 12월까지 1.5조 원을 정보통신산업에 투자한다는 대대적인 투자계획을 발표하기도 했다.

1993년부터 1996년 사이에 국내총지출에 대한 설비투자율이 12.4%에서 14.1%로 상승했는데, 중화학공업 투자가 본격화된 이후 1976년부터 1979년 사이에 11.6%에서 16.5%로 상승했던 것보다는 낮았지만, 1985-1989년의 호황기에 12.3%에서 13.9%로 상승했던 것과는 비슷했다. 또,

그림 16-1 정보통신기술 제품 수출액과 수출 총액 중의 비중 (단위: 억 달러, %)

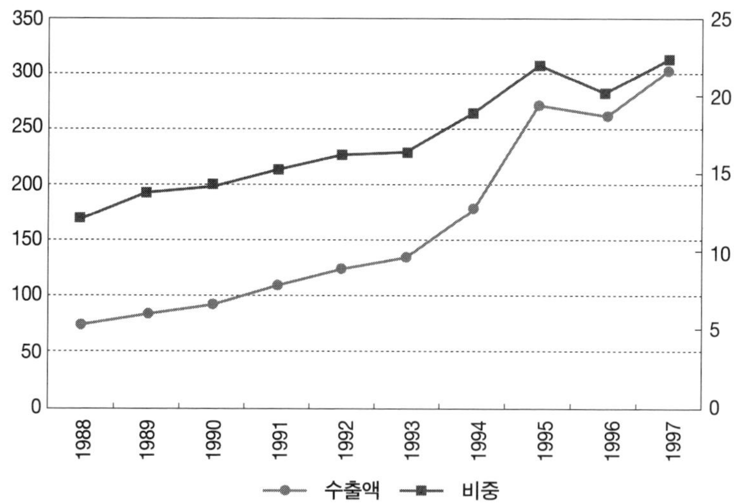

자료: 「무역통계」, 한국무역협회. http://stat.kita.net/.

1995-1997년에 설비투자 중의 정보통신산업 비중은 16.8%, 18.1%, 20.8%로 증가했다.[30] 정부가 예전처럼 새로운 성장산업에 재계의 투자를 적극적으로 동원하지는 않았지만, 새로운 성장산업을 육성하는 데 정부와 재계의 협력은 아직 중지하지 않았던 것이다.

노동시장 유연화

세계화가 재계에는 새로운 기회를 제공했지만 노동계와 농민은 그렇지 않았다. 한국 정부는 1995년 3월에 OECD에 가입신청서를 제출했고, 곧이어 가입 협상을 시작했는데, OECD는 가입 조건은 아니었지만 노동시장 유연화를 권고했다. 노동시장 유연화의 목표는 사회적으로는 완전고용, 기업은 이윤 극대화, 근로자는 그 자신의 조건에 적합한 노동 공급을 이루는 것이었다. 한국의 재계는 이 제도를 자신에게 유리하게 이용하고자 했고, 이 무렵에 한국 정부는 재계의 투자 의욕을 높여야 했기 때문에 재계의 입장에 우호적이었다. 정부가 1995년 7월에 「고용보험법」을 시행하여 노동시장 유연화와 관련한 여러 제도를 도입할 수 있는 최소한의 조건을 갖추자 재계는 1996년 봄부터 정부에 정리해고제, 변형근로제, 근로자파견제를 도입해 줄 것을 요청했다.

노동계는 반대했지만, 정부는 재계의 투자를 유도할 목적으로 그 요청에 긍정적으로 대응했고, 1996년 12월에 정리해고제와 변형근로제를 도입했다. 그리하여 기업은 경영 악화, 기술 혁신, 업종 전환 등 긴박한 경영상의 이유가 있을 때, 사용자가 해고하지 않으려 노력하고, 정리해고 대상자를 공정하게 선정하고, 노동조합과 성실하게 교섭하는 것을 조건으로, 정리해고할 수 있게 되었다. 또, 2주일에 88시간을 초과하지 않는 범위 내에서 1주일에 48시간까지, 4주일에 176시간을 초과하지 않는 범위 내에서 1주일에 56시간까지 초과급여를 지불하지 않게 되었다(변형근로제). 정부는 그 대신에 전국민주노동조합총연맹(민주노총)을 합법화했고, 노동조합의 정치 활동과 노사분규에서의 제3자 개입 금지를 조금 완화했는데, 형식적으로는 재계와 노동계가 원하던 것을 각각 얻은 듯하지만, 실질적으로는 재계에 현저히 유리했다. 이 직후에 노동계가 정리해고제에 대해 맹렬히 반대했기 때문에 1997년 3월의 국회에서 정리해고제는 2년 유예되었으나, 변형근로제는 도입되었다. 그림 16-2에 의하면 1993-1995년에 제조업 임금상승률은 1인당 GDP 증가율보다 항상

그림 16-2 **제조업 임금과 1인당 국내총생산의 증가율(1993-1997)** (단위: %, 명목값)

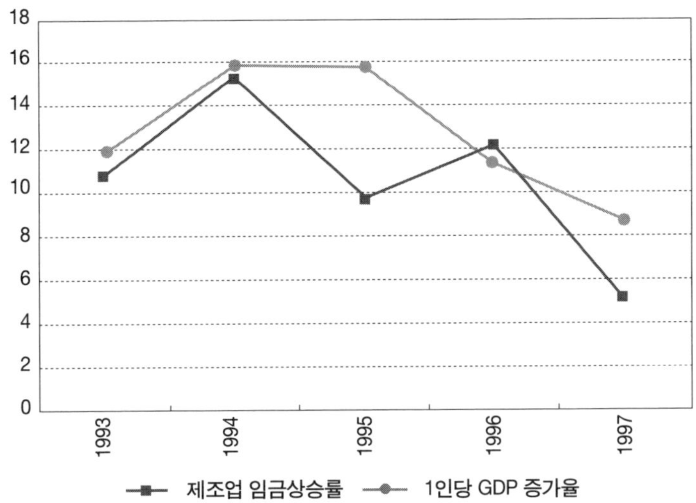

주: 종업원 10인 이상 사업체의 상용직 근로자의 임금임.
자료: 「산업별 상용종업원 월평균 임금 및 근로일수」, 『한국통계연감』, 경제기획원, 1998. 「국민계정」, 한국은행 경제통계 시스템.

낮았고, 1996년에 일시 그것을 초과했으나 그 다음 해에는 다시 낮아졌다.

국민의 정치적 자유가 커지면서, 또 노동시장을 유연화하는 중에 사회보장제도는 증가했다. 1989년부터 도시 자영업자도 의료보험에 가입하게 되었고, 1995년부터 사업장 근로자만이 아니라 농어촌 주민도 국민연금에 가입하게 되었고, 1995년 7월에 「고용보험법」이 시행되었다. 실업보험이 아니라 고용보험으로 이름 지어진 것은, 고용보험이 실업자 보호만이 아니라, 실업 예방 및 고용 촉진과 연계되었기 때문이었다. 하지만 처음에는 종업원 30인 이상 사업장의 근로자만 실업급여를 받을 수 있었기 때문에 시행된 2년 후인 1997년에도 보험 가입자는 128만 명에 지나지 않았다.[31] 한국 정부는 1960년대 초부터 사회보장제도를 늘리기 시작했지만, 재정 수입이 소비를 늘리는 곳에 사용되기보다는 투자를 늘리는 곳에 사용되어야 한다고 믿었는데, 사회보장에 대한 국민의 욕구가 크게 증가한 후에도 투자율을 높여야 한다는 믿음은 바뀌지 않았던 것이다.

1992-1996년에 도시 근로자가구의 지니계수는 0.245에서 0.257로, 상대빈곤가구(소득이 중위소득의 50% 이하인 가구)의 비중은 6.5%에서 8.2%로, 상위 1% 소득자의 소득 비중은 4.9%에서 5.4%로 상승했다.[32] 1990년대 중반에는 투자가 회복했고, 1992-1996년에 연평균 경제성장률이 7.4%로 높아졌지만, 소득격차는 증대했던 것이다.

수도권 집중

경제자유화는 산업의 지역적 배치에도 영향을 미쳤다. 1960년대 초에 정부가 수출공업을 육성하려 계획했을 때, 한국에는 공업용 생산재 제조업이 미미했다. 박정희 정부는 고도성장을 지향했는데, 투자율이 높아질수록 생산재는 더 많이 수입되어야 했다. 정부는 완제품을 수출하기 쉽고 그것에 필요한 생산재를 수입하기 쉬운 해안에 다수의 산업단지를 만들었다. 그리하여 구매력이 높고 노동자가 풍부한 수도권과 다수의 산업단지가 조성된 부산 · 울산 · 경남에 성장거점이 만들어졌다. 그림 16-3에 의하면 1979년까지 수도권으로 경제력이 집중하면서도 부산 · 울산 · 경남의 비중은 미미하게나마 증가했는데, 1970년대에 한

그림 16-3 국내총생산에서 차지하는 각 지역의 비중(1970-1986) (단위: %)

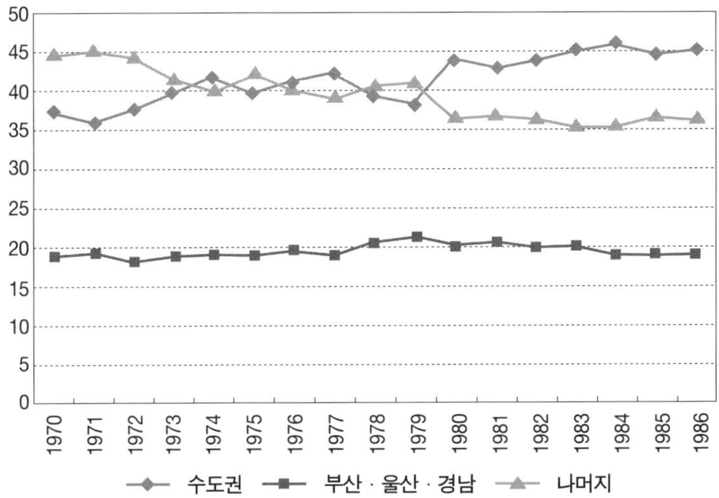

자료: 김성태 · 정초시 · 노근호, 「한국지역경제력 격차」, 『경제학연구』 39-2, 한국경제학회, 1991, 부표 1.

국의 경제 규모가 약 2.5배 커졌음을 고려하면, 적어도 1970년대 말까지는 두 개의 성장거점이 유지되었다고 할 수 있다.

한편, 기업은 1960년대부터 부산에서 서울로 본사를 이전하기 시작했고, 본사를 서울로 이전한 기업은 공장도 본사에서 가까운 곳, 즉 수도권에 이전하고 싶어했다. 노동력과 공업용수를 입수하기 쉽다든지 본사와 공장 사이에 연락이 원활하다는 것이 그 이유였다. 정부는 1977년 12월에 「공업배치법」을 제정했는데, 그 법률에서 경기, 부산, 서울의 거의 모든 지역에 대해서 공장의 신설과 증설, 공장용지 조성, 공장 이전은 대통령의 허가를 받도록 했는데, 그 이후의 경과를 살펴보면, 정부는 부산

그림 16-4 국내총생산에서 차지하는 각 지역의 비중(1985-1996) (단위: %)

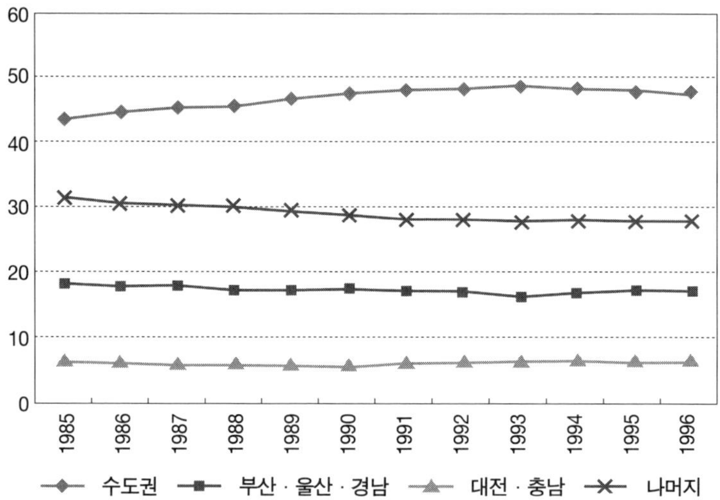

자료: 「경제활동별 지역내총생산」, 국가통계포털.

과 서울에 대해서는 신설 · 증설 · 이전을 허가하지 않았지만, 경기도에 대해서는 비교적 쉽게 허가했다. 그림 16-3에서 수도권의 비중이 점점 상승한 것은 경기도에서 공장이 증가한 것에 크게 기인했다.

그림 16-4는 그림 16-3과는 자료가 다르지만 국내총생산에서 차지하는 각 지역의 비중이라는 점에서는 동일한데, 그림 16-4에 의하면 경제자유화가 진전하면서 수도권에 더 집중한 것을 알 수 있다. 그 반면에 부산 · 울산 · 경남의 비중은 작아졌다. 새로이 등장한 정보통신 기술을 사용하는 산업에서는 과거에 만들어진 산업단지에 자리잡는 이점도 약했기 때문에, 부산 · 울산 · 경남에 투자할 필요가 적었던 것이다.

수도권은 그 비중이 커졌을 뿐 아니라 지리적으로도 팽창했다. 그림 16-4에서 대전 · 충남의 비중이 완만하게나마 증가하고 있는 것은 그 때문이었다. 대전 · 충남의 비중은 이 이후에 더 커졌고, 1996년에는 6.6%였지만 2010년에는 8.6%로 증가했다. 수도권의 파급효과가 대전 · 충남에 미쳤던 것이다.

1) Heinrich Martin Arnold, "The recent history of the machine tool industry and the effects of technological change," University of Munich, Institute for Innovation Research and Technology Management Working Paper 2001-14, November 2001. "Numerical control" from Wikipedia, the free encyclopedia.

2) 통계청, 『통계로 본 한국의 발자취』, 1995, p. 193.

3) 이근 외, 『해방 이후 한국기업의 진화 I: 1976-2005년간의 통계의 구축과 기초분석』, 서울대학교 출판부, 2007, pp. 193-194.

4) 정병휴 · 양영식, 『한국 재벌부문의 경제분석』, 한국개발연구원, 1997, p. 34. 비금융 · 보험업 부문의 조부가가치의 국내총생산에 대한 비중임.

5) 김형기, 『한국의 독점자본과 임노동』, 까치, 1988, p. 202. 김형기, 「1980년대 한국 자본주의: 구조전환의 10년」, 『경제학연구』 44-4, 한국경제학회, 1996, p. 268.

6) 서상용, 「한국기업의 자금조달」, 『서강경영논총』 1호, 서강대학교 경영연구소, 1990, p. 147. 김영욱, 「삼성 재벌의 다각화 과정과 지배 구조에 관한 연구」, 서울대학교 박사학위논문, 1993, p. 48.

7) 「노사분규 발생추이」, 『한국통계연감』, 대한통계협회, 1992.

8) 한국무역협회, 『주요무역동향지표』, 1992.

9) 전국경제인연합회, 『기적의 50년을 넘어 희망의 100년으로: 전경련50년사』, 전국경제인연합회, 2011, p. 286.

10) 강만수, 『현장에서 본 한국경제 30년』, 삼성경제연구소, 2005, pp. 325-332.

11) 이하의 금융자유화는 한국금융연구원, 『경제자유화와 자본자유화』, 한국금융연구원, 1997, 제4장에 의함.

12) 〈매일경제신문〉, 1988년 3월 23일, p. 1; 1989년 10월 14일, p. 1.

13) 김상조, 「외환위기의 뿌리」, 유종일 엮음, 『박정희의 맨얼굴』, 시사IN, 2011, p. 159.

14) 홍성덕, 「산업별 명목과 실효보호율의 연장추정(1975-1995)」, 한국개발연구원, 1997, p. 19.

15) 네이버 뉴스 라이브러리.

16) 〈경향신문〉, 1990년 12월 4일, p. 14.

17) 〈동아일보〉, 1991년 10월 7일, p. 6.

18) 〈매일경제신문〉, 1991년 10월 1일, p. 1.

19) 〈동아일보〉, 1989년 11월 4일, p. 1.

20) 〈매일경제신문〉, 1991년 4월 24일, p. 1.

21) 홍덕률, 「한국 대자본가의 조직화와 계급실천에 대한 연구」, 서울대학교 박사학위논문, 1993, p. 163. Chung-in Moon, "Changing Patterns of Business-government Relations in South Korea," Andrew MacIntyre, ed., *Business and Government in Industrialising Asia*, Cornell University Press, 1994, p. 155.

22) 김용복, 「업종전문화정책에 나타난 한국 산업정책과정의 특징」, 『한국정치연구』 6호, 서울대학교 한국정치연구소, 1997, pp. 108-114. Chung-in Moon, 같은 글, p. 158. 전국경제인연합회, 앞의 책, p. 270.

23) 〈경향신문〉, 1993년 6월 2일, p. 1. 김용복, 같은 글, pp. 116-120.

24) 「'국가경쟁력강화위원회'를 구성하다」, 전국경제인연합회, 앞의 책.

25) 〈경향신문〉, 1993년 10월 26일, p. 1. 〈매일경제신문〉, 1994년 11월 25일, p. 1; 1995년 11월 17일, p. 1.

26) 이하의 설명은 한국금융연구원, 『경제자유화와 자본자유화』, 한국금융연구원, 1997, 제4장에 의함.

27) Sheila Page, "Developing Countries in GATT/WTO Negotiations," London: Overseas Development Institute, February 2002, pp. 14-16.

28) 여기에서의 정보통신산업은 정보통신서비스산업, 정보통신기기산업, SW 및 컴퓨터 관련 서비스산업으로 구성됨.

29) 〈매일경제신문〉, 1986년 6월 3일, p. 11; 1986년 6월 7일, p. 1; 1986년 8월 4일, p. 1.

30) 「정보통신산업(원계열, 분기 및 연간)」, 국가통계포털.

31) 심창학, 「한국 실업급여제도의 변화 평가: 관대성, 통제 개념을 중심으로」, 『노동정책연구』 3-3, 한국노동연구원, 2003, pp. 5-6.

32) 「소득분배지표」, 국가통계포털. 성명재, 『우리나라 빈곤율의 변화추이와 정책방향: 소득분포 특성 고찰과 가상패널 구축을 통해 살펴본 빈곤추이와 정책시사

점』, 한국조세연구원, 2005, pp. 132-138. 김낙년, 「한국의 소득 집중도 추이와 국제비교, 1976-2010: 소득세 자료에 의한 접근」, 낙성대경제연구소 Working Paper 2012-03.

17

외환 위기

17

외환 위기

만기일 불일치

김영삼 정부는 정보통신산업에 역점을 두었고, 1995-1997년에 한국의 설비투자 총액에서 차지하는 정보통신산업의 비중이 16.8%에서 20.8%로 증가했다. 하지만 그림 16-1에 의하면 정보통신기술 제품의 수출은 1995-1997년에 22.0%, 20.2%, 22.4%로 정체했다.[1] 이 일은 정보통신기술 제품의 수출가격 하락에 기인했는데, 1995년과 1996년 사이 및 1996년과 1997년 사이에 정보통신기술 제품의 수출가격은 각각 20%와 19% 하락했다.[2]

수출이 부진한 중에 소비재 수입, 해외 여행, 유학이 증가했다. 우선, 한국의 가계저축률은 1988년에 24.7%, 1991년에 24.2%를 기록한 이후 계속해서 하락했고, 1997년에는 15.5%에 지나지 않았다. 소비 성향이 높아지는 중에 1993년 1월부터 사치성 소비재의 관세율이 3% 하락하자, 1993년부터 1996년 사이에 모피의류, 향수, 위스키, 포도주, 골프용품, 승용차, 텔레비전, 바다가재의 수입액이 1.6억 달러에서 9.6억 달러로 증가했다.[3] 수출이 부진한 중에 생산재만이 아니라 소비재의 수입도 증가하자

1994년에는 상품수지의 적자가 31억 달러에 지나지 않았으나, 1996년에는 154억 달러로 증가했다. 또, 해외 여행과 유학 경비로 사용할 수 있는 자금의 한도가 높아지자 서비스수지의 적자는 그 기간에 11억 달러에서 56억 달러로 증가했다.

경상수지의 적자에도 불구하고 수입무역은 1,023억 달러, 1,351억 달러, 1,503억 달러로 증가했는데, 수입에 필요한 외화를 어렵지 않게 조달할 수 있었던 것은 한국에 외자가 많이 들어왔기 때문이었다. 외국의 금융기관은 단기 자본을 대출할 때는 엄격하게 심사하지 않았기 때문에, 한국 정부가 1993년에 단기 자본의 도입을 규제하지 않게 되자, 한국에 대한 외국인의 단기 증권투자가 급증했다. 1993-1996년에 외국인은 한국의 증권을 각각 110억 달러, 87억 달러, 146억 달러, 215억 달러어치 매입했으며, 그 중에는 단기 증권이 많았다. 연말 기준으로 한국의 단기 외채 총액은 1994-1996년에 각각 385억 달러, 549억 달러, 759억 달러였다.[4)]

그런데 도입된 단기 자본이 국내에서는 장기 대출에 사용되었다. 여기에는 만기일 불일치의 위험이 있었지만 한국의 금융기관은 과거에 이 문제로 고통을 겪은 일이 없었고, 또 국제 금융의 전문가가 부족하여 이 위험성을 간과했다. 1996년 말에 일반 은행과 종합금융회사는 각각 자신이 조달한 단기 자본 중에서 207억 달러와 118억 달러를 장기 대출하고 있었다. 금액은 일반 은행이 훨씬 많았지만, 두 금융기관의 대출 총액이 각각 1,279억 달러와 186억 달러였기 때문에 만기일 불일치의 위험성은 종합금융회사가 훨씬 컸다. 또, 일반 은행은 1997년에 들어와 대출금을 회수했고 만기일 불일치를 줄였지만, 종합금융회사는 줄이지 않았다. 1997년 말에 단기 자본 중의 장기 대출금액은 각각 40억 달러와 117억 달

러였다.[5)]

당시 한국에는 종합금융회사가 30개 있었는데, 그 중 24개는 1994-1996년에 금융자유화의 흐름 속에서 투자금융회사에서 종합금융회사로 전환한 것이었다. 투자금융회사에는 국제 금융의 전문가가 거의 없었기 때문에 다수의 전문가를 새로이 채용해야 했지만, 24개의 회사가 그것도 비슷한 시기에 종합금융회사로 전환하자 전문가를 구하기 어려웠다. 종합금융회사의 국제 금융 업무 능력이 낮았던 데 비하면, 이 회사들 사이의 경쟁은 치열했고, 종합금융회사는 영업 성적을 높이기 위해서 단기 자본을 도입하여 장기 대출하는 비교적 손쉬운 방법을 택했다.

한편, 당시에 종합금융회사는 재정경제원이 감독했는데, 그 감독 업무가 재정경제원 내부에서는 자금시장과, 산업금융과, 증권업무과, 국제금융과에 흩어져 있었다. 또, 감사 업무는 재정경제원 감사관실, 은행감독원, 증권감독원, 신용관리기금에 분산되어 있었다.[6)] 국내에 외자의 수요는 많았고, 종합금융회사는 국제 금융에 대해 잘 알지 못했으며, 정부는 종합금융회사의 경영을 제대로 감독하지 못하여 만기일 불일치의 문제가 방치되었던 것이다.

재벌의 부도

한국의 금융기관은 외국인 투자자가 단기 자본의 만기일에 그 상환기한을 연장해 줄 것으로 기대했지만, 그 투자자는 1997년에 들어와 한국 경제를 위험하게 보기 시작했다. 그 직접적인 계기는 누적된 경상수지 적자보다는 당시에 재계 순위 14위였던 한보그룹이 연초에 부도를 냈던 것이었다. 한보철강에 대한 한보그룹의 무리한 투자로 인해 1996년 말에는 한보그룹 전체가 위기에 이르렀다. 한국 정부와 은행은 한보철강이 회생할 수 없다고 판단했지만, 그렇다고 해서 파산하게 버려 둘 생각은 없었다. 그리하여 협조융자와 구제융자를 제공하고, 그 대신에 한보그룹을 은행이 관리하도록 유도했다. 그런데 한보그룹의 총회장 정태수는 정부와 금융계의 인물들과 친분을 쌓아 왔기 때문에 자신의 인맥을 믿었고, 은행의 계획과는 달리 경영권을 포기하지 않았다. 그러자 은행은 한보그룹에 더 이상 지원하지 않게 되었으며 한보그룹은 1월 초에 부도를 내었다. 한보그룹의 금융권 부채는 모두 합해서 4.9조 원이었다.[7)]

한보그룹의 주거래은행은 제일은행과 산업은행이었는데, 정부는 그 중에서 산업은행 대출을 출자금으로 바꾸어 국유화할 계획을 세웠으나 외국은 한국 정부의 국유화 계획에 반대했고, 국내에서도 경제자유화를 지지하는 세력은 제3자 인수를 제안했다. 그 무렵의 한국은 이미 OECD에 가입했기 때문에 회원국이라는 점을 인식해야 했으며, 또 경상수지 적자가 매우 많았기 때문에 한국 정부는 외국인 투자자의 태도를 염두에 두어야 했다. 한국 정부는 국유화하는 계획을 철회했고, 그 대신에 산업은행을 제외한 나머지 은행의 대출을 출자금으로 바꾸어 한보그룹을 회생시키는 방안을 내었으나 그것도 실천되지 못했다. 한보그룹의 부도와 처리의 지연은 여파가 컸다. 한국 은행들의 신용등급은 낮아졌고, 외자를 구하기 어렵게 되었다.[8)] 그런 중에 2월에는 삼미그룹, 3월에는 우성그룹이 부도를 냈는데, 두 그룹의 부채 총액은 각각 1.9조 원과 1.2조 원이었다.[9)]

한국 정부는 1997년 3월에 부실금융기관을 정리하며 금융산업의 효율성을 높이기 위해서 「금융산업의 구조 개선에 관한 법률」을 시행했고, 외화를 더 많이 조달하기 위해서 한국의 주식 및 전환사채에 대한 외국인의 투자 한도와 국내 은행의 중장기 외화 차입의 연간 한도액을 없앴고, 외국인 투자기업에 대해서 운전자금을 외국에서 차입하는 것을 허용했다. 4월에는 한국 경제에 대한 자세한 정보를 외국에 제공하여 대외신인도를 높이려 했고, 또 대기업의 부도를 막기 위해서 금융기관이 주축이 되어 「부도유예협약」(부실 징후 기업의 정상화 촉진과 효율적 정리를 위한 금융기관 협약)을 체결했다. 그런데 실제로는 금융기관은 대규모 기업집단의 부도로 인해 자금이 부족해질 것을 염려했고, 오히려 자금을 회수했다. 예를 들어, 종합금융회사는 1997년 1/4분기에는 9.2조 원의 어음을 할인했으나, 2/4분기와 3/4분기에는 그 반대로 1.2조 원을 회수했다. 이런 여파로 1997년 4월에 진로그룹, 5월에 건영그룹과 대농그룹, 6월에 한신공영그룹, 7월에 기아그룹이 연이어 부도를 냈는데, 이 다섯 그룹의 부채 총액은 모두 합해서 15.8조 원이었다.[10)]

당시에 한국의 금융기관과 기업은 재무 상태를 정확하게 밝히지 않았기 때문에 외국의 투자자는 한국의 금융기관과 기업의 영업 실적보다 한국 정부의 위기관리 능력을 믿고 한국에 투자했다. 그런데 한국에서 기업 부도가 증가하는 중에 한국 정부가 과거와는 달리 사태를 빨리 해결하지 못하자, 외국의 투자자는 한국 정부의 위기관리 능력을 의심하기 시작했다. 또, 한국 정부가 부실기업 중에서 규모가 가장 컸던 기아를 국영기업인 산업은행으로 하여금 인수하게 하자, 외국의 투자자는 한국에서 기업가의 도덕적 해이가 더 커질 수 있다고 믿었고, 기업의 부도가 더 증가하고, 금융기관의 부실채권이 더 늘어날 수 있다고 판단했다.

외환 위기

외국의 투자자 그 중에서도 특히 일본의 은행은 1997년에 들어와 한국에 대한 대출을 회수하기 시작했는데, 그런 중에 7월에 태국에서 외환 위기가 일어났다. 한국 정부는 1990년대 중반에 외화가 지나치게 많이 유입되자 한국인의 해외 투자에 대한 규제를 줄였고, 그로 인해 한국의 해외 투자가 급증했는데, 이런 중에 태국에서 외환 위기가 일어나고 그것이 주변국에 파급되자 한국의 금융기관과 기업은 큰 손실을 입었다. 외국인 투자자는 한국의 금융기관과 기업에 외화가 부족해질 것으로 예측했고, 한국에서 빨리 상환받아야 한다고 판단했다. 그들은 단기 채권의 상환기한을 연장하지 않으려 했고, 또 한국증권거래소(현재의 한국거래소)에서 그들의 보유 주식을 매각하기 시작했다. 그리하여 1997년 8월부터 11월 사이에 외국인 주식투자 자금이 20억 달러 순유출되었다.[11] 10월에 홍콩 증시가 폭락하자 사정은 더 나빠졌다. 그 달 중에 스탠더드 앤드 푸어스는 한국의 장기 신용등급을 AA-에서 A+로, 단기 신용등급을 A1+에서 A1로 낮추었고, 무디스는 장기 신용등급을 A1에서 A2로, 단기 신용등급을 P1에서 P2로 낮추었다.[12] 그로 인해 외국인 투자자는 단기 채권의 만기연장을 완전히 중지했다. 한국 금융기관의 단기 부채는 1997년 11월 한 달 동안 94억 달러가 감소했는데, 자산의 측면에서 보면 외화 자산이 그만큼 감소한 것이었다.[13]

한국의 금융기관은 단기 자금을 조달하여 장기 대출했기 때문에 상환금을 조달하기 위해서는 자신이 다시 외화를 구해야 했다. 그런데 한국의 신용등급이 하락하자 한국의 채권에 대한 이자율이 급등했다. 한국산업은행 10년 만기 채권의 가산금리는 1997년 6월 말에 86bp, 9월 말에는 123bp, 12월 말에는 650bp로 상승했다.[14] 한편, 미국 정부는 한국 정부의 자구 노력을 지지하지 않았다. 미국 정부는 한국에서 외환 위기가 일어나면 그것을 이용해서 한국 경제에 더 깊이 개입할 심산이었다.[15] 일본 정부는 한국 정부의 협조 요청에도 불구하고, 미국 정부에 동조했고, 일본의 금융기관이 한국에서 자금을 적게 회수할 수 있도록, 또 신규 대출할 수 있도록 조치를 취하지는 않았다. 미국과 일본의 정부가 한국 정부의 자구 노력을 지지하지 않았던 것은 한국의 외환 부족을 심화시켰다.

한국 정부는 1997년 8월에는 금융시장을 안정시키기 위해서 제일은행과 종합금융회사에 특별자금을 공급했고, 민간 부문의 외채에 대해 정부가 지급보증했으며, 국책은행의 외화 차입에 대한 한도를 없앴고, 외국인 주식투자 한도를 더 늘렸다. 또, 금융감독기관을 통합 운영하는 법안을 마련했는데, 단기적으로는 외국인 투자자를 안정시키기 위해서, 장기적으로는 금융감독 기능의 효율성을 높이기 위해서였다. 10월에는 외국 상업은행의 대기성 차관 도입액을 늘리기 위해 노력했다. 11월에는 정부가 부실한 은행과 종합금융회사의 구조조정에 착수했고, 성업공사가 부실채권 처리를 전담하며 그것을 위한 부실채권정리기금을 관리 · 운용하게 했다. 환율 변동폭을 하루 10%로 넓혔고, 외국 은행과의 스왑(SWAP) 한도를 20억 달러로 늘렸다.[16]

외환 위기의 진행 중에 한국 정부가 속수무책이었던 것은 아니었지만, 대응은 때늦었고 시행된 정책이 효과를 내기에는 시간이 부족했다. 금융감독기관의 통합 운영을 목적으로 했던 「금융감독기구의 설치 등에 관한 법률」은 12월에 국회를 통과했는데, 외환 위기가 일어난 이후였다.

외환보유액이 줄어들자 한국 정부는 조급해졌고, 환율이 안정되면 외국인 투자가 다시 늘어날 수도 있다는 희망을 품었다. 그리하여 11월에는 150억 달러어치의 원화를 매입했지만 그 정도 금액으로는 환율을 낮추지 못했다. 1997년 7월 말에서 11월 말 사이에 외환보유액이 337억 달러, 311억 달러, 304억 달러, 305억 달러, 244억 달러로 감소했다. 당시에 한국의 외채 중에는 한국 정부가 지급을 보증한 채무도 많았기 때문에,[17] 외화가 부족하면 민간의 금융기관과 기업만이 아니라 정부도 파산하게 되었다. 한국 정부는 11월 21일에 국제통화기금(IMF)에 외화 대부를 신청하기로 결정했다.

IMF와의 약정

그때부터 한국 정부와 IMF는 차관의 조건을 둘러싸고 협상했다. IMF는 1945년에 설립되었을 때는 어떤 국가의 경상수지 적자가 자유무역 때문에 증가하고 그로 인해 국제 결제를 하기 어렵게 되었을 때, 그 국가의 경상수지가 다시 균형에 이르는 동안에 필요한 외화를 제공했을 뿐 경제 정책에는 간섭하지 않았다. 그 이후에 IMF 차관을 사용하는 국가가 늘어나고 국가 간의 경제관계가 더 긴밀해지자, 1981년에 IMF는 차관을 받는 나라는 구조조정 정책을 채택해야 한다고 규정했다. 그리하여 차관을 받는 나라는 경제 성장과 물가 안정을 이루도록 환율 정책과 재정 정책을 바꾸어야 했다. 하지만 1997년 이전에는 IMF는 거시경제 정책에만 간섭했을 뿐 경제제도에 대해 개입하지는 않았다. 1997년에 한국과 동남아시아 몇 개국에서 외환 위기가 일어나자 IMF는 한 발 더 나아갔고, 그 원인이 그 나라들의 경제구조 및 금융체제와 그것에 대한 감독의 실패에 기인한다고 주장했다.[18] 또, 미국은 외환 위기를 이용해서 한국 경제의 자유화 수준을 일거에 더 높이고 싶었다.

한국 사회의 일각은 모라토리엄을 주장했지만, 미국 정부와 IMF의 압력을 견디기에는 한국 정부는 취약했다. 김영삼 정부의 집권 초기에는 지지율이 90%를 넘기도 했지만, 김영삼이 자신의 친인척을 제대로 통제하지 못하고, 1996년 12월에는 노동계의 반대에도 불구하고 정리해고와 변형근로를 합법화하고, 1997년에는 연초부터 시작한 기업집단의 부도를 제대로 처리하지 못하여 그 해 2월에는 대통령 지지율이 10%에도 미치지 못했다.[19] 한국 정부가 IMF와의 협상에서 차관의 조건을 한국에 유리하게 하기 위해서는 국가 부도를 불사해야 했으나, 정부는 국가 부도에 의한 고통을 국민이 견뎌 줄 것으로 기대할 수 없었다. 한편, 미국 정부와 IMF는 명확한 목표 하에서 한국을 공략했는데, 한국 정부와 재계에는 미국 정부와 IMF의 그러한 요구에 충실히 따를 때 이익을 얻을 수 있는 사람도 많았다. 협상은 미국 정부와 IMF가 원하는 대로 진행되었다.

한국 정부와 IMF는 1995년 12월 5일에 IMF가 한국 정부에 155억 SDR(210억 달러)의 대기성 차관을 제공하기로 합의했고, 그 차관을 실제로 받기 위한 조건에 대해서 IMF와 스탠바이 약정을 맺었다.[20] 그 합의는 ① 거시 정책, ② 금융 부문 구조조정, ③ 기타의 구조 개혁으로 구성되었다.

① 거시 정책: 긴축 정책을 펴서 환율 상승과 물가 상승을 억제한다. 콜금리를 21%로 높이며 며칠 이내로 더 높인다. 통화량, 물가상승률이 5% 이내가 되도록 제한한다. 재정 수입을 늘리고 재정 지출을 줄여 재정 수지가 흑자가 되도록 한다. 변동환율제를 유지하며 정부 개입은 변동환율제가 원활히 작동하게 하는 것에 한정한다.

② 금융 부문 구조조정: 한국은행법을 개정하여 중앙은행의 독립성을 높인다. 금융기관을 통합 감독하는 금융감독기구를 설립한다. 기업은 통합재무제표를 작성하고 외부 감사가 공인한다. 금융기관을 구조조정한다. 외국인이 금융업에 투자하기 쉽게 한다.

③ 기타 구조 개혁: 무역 관련 보조금과 수입선 다변화 정책을 폐지한다. 외국인의 국내 단기 금융상품과 회사채 매입을 제한 없이 허용한다. 기업과 금융기관의 해외 차입에 대한 규제를 폐지한다. 정부는 은행 경영과 대출에 개입하지 않는다. 정부가 개별 기업을 구제하기 위해서 보조금을 지급하거나 세금을 감면하지 않는다. 기업의 부채 자본 비율을 낮추기 위한 조치를 시행하고, 기업의 은행 차입이 줄어들도록 자본시장을 발달시킨다. 은행 대출에 대해 계열사가 상호보증하지 않게 한다. 고용보험제도를 강화하여 노동시장 유연성을 높인다. 외환금융 관련 정보는 정기적으로 공표한다.

기업 구조조정

한국 정부는 기업의 내부 구조, 예를 들면 자기자본 비율, 기업 통치 방법 등에 개입한 일은 없었지만, 1969년의 부실기업 정리, 1980년의 중화학공업 투자 조정, 1984년의 해운업과 해외 건설업 구조조정, 1991년의 주력기업제도, 1993년의 주력업종제도 등 여러 차례에 걸쳐 기업 및 산업합리화 정책을 집행했기 때문에 기업의 구조조정에 대해서는 상당한 경험과 지식을 가지고 있었다. 정부는 기업 구조조정의 목표를 단기적으로는 기업 현금흐름의 개선에, 장기적으로는 기업의 경쟁력 회복에 두었고, 구조조정을 시작했다.

재정경제부는 1998년 4월 14일에 「금융 · 기업 구조 개혁 촉진방안」을 수립했고, 주요 은행에게 부실기업 판정위원회를 설치하고 회생할 기업과 정리할 기업을 판단하게 했다. 은행은 5월 9일에 그 위원회를 설치했고, 6월 18일에 55개 회사를 퇴출 대상으로 선정했다.[21)]

이어서 6월 20일에 은행은 퇴출기업 이외의 기업에 대해서 기업 개선 작업 팀을 설치했고, 같은 달 25일에는 국내의 208개 금융기관이 참가하여 「기업구조조정 촉진을 위한 금융기관 협약(기업구조조정협약)」을 맺었다. 은행은 그때부터 개선을 원하는 기업을 신청받았으며, 그 신청을 검사하여 대상 기업을 선정했다. 작업 대상 기업의 자구 노력으로는 자산매각, 외자 유치, 계열사 정리, 경영 개선이, 은행의 지원으로는 이자 감면, 대출의 출자전환, 신규 여신 등의 방법이 활용되었고, 2002년 말까지 55개 기업이 기업 개선 작업을 완료했다.[22)]

한편, 정부와 5대 기업집단(현대, 삼성, 대우, LG, SK)은 7월 26일에 그들의 구조조정에 관해 회의했고, 경쟁력이 낮은 계열사를 5대 기업집단 내부에서 통합하거나 매각하여, 그들 사이의 중복투자를 없애기로 합의했다. 5대 기업집단이 8월 7일의 제2차 회의에서 반도체, 석유화학, 발전설비, 선박용 엔진, 항공기, 자동차, 철도차량, 정유를 대상 업종으로 선정하자, 정부는 그 결정을 존중하여 5대 기업집단에 대해서는 기업 개선 작업을 하지 않고, 그 재벌들이 주된 채권은행과 재무구조 개선 약정을 체결하고, 그것을 자율적으로 이행하도록 했다. 그런데 1999년 봄부터 대우그룹의 현금흐름이 급격히 나빠졌고, 그로 인해 대우그룹은 5대 기업집단의 혜택을 입지 못하게 되었으며, 8월 말에는 대우그룹의 계열사 중 12개 기업은 앞에서 설명한 기업 개선 작업에 포함되었다. 그리하여 1999년 중에 대우를 제외한 4대 기업집단의 계열사 94개가 정리되었다.[23)]

또, 5대 기업집단을 포함하는 대규모 기업집단들은 1998년 연말에 은행과 맺은 재무구조 개선 약정에서 부채 · 자본 비율을 1999년 말까지 200% 이내로 낮추기로 합의했고, 이 합의는 그 이후에 30대 재벌에게도 적용되었다. 30대 재벌은 그 약정을 지키기 위하여 자산을 매각했고 매각대금으로 부채를 상환하여 자본금을 늘렸다. 그리하여 1998년 말부터 약 1년간 대우를 제외한 4대 기업집단의 평균 부채 비율은 352%에서 174%로, 30대 기업집단의 평균 부채 비율은 380%에서 219%로 하락했다.[24)]

한국의 재벌은 어떤 계열사에도 소속되지 않는 총회장과 비서실이 모든 계열사를 지배하는 독특한 방식으로 통치되었고, 재벌의 성과는 그 통치 양식에 강하게 규제되었다. 정부는 1980-1990년대에 재벌의 사업 확장을 규제하는 정책은 자주 내었지만, 재벌에게 통치 양식의 변경을 요구하지는 않았다. 정부는 1998년에 그때까지와는 달리 재벌의 총회장에게 계열사의 회장이 되어 기업을 직접 경영하거나, 지주회사를 설립하고 그 회장이 되어 계열사의 기업 경영에 대해 책임질 것을 요구했다. 그리하여 삼성과 현대는 계열사와 그 자회사로 구성된 거대기업 몇 개로 나뉘었고, LG와 SK는 몇 개의 지주회사와 그 계열사로 나뉘었다.[25] 대우는 파산하여 사라졌다.

은행 구조조정

한국 정부는 외환 위기 직전까지는 금융기관이 부실채권을 많이 가지게 되고 그로 인해 영업 성과가 나빠져도, 한국은행으로 하여금 금융기관에 자금을 지원하여 금융기관이 정상적으로 영업할 수 있게 유도했다. 그 때문에 기업 구조조정과 비교하면, 금융기관의 구조조정은 한국 정부에게 생소한 일이었다.

정부는 부채가 자산을 초과하는 금융기관, 정상적인 금융거래만으로는 채무를 이행하지 못하거나 차입금을 상환하지 못하는 금융기관을 부실금융기관으로 정의했고, 1998년 1월에 제일은행과 서울은행을 부실은행으로 지정했다. 이어서 정부가 보유하던 한국전력과 한국담배인삼공사의 주식을 서울은행과 제일은행에 현물로 출자하여 자본금을 늘렸고, 옛 주주의 주식을 감자했으며, 두 은행 중에서 제일은행은 1999년 12월에 뉴브리지 GE 캐피탈 컨소시엄에 그 주식의 51%를 매각했다. 여론은 이 매각에 대해 호의적이지 않았지만 정부는 한국에 선진적인 금융기술이 도입된다고 주장했다. 정부는 1998년 6월에 자기자본 비율이 8%에 미달한 은행 중의 경기 · 충청은행과 6%에 미달한 은행 중의 동화 · 동남 · 대동은행의 자산과 부채를 5개 우량은행(국민 · 주택 · 신한 · 하나 · 한미은행)에 이전하기로 결정했다. 상업은행과 한일은행의 두 이사회는 1998년 8월에 합병을 의결했고, 1999년 1월에 은행 명칭을 한빛은행으로 바꾸었으며, 1998년 12월에 국민은행이 장기신용은행을, 1999년 1월에 하나은행이 보람은행을, 조흥은행은 5월과 9월에 각각 충북은행과 강원은행을 인수했다.[26)]

정부는 1997년 12월에 30개 종합금융회사 모두에게서 경영 정상화 계획을 받았다. 1998년 2월에 10개를 인가 취소했고, 한아름종합금융회사라는, 부실종금사를 처리하기 위한 가교 종합금융회사를 설립했으며, 인가 취소 회사의 계약을 한아름에 이전하게 했다. 그 해 4월까지 또 다른 4개 회사의 계약도 한아름종합금융회사에 이전하게 했다. 그 밖에 현대종합금융은 강원은행에, 한외종합금융은 외환은행에, LG종합금융은 LG투자증권에 인수되었다.[27)]

금융기관의 합병과 인수에는 거액의 자금이 들었다. 외환은행, 제일은행 등에는 외국인이 자금을 투자했지만, 한국의 금융기관 사이에서 거래가 성사되기 위해서는 정부의 지원이 필요했다. 정부는 우선 1999년 4월에 「성업공사법」을 개정하여, 부실채권 전담은행(Bad Bank)의 기능을 갖추게 했다. 그리하여 성업공사는 부실채권정리기금을 사용해서 금융기관의 부실채권을 인수한 다음, 그 금액만큼 주식을 소유할 수 있게 되었고, 업무를 수행하는 중에 출자 또는 투자한 법인에 자금 대여 및 지급보증을 할 수 있게 되었다. 12월에는 회사 명칭을 한국자산관리공사로 변경했다.[28] 예금보험공사와 자산관리공사는 채권을 발행하여 1999년 말까지 64조 원의 공적 자금을 마련했고, 자산관리공사는 부실채권 매입에 20조 5,000억 원, 예금보험공사는 금융기관 증자와 예금 대지급(代支給) 등에 43조 5,000억 원을 지출했다.[29]

이러한 끝에 1997년 말에서 1999년 말에 금융기관은 2,102개에서 1,781개로 감소했고, 일반 은행의 점포는 5,105개에서 4,783개로 감소했다. 같은 기간에 금융기관 전체의 종업원은 31만 명에서 23만 명으로, 은행 종업원은 14만 명에서 10만 명으로 감소했다.[30]

또, 한국 정부는 무역, 국제 금융, 금융업에 대한 외국인 투자를 거의 완전히 자유화했다. 한국 정부는 무역 관련 보조금, 수입선 다변화, 환율의 1일 변동폭 제한, 외국인의 자산 및 부동산 소유 제한, 외국인의 국내 단기 금융상품과 회사채 매입에 대한 규제, 한국의 기업과 금융기관의 해외 차입에 대한 규제, 외국인의 국내 기업 주식 소유 한도를 폐지했다. 정부는 1998년 4월에 「은행법」을 개정했고, 외국인은 은행 주식을 전체의 4%까지는 자유롭게, 10%까지는 금융감독위원회에 신고하여, 10%, 25%, 33%를 초과하는 경우에는 그때마다 금융감독위원회의 승인을 얻어서 소유할 수 있게 되었다. 그리하여 1998년 4월에 독일 코메르츠 은행이 외환은행 주식의 23.6%를 소유했다. 금융업 전체로는 외국인 투자액의 누계가 1997년 말에 30억 달러였지만, 1998년 말에는 53억 달러, 1999년 말에는 110억 달러로 증가했다. 외국인이 지배하는 은행, 증권, 생명보험, 투신사의 시장점유율은 1997년 말부터 1999년 말에 각각 0.6%, 4.0%, 1.3%, 0.1%에서 7.5%, 8.8%, 7.9%, 5.1%로 상승했다.[31]

금융을 자유화할수록 금융기관을 감독하는 일이 중요하게 되었다.

정부는 1998년 4월에 「금융감독기구의 설치 등에 관한 법률」을 시행했고, 금융기관을 통합 감독하는 금융감독기구를 설립하게 되었다. 이 법률에 의해서 금융감독에 관한 최고의사결정기구로 금융감독위원회가 설치되었고, 그 산하에 증권 · 선물시장 관련 업무를 담당하는 증권선물위원회와 금융기관에 대한 검사와 감독 업무를 수행하는 금융감독원이 설립되었다. 단지 한국산업은행, 한국수출입은행, 기업은행, 새마을금고는 재정경제부 또는 주무부서의 장관이 감독하고, 금융감독위원회는 그 감독 업무의 한 부분만 담당하게 했다.

1) 「정보통신산업(원계열, 분기 및 연간)」,국가통계포털.

2) 한국은행 경제통계 시스템, '수출물가지수'의 컴퓨터 영상음향 및 통신장비 제품 수출가격임.

3) 재정경제원, 「1997경제위기의 원인 · 대응 · 결과」, 강만수, 『현장에서 본 한국경제 30년』, 삼성경제연구소, 2005, pp. 566-567.

4) 이제민, 「한국의 외환위기: 원인, 해결과정과 결과」, 『경제발전연구』 13-2, 한국경제발전학회, 2007, p. 9.

5) 윤제철, 『외환위기는 끝났는가: 한국의 금융 · 기업구조조정 10년』 제1권, 비봉출판사, 2007, p. 72의 금융기관별 외화 조달 및 운용 실태에서 계산.

6) 강만수, 앞의 책, p. 430.

7) 윤제철, 앞의 책, p. 73.

8) 〈매일경제〉, 1997년 1월 30일, p. 6. 〈동아일보〉, 1997년 2월 2일, p. 6.

9) 윤제철, 앞의 책, p. 73.

10) 윤제철, 같은 책, p. 73.

11) 재정경제원, 앞의 글, p. 574.

12) 〈매일경제〉, 1997년 10월 25일, p. 1; 1997년 10월 29일, p. 1.

13) 재정경제원, 앞의 글, p. 575.

14) 같은 글, p. 573.

15) 로버트 웨이드 · 프랭크 베네로소, 「아시아 위기: 고부채 모델 대 월가-재무부-IMF 복합체」, 『사회평론 길』, 1998년 7월.

16) 재정경제원, 앞의 글, pp. 576-584.

17) 강만수, 앞의 책, p. 412. 이제민, 앞의 글.

18) Jacques J. Polak, "The Changing Nature of IMF Conditionality," OECD Development Centre, Working Paper No. 41(Formerly Technical Paper No. 41), Research programme on: Financial Policies for the Global Dissemination of Economic Growth, August 1991, pp. 16-17. Catherine H. Lee, "To Thine Ownself Be True: IMF Conditonality and

Eroson of Economic Sovereignty in the Asian Financial Crisis," *Journal of International Law*, 24-4, University of Pennsylvania Law School, 2003, pp. 875-877.

19) 〈동아일보〉, 1997년 2월 25일, p. 3.

20) Republic of Korea, "IMF Stand-By Arrangement, Summary of the Economic Program," December 5, 1997(http://www.imf.org/external/np/oth/korea.htm).

21) 「금감위, 기업부실판정 기본원칙 제시」, 금융구조조정기획단 3771-5212(http://www.fsc.go.kr/downManager?bbsid=BBS0030&no=5143). 이연호 · 정석규 · 임유진, 「전두환정부의 산업합리화와 김대중정부의 기업구조조정 비교연구 -부실기업 정리 방식의 변화에 관한 연구-」, 『21세기 정치학회보』, 21세기정치학회, 2004, p. 36.

22) 금융감독원, 「기업개선작업 추진 현황」, 보도자료, 1999년 8월 9일; 1999년 11월 15일. 금융감독원 편, 『워크아웃 5년: 추진실적과 성과를 중심으로』, 금융감독원, 2003. 이연호 · 정석규 · 임유진, 같은 글. 윤제철, 앞의 책, 2007, pp. 338-366.

23) 윤제철, 같은 책, pp. 378-379.

24) 공정거래위원회, 『공정거래백서』, 공정거래위원회, 2003, p. 660. 윤제철, 같은 책, p. 378.

25) 김동운, 『한국재벌과 지주회사체제: LG와 SK』, 이담, 2011.

26) 윤제철, 앞의 책, pp. 159-185.

27) 같은 책, pp. 186-195.

28) 재정경제부, 『공적자금백서: 금융구조개혁의 완결을 위한 중간점검』, 2000, pp. 26-27.

29) 같은 책, pp. 66-67.

30) 윤제철, 앞의 책, pp. 400-402.

31) 같은 책, p. 453.

18

종장: 새로운 적응

18

종장: 새로운 적응

자산 매각

한국 정부는 기업 구조조정에 착수하면서 30대 기업집단에게 1998년 초부터 1999년 말까지의 2년 동안 부채 · 자본 비율을 200% 이내로 낮추도록 요구했고, 기업집단과 은행의 재무구조 개선 약정에서 그렇게 규정되었다. 정부가 제시한 기간은 지나치게 짧았고 기업집단은 정부의 요구에 동의하지 않았지만, 정부는 부채 · 자본 비율이 높은 기업에게는 부실기업에 해당하는 불이익을 주겠다고 경고했고,[1] 기업집단은 정부의 요구에 따르지 않을 수 없었다.

기업집단에게 가장 손쉬운 방법은 자산을 재평가하여 자본금을 늘리는 것이었지만, 30대 기업집단의 평균 부채 비율이 1997년 말에 519%로 매우 높았기 때문에 자산 재평가만으로는 200%까지 하락시킬 수 없었다. 기업집단은 자산을 팔았고 그 수입으로 부채를 상환했는데, 급속도로 부채를 상환한 끝에 예금은행과 비은행 금융기관의 대출금 합계액이 1997년의 1년간은 81조 원이 증가했으나, 1998년은 49조 원이 감소했다. 재계의 투자 여력이 크게 하락한 끝에 1998년에 설비투자와 투자 총액은 실질금액으로 각각 40%와 22% 감소했고, 국내의 불황 중에 소비 의욕은 하락했으며, 세계적인 불황으로 수출도 감소하여 그 해에 국내총생산은 5.7%나 줄었다. 비농가 실업률은 1997-1998년에 2.3%에서 7.7%로 높아졌다. 하지만 수입이 급감하고 정부가 민간의 금을 매입해서 수출하자, 1998년에 경상수지는 426억 달러의 흑자였고, 그 덕택에 IMF 차관을 빨리 상환할 수 있을 듯이 보이자 투자 감소의 문제는 중시되지 않았다.

30대 기업집단은 부채 비율을 단 2년 만에 200% 이하로 낮추어야 했기 때문에 다른 기업집단이 매각하는 자산을 매입할 수 있는 한국의 기업은 거의 없었다. 금융기관도 정부가 조성한 자금으로 구제금융을 받는 처지였기 때문에 자산을 매입하기 어려웠다. 한국 정부는 자산을 외국인 투자자에게 팔면, 시장경쟁이 촉진되고 선진적인 제조 · 경영 기술이 국내에 도입된다고 주장했고, 외국인에게 매각하는 것을 장려했다.

한국 정부는 외국인에게 매각할 필요성이 컸던 만큼 외국인 투자자의 역량 및 그와의 거래 조건이 경제에 미칠 영향은 신중하게 살피지 않았다. 그리하여 외국인 투자자의 역량을 제대로 검증하지 않거나 거래 조건을 그 투자자에게 매우 유리하게 해주었다. 자동차 제조업에서 예를 들면, GM과 대우자동차 채권단이 2001년 9월에 맺은 양해각서(MOU)에 따르면, GM은 4억 달러의 현금을 출자하여 GM대우를 설립하고, GM대우는 대우자동차의 자산과 부채를 선택적으로 인수하며, 자산에 대해서 12억 달러를 우선주로 지불하고, 부채는 8억 달러를 인수하는 것으로 했다.[2] 이에 비하면 현대자동차는 기아자동차를 인수하는 데 약 10억 달러의 현금을 투자했다.[3] 또, 르노는 2000년에 삼성에서 삼성자동차를 인수하여 르노삼성자동차를 설립했으며 삼성물산과 삼성자동차 채권단에게 5억 6,000만 달러를 지불하기로 하고 그 주식의 70%를 소유했다. 르노는 이때 3억 6,000만 달러는 현금으로 지급했고 2억 달러를 남겼으며, 이후로 르노삼성자동차가 이익을 낼 때만 잔금을 상환하며 잔금을 늦게 상환해도 이자를 물지 않게 했다.[4)]

외국인의 증권투자는 1997-1998년에 133억 달러에서 7억 달러로 감소했으나 1999년에는 79억 달러, 2000년에는 127억 달러로 증가했다. 주식시장을 살펴보면, KOSPI의 연평균 지수는 1994-1998년에 965, 935, 833, 654, 406으로 꾸준히 하락했고, 1998년 6-9월에 가장 낮아 월평균 지수가 312-327 사이에 머물렀다. 한국의 주가는 충분히 낮았고, 1997년과 1998년 사이에 달러에 대한 환율은 951원에서 1,399원으로 급등하여 더 이상 상승할 위험은 적었고, IMF가 부과한 조건 때문에 외국인 투자에 대한 제한이 없어졌고, 또 한국 정부는 소액주주의 권한을 보호하는 제도를 점차 갖추었다. 그리하여 외국인 투자자는 한국증권거래소에서 우량기업의 주식을 대거 매입했다. 1997년부터 1999년 말에 한국증권거래소 상장기업의 주가 총액에서 차지하는 외국인 소유 주식의 비중이 14.6%에서 21.9%로 상승했다.[5)]

외국인의 사업투자와 증권투자가 급증하자, 외국인이 한국의 자산을 지배하게 된다는 비판이 많이 일어났지만, 1998년의 경기침체 후 1999-2000년에 실질금액으로 설비투자는 37.5%와 32.9%, 총투자는 8.7%와 12.3% 증가했고, 소비와 수출도 증가하여 경제성장률은 10.7%, 8.8%로 회복되었다. 그러면서도 경상수지는 245억 달러, 148억 달러의 흑자였기 때문에 정부 · 재계 · 학계 모두 한국 경제가 성장 기반을 다시 만들고 있다고 믿었다.

투자율 하락

경제 회복 추세는 지속하지 않았다. 국내총지출에 대한 설비투자의 비율은 1998년에 8.4%까지 하락한 후 2000년에 12.8%까지 상승했으나, 그 이후 다시 하락하여 2002년에는 10.2%로 낮아졌다. 건설과 무형고정자본에 대한 투자를 합한 총투자율도 2000년과 2002년 사이에 30.3%에서 28.6%로 하락했다. 반면, 한국의 해외 사업투자 금액은 1999년에서 2004년 사이에 47억 달러, 62억 달러, 65억 달러, 67억 달러, 65억 달러, 90억 달러로 증가했다. 경제성장률을 3개년 이동평균으로 계산하면 2000년과 2001년에는 각각 7.6%와 6.6%였으나, 2002년부터 2007년까지 5%를 넘지 않았고, 2008년부터 2010년에는 4%를 넘지 않았다.

새로운 성장산업이 부족했다. 이 기간에 제철, 석유화학, 승용차, 선박, 전자기기 업종의 국제경쟁력은 높았지만, 그것은 1970년대부터 육성된 산업이었고 신산업과 비교하면 투자 기회는 적었다. 1980년대부터 정부와 재계 모두가 정보통신산업에 집중했고, 1998년에는 정보통신산업이 설비투자 총액 중의 30%를 차지했으며, 그 결과로 반도체, 휴대폰, 액정디바이스(LCD) 제조업이 급성장했다. 그런데 그림 18-1에 의하면 1998년 이후 정보통신산업의 설비투자 비중도 수출 비중도 정체했다.

한국은 새로운 성장산업이 등장하고 그곳에 투자가 증가하고 그것이 전후방 연관효과를 만들며 성장했으나, 외환 위기 이후에는 새로운 성장산업은 등장하지 않았고, 국내 투자는 정체했으며 해외 투자가 증가했다. 그 하나의 이유는 정부가 투자위험을 줄일 수 없게 된 것이었다. 기업이 새로운 사업에 성공할 때까지는 대개 몇 번의 위기가 닥치는데,

그림 18-1 한국 경제에서의 정보통신산업의 비중 (단위: %)

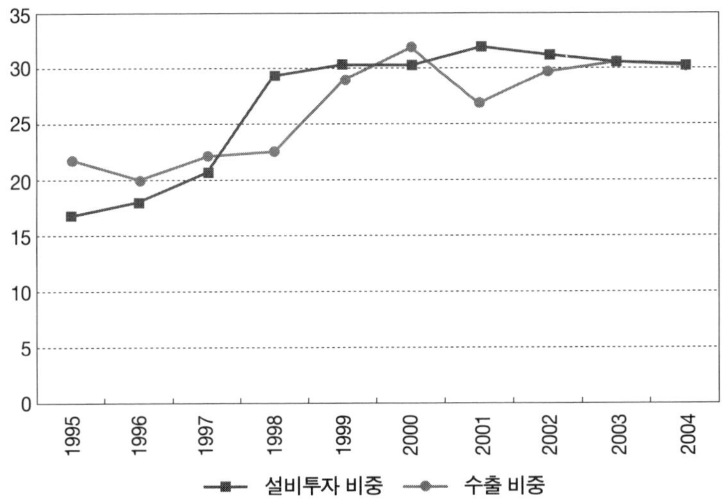

자료: 「무역통계」, 한국무역협회(http://stat.kita.net). 「정보통신산업(원계열, 분기 및 연간)」, 국가통계포털.

1990년대 초까지는 기업 경영이 위기에 이르면, 정부는 기업을 회생시킬 방법을 연구했고, 은행은 정부의 대책에 협조했다. 그리하여 경영 위기에 이른 기업의 소유자가 은행의 협조 또는 구제 융자를 받으며 기업을 회생시킬 수 있었다. 이러한 제도는 기업의 투자위험을 낮추었고 기업의 투자가 늘어나게 했다.

한국 정부는 OECD에 가입한 이후, 정부가 경제에 개입한다는 비판을 피하려고 했다. 또, 1997년 12월에 IMF와 스탠바이 약정을 맺자, 한국 정부는 기업을 구제하기 위해서 보조금을 지급하거나 세금을 감면할 수 없게 되었고, 은행 경영과 대출에 개입하지 못하게 되었다. 그리하여 정부가 기업의 투자위험을 줄여 주기 더 어렵게 되었다. 기업은 투자하기보다는 현금을 보유했다. 한국 경제의 총저축에서 차지하는 비금융 법인기업의 비중이 1998, 2000, 2002년에 18%, 32%, 43%로 상승했다.

한국 경제는 수출의존도가 높았고, 기업은 생산 규모를 늘려 규모의 경제를 개선하거나 새로운 기계를 사용하여 노동생산성을 높여서 국제시장에서 경쟁력을 높이는 방법을 즐겨 사용했다. 1990년대 10년의 경제성장에 대해 자본, 노동, 총요소생산성의 기여도를 계산한 바에 따르면 한국은 자본주의 세계의 주요 14개국보다 자본의 기여도가 특별히 높았다. 한국은 자본스톡의 증가에 의해 경제가 3.3% 성장했는데, 한국 다음은 오스트레일리아였고 0.9%였다.[6] 그런 만큼 설비투자가 정체하는 악영향은 컸고 경제성장률도 낮아졌다.

소비자 금융 증가

정부가 투자위험을 낮추어 줄 수 없을 때, 정부를 대체할 수 있는 것은 은행과 사업자단체였다. 사업자단체는 그 업종의 수요와 공급을 알며, 은행은 하나의 업종만이 아니라 그 은행이 관계하는 여러 업종의 수요와 공급을 동시에 알기 때문에, 은행과 사업자단체가 적절히 기능하면 기업은 사업계획의 위험을 줄일 수 있었다.

1990년대 중반까지 한국의 은행의 주된 업무는 유휴자금의 소유자에게서 예금을 받고 그것을 자본이 부족한 기업에 대출하는 일이었는데, 거액의 대부는 정부와 협의하여 결정했고 또 기업에서 충분한 담보를 받은 후에야 집행했기 때문에, 기업의 사업계획을 평가할 필요가 적었다. 그런 만큼 사업계획을 평가하는 역량이 부족했다. 이런 중에 정부가 개입하지 않으면 은행의 기업 대출은 감소할 것이었다. 은행은 국내의 여유자금을 국외에 투자하는 기술도 부족했다. 그리하여 한국 정부는 1990년대 말에 은행업을 외국인에게 개방하면서, 그 은행들이 기업 대출을 유지하고 국제 금융을 늘릴 것을, 나아가서 다른 금융기관들이 그 은행들을 학습하여 한국의 금융업이 발전할 것을 기대했다.

국내총지출에 대한 투자의 비율은 1990년에 38.9%에 도달한 이후 더 이상은 상승하지 않았다. 그에 비하면 민간의 소비 성향은 1990-1997년에 50.7%에서 53.5%로 꾸준히 상승했다. 은행은 가계 대출을 늘리기 위해서 신용카드의 발급 조건을 완화했는데, 한국 정부는 소비 수요를 늘려서 경기를 회복시키려 했고 은행의 그 전략에 협조했다. 정부는 1999년 5월에 신용카드를 이용한 현금 서비스 한도를 철폐했고, 2001년 4월에는 길거리에서 신용카드를 발급할 수 있게 하여, 은행의 신용카드 영업을 지원했다. 그 결과 신용카드는 한국에 도입된 1978년부터 1999년 연말까지의 20년 동안 약 3,900만 장이 발급되었으나 2002년 연말에는 1억 500만 장에 달했고, 현금 서비스 사용액은 1999년부터 2002년 사이에 48조 원에서 358조 원으로 증가했다.[7] 또, 예금은행의 대출금에서 차지하는 가계 대출의 비중은 같은 기간에 32%에서 47%로 커졌고, 2005년에는 50%에 이르렀다.

은행만이 아니라 사업자단체도 투자를 늘리는 역할을 하지 못했다. 한국 정부는 1961년 9월에 「중소기업협동조합법」, 같은 해 12월에 「수출조합법」, 1986년 7월에 「공업발전법」을 시행하여 경제 정책에서의 사업자단체의 역할을 높였다. 1989년에 현존하던 사업자단체 중에서 1945-1960년의 15년 동안 설립된 것이 25단체였는데, 1961-1975년의 15년 동안 설립된 것은 143단체, 1976-1989년의 14년 동안은 179단체였다.[8)] 1940-1950년대에 설립된 단체 중에는 1989년 이전에 해산한 것도 많았겠지만 설립 단체 수의 차이가 매우 크므로 경제개발계획과 함께 사업자단체가 증가했다고 이해해도 될 것이다. 그런데 한국에서 많은 사업자단체가 정부의 정책에 바탕을 두고 설립되었던 탓에 사업자단체의 집행부는 그 업계의 공통 과제를 회원의 이해관계를 조정하여 해결하는 것보다는 정부의 자문에 답하고, 정부의 정책을 회원 기업에게 전달하고, 정부에 업계의 이익을 요청하는 일을 주로 했다. 사업자단체는, 회원의 이해관계를 조정하는 능력이 발달하지 않았던 것은 아니었지만, 회원 기업의 정보를 모아서 그 업종의 실태와 사업 환경에 대한 정확한 지식을 생산하고, 그들의 이해관계를 조정하여 투자를 실제로 이끌어 내기에는 역부족이었다.

수출 중시

수출시장을 개척하는 것은 경제성장률을 높이는 유력한 방법의 하나였다. 판로가 증가하면 기존의 생산설비의 가동률을 높이는 것만으로도 고용과 생산이 증가하기 때문이었다. 한국 정부는 수출시장을 늘리기 위해서 세계무역기구(WTO)에 적극적으로 협조했다. 1996년 12월에 싱가포르에서 열린 WTO 각료회의에서 정부 조달, 무역 촉진(통관 관련), 무역과 투자, 무역과 경쟁이 주요 과제로 제기되었고, WTO에 위의 4주제 각각에 대해 특별조사위원회가 설치되자 그 위원회에 적극적으로 참여했으며, 1998년 5월의 WTO 각료회의에서는 유럽연합(EU) 및 일본과 공조하여 이 4주제에 대한 합의를 추진했다. WTO의 개발도상국 그룹 중에는 한국과 싱가포르만이 위의 4주제에 모두 찬성했다.[9] 그런데 미국이 협정하기보다 시장에 맡기는 편이 낫다고 판단하여 소극적으로 행동했기 때문에 논의는 그다지 진전되지 않았다.[10]

WTO가 성과를 내지 못하자, 전국경제인연합회는 「양자간 자유무역협정(FTA) 체결의 타당성과 추진전략」(1998년 9월)이라는 보고서를 내어 FTA를 제안했다. 이런 일들이 어울려 한국 정부는 1998년 11월에 FTA를 통상 정책의 일환으로 추진하기로 결정했으며, 첫 협상 국가로 한국에 미치는 충격이 적을 듯한 칠레를 선정했다. 전국경제인연합회는 그 직후인 1999년 1월에는 『자유무역협정(FTA) 체결 추진과 우리의 대응』, 1999년 4월에는 『한미자유무역협정 체결: 쟁점과 시사점』이라는 보고서를 내어 FTA를 재촉했다.[11]

그런 중에 WTO의 선진국 그룹이 1999년 11월의 각료회의에서 앞에서 소개한 4주제를 적극적으로 다루기로 하자, 한국 정부는 WTO의 새로운 무역협상이 본격화하기를 기대했다. 한국 정부는 여전히 다자간 협상을 선호했던 것인데, 그것은 양자간 협상보다 한국의 이익을 지키기 쉬웠기 때문이었다. 그렇지만 세계화에 반대하는 세력의 저항이 거세었고, WTO 선진국 그룹의 뜻대로는 되지 않았다. 한국 정부는 그 직후인 1999년 12월부터 칠레 정부와 FTA 협상에 착수했다.

1998, 1999년은 수출증가율이 3%, 9%에 지나지 않았으나 2000년에는 정보 기술에 힘입어 수출이 20%나 증가했다. 수출이 다시 증가하자 한국 정부는 다른 국가와의 FTA 협상은 계획하지 않았다. 그런데 2001년에는 정보 기술 거품이 꺼져 2001년 한 해에 한국의 정보통신 기술 제품 수

출액은 145억 달러가 감소했고, 수출 총액은 218억 달러가 감소했다. 2002년에는 다소 회복되었지만 그래도 2002년의 수출액은 2000년보다 6% 더 적었다.

자유무역협정

수출이 부진한 중에 WTO가 2001년 11월에 새로이 출발시킨 도하 라운드는 지지부진했고, 그로 인해 주요국의 무역 정책도 바뀌었다. 미국 행정부는 2001년 3월에 「2001 무역정책 의제」에서 유럽연합이 신속하게 FTA를 맺은 결과로 미국이 국제 무역의 주도권을 상실했다고 주장했고, 의회와 협상하여 2002년 7월에는 미국이 FTA를 맺기 쉽도록 무역촉진권을 가졌다.[12] 그리하여 미국 의회는 미국 행정부의 무역협정에 대해 찬성 또는 반대만 할 수 있을 뿐 조항을 수정하거나 필리버스터할 수는 없게 되었다. 일본은 2002년 11월에 싱가포르와의 FTA를 발효했고, 같은 달에 멕시코와 FTA 협상을 시작했다. 이런 여러 변화로 말미암아 한국 정부는 칠레와의 FTA 협상을 적극적으로 추진하기 시작했다. 농민과 농업단체가 칠레와의 FTA에 극력 반대했지만, 정부는 2002년 10월에 정부간 협상을 매듭지었고, 국회는 2003년 8월에 FTA를 비준했다.

이때부터 FTA는 한국 경제의 중요한 성장전략이 되었다. 한국 정부는 2003년 9월에 「FTA 추진 로드맵」을 채택했고, 그것에서 포괄적이고 높은 수준의 FTA를 주요 교역 상대국들과 체결해야 한다고 주장했다.[13] 한국 정부는 농업, 제조업, 금융업과 그 밖의 서비스업, 투자, 지적재산권 등을 모두 포함하는 포괄적 FTA와 민감 품목을 제외하지도 않고 자유화 이행기간을 길게 하지도 않는 높은 수준의 FTA를 동시에 추구하기 시작했던 것이다. 정부는 포괄적이고 높은 수준의 FTA를 맺음으로써 한국의 수출뿐 아니라 외국 기업의 사업투자도 증가할 것으로 믿었고, 외국인의 투자가 증가하면 한국 경제의 총투자가 증가할 뿐 아니라 한국의 산업과 금융의 기술이 진보할 것으로 기대했다.

한국 정부는 칠레와 FTA 협상을 하는 중에 또 그 결과에 대한 국회의 비준을 기다리는 중에 손해를 입는 부문의 반대가 협상과 비준에 큰 영향을 미친다는 것을 이해했다. 칠레는 한국과 농산물 수확기가 다르기 때문에 칠레 농산물의 수입이 한국 농업에 미치는 충격이 크지 않음에도 불구하고 농민과 농업단체의 반대로 인해 행정부의 협상 시작에서 국회 비준까지 3년 8개월이 걸렸다. 그리하여 한국 정부는 한국 경제에 미치는 효과가 서로 다른 여러 FTA를 동시에 체결하는, 동시다발적 FTA 전략을 개발했는데, 그렇게 하면 FTA의 득실을 정확하게 계산하기 어려워져서 반대가 줄어들 것이었다. 이 전략은 효과를 발휘하여, 한국 정부는 2003-2007년에 칠레, 싱가포르, EFTA 및 ASEAN과 FTA를 연이어 발효시켰다. FTA는 한국의 수출의존도를 급속히 높였다. 다섯 FTA가 발효된 직후인 2008년에는 수출의존도가 45%에 달했으며, 한국의 수출증가율은 2005-2008년에 세계 평균보다 1-2% 낮았지만 2009, 2010년에는 7-9% 더 높았다.

한국의 수출은 FTA의 이득을 누리며 증가했지만 외국인 사업투자가 늘어나지는 않았다. 아래의 값은 모두 신고금액인데, 외환 위기 이후에 한국의 자산가격이 여전히 낮았던 1999-2001년에는 외국인이 연평균 140억 달러씩 사업투자했지만 2002-2004년에는 연평균 94억 달러로 감소했고, 그 이후에 다시 증가했지만 2005-2007년에는 연평균 111억 달러, 2008-2010년에는 연평균 121억 달러로 증가율은 미미했다.[14] 제도는 외국인의 사업투자가 증가하도록 갖추어졌지만 앞에서 설명했듯이 한국에는 사업 기회가 부족했던 것이다. 같은 기간에 한국 기업의 해외 사업투자는 2005-2007년에는 연평균 197억 달러, 2008-2010년에는 연평균 333억 달러로 급증했는데,[15] 한국에 사업 기회가 부족했음을 잘 나타낸다.

경제력 집중

한국 경제의 투자는 부진했고 성장률은 낮았지만, 대규모 기업집단의 사정은 평균적인 모습과는 달랐다. 그들은 외환 위기 이전부터 정부와 은행의 지원을 받지 않고도 사업계획을 세우고 집행할 수 있었는데, 30대 재벌 중의 7개가 외환 위기로 인해 사라지기는 했지만, 살아 남은 대규모 기업집단에게는 외환 위기 이후의 상황이 기업 성장에 유리했다. 한국인은 외환 위기를 겪으면서 언제라도 실업자가 될 수 있다는 사실을 잘 알게 되었고, 정부나 대기업에서 일자리를 찾았다. 우수 인력은 중소기업보다 대기업에 더 취업하려 했고, 그 기업들의 경영 역량은 더 높아졌으며, 대규모 기업집단은 세계시장에서의 수요와 기술 변화에 대응할 역량을 높일 수 있게 되었다. 대규모 기업집단이 자리잡고 있는 반도체, 자동차 및 그 부품, 휴대폰, 선박, 석유화학 제품, 액정디바이스(LCD), 가전 제품, 철강 등의 제조업에서는 투자가 증가했고, 그로 인해 한국 경제에서 대규모 기업집단의 비중도 증가했다. 한국의 총산출(gross output)에 대한 30대 재벌의 매출액의 비율은 외환 위기 이후에 하락하여

2003년에는 20%까지 감소했으나, 그 이후 다시 상승하여 2008년에는 27%에 이르렀다.[16)]

외환 위기 이후의 구조조정 중에 근로계층의 경제 상황은 더 나빠졌다. IMF와의 스탠바이 약정에 의하면, 한국 정부는 고용보험을 확충하고 그 위에서 노동시장 유연화와 관련한 제도를 시행해야 했다. 정부는 1996년 12월에 합법화되었고, 그 시행이 유예되어 있던 정리해고를 시행하려 계획했다. 1998년 1월에 대통령 자문기구로서 노사정위원회를 설치했고, 그 위원회에서 노동계와 재계와 정부가 1998년 2월에 「경제위기 극복을 위한 사회협약」을 체결했다. 그 협약에서 정부는 노동조합의 정치 활동을 인정하고, 재계는 근로시간을 단축하는 논의에 동의하고, 노동계는 정리해고제를 받아들이는 것이 채택되었다.

표면적으로는 노사정 모두가 자신이 원하는 것을 얻은 듯했지만 그 내실은 그렇지 않았다. 「경제위기 극복을 위한 사회협약」이 나온 그 달에 국회는 근로기준법 중의 정리해고제 유예조항을 삭제했고, 이어서 7월에 「파견근로자 보호 등에 관한 법률」을 시행하여 그 제도를 활성화했으며, 노동부는 기업의 정리해고를 행정적으로 방해하지 않았다. 그런데 정부가 노동조합의 정치 활동을 인정했음에도 불구하고, 국회는 2000년 6월에야 노동조합이 정치자금을 기부할 수 있도록 「정치자금에 관한 법률」을 개정했고, 또 노사정이 근로시간을 단축하는 논의를 하기로 했음에도 불구하고, 노사정위원회는 2000년 10월에야 「근로시간 단축 관련 합의문」을 내었고, 주 40시간, 연 2,000시간 이내의 노동을 합의했으며, 국회는 2003년 9월에야 「근로기준법」의 법정 근로시간을 주 40시간으로 단축했다.

정부와 재계는 노동조합의 정치 활동과 근로시간 단축과 관련한 일은 젖혀 둔 채 정리해고만은 곧이어 시작했다. 1998년 5월에는 현대자동차가 6,700여 명을 정리해고했으며 그 이후 기업의 정리해고가 잇따랐다. 또, 기업은 정리해고한 이후에 경영 성과가 개선되어도 예전의 종업원을 다시 고용하지는 않았다. 기업이 근로자의 기술 수준과 노사의 신뢰를 높이면, 기존의 생산설비로도 경쟁력을 높일 수 있었겠지만, 기업은 인건비를 줄여서 절약한 돈으로 노동 절약적 생산설비를 구매했다. 1970년대 말과 1980년대 말에도 한국의 기업은 인적 자원을 개발하기보다는 기계로 노동을 대체했는데, 그때와 유사하게 행동했던 것이다. 종사자 1인당 유형자산 연말 잔액은 1999-2004년에 1억 1,000만 원 주변에서 정체했지만 그 이후 꾸준히 증가했고, 2009년에는 1억 6,000만 원에 달했다.

빈곤

투자가 정체하고 또 기계가 노동을 대체하자, 일자리는 그다지 늘어나지 않았다. 신규 취업자가 외환 위기 이전의 1991-1997년에는 연평균 45만 명이었으나, 2004-2008년에는 연평균 29만 명에 지나지 않았다. 새로운 일자리가 늘어나지 않자 2004-2008년에 취업자 총수는 2,256만 명에서 2,358만 명으로 약간 증가했고, 15-29세 취업자 총수는 458만 명에서 396만 명으로, 30-39세 취업자 총수는 618만 명에서 583만 명으로 감소했다. 또, 1991-1997년에는 연평균 실업률이 2.7%였지만, 2004-2008년에는 3.5%로 상승했다.

취업자 중에서는 미숙련 노동자의 경제적 지위가 하락했다. FTA가 증가하고 수출이 점점 더 중요하게 되자 한국의 기업은 가격경쟁력을 높이기 위해서 점점 더 많은 중간재와 기업 서비스(경리, 인사, 신제품 개발, 판매, 건물 관리 등)를 아웃소싱했는데, 아웃소싱되는 부문에는 미숙련 노동자가 많았다. 아웃소싱의 일부는 국외에서 조달되었고, 이 경우에는 미숙련 노동자에 대한 국내 수요가 감소하여 미숙련 노동자의 임금은 상승하지 않았다.[17] 그것이 국내에서 조달되는 경우에 아웃소싱 제공 기업은 생산성을 높이기보다 저임금을 이용해서 아웃소싱 의뢰 기업에게 더 값싸게 공급했고,[18] 미숙련 노동자의 임금은 국외에서 조달되는 경우와 마찬가지로 상승하지 않았다.

또, 한국의 기업은 인건비를 줄이기 위해서 파견근로자나 계약직과 같은 저임금 일자리를 늘렸다. 한국 정부는 1998년 7월에 「파견근로자보호 등에 관한 법률」을 제정했고, 근로자 파견을 합법화했다. 그리하여 기업은 일손이 부족할 때, 종업원을 늘리지 않고 파견근로자를 사용하여 사태를 해결할 수 있게 되었다. 그 법률의 제21조에 의하면, 파견사업주와 사용사업주는 파견근로자가 사용사업주의 사업 내의 동일한 업무를 수행하는 동종 근로자와 비교하여 부당하게 차별적 처우를 받지 않게 해야 했지만, 실제로는 2007-2010년에 파견근로자의 시간당 임금은 정규직 근로자의 시간당 임금의 52-55%에 지나지 않았다.[19] 동일한 업무에 대한 비교는 아니지만, 정규직 노동자에게 주어지는 통상임금 이외의 수당과 복지를 고려하면, 파견근로자는 차별적으로 대우받았다. 파견근로자는 수가 적었지만 계약직 일자리는 급증했다. 2003년에 비정규직 근로자가 임금 근로자 총수의 50%를 넘었고, 2007년에는 55%를 넘었다. 그 이후 조금 하락했지만 2010년까지 50%를 하회하지 않았다.[20] 모든 비정규직 근로자가 계약직 근로자는 아니지만 양자는 거의 중복되므로 계약직의 비중을 짐작할 수 있다. 그런데 비정규직 근로자의 월평균 임금은 2004년에 정규직의 65%였고, 그 이후에 계속 하락하여 2010년에는 55%에 지나지 않았다.[21]

기업의 전략만이 아니라 산업의 기술 변화도 미숙련 노동자 또는 저임금 노동자의 경제적 지위를 하락시켰다.[22] 최요철과 이상호에 따르면, 1993년부터 2005년 사이에 저학력 근로자의 임금이 총임금에서 차지하는 비중은 83%에서 70%로, 생산직 근로자 임금의 비중은 61%에서 49%로 하락했고, 두 비중의 하락에 대해 기술 발전이 각각 9.5%와 8.1%의 영향을 미쳤다.

실업자와 저임금 일자리가 증가한 끝에 고소득층과 저소득층 사이의 격차는 커졌다. 그림 18-2에 의하면, 가구소득이 중위소득의 50%에 미달하는 상대빈곤 가구의 비중은 2007-2008년에 외환 위기 이전보다 약 5% 더 높았다. 시점을 빈곤층에서 최상위 1%의 고소득층으로 옮겨 보면, 그들이 차지하는 비중이 2007-2008년에는 외환 위기 이전보다 약 4% 상승했다.

사회보장

외환 위기가 발생한 직후인 1997년 12월에 제15대 대통령 선거가 치러졌고 새정치국민회의의 김대중 후보가 당선되었는데, 그 이전의 다른 대통령과 비교하면 김대중은 저소득층의 지지를 받는 것을 중시했다.

그림 18-2 소득분배 지표 (단위: %)

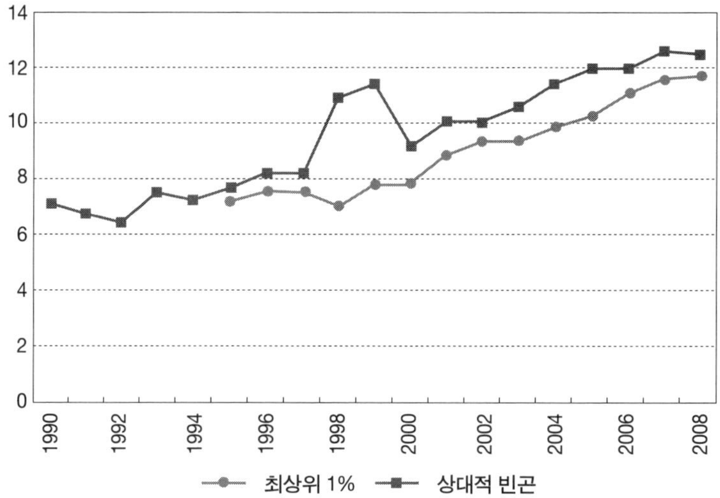

자료: 최상위 1%의 소득 비율은 김낙년, 「한국의 소득 집중도 추이와 국제비교, 1976-2010: 소득세 자료에 의한 접근」, 낙성대경제연구소 Working Paper 2012-03. 상대적 빈곤은 「소득분배지표」, 국가통계포털.

한편, 그림 18-2에 의하면 1998-1999년에 빈곤 가구는 급증했다. 정부는 사회보장제도를 늘리기 시작했으며, 제16대 대통령 선거에서 김대중과 뜻을 같이 했던 노무현이 대통령에 당선되자 사회보장제도를 늘리는 정책은 지속되었다.

사회보험제도의 수혜 범위가 넓어졌다. 1998년 3월에는 종업원 5-29인 사업장의 근로자도, 같은 해 10월에는 모든 사업장 및 임시 · 시간제 근로자도 실업보험에 가입할 수 있게 바뀌어, 고용보험의 피보험자는 1997-2002년에 128만 명에서 706만 명으로 증가했다. 또, 실업급여를 받을 수 있는 기간은 최단 30일 최장 210일에서 최단 90일 최장 240일로 점차 길어졌고, 실업급여의 최저액은 최저임금의 50%였던 것이 70%로 높아졌다.[23] 1998년에는 금융 · 보험업 사업장도 산업재해보상보험에 가입하게 되었고, 2000년에는 종업원 5인 미만의 사업장도 산재보험에 가입하게 되었다. 1998년 10월에 국민의료보험법을 시행하여, 공무원 · 교원의료보험조합과 지역의료보험조합을 통합했고, 2000년 1월에 국민의료보험법을 개정하여, 모든 의료보험 조직을 통합했다. 이 두 번의 조치로 인해 영세사업장 근로자, 자영업자 및 기타 지역가입자의 보험료 부담이 감소하여, 저소득층이 의료보험에 가입하기 쉽게 되었다. 1999년에는 도시 자영업자도 국민연금에 가입하게 되었으며, 2003년부터 종업원 5인 미만의 소규모 사업체의 근로자도 국민연금에 가입할 수 있게 되었고, 2006년에는 모든 사업장의 근로자가 가입할 수 있게 되었다.[24]

공공부조제도가 증가했다. 2000년 1월에 「국민 기초생활 보장법」이 시행되었다. 그때까지는 공공부조에 대한 기본 법률이 1962년 1월에 시행된 「생활보호법」이었고, 그 법률은 근로 능력이 없는 사람을 보호할 뿐이었는데, 한국 정부가 기초생활을 보편적으로 보호하면 노동 의욕이 낮아진다고 믿었기 때문이었다. 「국민 기초생활 보장법」에 따르면, 자력으로 생활을 유지할 수 없으며 동시에 부양해 줄 사람도 없는 것이 공공부조를 받을 수 있는 조건이었기 때문에, 법률의 혜택 범위가 여전히 제한적이기는 했지만, 비로소 근로 능력이 있는 사람도 공공부조를 받을 수 있게 되었다. 정부는 2008년 1월에 기초노령연금제도를 시행하여, 70세 이상 노인 중에서 소득이 하위 60% 이하인 사람에게 연금을 지급했고, 2009년 1월부터는 65세 이상 노인 중에서 소득이 하위 70% 이하인 사람에게 연금을 지급했다.[25] 2008년 7월에 「노인장기요양보험법」이 시행되어, 일상생활을 혼자서 감당하기 어려운 노인에게 신체 또는 가사 활동을 지원하게 되었다. 2009년 9월부터 보육시설이나 유치원을 이용하지 않는 영유아 중에서 부모의 소득이 차상위 이하인 아동에게 현금을 지원하게 되었고, 2011년에는 부모의 소득이 하위 70% 이하인 아동에게 현금을 지원하게 되었다.[26)]

저소득층의 영아, 유아, 아동에 대한 사회투자사업이 확대되었다. 2005년 1월에 개정, 시행된 「영유아보육법」에는 국가와 지방자치단체가 도시의 저소득 주민 주거지역이나 농어촌지역과 같은 취약 지역에 국공립 보육시설을 설치하도록 규정되었는데, 그 이전에는 위의 일이 국가와 지방자치단체의 의무는 아니었다. 2006년에 저소득층의 아동을 대상으로 하는 드림스타트 사업을 실시했다. 지역의 복지자원 네트워크를 이용해서 빈곤아동에게 건강, 복지, 보육(교육) 등의 서비스를 제공하여, 아동이 빈곤에서 탈출할 수 있도록 잠재적인 능력을 키우는 것이 목표였다. 2007년에 아동발달 지원 계좌 사업을 시작했다. 저소득층 아동이 보호자나 후원자의 후원금 가운데 일부를 저축하면, 정부가 같은 금액을 불입해 주어 그 아동이 사회에 진출할 때 자립 자금으로 사용할 수 있게 했다.

한국 정부가 사회보장제도를 확대한 후에 사회보장이 실업, 재해, 고령, 여성, 장애, 영유아, 아동 등 넓은 범위에 걸쳐 준보편적으로 제공되었지만, 외환 위기 이후에 한국 경제가 겪고 있는 빈곤의 증가를 상쇄하지는 못했는데, 가장 큰 이유는 제공되는 복지의 수준이 낮았기 때문이었다. 고용보험을 살펴보면 고용보험법이 시행된 1995년 하반기부터 1997년 하반기에 임금 근로자의 33% 전후가 고용보험에 가입했고, 1998

년 초에 제도가 개선된 이후 보험 가입률이 점점 상승하여 2002년 상반기에는 52%에 이르렀으나 그 이후 정체했고, 2009년 하반기에도 59%에 머물렀다. 2008년에 실업자의 36%가 실업급여를 받았는데 2000-2004년에 OECD 국가의 평균값은 90%였고, 한국보다 낮은 나라는 그리스뿐이었다. 또, 실업자의 실업 직전의 임금을 그 국가 평균 임금의 67%, 100%, 150%의 세 가지 수준으로 분류하여 실업급여의 순대체율을 계산한 결과에 따르면, 한국은 세 가지 범주 모두에서 OECD 국가의 평균값보다 낮았고, OECD 29개국 중에 한국보다 낮은 나라는 4개국, 유사한 나라는 3개국이었다.[27)]

수도권 확장

그림 18-3에 의하면 1990년대 중반부터 수도권과 부산 · 울산 · 경남의 비중은 정체했다. 꽤 긴 기간 동안 비중이 정체했으므로 수도권과 부산 · 울산 · 경남은 현재의 제도적 기술적 바탕 위에서는 투자 효율이 더 이상 상승하지 않는다고 이해해야 할 것이다. 수도권과 부산 · 울산 · 경남을 제외하고 살펴보면, 대전 · 충남과 그 나머지 지역이 양극화했는데, 나머지를 대구 · 경북, 광주 · 전남, 강원, 충북, 전북, 제주로 나누어 살펴보아도 정도의 차이가 있을 뿐 각각의 비중은 모두 작아졌다. 대전 · 충남이 수도권에 인접함을 염두에 두고 해석하면, 한국이 서울을 중심으로 발전한 파급효과가 인천과 경기를 거쳐 대전과 충남까지 미쳤고, 부산 · 울산 · 경남을 제외한 나머지 지역에서는 그 역류효과가 파급효과를 능가했던 것이 된다.

그림 18-3 국내총생산에서 차지하는 각 지역의 비중(1994-2010) (단위: %)

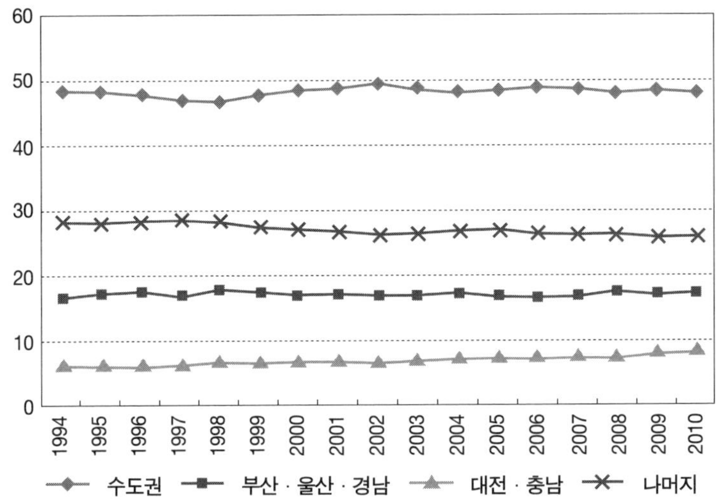

자료: 「경제활동별 지역내총생산」, 국가통계포털.

한국은 외환 위기를 겪은 후에 저성장, 고실업, 양극화하는 사회로 변화했는데, 그 충격은 수도권과 부산 · 울산 · 경남과 대전 · 충남을 제외한 나머지 지역이 더 크게 받은 것이다.

새로운 적응

19세기 말은 제국주의의 전성기였으며, 한국은 제국주의의 세계에서 국가의 독립을 유지할 수 있는 방법을 몰랐다. 한국은 자본주의 세계경제에 적응하지 못했고, 1905년에 일본의 보호국으로 전락했다. 일본 정부는 한국의 자치를 불허했고 일본의 한 지역으로 흡수했으며, 조선총독부는 한국을 일본을 위한 농업기지로 개발했다. 한국은 중국의 조공체제 속에서 무역이 규제되던 사회에서 일본제국 속에서 자유무역하는 사회로, 자급자족하던 농업 사회에서 수출시장을 염두에 두고 산업을 개발하는 사회로, 민간이 반정부 세력에 동원되는 것을 정부가 저지하던 사회에서 정부가 산업의 계획적 개발에 민간을 동원하는 사회로 바뀌었다. 총독부는 동원에 대해 민간이 자발적 또는 비자발적으로 협력하게 했는데, 그 협력은 한국이 국제 분업에 적응하는 데 유용했다.

한국은 1945년에 일본에서 해방되었고 아메리카 체제에 포함되었다. 한국은 독립한 이후에 공업 국가가 되고 싶었으며, 해방 직후부터 약 20년간은 국제 분업 속에서의 공업국가보다는 세계경제 속에서 자립할 수 있는 공업국가가 되고자 했다. 한국 정부의 이 정책은 효과가 없었고, 1963년부터 한국 정부는 정책을 바꾸었다. 그때부터 국제 분업 속에서의 공업국가를 건설하기 시작했다. 정부는 한편에서 정치적 자유를 줄이고 다른 편에서 경제적 자유를 늘려, 민간의 자발적 및 비자발적 협력을 얻었는데, 그 협력은 1945년 이전과 마찬가지로 한국이 국제 분업에 적응하는 데 유용했다.

한국 정부가 1980년대에 그 이전보다 시장경쟁을 중시하고 정치적 자유를 늘리자, 정부와 민간의 관계가 바뀌기 시작했다. 정부는 더 이상 노동자, 농민을 동원하려고 하지는 않았고, 재계의 투자를 어떤 산업에 집중시키지는 않았다. 그렇다고 해서 재계에 대한 정부의 동원이 중지되지는 않았는데, 그것은 정부가 여전히 투자를 중시했기 때문이었다. 정부는 투자율이 높으면 경제성장률이 높고, 경제성장률이 높으면 유권자의 지지를 얻을 수 있다고 믿었다. 정부는 재계에 투자를 늘릴 수 있도록 경제적 유인을 제공했고 재계도 그것에 협력했는데, 재계는 여전히 성장지향적이었던 것이다.

한국 정부는 1980년대부터 꾸준히 무역을 자유화했고, 1996년 11월에 OECD에 가입하며 금융을 대거 자유화했다. 한국 정부는 1998년에 IMF와의 스탠바이 약정을 이행하면서 금융을 더 자유화했고, 산업에 대한 지원을 크게 줄였다. 2000년대에 들어와 한국에는 새로운 성장산업이 필요했지만 정보통신산업 이후로 새로운 성장산업은 출현하지 않았는데, 1990년대 말에 이르러 정부가 재계를 지원할 수 없게 된 것은 중요한 이유였다. 이러한 일들로 인해 투자율은 하락했다. 한국 경제는 투자에 입각해서 성장했고, 한국은 경제 성장에 바탕을 두고 안정성을 유지했기 때문에 투자율의 하락은 한국에 큰 충격을 주었다. 투자 부진에 의해 생긴 빈 곳을 자유무역협정과 사회보장제도에 의한 수요 증대가 보완했지만 그것으로도 불완전했다. 20세기의 한국 경제가 투자에 의해서 지탱되었던 만큼 투자 부진이 초래하는 곤란이 엄중한 것이다.

국제 분업에 적응해야 한다는 한국의 과제는 여전히 바뀌지 않았다. 자유무역협정이 득세할수록 이 과제는 더 무거워질 것이다. 정부가 민간을 동원할 수 없게 되자, 협력이 반드시 동원에 바탕을 두는 것은 아니지만, 한국에서는 정부와 민간의 협력이라는 과거의 방법은 더 이상 유효하지 않게 되었다. 이기적인 욕망, 시장경쟁, 보이지 않는 손에 의한 조화는 강력한 제안이지만, 모든 사회가 자신의 과거의 방법에 의존하는 것을 염두에 두면 참조점에 지나지 않는다. 한국은 지금 적응하는 방법과 적응의 결과를 동시에 모색하고 있다.

1) 〈경향신문〉, 1998년 4월 2일, p. 1. 금융감독위원장 이헌재의 발언.

2) 〈한국경제〉, 2001년 9월 21일, p. 2.

3) 〈매일경제〉, 1998년 10월 20일, p. 3.

4) 〈매일경제〉, 2000년 4월 24일, p. 1. 〈한국경제〉, 2000년 4월 24일, p. 1.

5) 윤제철, 『외환위기는 끝났는가: 한국의 금융 · 기업 구조조정 10년』 제1권, 비봉출판사, 2007, p. 454.

6) 김동석, 「산업부문별 성장요인분석 및 국제비교」, 한국개발연구원, 2004, p. 126.

7) 정찬우, 「국내카드산업의 발전과정과 시사점」, 『신용카드』 28호, 여신금융협회, 2004, p. 33.

8) 공정거래위원회, 「사업자단체 설립신고 현황」, 1985. 공정거래위원회, 「사업자단체현황」, 1991. 김의영, 「한국의 기업이익대표체제에 대한 소고: 국가와 사업자단체의 관계를 중심으로」, 『시민정치학회보』 5호, 시민정치학회, 2002, p. 237.

9) "The Singapore issues," Report of Noewegian Ministry of Foreign Affairs, 2006년 7월 31일(http://www.regjeringen.no/en/dep/ud/selected-topics/Trade-policy/wto/wto-doha-runden/wto-the-singapore-issues.html?id=444896).

10) "Singapore issues" from Wikipedia, the free encyclopedia.

11) 전국경제인연합회, 『기적의 50년을 넘어 희망의 100년으로: 전경련50년사』, 전국경제인연합회, 2011, pp. 143, 186.

12) 김창근, 「한미FTA: 미국 제국주의와 한국재벌의 연합」, 정성진 외 7인, 『한국 자본주의의 재생산구조 변화, 1987-2003』, 한울, 2007, p. 244.

13) 김병섭, 「우리나라의 FTA 정책 평가 및 한 · 미 FTA 비준 추진 방안」, 『주요국제문제분석』, 2011-23, 외교안보연구원, 2011년 9월 1일, p. 1.

14) 지식경제부, 「외국인직접투자통계」(http://www.index.go.kr/egams/stts/jsp/potal/stts/PO_STTS_IdxSearch.jsp?idx_cd=1140&stts_cd=114001&clas_div=&idx_sys_cd=&idx_clas_cd=1).

15) 「연도별 해외직접투자 현황」, 국가통계포털.

16) 박승록, 『한국기업의 성장과 성과-2010-』, 정책연구 2011-01, 한국경제연구원, 2011, p. 30.

17) 서진교 외, 『시장개방과 글로벌 아웃소싱이 고용에 미치는 영향 분석』, 대외경제정책연구원, 2008, p. 89. 최요철 · 이상호, 「세계화와 기술발전이 제조업 노동수요에 미치는 영향」, 『Monthly Bulletin』, 한국은행, 2008년 5월, pp. 48-49. 남병탁, 「글로벌 아웃소싱이 제조업 임금불평등에 미친 영향」, 『경제학연구』 58-4, 한국경제학회, 2010.

18) 이영수 · 홍필기 · 서환주, 「아웃소싱의 총요소생산성 기여에 관한 연구」, 『산업조직연구』 15-4, 한국산업조직학회, 2007.

19) 「고용형태별 임금」, 국가통계포털.

20) 「시도 · 성별 비정규직 근로자 규모」, 국가통계포털. 매년 8월을 기준으로 함.

21) 「근로형태별 월평균임금 및 증감」, 국가통계포털.

22) 신석하, 「경제위기 이후 기술 변화가 미숙련 근로자의 고용상황에 미친 영향」, 『한국개발연구』 29-1, 한국개발연구원, 2007, p. 32. 최요철 · 이상호, 앞의 글, pp. 48-49.

23) 심창학, 「한국 실업급여제도의 변화 평가: 관대성, 통제 개념을 중심으로」, 『노동정책연구』 3-3, 한국노동연구원, 2003, pp. 5-6, 15. 경제사회발전노사정위원회, 『경제사회발전노사정위원회 10년사』, 2008, p. 423.

24) 문병주, 「세계화식 한국의 노사관계와 복지체제 변화」, 『한국거버넌스학회보』 14-2, 2007, p. 103.

25) 윤성주, 「기초노령연금제도의 개선방안에 대한 소고」, 『재정포럼』 193호, 한국조세연구원, 2012, p. 9.

26) 한유미, 「양육수당 도입에 대한 어머니와 보육시설장의 인식」, 『아동학회지』 31-2, 2010, p. 266.

27) 심창학, 앞의 글, 2003, p. 6. 김동헌, 「한국의 실업급여 관대성: 국제비교와 정책적 시사점」, 『노동정책연구』 10-1, 한국노동연구원, 2010, pp. 77-80.

Adaptation and collaboration:
Korean economy in the 20th century

Sub Park

The Korean economy was in stagnation during the 19th century. When Korea opened ports in the late 19th century, it was lack of ability to develop itself and maintain the independence. It was finally annexed by Japan in 1910. Since then Korea began to be developed as an agricultural colony for Japan. The government general of Korea created several methods for agricultural development. Systematization was one of them. The government organized landlords and peasants into associations, and utilized the associations to produce more crops. When manufacturing sectors began to grow, the government organized the enterprisers and the companies into associations as well and mobilized their investment on the sectors. During the Pacific War, the government even organized the laborers. In addition, the government general gave the Korean people incentives during the colonial period to increase the efficiency of its policies, though a little.

Ruled by colonial power, the Korean people rather collaborated to the policies of the government general. Except the two such as systematization and incentives, that was because they eagerly searched the way to make themselves better off. Because of the collaboration, the Korean economy could adapt to the international division of labor in the colonial times: agriculture at first, industry after that. Especially, the collaboration reduced the time necessary to adapt to the international division of labor.

Korea became an independent country in the August 1945, and wanted to fully develop manufacturing sectors. Moreover, it wanted to be an independent industrialized country to be able to produce machines. After the Korean government made several faults, it changed the strategy around 1964 to adapt to the international division of labor and specialized in light industries. Since then, the government took a serious view of the export promotion, and asked the Korean companies and people to collaborate to the policy in return for some incentives. Not only the upper classes but also the lower classes collaborated to the government, because they were highly growth-oriented. Korea rather successfully adapted to the international division of labor because of the collaboration.

The Korean government and business understood the change of the international division of labor in the late 1960s. They began to develop heavy industry and petrochemical industry from that time on. They succeeded once again under the collaboration of the private sector.

The relationship between the Korean government and the private sectors began to change from the early 1980s. The government came not to induce the business investment to the strategic sectors of the government. Although the government still took a serious view of investment increase and supported the business for it, the collaboration between the government and the business became weaker. In addition, after June Democracy Movement in 1987, the government came not to mobilize peasants and laborers to the national goals.

In 1994, Uruguay Round was settled. In 1996, Korea became a member nation of Organization for Economic Co-operation and Development. In 1997, the Korean government agreed the International Monetary Fund Stand-by Agreement on Korea. After that, the government had to not only liberalize the economy further but also decrease the support to the business. The collaboration between the government and the business almost broke up.

After Uruguay Round was settled, Korea had to adapt to the international division of labor again. It needed to develop new leading industries, but failed. Because the Korean government could not support the business, it could not decrease the risk of the private company's investment on the new industries. Investment became stagnant. In the past, the Korean economy had grown under investment growth, and Korea had maintained social stability with the economic growth. The stagnation of the investment gave a big shock to Korea. Although the Korean government increased free trade agreements and enforced social welfare to minimize the shock, that was not enough yet.

Korea's task to adapt to the changing international division of labor has been unchanged. The task even became more important with the increase of free trade agreements. However, the collaboration between the government and the people is not effective anymore. Korea must find both the goal and method of adaptation.

찾아보기

ㄱ

ㄴ

ㅅ

ㅈ

ㅊ

ㅋ

ㅌ